深度学习与围棋

［美］马克斯·帕佩拉（Max Pumperla）
［美］凯文·费格森（Kevin Ferguson） 著

赵普明 译

Deep Learning and the Game of Go

人民邮电出版社
北京

图书在版编目（CIP）数据

深度学习与围棋 / （美）马克斯·帕佩拉（Max Pumperla），（美）凯文·费格森（Kevin Ferguson）著；赵普明译. -- 北京：人民邮电出版社，2021.3（2024.5重印）
（深度学习系列）
书名原文：Deep Learning and the Game of Go
ISBN 978-7-115-55146-7

Ⅰ. ①深… Ⅱ. ①马… ②凯… ③赵… Ⅲ. ①人工智能—应用—围棋 Ⅳ. ①G891.3-39

中国版本图书馆CIP数据核字(2020)第220374号

版权声明

Original English language edition, entitled *Deep Learning and the Game of Go* by Max Pumperla and Kevin Ferguson published by Manning Publications Co., 209 Bruce Park Avenue, Greenwich, CT 06830. Copyright © 2019 by Manning Publications Co.

Simplified Chinese-language edition copyright © 2020 by Posts & Telecom Press. All rights reserved.

本书中文简体字版由 Manning Publications Co.授权人民邮电出版社独家出版。未经出版者书面许可，不得以任何方式复制或抄袭本书内容。

版权所有，侵权必究。

- ◆ 著　　［美］马克斯·帕佩拉（Max Pumperla）
　　　　［美］凯文·费格森（Kevin Ferguson）
　　译　　赵普明
　　责任编辑　杨海玲
　　责任印制　王郁　焦志炜
- ◆ 人民邮电出版社出版发行　北京市丰台区成寿寺路11号
　　邮编　100164　电子邮件　315@ptpress.com.cn
　　网址　https://www.ptpress.com.cn
　　廊坊市印艺阁数字科技有限公司印刷
- ◆ 开本：800×1000　1/16
　　印张：21.25　　　　　　　　　　2021年3月第1版
　　字数：450千字　　　　　　　　　2024年5月河北第7次印刷
　　著作权合同登记号　图字：01-2019-3817号

定价：99.00元
读者服务热线：(010)81055410　印装质量热线：(010)81055316
反盗版热线：(010)81055315
广告经营许可证：京东市监广登字20170147号

内容提要

这是一本深入浅出且极富趣味的深度学习入门书。本书选取深度学习近年来最重大的突破之一 AlphaGo，将其背后的技术和原理娓娓道来，并配合一套基于 BetaGo 的开源代码，带领读者从零开始一步步实现自己的 "AlphaGo"。本书侧重实践，深入浅出，庖丁解牛般地将深度学习和 AlphaGo 这样深奥的话题变得平易近人、触手可及，内容非常精彩。

全书共分为 3 个部分：第一部分介绍机器学习和围棋的基础知识，并构建一个最简围棋机器人，作为后面章节内容的基础；第二部分分层次深入介绍 AlphaGo 背后的机器学习和深度学习技术，包括树搜索、神经网络、深度学习机器人和强化学习，以及强化学习的几个高级技巧，包括策略梯度、价值评估方法、演员-评价方法 3 类技术；第三部分将前面两部分准备好的知识集成到一起，并最终引导读者实现自己的 AlphaGo，以及改进版 AlphaGo Zero。读完本书之后，读者会对深度学习这个学科以及 AlphaGo 的技术细节有非常全面的了解，为进一步深入钻研 AI 理论、拓展 AI 应用打下良好基础。

本书不要求读者对 AI 或围棋有任何了解，只需要了解基本的 Python 语法以及基础的线性代数和微积分知识。本书适合广大在校学生、技术人员，以及所有对 AI、深度学习或围棋感兴趣的读者。

战罢两奁分白黑，一枰何处有亏成（译者序）

围棋是中华传统文化的一颗明珠，属于琴棋书画四艺之一。

围棋是最古老的棋类游戏之一，相传为尧帝所创，早在春秋、战国时期，《左传》《论语》中就有记载。从古诗中我们能感受到历代以来围棋深入人心的程度："楚江巫峡半云雨，清簟疏帘看弈棋"（杜甫），"别后竹窗风雪夜，一灯明暗覆吴图"（杜牧），"战罢两奁分白黑，一枰何处有亏成"（王安石），"且共江人约，松轩雪夜棋"（寇准），"忘忧清乐在枰棋，仙子精功岁未笄"（宋徽宗），"随缘冷暖开怀酒，懒算输赢信手棋"（唐寅）。

围棋也是世界上最复杂的棋类游戏之一。在国际公认的几大棋类中，围棋在复杂度上独占鳌头，并且远超同侪。正如本书中所介绍的，围棋的每一回合都千变万化，因此潜在的可选棋局的数量极其庞大，"远远超过宇宙中所有粒子的总和"。因此用传统的方法来预测围棋的变化是几乎不可能的事情。其他几大棋类，如国际象棋、中国象棋等，也有类似的特点，但围棋与它们相比有着数量级的鸿沟。例如，国际象棋平均每回合的可能变化大概有 30 种，而围棋平均每回合的可能变化有 250 种左右。如果只提前预测 5 步棋，国际象棋需要预测大概 2400 万种变化，而围棋则需要处理约 1 万亿种变化。由于复杂度的增长是呈指数级的，因此多预测几步，两者变化数的差别就会变成天文数字。

我们从人工智能（AI）在棋类游戏上"攻城略地"的历史中，也可以看出这种差别。1997 年，IBM 的计算机深蓝利用经典 AI 算法历史性地战胜了国际象棋世界冠军加里·卡斯帕罗夫（Garry Kasparov），攻克了西方世界的"最后一城"。2006 年，在首次中国象棋人机大战中，超级计算机"天梭"以 5.5:4.5 战胜了 5 位象棋大师。至此围棋成为人类剩下的"最后一座堡垒"，而这座堡垒又坚守了 10 年。研究界和 AI 业界几十年的尝试都没能突破，这让人们产生了一个共识：如果还限于经典 AI 算法的藩篱之中，那么即使配备再高的计算力也无法突破围棋这座堡垒。从这一点上来说，围棋是独一无二的。这也是本书选用围棋作为核心话题的原因。

直到 2016 年 3 月 AlphaGo 横空出世，战胜了围棋世界冠军李世石，围棋这座堡垒才终于宣告失守。虽然这也要归功于近年来硬件水平的不断提高和分布式计算的不断成熟，但最重要的是，如果没有 AlphaGo 革命性创新的深度学习算法，超越人类水准的围棋 AI 是不可能实现的。

那么AlphaGo到底做了怎样惊天动地的突破，才使得人工智能最终攀上围棋的巅峰呢？这也正是本书的核心内容——**深度学习算法**。AlphaGo在深度学习上做出了两次突破。第一次突破，即AlphaGo的第一个版本，是将几种传统机器学习算法与简单的深度学习算法的创造性的集成，产生了"一加一大于二"的效果。AlphaGo采用围棋职业高手的棋谱作为基础数据，以此训练神经网络（经典机器学习到这里就止步了），然后再进行强化学习，通过自我对弈来增强性能，最后在对弈的过程中，把前面的神经网络用在经典树搜索算法中指导下棋。这种监督学习与强化学习的有机结合，正是它产生突破的关键点。第二次突破，也就是AlphaGo Zero，对上一个版本做了巨量的减法，完全抛弃了人类棋谱数据，也完全抛弃了人类对围棋的理解（如劫争之类的围棋专属特征），从零开始，通过强化学习来自我进化，重新发现所有的围棋技巧。由于这个全新的架构更加简单，更加直接，在摆脱人类规则的影响后，它产生了自己独有的洞察力。并且由于引入了几项前沿的深度学习技术（如残差网络等），它的学习效率比上一个版本更高，最终达到了从未有过的棋力水平。此外，这套算法泛用性极强，很容易进一步扩展应用到其他的领域。实际上在翻译本书时，AlphaGo已经有了更加泛化的下一代版本AlphaZero，它很快就学会了3种不同的棋类：围棋、国际象棋和日本将棋。

人工智能，尤其是近年来大热的深度学习，总体来说是偏数学和理论的。几本经典书籍都是以数学推导为主，话题全面，公式量大，但阅读难度较高，并不是最适合作为入门教程。但要想写出浅显易懂的内容来，就必须抛弃很多数学推导，并更多地讨论实践的内容。本书就是一本非常好的实践性入门介绍。它采用Keras深度学习框架，用Python来实现代码，并选取了计算机围棋这个既激动人心又浅显易懂的课题。

如果要用一个词来总结本书的特色，我认为是"庖丁解牛"。本书虽然没有深入讨论太多理论细节，但基本上将AlphaGo背后所有的理论知识都覆盖了。对这样高深的课题进行如此全面的介绍，需要非常细致的层次划分，才能逐步深入，产生深入浅出的效果。

本书第一部分介绍基础知识，分别是机器学习概述、围棋基础介绍以及围棋软件的基础框架，这部分内容恰好能让我们在零基础的情况下开发出一个最基本的围棋机器人来。这是第一个层次。

第二部分对AlphaGo与AlphaGo Zero背后的技术做了划分，并且按照难易度巧妙地进行了合理的安排。树搜索、神经网络、数据预处理、代理开发即部署、强化学习这几个话题，层层深入，使我们在阅读的过程中渐渐对AlphaGo有了更清晰的认知。并且每一章我们都能开发出一个更强大的围棋机器人来，从而可以直接看到自己的进步。这部分最后三章分别介绍了一项强化学习的高级技巧，它们也是AlphaGo和AlphaGo Zero必不可少的组成部分。这是第二个层次。

第三部分把前面介绍的所有内容集成到一起，最终开发出我们自己的AlphaGo和AlphaGo Zero。这是第三个层次。

读完本书，我们不但会对围棋AI这个课题有广泛而深入的理解，而且能够掌握并自己实现最前沿的技术成果。我们不仅会有丰富的实践体验，也会对其背后的理论有初步的思考与把握。打好坚实的基础，再去阅读更深入的理论性著作，或者尝试开发AI在更多领域的应用，就变得更清晰而轻松了。因此我强烈推荐在阅读几本经典理论著作之前，快速阅读本书。

非常感谢人民邮电出版社杨海玲编辑，是她的邀请让我有机会翻译本书，也让我在这个过程中学到了许多知识。虽然我本科毕业设计做的是机器学习，但毕业之后成了典型的程序员，再也没有深入接触过这个领域了。这次翻译让我能够再次深入了解这个自己阔别已久的领域，也为我打开了通向新世界的一扇窗。经过这些年的发展，机器学习已经变得前所未有的强大，实在是令人豁然开朗、耳目一新。对我个人来说，本书是最佳的人工智能和深度学习入门书，希望读者也能有这种体验。

由于我的理论基础并不坚实，翻译与写作水平也有限，因此书中难免会出现翻译不当或表达不畅的情况，希望读者谅解并指正。

序

对我们 AlphaGo 团队的成员来说，AlphaGo 的开发经历是我们一生中难得的奇遇。与那些伟大的探险相似，它也开始于脚下的一小步：用人类围棋高手的棋谱来训练一个简单的卷积神经网络。AlphaGo 引领了近年来机器学习领域的几次标志性突破，并被爆出一系列令人难忘的大新闻，包括与樊麾、李世石、柯洁等围棋大师的对决。这一系列比赛为围棋带来了深远的影响，改变了围棋在全世界范围内的格局，而且也让更多人了解并喜欢上了人工智能这个领域，这些都令我们感到自豪。

但读者可能会问，为什么要关注游戏呢？答案是，儿童通过游戏来了解真实世界，与之类似，机器学习研究者也通过游戏来训练人工智能软件。沿着这个脉络，DeepMind 公司的整体策略也是用游戏来模拟真实世界。而 AlphaGo 项目正是这个策略的一部分。这能帮助我们更好地研究人工智能，训练学习代理，以期望将来的某一天，我们能构建真正的通用学习系统，可以解决真实世界中最复杂的问题。

诺贝尔经济学奖获得者 Daniel Kahnemann 在他关于人类认知的《思考，快与慢》一书中描述了两种思维方式，而 AlphaGo 的工作方式正是类似于这两种思维方式。在 AlphaGo 中，慢的思考模式是通过一种名为蒙特卡洛树搜索（Monte Carlo Tree Search）的算法来实现的。对于某个棋盘布局，这个算法可以通过扩展一个游戏树来规划下一步动作。游戏树代表了未来所有可能的落子动作与回应动作。但由于围棋大约有 10^{170}（即 1 后面有 170 个 0）种可能的棋盘布局，因此要搜索全部的可能动作序列，其实是不可能实现的。为了解决这个问题，需要缩减搜索空间，我们给蒙特卡洛树搜索配套了一个深度学习组件——训练两个神经网络，其中一个用来预测对弈双方的获胜概率，另一个用来预测最有希望获胜的落子动作。

AlphaGo 的更新版 AlphaZero，依照强化学习的原理，完全靠自我对弈来进行学习。这样就不再需要任何人工训练数据了。它从零开始学习下围棋（以及国际象棋、将棋等），在与自己对弈的学习过程中，它常常能独立发现（之后再抛弃）人类棋手几百年来积累下来的策略，也独立地创造了许多属于它自己的独特策略。

在本书的阅读过程中，两位作者 Max Pumperla 和 Kevin Ferguson 将引领读者踏上从 AlphaGo

到它的后期扩展的美好旅程。读完本书之后，读者不仅能够了解如何实现AlphaGo风格的围棋引擎，还能对现代人工智能算法最重要的几个组成部分——蒙特卡洛树搜索、深度学习和强化学习，有深入的理解与实践。作者精心地组织了这几个人工智能话题，并选取围棋作为实践案例，使之既富有趣味，又浅显易懂。除此之外，读者还能学会围棋（这个人类有史以来发明的最美丽、最具挑战性的棋类游戏之一）的基础知识。

另外，本书从一开始就构建了一个可以运行的、简单的围棋机器人，并随着本书内容对它进行逐步的强化：从完全随机地选择动作，逐渐进化成一个复杂的、有自我学习能力的围棋AI。作者对基础概念做了精彩的阐述，再加上可执行的Python代码，带着读者一步一步地前进。必要时，他们也会深入阐述数据格式、部署和云计算等细节话题，使读者可以把围棋机器人真正地运行起来，并享受弈棋的乐趣。

总而言之，本书可读性、趣味性都很高，是对现代人工智能和机器学习的引人入胜的介绍。它成功地把AlphaGo这个人工智能领域中最激动人心的里程碑之一，转化为一门优秀的入门课程。循着这条道路学习下去的读者，将能够掌握足够的基础知识，理解和构建现代AI系统，并可以在任何需要时结合"快速"模式匹配与"慢速"规划的问题应用这些知识。因为"快思考"与"慢思考"正是基本认知能力的基础。

Thore Graepel

DeepMind研究科学家，代表DeepMind的AlphaGo团队

前言

2016年初，当AlphaGo第一次上新闻时，我们为计算机围棋的这个突破性进展感到无比激动。那时人们普遍认为，围棋的人工智能要达到人类级别，至少还得等10年。我们一场不漏地跟踪比赛进程，甚至熬夜观看赛事直播。当然，我们有许多伙伴——AlphaGo与樊麾、李世石和柯洁等围棋大师的对决，吸引了全球数以百万计的观众。

AlphaGo横空出世之后不久，我们就着手创建名为BetaGo的小型开源库，以验证我们是不是能够实现AlphaGo的一些核心运行机制。BetaGo项目的目标，是向感兴趣的开发人员展示AlphaGo背后的技术。当然，我们认识到自己没有足够的资源（时间、计算能力或智能）来与DeepMind那令人难以置信的成就去竞争，但构建属于自己的围棋机器人，本身就是一件很有趣的事情。

从那以后，我们有幸在许多场合讨论计算机围棋的话题。由于我们都是围棋爱好者，同时也是机器学习从业者，因此有时候很容易忘记公众并不像我们这样紧密跟踪新闻事件，他们从新闻事件中得到的信息是很少的。事实上，有点儿讽刺的是，虽然有数百万人观看比赛，但至少从我们的角度来看，观众大致分属于两个脱节的团体：

- 了解并喜欢围棋的人，但对机器学习知之甚少；
- 了解和欣赏机器学习的人，但几乎不了解围棋规则。

对外行来说，机器学习和围棋这两门技艺可能让他们感到高深莫测。虽然在过去几年中，有越来越多的软件开发人员开始学习机器学习，特别是深度学习，但是围棋在西方仍然极少人知晓。我们认为这种情况非常糟糕，所以真诚地希望这本书能够使上述两个团体更加紧密地联系在一起。

我们坚信，支撑AlphaGo系统的原理，可以通过更贴近实践的方式传授给广大软件开发人员。对围棋的享受和理解，来自大量的对弈和试验。这个道理对机器学习或其他任何学科是同样适用的。

如果读者在读完本书后，能体会到我们对围棋或者对机器学习的热情（希望两者都有！），那么本书的任务就完成了。如果在此之上，你还能学会如何构建和部署围棋机器人，并自己进行试验，那么更多有趣的人工智能应用也会向你打开大门。期待你享受本书的阅读过程！

致谢

我们要感谢 Manning 出版社的整个团队。有他们，这本书才得以出版。其中，要特别感谢两位兢兢业业的编辑：Marina Michaels，帮助我们完成了第一遍 80%的工作；Jenny Stout，帮助我们完成了第二遍 80%的工作。还要感谢我们的技术编辑 Charles Feduke 和技术审校 Tanya Wilke，帮助我们梳理和整合了全部代码。

我们还要感谢所有审稿人，他们提供了非常有价值的反馈：Aleksandr Erofeev、Alessandro Puzielli、Alex Orlandi、Burk Hufnagel、Craig S. Connell、Daniel Berecz、Denis Kreis、Domingo Salazar、Helmut Hauschild、James A. Hood、Jasba Simpson、Jean Lazarou、Martin Møller Skarbiniks Pedersen、Mathias Polligkeit、Nat Luengnaruemitchai、Pierluigi Riti、Sam De Coster、Sean Lindsay、Tyler Kowallis 和 Ursin Stauss。

还要感谢所有为我们的 BetaGo 项目做过试验或贡献的朋友，特别是 Elliot Gerchak 和 Christopher Malon。

最后，感谢所有曾经尝试教计算机下围棋并分享他们的研究的朋友。

Kevin Ferguson 的致谢

我要感谢 Carly 的耐心和支持，感谢父亲和 Gillian 教会我写作。

Max Pumperla 的致谢

特别感谢 Kevin 让本书出版变成现实，感谢 Andreas 与我进行了许多富有成效的讨论，感谢 Anne 对我的不断支持。

关于作者

马克斯·帕佩拉（Max Pumperla）就职于 Skymind 公司，是一名专职研究深度学习的数据科学家和工程师。他是深度学习平台 Aetros 的联合创始人。

凯文·费格森（Kevin Ferguson）在分布式系统和数据科学领域拥有 18 年的工作经验。他是 Honor 公司的数据科学家，曾就职于谷歌和 Meebo 等公司。

Max 和 Kevin 是 BetaGo 的共同创造者。BetaGo 是用 Python 开发的极少数开源围棋机器人之一。

关于本书

本书旨在通过一个实用而有趣的示例来介绍现代机器学习：构建一个能够进行对弈的围棋 AI。读完前 3 章后，读者就可以开发出一个可运行的围棋 AI 程序，尽管它弱得可怜。之后，每一章都会介绍一种新方法来改进围棋 AI。读者可以通过反复试验来了解每一种方法的优劣与局限。在最后几章，前面所有的积累将会达到一个顶峰：将展示 AlphaGo 和 AlphaGo Zero 如何把前面介绍的所有技术集成于一体，造就强大到令人难以置信的 AI。

目标读者

本书适合于那些想要尝试机器学习算法，但相比数学内容来说，更喜欢实践内容的软件开发人员。本书假定读者已经掌握了 Python 的基础知识。当然，书中的算法也可以用其他现代语言来实现。本书不要求读者有任何围棋基础。如果你喜欢的是国际象棋或其他棋类游戏，也可以将本书介绍的方法与技巧应用到这些棋类游戏中。当然，如果你是围棋爱好者，那么观察自己开发的围棋机器人学会下棋的过程，将会非常开心！两位作者都深有同感。

学习路线图

本书分为 3 部分，共包括 14 章和 5 个附录。
第一部分介绍本书涉及的主要概念。
- 第 1 章简明扼要地介绍人工智能的几个分支领域：人工智能、机器学习和深度学习。我们将解释这几个领域之间的关系，以及利用这些领域中的技术所能够解决与无法解决的问题。
- 第 2 章介绍围棋的基本规则，并说明我们能够教会计算机哪些知识来学习下棋。
- 第 3 章将使用 Python 来实现围棋棋盘和落子的逻辑，最终可以进行完整的对弈。在本章的最后，我们将编写出最弱的围棋 AI。

第二部分介绍创建一个强大的围棋 AI 所需的技术和理论基础。我们会着重介绍 AlphaGo 所采用的三大技术支柱：树搜索（第 4 章）、神经网络（第 5 章至第 8 章）、深度学习机器人和强化学习（第9章至第12章）。

- 第4章概要介绍几种搜索和评估棋局序列的算法。我们将从简单的极小化极大搜索开始介绍，然后介绍更高级的算法，如 α-β 剪枝算法、蒙特卡洛树搜索等。
- 第5章是人工神经网络话题的实践性介绍。我们将讲述如何用 Python 从零开始实现一个神经网络，用来预测手写的数字字符。
- 第6章解释围棋数据与图像数据的共通特征，并引入卷积神经网络对落子动作进行预测。从本章开始，我们将基于深度学习库 Keras 来构建我们的模型。
- 第7章将应用第5章和第6章中学到的实践知识来构建一个由深度神经网络驱动的围棋机器人。我们使用业余高阶棋手的实盘数据进行训练，并分析这种方法的局限性。
- 第8章讲述如何实现一个围棋软件，让人类棋手能够通过用户界面与围棋机器人进行对弈。读者还将学会如何与其他机器人在本地或远程围棋服务器上进行对弈。
- 第9章涵盖强化学习的基础知识，并介绍如何在围棋中使用它进行自我对弈。
- 第10章详细介绍策略梯度的概念。它是改进第7章中落子动作预测的关键方法。
- 第11章展示如何使用所谓的价值评估方法来评估棋局。这个方法是一种可以与第4章介绍的树搜索相结合的强力工具。
- 第12章介绍预测给定棋局与下一手落子时预测评估其长期效果的技巧。这将有助于我们更有效地选择下一手落子动作。

第三部分是本书的最终部分，我们将把之前开发的所有部件整合起来，成为一个接近 AlphaGo 的应用。

- 第13章的内容无论从技术角度上看还是从数学角度上看，都是本书的巅峰。我们首先将讨论如何在围棋数据上训练神经网络（第5章至第7章），接着继续进行自我对弈（第8章至第11章），最后我们将结合一个更聪明的树搜索方法（第4章），创建超越人类极限的围棋机器人。
- 第14章是本书的最后一章，描述棋盘游戏 AI 的最前沿技术。我们深入探讨 AlphaGo Zero 背后的理论基础：开创性地将树搜索和强化学习相结合。

在附录中，我们还将涵盖下面几个话题。

- 附录 A 温习线性代数和微积分的一些基础知识，并展示如何在 Python 库 NumPy 中表示常用的线性代数结构。
- 附录 B 介绍反向传播算法。这个算法描述了大多数神经网络所采用的学习过程，从第5章开始，我们就一直需要用到它。附录 B 会详述更多关于这个算法的数学细节。
- 附录 C 为想要更深入了解围棋的读者提供一些在线资源。
- 附录 D 简要介绍如何在 Amazon Web Services（AWS）上运行围棋机器人。
- 附录 E 展示如何将机器人连接到流行的围棋服务器上，这样就可以与世界各地的玩家进行对弈，并检验自己的成果了。

图 0-1 总结了各章对附录的依赖关系。

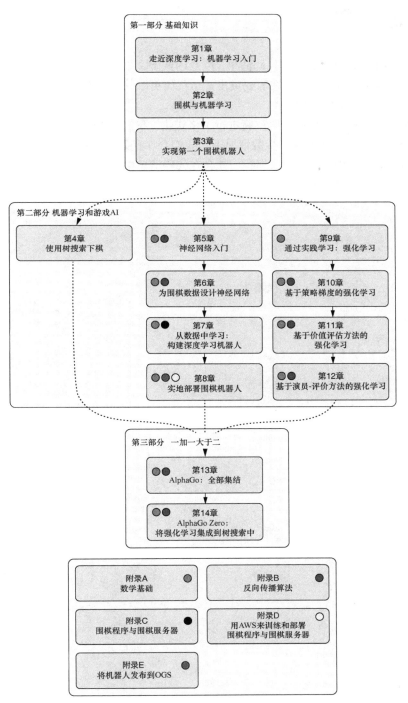

图 0-1 各章对附录的依赖关系

关于源代码

  本书包含了许多有单独编号的代码清单，以及内嵌于文本之中的行内代码。这些源代码都使用等宽字体，以区别于普通文本。在需要突出显示代码更改的时候（例如在已有代码基础上增添新功能时），我们会用粗体字来展示。

  大多数情况下，我们都把源代码重新进行了格式化。我们添加了换行符，改写了缩进，以适配书本并不充裕的页面空间；在极少数情况下，我们会在代码中使用换行标记符（➥）。另外，如果正文中对某段代码做出了描述，那我们就会在代码清单中做对应的注释。代码清单中还添加了许多标注文本，以突出重要的概念。

资源与支持

本书由异步社区出品，社区（https://www.epubit.com/）为您提供相关资源和后续服务。

配套资源

本书提供本书源代码。要获得以上配套资源，请在异步社区本书页面中点击 配套资源 ，跳转到下载界面，按提示进行操作即可。注意：为保证购书读者的权益，该操作会给出相关提示，要求输入提取码进行验证。

提交勘误

作者和编辑尽最大努力来确保书中内容的准确性，但难免会存在疏漏。欢迎您将发现的问题反馈给我们，帮助我们提升图书的质量。

当您发现错误时，请登录异步社区，按书名搜索，进入本书页面，点击"提交勘误"，输入勘误信息，点击"提交"按钮即可。本书的作者和编辑会对您提交的勘误进行审核，确认并接受后，您将获赠异步社区的 100 积分。积分可用于在异步社区兑换优惠券、样书或奖品。

扫码关注本书

扫描下方二维码,您将会在异步社区微信服务号中看到本书信息及相关的服务提示。

与我们联系

我们的联系邮箱是 contact@epubit.com.cn。

如果您对本书有任何疑问或建议,请您发邮件给我们,并请在邮件标题中注明本书书名,以便我们更高效地做出反馈。

如果您有兴趣出版图书、录制教学视频,或者参与图书翻译、技术审校等工作,可以发邮件给我们;有意出版图书的作者也可以到异步社区在线投稿(直接访问 www.epubit.com/selfpublish/submission 即可)。

如果您来自学校、培训机构或企业,想批量购买本书或异步社区出版的其他图书,也可以发邮件给我们。

如果您在网上发现有针对异步社区出品图书的各种形式的盗版行为,包括对图书全部或部分内容的非授权传播,请您将怀疑有侵权行为的链接通过邮件发给我们。您的这一举动是对作者权益的保护,也是我们持续为您提供有价值的内容的动力之源。

关于异步社区和异步图书

"异步社区"是人民邮电出版社旗下 IT 专业图书社区,致力于出版精品 IT 图书和相关学习产品,为作译者提供优质出版服务。异步社区创办于 2015 年 8 月,提供大量精品 IT 图书和电子书,以及高品质技术文章和视频课程。更多详情请访问异步社区官网 https://www.epubit.com。

"异步图书"是由异步社区编辑团队策划出版的精品 IT 专业图书的品牌,依托于人民邮电出版社近 40 年的计算机图书出版积累和专业编辑团队,相关图书在封面上印有异步图书的 LOGO。异步图书的出版领域包括软件开发、大数据、人工智能、测试、前端、网络技术等。

异步社区

微信服务号

目录

第一部分 基础知识

第1章 走近深度学习：机器学习入门 3
1.1 什么是机器学习 4
　1.1.1 机器学习与AI的关系 5
　1.1.2 机器学习能做什么，不能做什么 6
1.2 机器学习示例 7
　1.2.1 在软件应用中使用机器学习 9
　1.2.2 监督学习 11
　1.2.3 无监督学习 12
　1.2.4 强化学习 12
1.3 深度学习 13
1.4 阅读本书能学到什么 14
1.5 小结 15

第2章 围棋与机器学习 16
2.1 为什么选择游戏 16
2.2 围棋快速入门 17
　2.2.1 了解棋盘 17
　2.2.2 落子与吃子 18
　2.2.3 终盘与胜负计算 19
　2.2.4 理解劫争 20
　2.2.5 让子 20
2.3 更多学习资源 20
2.4 我们可以教会计算机什么 21
　2.4.1 如何开局 21
　2.4.2 搜索游戏状态 21
　2.4.3 减少需要考虑的动作数量 22
　2.4.4 评估游戏状态 22
2.5 如何评估围棋AI的能力 23
　2.5.1 传统围棋评级 23
　2.5.2 对围棋AI进行基准测试 24
2.6 小结 24

第3章 实现第一个围棋机器人 25
3.1 在Python中表达围棋游戏 25
　3.1.1 实现围棋棋盘 28
　3.1.2 在围棋中跟踪相连的棋组：棋链 28
　3.1.3 在棋盘上落子和提子 30
3.2 跟踪游戏状态并检查非法动作 32
　3.2.1 自吃 33
　3.2.2 劫争 34
3.3 终盘 36
3.4 创建自己的第一个机器人：理论上最弱的围棋AI 37
3.5 使用Zobrist哈希加速棋局 41
3.6 人机对弈 46
3.7 小结 47

第二部分　机器学习和游戏 AI

第 4 章　使用树搜索下棋　51
- 4.1　游戏分类　52
- 4.2　利用极小化极大搜索预测对手　53
- 4.3　井字棋推演：一个极小化极大算法的示例　56
- 4.4　通过剪枝算法缩减搜索空间　58
  - 4.4.1　通过棋局评估减少搜索深度　60
  - 4.4.2　利用 α-β 剪枝缩减搜索宽度　63
- 4.5　使用蒙特卡洛树搜索评估游戏状态　66
  - 4.5.1　在 Python 中实现蒙特卡洛树搜索　69
  - 4.5.2　如何选择继续探索的分支　72
  - 4.5.3　将蒙特卡洛树搜索应用于围棋　74
- 4.6　小结　76

第 5 章　神经网络入门　77
- 5.1　一个简单的用例：手写数字分类　78
  - 5.1.1　MNIST 手写数字数据集　78
  - 5.1.2　MNIST 数据的预处理　79
- 5.2　神经网络基础　85
  - 5.2.1　将对率回归描述为简单的神经网络　85
  - 5.2.2　具有多个输出维度的神经网络　85
- 5.3　前馈网络　86
- 5.4　我们的预测有多好？损失函数及优化　89
  - 5.4.1　什么是损失函数　89
  - 5.4.2　均方误差　89
  - 5.4.3　在损失函数中找极小值　90
  - 5.4.4　使用梯度下降法找极小值　91
  - 5.4.5　损失函数的随机梯度下降算法　92
  - 5.4.6　通过网络反向传播梯度　93
- 5.5　在 Python 中逐步训练神经网络　95
  - 5.5.1　Python 中的神经网络层　96
  - 5.5.2　神经网络中的激活层　97
  - 5.5.3　在 Python 中实现稠密层　98
  - 5.5.4　Python 顺序神经网络　100
  - 5.5.5　将网络集成到手写数字分类应用中　102
- 5.6　小结　103

第 6 章　为围棋数据设计神经网络　105
- 6.1　为神经网络编码围棋棋局　107
- 6.2　生成树搜索游戏用作网络训练数据　109
- 6.3　使用 Keras 深度学习库　112
  - 6.3.1　了解 Keras 的设计原理　112
  - 6.3.2　安装 Keras 深度学习库　113
  - 6.3.3　热身运动：在 Keras 中运行一个熟悉的示例　113
  - 6.3.4　使用 Keras 中的前馈神经网络进行动作预测　115
- 6.4　使用卷积网络分析空间　119
  - 6.4.1　卷积的直观解释　119
  - 6.4.2　用 Keras 构建卷积神经网络　122
  - 6.4.3　用池化层缩减空间　123
- 6.5　预测围棋动作概率　124
  - 6.5.1　在最后一层使用 softmax 激活函数　125
  - 6.5.2　分类问题的交叉熵损失函数　126
- 6.6　使用丢弃和线性整流单元构建更深的网络　127
  - 6.6.1　通过丢弃神经元对网络进行正则化　128

6.6.2 线性整流单元激活
函数 129
6.7 构建更强大的围棋动作
预测网络 130
6.8 小结 133

第7章 从数据中学习：构建深度学习机器人 134

7.1 导入围棋棋谱 135
    7.1.1 SGF 文件格式 136
    7.1.2 从 KGS 下载围棋棋谱
并复盘 136
7.2 为深度学习准备围棋
数据 137
    7.2.1 从 SGF 棋谱中复盘
围棋棋局 138
    7.2.2 构建围棋数据处理器 139
    7.2.3 构建可以高效地加载数据
的围棋数据生成器 146
    7.2.4 并行围棋数据处理和
生成器 147
7.3 基于真实棋局数据训练
深度学习模型 148
7.4 构建更逼真的围棋数据
编码器 152
7.5 使用自适应梯度进行
高效的训练 155
    7.5.1 在 SGD 中采用衰减和
动量 155
    7.5.2 使用 Adagrad 优化
神经网络 156
    7.5.3 使用 Adadelta 优化
自适应梯度 157
7.6 运行自己的实验并
评估性能 157
    7.6.1 测试架构与超参数的
指南 158
    7.6.2 评估训练与测试数据的
性能指标 159
7.7 小结 160

第8章 实地部署围棋机器人 162

8.1 用深度神经网络创建动作
预测代理 163
8.2 为围棋机器人提供 Web
前端 165
8.3 在云端训练与部署围棋
机器人 169
8.4 与其他机器人对话：围棋
文本协议 170
8.5 在本地与其他机器人
对弈 172
    8.5.1 机器人应该何时跳过
回合或认输 172
    8.5.2 让机器人与其他围棋程序
进行对弈 173
8.6 将围棋机器人部署到在线
围棋服务器 178
8.7 小结 182

第9章 通过实践学习：强化学习 183

9.1 强化学习周期 184
9.2 经验包括哪些内容 185
9.3 建立一个有学习能力的
代理 188
    9.3.1 从某个概率分布中进行
抽样 189
    9.3.2 剪裁概率分布 190
    9.3.3 初始化一个代理
实例 191
    9.3.4 在磁盘上加载并保存
代理 191
    9.3.5 实现动作选择 193
9.4 自我对弈：计算机程序
进行实践训练的方式 194
    9.4.1 经验数据的表示 194
    9.4.2 模拟棋局 197
9.5 小结 199

第10章 基于策略梯度的强化学习 200

10.1 如何在随机棋局中识别
更佳的决策 201
10.2 使用梯度下降法修改
神经网络的策略 204

10.3 使用自我对弈进行
训练的几个小技巧 208
  10.3.1 评估学习的进展 208
  10.3.2 衡量强度的细微
    差别 209
  10.3.3 SGD 优化器的微调 210
10.4 小结 213

第 11 章 基于价值评估方法的
强化学习 214
11.1 使用 Q 学习进行
游戏 214
11.2 在 Keras 中实现
Q 学习 218
  11.2.1 在 Keras 中构建双输入
    网络 218
  11.2.2 用 Keras 实现 ε 贪婪
    策略 222
  11.2.3 训练一个行动-价值
    函数 225
11.3 小结 226

第 12 章 基于演员-评价方法的
强化学习 227
12.1 优势能够告诉我们哪些
决策更加重要 227
  12.1.1 什么是优势 228
  12.1.2 在自我对弈过程中计算
    优势值 230
12.2 为演员-评价学习设计
神经网络 232
12.3 用演员-评价代理
下棋 234
12.4 用经验数据训练一个
演员-评价代理 235
12.5 小结 240

第三部分 一加一大于二

第 13 章 AlphaGo：
全部集结 243
13.1 为 AlphaGo 训练深度
神经网络 245

13.1.1 AlphaGo 的网络
架构 246
13.1.2 AlphaGo 棋盘
编码器 248
13.1.3 训练 AlphaGo 风格的
策略网络 250
13.2 用策略网络启动
自我对弈 252
13.3 从自我对弈数据衍生出
一个价值网络 254
13.4 用策略网络和价值网络
做出更好的搜索 254
  13.4.1 用神经网络改进蒙特卡洛
    推演 255
  13.4.2 用合并价值函数进行
    树搜索 256
  13.4.3 实现 AlphaGo 的搜索
    算法 258
13.5 训练自己的 AlphaGo 可能
遇到的实践问题 263
13.6 小结 265

第 14 章 AlphaGo Zero：
将强化学习集成到
树搜索中 266
14.1 为树搜索构建一个
神经网络 267
14.2 使用神经网络来指导
树搜索 268
  14.2.1 沿搜索树下行 271
  14.2.2 扩展搜索树 274
  14.2.3 选择一个动作 276
14.3 训练 277
14.4 用狄利克雷噪声改进
探索 281
14.5 处理超深度神经网络的
相关最新技术 282
  14.5.1 批量归一化 282
  14.5.2 残差网络 283
14.6 探索额外资源 284
14.7 结语 285
14.8 小结 285

附录 A　数学基础　286

附录 B　反向传播算法　293

附录 C　围棋程序与围棋
　　　　服务器　297

附录 D　用 AWS 来训练和部署
　　　　围棋程序与围棋
　　　　服务器　300

附录 E　将机器人发布到
　　　　OGS　307

第一部分

基础知识

机器学习是什么？围棋是什么？为什么围棋是游戏 AI 中如此重要的一个里程碑？教计算机下围棋，与教计算机下国际象棋或跳棋有什么不同？

在本书的第一部分中，我们将会回答上述所有问题。而且，我们将会构建一个灵活的围棋游戏逻辑库，为本书后面的章节内容打下良好的基础。

第 1 章　走近深度学习：机器学习入门

本章主要内容
- 机器学习以及它与传统编程的区别。
- 机器学习能够解决以及不能解决的问题。
- 机器学习与人工智能的关系。
- 机器学习系统的结构。
- 机器学习的不同分支领域。

自计算机出现以来，许多开发人员就一直热衷于研究人工智能（Artificial Intelligence，AI）：在计算机上实现类似于人的行为。游戏一直是人工智能研究界的热门话题。在 PC 时代，AI 已经在西洋跳棋、西洋双陆棋、国际象棋等绝大多数经典棋类游戏中超越了人类。但是几十年以来，围棋这个古老的策略游戏，仍然顽强地屹立于计算机之上。直到 2016 年，Google DeepMind 的 AlphaGo AI 向 14 届世界冠军李世石发起挑战，并获得了五战四胜的成绩。其后，AlphaGo 的改进版则完全超越了人类棋手的极限：它连续赢得了 60 场比赛，并在这个过程中战胜了几乎所有著名的围棋棋手。

AlphaGo 所做出的创造性突破，是利用机器学习来增强经典 AI 算法。具体地说，AlphaGo 使用了被称为深度学习（deep learning）的现代技术，它是一种可以把原始数据组织成多个有意义的抽象层次的算法。不仅如此，这个技术完全超越了棋类游戏的范畴：在图像识别、语音理解、自然语言翻译和机器人的控制程序中，都可以找到深度学习的应用。掌握了深度学习的基础知识，就有了理解这些应用的基础。

那么，为什么我们要写一整本书来介绍计算机围棋呢？读者可能会猜测，我们是不是铁杆围棋爱好者？——好吧，我们承认的确如此。但其实我们不研究国际象棋或双陆棋而研究围棋的真正原因是，与它们相比，强大的围棋 AI 离不开深度学习。Stockfish 之类的顶级国际象棋引擎包含了大量的国际象棋专用逻辑，而要写出类似的东西，就需要足够的国际象棋知识。但有了深度学习，即使我们不懂围棋技巧，也能够教会计算机模仿棋高手。这正是深度学习强大的地方，让人们能够开拓出各种各样的技术应用，无论是在棋类游戏中，还是在真实世界中。

国际象棋和西洋跳棋的 AI 所采取的设计策略，是想办法让 AI 比人类棋手想得更远、猜得更准。但如果围棋 AI 也这么做，则会遇到两个问题：首先，在围棋中，由于需要考虑的落子动作的可能性实在太多，没办法预测很远；其次，即使能够提前预测，也无法评价落子动作的优劣。而实践证明，深度学习是解决这两个问题的关键。

本书的主题是通过介绍 AlphaGo 背后的技术来引出深度学习的实践性介绍。要学习这些技术，读者并不需要对围棋有深入的研究，只需要了解机器能够学会的通用规则即可。本章介绍机器学习和它能够（以及不能）解决的问题类型。我们将通过几个示例来阐述机器学习的主要分支领域。我们将看到深度学习如何把机器学习带入新的领域。

1.1 什么是机器学习

我们先考虑一个任务：从照片中识别出某位友人。对大多数人来说，就算照片光线不足，或是友人刚理过发，或是换了新衣服，要认出他来也是轻而易举的事。但若是要在计算机上编程来解决这个问题，应当如何开始呢？恐怕谁都会毫无头绪吧。而这类问题正是机器学习所能够解决的。

传统上来讲，计算机编程指在结构化的数据上执行明确的程序规则。软件开发人员动手编写程序，告诉计算机如何对数据执行一组指令，并输出预期的结果，如图 1-1 所示。这个过程与税务申报有些类似：税单中的每个框都有明确的定义，并且有详尽的规则指明如何进行计算。在有的地方，这种计算规则可能相当复杂。人们在填写税单时非常容易犯错，而这正是计算机程序最擅长的任务。

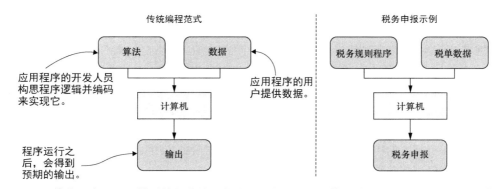

图 1-1　软件开发人员所熟悉的标准编程范式。开发人员构思算法并实现代码；用户提供数据

与传统的编程范式不同，机器学习不用直接实现算法，而是从样本数据推断出程序或算法。因此，在应用机器学习技术时，我们仍然向计算机提供数据，但不再提供指令，也不再等待预期的输出，而是向它提供我们所希望的输出，让机器自己找到对应的算法。

要构建一个计算机程序来识别照片中的友人，可以先获取许多他的照片，然后用一套算法来分析这个照片集合，并生成一个能够匹配照片的函数。如果这一步做得足够好，生成的函数甚至可以用来检验没见过的新照片。当然，程序其实并不知道它的目标是什么，它唯一要做的是判断新图片与提供给它的原始图片是否相似。

在这个场景中，提供给机器用来训练的图片被称为训练数据（training data），而图片中人物的名称则被称为标签（label）。在为一个目标训练（train）出算法之后，可以用这个算法来预测（predict）新数据上的标签，以进行测试。图1-2展示了一个示例，并描述了机器学习范式。

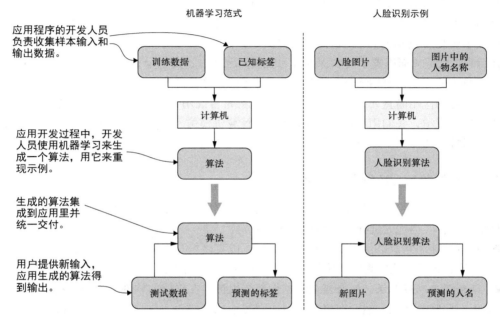

图1-2 机器学习范式：在开发过程中，从数据集生成一个算法，然后将它集成到最终的应用中

机器学习适用于规则模糊的场景。它擅长解决类似于"等我看到了才知道它是什么"的问题。我们不用直接编写函数，而是提供数据来指导函数应该做什么，然后科学地生成与数据相匹配的函数。

在实践中，通常需要把机器学习和传统编程结合起来，才能构建出真正有用的应用。例如，对于前面提到的人脸识别应用，我们必须告诉计算机如何查找、加载和转换示例图像，然后才能对图像数据应用机器学习算法。除此之外，还可能需要手写一些规则，例如如何区分头部特写、日落和咖啡拉花。把传统编程技术和先进的机器学习算法结合起来，往往会比只用其中一个要好得多。

1.1.1 机器学习与AI的关系

从广义上讲，AI是指任何让计算机模仿人类行为的技术。AI技术包括很多不同的范畴，例如以下几种：

- 逻辑生产系统，应用形式逻辑来分析语句；
- 专家系统，软件开发人员尝试将人类知识直接编码到软件中；
- 模糊逻辑，定义算法来帮助计算机处理不精确的语句。

这几个技术都是基于规则的，有时我们称它们经典 AI 或老式 AI（Good Old-Fashioned AI，GOFAI）。

机器学习只是人工智能领域的众多分支领域之一，但如今它可以说是最成功的一个。尤其是深度学习，作为机器学习的一个子领域，它成功地引领了近年来 AI 世界激动人心的几次突破，甚至解决了困扰研究界数十年的问题。在经典 AI 中，研究者分析人类行为，尝试找到相应的规则，并编写成代码。而机器学习和深度学习解决问题的方式则完全相反：在机器学习里，我们先收集人类行为的样例，再用数学与统计学技术从数据中抽取规则。

深度学习的应用简直无处不在，以至于研究界常常混用 AI 和深度学习这两个词语。在本书中，为了避免混淆，我们用 AI 这个词来表示用计算机模仿人类行为的一般问题，用机器学习或深度学习来特指从样例中抽取算法的数学技术。

1.1.2 机器学习能做什么，不能做什么

机器学习是一种专门的技术。它不能用来更新数据库记录，也不能用来呈现用户界面。在下面几种情形中，应当优先选择传统编程来解决问题。

- 用传统算法就能够直接解决问题。如果可以直接编写代码来解决问题，那么与机器学习相比，传统算法的理解、维护、测试和调试将更加容易。
- 期望程序准确无误。所有复杂的软件都会出错。在传统的软件工程中，我们可以系统地识别和修复 bug，然而在机器学习中则并不总是如此。我们可以想办法改进系统，但若是过分专注于个别错误，往往会导致整个系统变得更糟。
- 简单的启发式规则已经够好了。如果用几行代码就能够实现一个足够好的规则，那么最好安于现状。这种简单的启发式规则如果实现得足够清晰，就会非常易于理解和维护。而机器学习生成的函数却仿佛雾里看花，如果要修改更新，还需要再单独执行一遍训练过程。相反地，如果需要维护一整套复杂的规则，那么用机器学习代替传统编程就可能是个很好的选择了。

实际上，有些问题用传统编程能够解决，但如果对问题稍作变化，就可能连机器学习也难以解决了。这两类问题的区别往往非常细微。例如，前面讨论的图像中人脸识别的问题与给人脸标记名称的问题。又如，检测文本所使用的语言并不难解决，但如果想将文本翻译成其他指定的语言，其难度就会有天壤之别。

当问题的复杂度非常高时，人们往往还是倾向于使用传统编程解决，即使机器学习可能更有用。在面对信息密集、错综复杂的场景时，例如在宏观经济学、股票市场预测和政治领域中，人们通常倾向于寻求经验法则和规则表述。但实际上机器学习的发现往往能够提供灵感，从而大大帮助这些流程管理人员或专家们的直觉判断。真实世界的数据往往比预想中更有结构。在很多领

域里，我们才刚刚开始感受到自动化与增强机器学习发展所带来的好处。

1.2 机器学习示例

机器学习的目标是构建一个很难直接实现的函数。要做到这一点，首先需要选择一个模型（model），即一族通用函数，然后需要按照一个流程从这一族函数中选取与目标相匹配的函数，这个流程被称为模型训练（training the model）或模型拟合（fitting the model）。下面是一个简单的示例。

假设我们收集了一些人的身高和体重数据，并绘制在图上。图 1-3 展示了从职业足球队员名单中提取的一系列数据点。

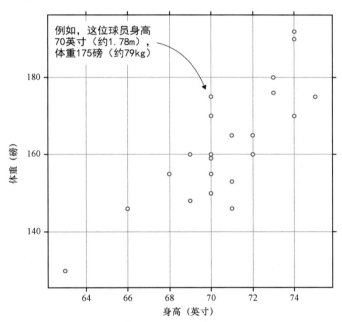

图 1-3　一个简单的示例数据集。图上的每个点代表一名足球运动员的
身高与体重。我们的目标是用这些数据点拟合出一个模型

假设我们想用一个数学函数来描述这些数据点。首先，注意这些数据点大致可以形成一条向图的右上方延伸的直线。在代数中我们学过，形如 $f(x) = ax + b$ 的函数可以描述一条直线。或许我们可以找到一组合适的 a、b 值，使得 $ax + b$ 能很好地匹配这些数据点。这里 a、b 的值，就是我们需要搞清楚的模型参数（parameter），或者说权重（weight），而这个函数族就是我们的模型。我们可以编写一段 Python 代码来生成函数族中的任意一个函数：

```
class GenericLinearFunction:
    def __init__(self, a, b):
```

```
        self.a = a
        self.b = b

    def evaluate(self, x):
        return self.a * x + self.b
```

那么如何找到正确的 a 值和 b 值呢？我们可以使用严格的算法来找到它们，但也可以先在图上用尺子简单地画一条通过图形的直线，然后计算它的公式。图 1-4 展示了一条直线，这条直线大致遵循这些数据点的趋势。

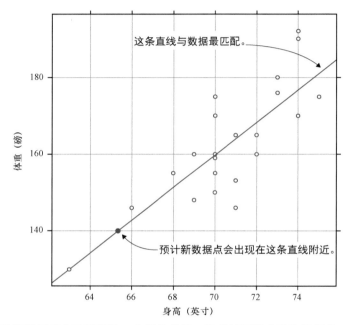

图 1-4　首先注意数据集大致遵循的一个线性趋势，接着找到拟合这些数据的一条直线的公式

只要挑选直线经过的几个点，就可以计算得到直线的公式，并得到类似于 $f(x) = 4.2x - 137$ 的结果。至此，我们就有一个与数据相匹配的具体函数了。如果这时候我们再测量一个新球员的身高数据，就可以用得到的函数来估计他的体重。这种估计并不完全准确，但应当足够接近真实值，因此是具有实用价值的。下面的代码将 `GenericLinearFunction` 转换为一个特定的函数：

```
height_to_weight = GenericLinearFunction(a=4.2, b=-137)
height_of_new_person = 73
estimated_weight = height_to_weight.evaluate(height_of_new_person)
```

只要新得到的数据同样采集自职业足球运动员，就可以得到相当准确的估计。因为这个数据集包含的都是成年男性，年龄范围也相当狭窄，并且每天都练习同一项运动。但如果用这个函数去预测女子足球运动员、奥运举重运动员或者婴儿，就会得到很不准确的结果。生成的函数受限于训练数据。

以上就是机器学习的基本流程。在上面的例子中，训练模型即是所有形如 $f(x) = ax + b$ 的函数族。实际上，即便这么简单的模型也是非常有用的，并且统计学家们一直在使用它们。如果需要处理更复杂的问题，就必须采用更复杂的模型以及更先进的训练技术了。但核心思想还是一样的：先描述一族可能的函数，再找到函数族中最适合的那个。

> **Python 和机器学习**
>
> 本书中的所有代码示例都是用 Python 编写的。为什么选择 Python 呢？首先，Python 是一种通用的程序开发语言，有很强的表达力。此外，在机器学习和数学编程领域，Python 本就是最流行的语言之一。这两个优势结合起来，使得 Python 成为机器学习应用的一个自然选择。
>
> 还有一个原因让 Python 在机器学习领域广受欢迎：它有一大堆强大的数值计算包。本书使用了以下几个包。
>
> - NumPy——这是一个数值计算库，提供了高效的数据结构来表示数值向量和数组，还配备了功能完善的高速数学运算库。NumPy 是 Python 数值计算生态的基石：许多机器学习和统计库都集成了 NumPy。
> - TensorFlow 和 Theano——这是两个图计算库（这里的图，指的是由相互连接的节点所组成的网络结构，而不是图表中的图形）。它们可以定义复杂的数学运算序列，然后生成高度优化的实现。
> - Keras——这是一个深度学习的高级库。它提供了很多便捷的方法来配置神经网络。Keras 后台依赖于 TensorFlow 或 Theano 来进行原始计算。
>
> 本书代码示例所用的库版本分别是 Keras 2.2 和 TensorFlow 1.8。理论上，只要进行少许修改，这些代码就能在 Keras 2.x 系列的任何版本中运行。

1.2.1 在软件应用中使用机器学习

在 1.2 节中，我们讨论了一个纯粹的数学模型。那么如何将机器学习应用于真实的软件应用中呢？

假设有一个照片共享应用，用户已经上传了数百万张附带标签的照片。这时我们想要添加一个新功能：为新照片推荐相关标签。这个功能非常适合使用机器学习。

首先我们需要确定想要学习的函数。假设函数是下面这样的：

```
def suggest_tags(image_data):
    """Recommend tags for an image.

    Input: image_data is a photo in bitmap format

    Returns: a ranked list of suggested tags
    """
```

有了这个函数，其他的功能就相对容易实现了。但如何着手实现 `suggest_tags` 这个函数本身呢？很难找到头绪。而这正是机器学习能够发挥作用的地方。

如果这是一个普通的 Python 函数，它的输入应当是某种 `Image` 对象，它返回的应当是一个字符串列表。但机器学习算法的输入和输出就没那么灵活了：机器学习通常只能处理向量和矩阵。因此，工作的第一步是用数学的形式来表示这个函数的输入和输出。

如果将输入的照片尺寸转换为固定尺寸（如 128 像素×128 像素），我们就可以把它编码成 128 行、128 列的矩阵了，这时照片的每个像素对应一个浮点数值。那么对于输出该如何处理呢？一种办法是限定识别的标签集合，例如，可以只选择应用里最流行的 1000 个标签。这样函数的输出就可以设为大小为 1000 的向量了，而它的每个元素对应一个标签。如果把标签输出值设置为 0~1 的变化数值，那么函数就可按照这个建议值的顺序生成有序的标签列表了。图 1-5 展示了这个应用中每个概念与数学结构之间的映射。

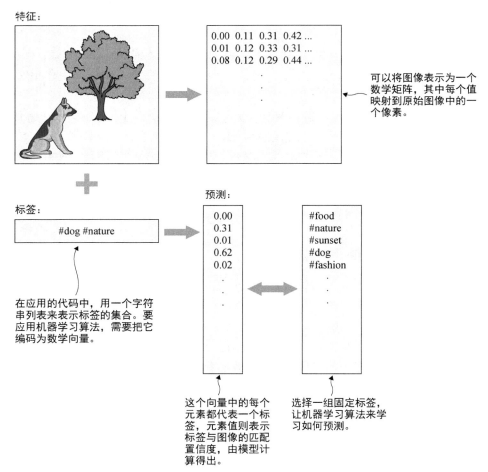

图 1-5　机器学习算法只能操作向量或矩阵之类的数学结构，而在这个照片应用里，用来存储标签的字符串列表是一种标准的计算机数据结构。本图展示将标签列表编码成数学向量的一种可能方案

我们在上面所做的数据预处理，是所有机器学习系统都不可或缺的一个步骤。在机器学习中，

我们通常会加载原始格式的数据,然后执行预处理步骤,创建一系列特征(feature),并作为输入数据发送给机器学习算法。

1.2.2 监督学习

接下来,我们需要一个用来训练模型的算法。在前面的示例中,我们已经拥有数以百万的正确样本,即用户在应用中上传并手动标记过的所有照片。我们可以训练一个函数来尽可能地拟合这些样本数据,并希望这个函数能够聪明地处理新照片。我们把这种技术称为监督学习(supervised learning)。这么命名的原因是我们利用了人工整理的标签数据来监督指导训练过程。

训练完成之后,会得到一个函数,然后集成到应用中发布。每当用户上传新照片时,照片数据会传递给训练好的模型函数,并获得一个结果向量。接着我们就可以把结果向量中的每个值映射回它所代表的标签,然后选择数值最大的标签显示给用户。整个流程如图 1-6 所示。

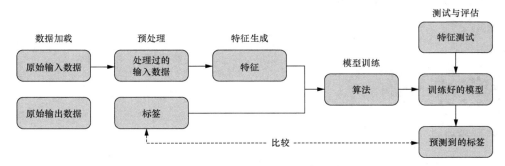

图 1-6 基于监督学习的机器学习流程

那么如何测试训练得到的模型呢?标准的做法是将原始标签数据提前预留出一部分用于测试。在训练开始之前,我们可以将数据中的一小部分(如 10%)留作验证集(validation set)。验证集中的数据不能以任何形式参与训练过程。训练完成后,用得到的模型来处理验证集中的图像,并把模型建议的标签与已知的正确标签进行比较。这样就可以计算出训练模型的准确率(accuracy)了。如果想尝试不同的模型,可以把这个准确率作为一致标准,来衡量哪个模型更好。

在游戏 AI 中,我们可以从人类游戏的记录中提取带标签的训练数据。在线游戏对机器学习来说是一个巨大的促进:当人们在线玩游戏时,游戏服务器都可以保存一份计算机可识别的记录。我们举几个在游戏中使用监督学习的例子:

- 假设有一个国际象棋游戏的完整棋谱集合,可以用向量或矩阵形式来表示游戏状态,并从这些数据中学习如何预测下一手落子动作;
- 对于给定的棋盘状态,学习如何预测本局的胜负概率。

1.2.3 无监督学习

机器学习还有另一个子领域,称为无监督学习(unsupervised learning)。与监督学习不同,它不用任何标签来指导学习过程。在无监督学习中,算法必须想办法自己从输入数据中识别出模式。无监督学习的学习流程与图 1-6 所示的监督学习流程的唯一区别就在于它缺少标签,因此它无法像监督学习那样评估模型的预测结果。

异常值检测(outlier detection)问题,即识别不符合数据集总体趋势的数据点的问题,是无监督学习的一个典型案例。在足球运动员数据集中,异常值指的是与队员典型体格不相符的数据。例如,假设有一个身高×宽度的数据点,并且我们已经为模型拟合出一条平均直线,那就可以想出一个算法来计算这个数据点与平均直线之间的距离。如果距离超过了某个阈值,就可以把这个数据点看作异常值了。

在棋盘游戏 AI 中,一个很自然的问题是如何检查棋子间的相互关联,即检查哪些棋子形成一个组合。我们将在第 3 章中更详细地解释它对于围棋的意义。这种搜寻关联个体所形成的组合的问题被称为聚类(clustering)或组块(chunking)。图 1-7 展示了一个国际象棋的例子。

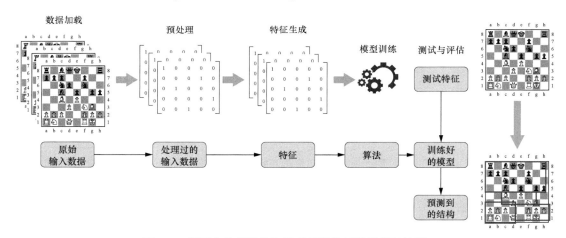

图 1-7 用于查找棋子的聚类或组块的无监督学习流程

1.2.4 强化学习

监督学习很强大,但如何找到高质量的训练数据可能会是一个主要问题。假设我们想要设计一个扫地机器人。它有很多传感器,用于检测是否靠近障碍物;它还有电动引擎,可以在地板上飞奔或转向。它需要一个控制系统,负责分析传感器的输入并决定应该如何移动。但这个问题无法用监督学习来解决,因为我们无法得到可以用作训练数据的样本——扫地机器人还没制造出来。

对此,我们可以用强化学习(reinforcement learning)来解决。强化学习是一种反复试错的方法。我们先从一个效率很低、精度不够高的基本控制系统开始,让机器人不断地尝试完成它的任务。在任务执行期间,我们把控制系统遇到的所有输入以及它所做的所有决策都记录下来。任务完成之后,用某种方法来评估控制系统的表现,例如,可以计算它实际覆盖到地板面积的比例,或计算它的耗电程度。这个过程能够提供一小批训练数据,我们用它们来改进控制系统。接着再反复不断地执行这个过程,我们就可以逐步得到更加高效的控制系统了。图 1-8 展示了训练过程的流程图。

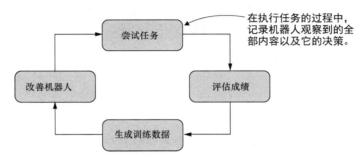

图 1-8 在强化学习中,机器人通过反复试错来学习如何与环境进行交互。它通过反复尝试完成任务来获得可供学习的监督信号数据。每经过一个训练周期,都能够得到一点增量改进

1.3 深度学习

本书的内容由很多句子组成,这些句子由单词组成,这些单词又由单字组成,单字[①]则由线条和曲线组成,而这些线条和曲线由微小的墨点组成。在教孩子学习阅读的时候,我们往往从最小的部分开始,然后逐渐提高难度:首先是字,然后是词,再接着是句子,最后才是完整的书。(至于线条和曲线,孩子们往往能自己学会识别。)这种分层的结构是人类学习复杂概念的一种自然方式。每上升一层,我们都会丢掉一些细节,让概念变得更加抽象。

深度学习把这些原理应用到了机器学习之中。深度学习是机器学习的一个子领域,它采用了一个特定的模型:一族通过某种方式连接起来的简单函数。由于这类模型的结构是受到人类大脑结构的启发而创造出来的,因此我们通常把它们称为神经网络(neural networks)。神经网络中的函数链条能够将复杂的概念分解为多个层次的更简单的概念,这就是深度学习的核心思想。例如,深度学习模型的第一层,可以用来学习如何获取原始数据,并用基本的方式来组织它(如将多个点组合成直线)。后面每一层都将前面一层组织成更高级、更抽象的概念。我们把学习这种抽象概念的过程称作表征学习(representation learning)。

深度学习的神奇之处在于,我们并不需要事先了解中间层的概念具体是什么。如果选择的模型层次足够多(即深度足够深),并提供足够数量的训练数据,它就能在训练过程中逐步将原始数据组织为越来越高级的概念。那么训练算法怎么知道应当使用哪些概念呢?它并不需要知道。

---
① 原著中的单字指的是英文字母。——译者注

它只需要找到能够更好地匹配训练样本的数据组织方式就可以了。至于生成的表征是不是能够符合人们对数据的印象，那就无法保证了。图 1-9 展示了如何将表征学习融入深度学习的流程中。

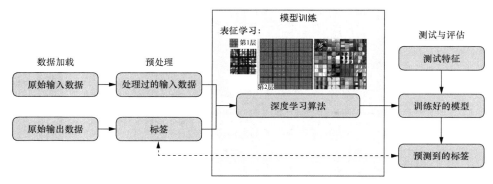

图 1-9　深度学习和表征学习

深度学习的这种强大能力是有代价的：深度学习模型需要学习的权重数量非常巨大。回顾一下前面处理身高-体重数据集的简单模型 $ax + b$，这个模型只有两个权重需要学习。而用于处理图像标签应用的深度学习模型，则可能有上百万个权重。因此，深度学习需要更大的数据集、更强的计算能力以及更多的训练实践。深度学习与传统机器学习各有其适用的情形。在下列几种情形中，深度学习是一个不错的选择。

- 应用的数据格式是非结构化的。图像、音频和书面语言都是深度学习的理想处理对象。采用简单模型来学习这些数据也不是不可能，但通常需要非常复杂的预处理过程。
- 有大量的可用数据，或者有办法获得更多数据。通常，模型越复杂，训练所需的数据就越多。
- 有足够强的计算能力或充足的时间。深度学习模型在训练和评估过程中都需要更多的计算量。

而在以下的情形中，应当选择参数较少的传统模型。

- 应用的数据是结构化的。如果输入看起来更像是数据库记录，那么通常可以直接应用简单模型。
- 想要一个描述性的模型。使用简单模型，能够看到最终学习到的具体函数，因而可以直接检查不同的输入对输出的影响。这样做能让开发者更方便地了解应用在真实世界中的工作情况。但是在深度学习模型中，特定输入与最终输出之间隔着绵长曲绕的神经连接，使得我们很难对模型做出描述或解释。

由于深度学习指的是模型类型，因此前面讲到的几个不同的机器学习分支，都可以应用它。例如，在监督学习中，根据拥有的训练数据的不同，我们可以在简单模型或深度学习模型之间做出选择。

1.4　阅读本书能学到什么

本书是对深度学习和强化学习的实践性介绍。要充分掌握本书，读者应当熟练阅读与编写

Python 代码，并熟悉基本的线性代数和微积分知识。在本书中，我们将会讨论以下几个问题。

- 如何用深度学习库 Keras 来设计、训练、测试神经网络？
- 如何设置有监督的深度学习问题？
- 如何设置强化学习问题？
- 如何将深度学习集成到一个实际应用中？

在纵览全书的过程中，我们会跟随一个具体而有趣的实例：构建围棋 AI。我们的围棋机器人是深度学习与标准的计算机算法相结合的产物。我们将使用简单明了的 Python 代码，来执行棋盘规则，跟踪游戏状态，并预先推测可能发生的棋局状态。而深度学习将帮助机器人识别哪些动作值得深入探讨，并在盘中阶段的每一回合帮助它评估哪一方领先。在学习本书的各个阶段，每次采用了更复杂的技术后，读者都可以与改进的机器人对弈，并观察它的进步。

如果读者对围棋特别感兴趣，可以把本书构建的机器人当作起点去尝试自己的更多想法。读者还可以把这套技术应用到其他棋类游戏中，甚至应用到游戏之外的领域，为各种应用增添深度学习带来的强大力量。

1.5 小结

- 机器学习是一种从数据生成函数而不是直接编写函数的技术。它可以用来解决那些过于模糊而无法直接编程解决的问题。
- 要开展机器学习，通常需要先选择一个模型，即一族通用的数学函数，接下来对模型进行训练，即用某种算法找到这一族函数中最适合的那个。研究机器学习时，最重要的技艺就在于如何选择正确的模型，以及将特定数据集转换成模型能够处理的格式。
- 机器学习有 3 个主要的领域，分别是监督学习、无监督学习和强化学习。
- 监督学习指利用已知的正确样本数据来学习一个函数。在能够得到人类行为或知识的样本时，可以使用监督学习在计算机上模仿它们。
- 无监督学习是指在事先对数据的结构一无所知的情况下，从数据中抽取结构的算法。它的一个常见应用是将数据集拆分为多个逻辑组，即聚类问题。
- 强化学习指通过反复试错来学习一个函数。如果要编程评估程序完成目标的程度，就可以应用强化学习，通过多次反复试错来逐步改进程序。
- 深度学习是指在机器学习中使用的一种特殊的模型，它擅长处理非结构化的输入（如图像或文本）。它是当今计算机科学中最激动人心的领域之一，而且正在不断地突破我们对计算机能做什么的想法的极限。

第 2 章 围棋与机器学习

本章主要内容
- 为什么游戏是适合人工智能的优秀题材?
- 为什么围棋是适合深度学习的好问题?
- 围棋的规则是什么?
- 棋类游戏中的哪些部分可以用机器学习来解决?

2.1 为什么选择游戏

游戏是人工智能研究中最受欢迎的主题。这不仅是因为游戏很有趣,还因为它从某种程度上简化了现实生活的复杂度,使得人们可以专注于研究算法本身。

设想一下,当你在 Twitter 或 Facebook 上看到一条信息"呃,我忘记带伞了。"的时候,你马上就能得出结论:你的朋友淋雨了。但这个信息在句子中完全没有体现。那么你是如何得出这个结论的呢?首先,根据常识可以得出雨伞的用途;接着,生活经验告诉你,人们愿意花工夫去写信息,那肯定是事出有因:要是在一个阳光灿烂的日子里说"我忘记带伞了",就会显得非常奇怪。

人类在阅读句子时可以毫不费力地联想到这些背景信息。但对计算机来说,这可并不容易。现代的深度学习技术能够高效地处理人提供给它的信息,但要找到所有的关联信息并提供给计算机则是很困难的事情,往往超出人的能力极限。而游戏可以回避这类问题:游戏运行在人为构造的世界中,因此决策所需的全部信息都明确地写在游戏规则里了。

不仅如此,游戏还特别适合强化学习。我们知道,强化学习需要反复运行程序,并评估它的任务完成效果。假设我们用强化学习训练机器人在房间四处移动。在控制系统进行足够优化之前,机器人可能会从楼梯上跌落,或撞倒家具。所以我们也可以换一种办法,建立一个计算机模拟环境,让机器人在其中运行。这么做能避免未经训练的机器人在真实世界如初生牛犊般乱跑,但也会产生新问题。首先,开发完备的计算机模拟环境本身就是一个很大的工程,需要增加新的投入;其次,模拟很可能并不完全准确。

而对游戏来说,情况就很不一样了。我们唯一要做的事情就是让 AI 进行游戏。就算它在学习的过程中输了几十万场比赛，又有什么影响呢？因此，在强化学习领域里，游戏对于严肃的研究是至关重要的。许多前沿的算法都选择先用雅达利电子游戏（如打砖块，英文名为 Breakout）来演示成果。

当然，强化学习是能够成功地应用于真实世界的问题的。大量的研究人员和工程师都已经成功做到了这一点。如果先从游戏着手，就能够避免构造逼真的训练环境的麻烦，从而专注于研究强化学习本身的机制和原理。

本章将介绍围棋游戏的规则。然后我们会讲述棋盘游戏 AI 的高层结构，并指出哪些地方可以引入深度学习技术。最后，我们将介绍如何在研发过程中评估游戏 AI 的改进程度。

2.2 围棋快速入门

要阅读本书，并不需要读者是围棋高手，但至少要理解围棋的规则，这样才能够在计算机程序中实现它们。幸运的是，围棋的规则其实很简单。用一句话概括就是：黑白双方棋手交替将黑白棋子落在棋盘上，黑方先落子；游戏的胜利目标是让己方棋子在棋盘上控制尽可能大的地盘。

虽然规则很简单，但围棋的策略深度却是无穷尽的，以至于我们都不打算在本书介绍任何围棋策略。如果读者想要了解更多信息，可以参看后文提供的相关资源。

2.2.1 了解棋盘

围棋棋盘是一个正方形的网格，如图 2-1 所示。棋子落在十字交叉点的位置，而不是方格内。

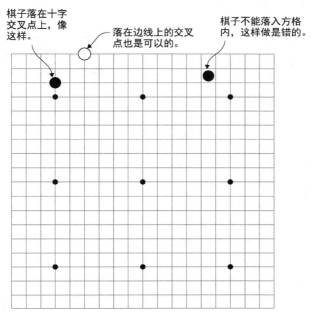

图 2-1　标准 19 × 19 围棋棋盘。标有粗圆点的交叉点称为星位，
棋手用它们作为参考点。棋子只能落在交叉点上

标准棋盘的规格是 19×19，但有时棋手也会使用较小的棋盘来进行快速较量。在较小的规格中，9×9 和 13×13 棋盘更受欢迎。（这里说的棋盘规格，指的是棋盘上交叉点的数量，而不是方格的数量。）

注意，棋盘中标记了 9 个粗圆点，这些点称为星位。它们的主要作用是辅助棋手判断棋盘上的距离，对棋局并没有任何影响。

2.2.2　落子与吃子

一方执黑子，另一方执白子，双方交替落子，执黑子的一方先落子。落子之后棋子不能移动，但被对方吃子的情况除外，此时这颗棋子要从棋盘中提走[①]。要吃掉对方的棋子，需要用己方的棋子将它们完全围住。下面我们讲述如何吃子。

同色棋子如果相连，则被认为是一个整体，如图 2-2 所示。注意，只有沿着直线上下、左右连接才算作相连，对角线相邻则不算。任何紧挨着这个连接的整体（我们称为一个棋组）的空白点，都算作这个棋组的气。每一组棋子都至少需要一口气才能留在棋盘上，否则就会被吃掉，或者说被提子。因此，对弈过程中可以通过封住对方的气来吃掉对方的棋子。

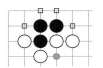

图 2-2　图中的 3 颗黑子是相连的。它们在上方有 4 口气，在图中用小方框标记表示。白方可以在这 4 口气上均落下白子来吃掉黑子

如果在对方棋组的最后一口气上落子，就可以吃掉这个棋组，并从棋盘上提走它们。这样会重新释放出来空点，之后双方都可以再次落子（前提是落子动作是合法的）。相应地，没有气的位置不能落子，除非这次落子能提走对方棋子。

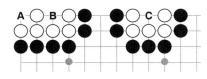

图 2-3　左边的白子永远不会被吃掉：黑方既不能在 A 点落子，又不能在 B 点落子。因为黑子落下之后立即变成没有气的，因此落子是非法动作。而在右边，黑方可以在 C 点落子，并一次提走 5 颗白子

吃子规则会产生一个有趣的现象。如果一组棋子内部有两口完全独立的气，那么它就永远无法被吃掉，如图 2-3 所示。黑方无法在 A 点落子，因为落子后黑子没有气，而且，由于 B 点还剩下一口气，因此黑子无法通过落子提走白子。同理，黑方也不能在 B 点落子。因此，黑方无法一次性封住白方的两口气。这些内部的气被称为眼（eye）。而 C 点的情况则有所不同，黑方在 C 点可以落子并一次提走 5 颗白子。即使这个黑子落下的位置没有气，它也可以封死白方所有的气，从而完成吃子动作。这一组白子只有一个眼，因此注定要在某个时刻被吃掉。

虽然没有明确写在规则中，但两眼活棋是围棋策略中最基础的组成部分。实际上，我们只会把这一个策略写进围棋机器人的逻辑中，而其他更高阶的策略全部都可以通过机器学习推断出来。

[①] 因此吃子的动作也被称为提子。——译者注

2.2.3 终盘与胜负计算

在自己的回合中,双方都可以选择不落子,从而跳过当前回合。如果双方接连选择跳过回合,比赛就结束了。在计算胜负之前,棋手要先辨别死棋,即无法围出两个眼,也无法连接到其他活棋的棋子。在计算评分时,死棋的处理方式与吃子完全相同。如果出现分歧,双方可以通过复盘来解决。但这种情况很少见:如果有任何状态不明的棋子,棋手一般都会先试着解决,再选择跳过回合。

围棋的比赛目标是比对方控制棋盘上更大的地盘。计算得分有两种不同的方法,但得出的结果通常是相同的。

最常见的计算方法是数目法。在数目法中,棋盘上每一颗被己方棋子完全包围的交叉点都记作一分,称为一目,己方吃掉的每颗棋子也被算作一分,加起来谁的总分高谁就获胜。

另一种计算方法是数子法。在数子法中,每一目算一分,己方在棋盘上剩下的每颗棋子也算一分。除极其特殊的情况之外,这两种方法得到的胜负结果一般是相同的:如果没有过早结束棋局的话,双方提子数的差别与双方棋盘上剩下的棋子数的差别往往是一样的。

数目法在休闲棋局中更为常见,但对计算机而言,事实证明数子法更为方便。所以本书中除非特别指明,否则我们的 AI 都假定用数子法来计算得分。

此外,执白子的一方还要得到额外的分数,以补偿后手劣势。这种补偿被称为贴子。在数目法中一般贴 6.5 子,而在数子法中一般贴 7.5 子。这里额外的 0.5 子用来确保不会出现平局。

图 2-4 展示了一个 9×9 棋盘的终盘状态。下面是计算胜负的流程。

（1）标有×的棋子被认为是死棋:即使棋手在比赛中没有提走它们,也要算入提子数目。我们假设黑方在棋局前期已经提走了一子(图中未显示),这样终盘结果就是黑方提 3 子,白方提 2 子。

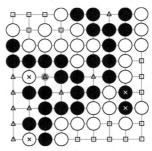

图 2-4　9×9 棋盘的最终棋局。死棋用 × 标记。黑方的地盘用三角形标记,白方的地盘则用小方框标记

（2）黑方占领 12 目空点:包括用三角形标记的 10 目和白方死棋对应的 2 目。

（3）白方占领 17 目空点:包括用小方框标记的 15 目和黑方死棋对应的 2 目。

（4）除去死棋之后,黑方在棋盘上还剩下 27 子。

（5）除去死棋之后,白方在棋盘上还剩下 25 子。

（6）根据数目法,白方有"17 目空点+2 个提子+6.5 贴子",一共 25.5 子。黑方有"12 目空点 +3 个提子",一共 15 子。

（7）根据数子法,白方有"17 目空点+棋盘上 25 子+7.5 贴子",一共 49.5 子。黑方有"12 目空点 + 棋盘上 27 子",一共 39 子。

（8）两种方法计算得出的结果相同,都是白方胜 10.5 子。

棋局还可能以另外一种方式结束：任何一方在盘中任意回合里都可以选择直接认输。在高手之间的较量中，如果一方明显落后太多，选择认输是礼貌的行为。所以为了让我们的 AI 能够成为一个棋风纯良的棋手，应当教它学习分辨认输的时机。

2.2.4 理解劫争

围棋规则中还有一个关于落子的限制。为了保证棋局最终能够结束，那些会让棋局回到之前某个状态的落子动作是禁止的。图 2-5 展示了这种情况。

在图 2-5 中，黑方刚刚吃掉一颗白子。白方可能想要在 A 处落子并吃掉黑方刚刚落下的棋子，但这么做会导致棋局恢复到两步之前的状态。因此，白方必须先在棋盘的其他地方落子。而在那之后，如果白方再回到 A 处吃掉黑子，由于此时整体棋局已经发生了变化，这个动作就是合法的了。当然，这样黑方就有机会保护脆弱的黑子了。想要再吃掉这颗黑子，白方必须制造足够大的动静，吸引黑方把注意力放到棋盘其他的地方。

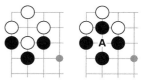

图 2-5 劫争的规则图示

这种局面称为劫争，它的英文名称是 ko，取自日语的"劫"字读音，表示永恒的意思。当棋局出现劫争时，棋手需要采取特别的对应策略，而这正是前几代围棋程序没有做好的地方。我们将在第 7 章中展示如何为神经网络提供一些提示来帮助它们学习劫争策略。这种提供提示的方法是训练高效神经网络的一种通用技术。即使我们无法明确地表达希望神经网络学习的规则，也可以通过调整输入的方式去强调希望它注意的情形。

2.2.5 让子

当对弈的双方实力相差较大时，有一个简单的办法可以维持游戏的趣味性。在棋局开始前，较弱的一方先执黑子，在棋盘中提前落下一定数量的黑子，这些棋子称为让子。然后较强的一方再执白子开始落子。让子比赛在终盘计算时通常只贴 0.5 子，这是因为贴子的目的是消除黑方先手的优势，但让子的关键就是要给黑方额外的优势，因此这两个规则是冲突的。而最终还保留贴 0.5 子则是为了避免平局的情况。

传统上让子一般落在星位上，但也有些棋手允许黑方自己选择落子的位置。

2.3 更多学习资源

虽然 2.2 节已经包含了围棋的全部规则，但其实我们还没触及围棋的皮毛，更不用说它那引人入胜的丰富内涵了。这些内容超出了本书的范围，但我们鼓励读者通过下几盘棋来深入了解。下面列出一些资源，帮助读者进一步探索。

直接下棋是深入了解围棋的最佳方式。如今比以往任何时候都更容易在网上找到休闲棋局。例如，可以通过 Web 浏览器在流行的 Online Go Server（OGS）里直接下棋。即使是刚刚了解规则的新手，也可以通过排名系统找到势均力敌的对手。其他流行的围棋服务器还有 KGS 围棋服务器（KGS Go Server）和 Tygem。

Sensei's Library 是一个具有维基百科风格的参考资料网站，里面有丰富的策略、技巧以及关于围棋的历史和轶事。

Janice Kim 的 *Learn to Play Go* 系列是最好的英语围棋书之一。对于新手，我们强烈推荐该系列书的第 1 卷和第 2 卷。

2.4 我们可以教会计算机什么

无论计算机编程是用来下围棋还是下井字棋（tic-tac-toe），大多数棋盘游戏 AI 的整体结构都很类似。本节将对这种整体结构进行概述，并找到需要用 AI 来解决的具体问题。而针对不同的棋类游戏，最佳的解决方案可能会用到游戏特有的逻辑，或者用到机器学习，或者两者兼而用之。

2.4.1 如何开局

在棋局的开局阶段，由于之后可能的变化实在太多，因此很难评估某个落子动作的好坏。国际象棋和围棋 AI 常常会使用一本开局棋谱，即从职业棋局中的开局记录抽取的数据库。要创建这样的数据库，我们需要得到很多围棋高手的棋谱记录，然后分析它们，寻找其中共同的棋盘布局。对于每个共同布局，如果所有棋手的下一手落子都有强烈的共同倾向（例如，一两个落子动作占据后续动作的 80%），就可以把这些动作添加到开局棋谱中。之后在对弈过程中，机器人就可以查阅这个棋谱。如果开局的棋局状态恰好能在开局棋谱中找到，那么机器人只需要参考专家的动作就可以了。

在国际象棋和西洋跳棋中，随着棋局的进展，棋子会逐渐从棋盘中移除，因此 AI 也往往有类似的残局数据库：当棋盘上只剩下几颗棋子时，可以提前计算所有的变化。但这种技术并不适用于围棋，因为越到后期，棋盘就越接近填满，棋子数量往往就越多。

2.4.2 搜索游戏状态

树搜索是棋盘游戏 AI 背后的核心理念。设想一下人类如何玩策略游戏。首先，我们会考虑下一步的可能动作，然后考虑对方可能的回应，接着还要规划我们如何应对他们的回应，以此类推。我们要尽可能长远地推导未来的变化，才能判断其结果是否良好。之后，我们再稍微回溯一步，看看如果采取不同的动作，结果是否会有所变化。

这个流程与游戏 AI 中使用树搜索算法的流程相似。当然，人类在大脑中能够一次处理的变化数目并不多，而计算机可以毫不费力地处理数百万种。人类只能依靠直觉来弥补计算力的不足。经验丰富的国际象棋或围棋选手能够以可怕的直觉在无穷尽的变化中发现极少值得考虑的动作。

在国际象棋中，最终还是计算力获得了胜利。但是，围棋 AI 的发展却经历了一个有趣的转折：为了能够与人类顶级棋手竞争，围棋 AI 最终把人类的直觉引入了计算机。

2.4.3 减少需要考虑的动作数量

在游戏树搜索术语中，某一回合可能采取的动作的数量被称为分支因子。

国际象棋中分支因子的平均值约为 30。在棋局开始时，棋手第一步可以选择 20 种合法动作，而随着棋局的进展，可选择的数量会稍微增加。在这个数量级上，提前预测 4~5 步动作是比较现实的。而对那些前景更好的分支，国际象棋引擎会大大增加探索深度。

与国际象棋相比，围棋的分支因子则显得巨大无比。在围棋开盘的第一步，就有 361 个合法的落子位置，而且之后这个数量减少的速度很慢。平均的分支因子大概是每回合 250 种合法落子位置。在这个数量级上，仅仅提前预测 4 步，就需要评估近 40 亿种可能的棋局。因此缩小潜在的棋局数量至关重要。表 2-1 对比了在国际象棋与围棋中分支因子对前、中期棋局数量的影响。

表 2-1 棋局状态数量的近似值

预测步数	分支因子 30（国际象棋）	分支因子 250（围棋）
2 步	900	62 500
3 步	27 000	1 500 万
4 步	810 000	40 亿
5 步	2 400 万	1 万亿

在围棋的动作选择任务中，基于规则的预测效果就变得很平庸了：想要编写规则来可靠地识别棋盘上最重要的区域是非常困难的。但深度学习非常适合解决这个问题。我们可以用监督学习来训练计算机，以模仿人类围棋选手的动作。

我们可以从围棋高手的棋谱数据集合开始，而在线围棋服务器是提供数据的好帮手。接着，可以在计算机上对棋谱进行复盘，提取每个回合的棋盘布局状态以及下一步动作。这样就得到了一个训练集。然后，采用合适的深度神经网络，就能够以超过 50% 的准确率来预测棋手的动作了。如果构建一个只预测棋手动作的机器人，那么它已经是一个可靠的对手了。不仅如此，若是把动作预测与树搜索结合起来，真正的优势就体现出来了：预测的动作可以继续为深入分析提供分支列表。

2.4.4 评估游戏状态

分支因子限制了 AI 能够向前预测的深度。如果能够一直预测到棋局结束，就可以知道谁会赢了，这样就很容易判断预测序列的好坏。但是除在井字棋中之外，我们在任何稍微复杂一些的棋类游戏中要做到这一点都不太现实：可能的变化数量实在是太大了。我们只能在预测若干步之后停下来，用这个并不完整的预测序列来进行选择。因此需要记住这次预测最终所达到的棋盘布局，并给它打一个分数。之后在分析预测过的所有潜在变化中，选择分数最高的棋局所对应的动作。但如何计算棋盘布局的分数本身就是一个棘手的问题,我们称之为棋盘评估问题。

国际象棋 AI 往往使用棋手能够理解的逻辑作为棋盘评估的基础。例如一个简单的规则：如果对方吃掉我的兵,而我吃掉了对方的车,那么对我来说是有利的。顶级的国际象棋引擎则会构造远超这种程度的复杂规则,例如,考虑棋子会走到棋盘哪些位置,以及有哪些棋子会阻挡它们的行动。

而在围棋中,棋盘评估则可能比落子动作选择更加困难。围棋游戏的目标是占领更多地盘,但计算地盘的难度出奇的大：地盘的边界往往要等到终盘阶段才会变得清晰。记录提子数量也没有多大帮助,有时候直到终盘,双方都没吃掉几颗棋子。因此棋盘评估是人类直觉远胜于机器的又一个领域。

同样,深度学习也给这个领域带来了重大的突破。用于落子动作选择的神经网络,也可以通过训练用于棋盘评估。不同的是,这时训练目标不再是选择哪一个动作,而是预测哪一方会赢。我们可以修改神经网络的设计,改为预测获胜的概率,这样这个概率值就可以作为评估当前的棋盘的分数了。

2.5 如何评估围棋 AI 的能力

在开发围棋 AI 时,人们自然会想要知道它的能力有多强。传统的日式评级系统为大部分围棋棋手所熟悉,因此我们也可以用这个标准去衡量机器人。得到评级的唯一办法就是与其他棋手比赛,为此可以寻找其他的 AI 或者人类棋手作为对手。

2.5.1 传统围棋评级

围棋选手一般都使用传统日式评级系统,棋手会被评为某一级(初学者)或者某一段(专家)。其中段位评级又分为两种：业余段位和职业段位。最强的级位是 1 级,数字越大的级别越弱。而段位的数字则相反：1 段强于 1 级,之后数字越大的段位则越强。对业余棋手来说,传统上最高段位是 7 段。业余棋手可以从地方围棋协会获得段位,而在线服务器也会跟踪评价棋手的评级。表 2-2 展示了级位/段位的排列。

表 2-2 传统围棋评级

级位/段位	描述
25 级	刚学会规则的纯新手
20 级至 11 级	初学者
10 级至 1 级	中级棋手
1 段以上	业余高手
7 段	顶级业余高手,接近职业水准
职业 1 段至 9 段	世界上最强的棋手

业余评级的差距通常可以通过双方比赛的让子数量体现。例如，如果 Alice 是 2 级而 Bob 是 5 级，那么 Alice 通常让 3 颗子给 Bob，这样他们才有均等的获胜机会。

而职业段位的排法则略有不同，职业段位更像是一种头衔。地方围棋协会根据重要锦标赛的成绩将职业段位授予顶级棋手，并终身持有。业余段位和职业段位无法直接比较，但我们大可放心地认为任何职业段位棋手至少不会弱于业余 7 段棋手，而顶级职业棋手则明显强大得多。

2.5.2 对围棋 AI 进行基准测试

有个简单的办法可以估计机器人的棋力，就是与已知评级的其他机器人进行对决。GNU Go 和 Pachi 等开源围棋引擎都是良好的测试基准。GNU Go 的评级大约相当于 5 级，而 Pachi 大约是业余 1 段（根据机器提供的计算能力，Pachi 的强度会略有变化）。因此，如果机器人与 GNU Go 对决 100 次，并且能赢约 50 局，那么这个机器人差不多也是 5 级水准。

要获得更精确的评级，可以让围棋 AI 登录具有评级系统的公共围棋服务器，并参与线上对决。几十场比赛以后应该就能够得到一个合理的估计了。

2.6 小结

- 游戏是人工智能的热门话题，因为它能够创造规则已知的可控环境。
- 当今最强大的围棋 AI 依靠的是机器学习，而不是游戏专属的领域知识。基于规则的围棋 AI 在历史上一直都不太强大，其原因可能是围棋要考虑的变化的可能性数目巨大。
- 围棋中有两个环节可以应用深度学习：落子动作选择与棋盘评估。
- 落子动作选择的关键问题，是如何缩小在特定棋局中需要考虑的可能后续动作数量。如果这一步做得不够好，围棋 AI 就必须得对大量可能的分支做出预测。
- 棋盘评估问题指的是估计哪一方领先以及领先多少的问题。如果棋盘评估做得不够好，围棋 AI 就无法评判哪一个分支可能更为有利了。
- 要测试围棋 AI 的强度，可以让它与那些已知评级的机器人（如 GNU Go 或 Pachi）进行对决。

第 3 章　实现第一个围棋机器人

本章主要内容
- 在 Python 中实现围棋棋盘。
- 实现落子动作序列，并模拟一盘棋局。
- 编码实现围棋规则，并确保落子动作的合法性。
- 构建一个简单的机器人，让它可以与自己的副本进行对决。
- 与机器人进行一场完整的对决。

在本章中，我们将构建一个灵活的 Python 库，它提供数据结构来表示围棋游戏，并提供算法来执行围棋规则。第 2 章我们已经看到，围棋规则其实很简单。但为了在计算机上实现它，我们必须仔细考虑所有的边界情形。如果读者是一名围棋新手，或者想要温习围棋规则，请先读完第 2 章。本章内容是纯技术性的描述，因此要预先对围棋规则有足够的了解，才能够完整地体会其中的技术细节。

围棋规则的表达是创建智能机器人的基础，因此非常重要。机器人需要能够先区分合法动作与非法动作，然后才能去学习判断哪些是好的动作，哪些是不好的动作。

读者在读完本章之后，应当能够实现自己的第一个围棋机器人。这个机器人暂时还很弱，但它已经掌握了所有必需的围棋知识，并将在接下来的章节中逐步进化成更强大的版本。

首先，我们将对围棋棋盘做完整的介绍，并解释计算机围棋所需的基本概念：什么是棋手，什么是棋子，什么是落子动作等。接下来，我们将探索围棋的对弈流程：计算机如何快速检查需要提走哪些棋子，何时应用劫争规则，何时结束棋局，以及如何结束，等等。我们将在本章中回答这些问题。

3.1　在 Python 中表达围棋游戏

围棋游戏是在正方形棋盘上进行的。通常，初学者先从 9×9 或 13×13 的棋盘开始下棋，而高级棋手和专业棋手则往往在 19×19 的标准棋盘上对弈。原则上，围棋对弈可以在任何尺寸的棋盘上进行。为围棋实现一个正方形网格的棋盘非常简单，但有许多复杂的细节需要处理。

我们会一步步构建一个称为 dlgo 的 Python 模块，用来表达围棋游戏。在本章中，我们将创建程序文件，实现相关的类和函数，最终完成属于自己的第一个机器人。本章和后面章节的所有代码都可以在本书的 GitHub 上找到。

虽然克隆这个代码库以供参考是理所应当的事情，但本章中我们还是强烈建议从零开始创建程序文件，以体验代码库逐步构建的过程。在本书 GitHub 代码库的 master 分支中，包含了书中用到的全部代码（还有更多其他内容）。而且从本章开始，每一章都有一个对应的 Git 分支，只包含对应章所需的代码。例如，本章的代码可以在分支 chapter_3 中找到，其他章节的分支命名规则也一样。注意，我们还为所有章节的代码提供了完善的测试代码，也放在 GitHub 代码库中。

要构建一个能够表达围棋游戏的 Python 库，需要足够灵活的数据模型来支持下列使用场景。

- 跟踪与人类棋手进行比赛的进度。
- 跟踪两个机器人之间进行比赛的进度。这个使用场景看起来似乎和第一个场景完全相同，但事实证明它们还是存在着一些细微差别的。其中最值得注意的一点是，简单的机器人很难判断棋局应该在什么时候结束。由于在后面的章节中，用两个简单的机器人进行互相对弈是一项非常重要的技术，因此值得在这里单独强调一下。
- 比较同一个棋盘布局下多个可能的预期动作序列。
- 导入棋谱记录，并根据它们生成训练数据。

我们先从几个简单的概念开始，例如什么是棋手，什么是落子动作等。有了这些概念，我们就可以在后面的章节中介绍如何实现上述应用场景了。

首先创建一个新文件夹 dlgo，并在文件夹中新建一个空的 __init__.py 文件，这样就初始化了一个 Python 模块。接着再创建两个文件，分别为 gotypes.py 和 goboard_slow.py，用来存储棋盘和对弈的功能逻辑。如果读者是按上述说明完成的，此时在自己的计算机上看到的文件夹结构应如下所示：

```
dlgo
    __init__.py
    gotypes.py
    goboard_slow.py
```

在围棋对弈中，黑方与白方轮流落子，因此可以用 enum 类型来表示棋子的颜色。`Player` 可以选择执 `black` 或执 `white`。每一回合棋手落子之后，调用 `Player` 实例上的 `other` 方法来进行切换。在 gotypes.py 文件中写入 `Player` 类，如代码清单 3-1 所示。

代码清单 3-1　用 enum 表示棋手

```
import enum


class Player(enum.Enum):
    black = 1
    white = 2
```

```
@property
def other(self):
    return Player.black if self == Player.white else Player.white
```

我们在本书中使用的 Python 版本是 Python 3。而选择 Python 3 的原因之一，就是它提供了许多现代语言特性，例如这里用到的枚举就是 Python 3 中标准库的一部分。

接下来，要在 Python 里表示棋盘上的坐标，元组是一个显而易见的选择。把代码清单 3-2 中的 Point 类也写入 gotypes.py 文件中。

代码清单 3-2　用元组表示棋盘上的交叉点

```
from collections import namedtuple


class Point(namedtuple('Point', 'row col')):
    def neighbors(self):
        return [
            Point(self.row - 1, self.col),
            Point(self.row + 1, self.col),
            Point(self.row, self.col - 1),
            Point(self.row, self.col + 1),
        ]
```

这里我们用命名元组 namedtuple，就可以在访问交叉点的具体坐标时，用 point.row 和 point.col 代替 point[0] 和 point[1]，这样可以提高代码的可读性。

接着，我们还需要一个数据结构来表示棋手在回合中可能采取的动作。通常情况下每一回合棋手应当在棋盘上落下一颗棋子，但也可以选择跳过回合，甚至直接认输。遵循美国围棋协会（American GO Association，AGA）的惯例，我们使用术语动作（move）来表示这 3 种行动中的任何一个，而用落子（play）表示落下一颗棋子。因此，Move 类需要对落子（play）、跳过（pass）或认输（resign）3 种类型的动作进行编码，并确保动作只能是这 3 种类型中的一个。在实际棋局中，需要传递一个 Point 对象来指定落子的位置。我们将代码清单 3-3 中的 Move 类添加到文件 goboard_slow.py 中。

代码清单 3-3　设置动作：落子、跳过或认输

```
import copy
from dlgo.gotypes import Player


class Move():
    def __init__(self, point=None, is_pass=False, is_resign=False):   ⟵── 这里可以设置棋手在回合中所能够采取的任一种动作：is_play、is_pass 或 is_resign
        assert (point is not None) ^ is_pass ^ is_resign
        self.point = point
        self.is_play = (self.point is not None)
        self.is_pass = is_pass
        self.is_resign = is_resign

    @classmethod
    def play(cls, point):   ⟵── 这个动作是在棋盘上落下一颗棋子
        return Move(point=point)
```

```
@classmethod
def pass_turn(cls):        ←——— 这个动作是跳过回合
    return Move(is_pass=True)

@classmethod                      这个动作是
def resign(cls):           ←———   直接认输
    return Move(is_resign=True)
```

在后面的章节中，应用代码通常不需要直接调用 `Move` 的构造函数，而是通过调用 `Move.Play`、`Move.pass_turn` 或 `Move.resign` 来构造一个动作实例。

注意，到目前为止，`Player`、`Point` 和 `Move` 类都是普通数据类型。它们虽然是表达棋盘的基础类型，但本身并不包含任何游戏逻辑。我们这么做是为了将数据类型与游戏逻辑分离。在后面的章节里中，读者应当能逐渐体会到这么做的好处。

接下来，我们将利用前面实现的 3 个类来实现以下两个类，用于更新游戏状态：

- `Board` 类——表示棋盘，负责落子与吃子的逻辑；
- `GameState` 类——表示棋局游戏状态，包括棋盘上所有的棋子分布、当前回合执子方以及前一个游戏状态。

3.1.1 实现围棋棋盘

在转向 `GameState` 类之前，让我们先实现 `Board` 类。最简单的办法可能是创建一个 19×19 的双层数组，用来跟踪棋盘中每一个交叉点的状态。这是一个很好的起点。接着需要考虑用于检测提子时机的算法。前面说过，单颗棋子的气数由相邻的空点数决定，如果一颗棋子相邻 4 口气都被对方棋子所占据，就会由于气尽而被吃掉，而那些较大的相连棋组，检测它们的气就更加困难了。例如，在落下一颗黑子之后，必须检查它所有相邻的白子，看看黑子是否能够吃掉它并提子。具体来说，必须检查以下几个内容。

（1）检查相邻的棋子是否只剩一口气。
（2）接着检查这些邻居的相邻棋子是否还有气剩余。
（3）继续检查这些邻居的邻居的相邻棋子，如此循环。

这个过程可能需要数百个步骤才能完成。想象一下，在一个已经经过 200 步动作的棋局中，一条大龙蜿蜒穿过对方领地的情形。为了加快检查速度，我们可以把所有相连的棋子作为一个整体来对待，并直接跟踪它们的状态。

3.1.2 在围棋中跟踪相连的棋组：棋链

上一节中我们看到，独立检查各棋子会增加计算的复杂度。我们可以反其道而行，将同色相连的棋子组合成一个整体，同时跟踪这个整体的状态以及它们的气。这样做可以在实现棋盘逻辑时获得更高的效率。

我们可以把一组同色相连的棋子称为一条棋链（string of stones），或者简称一条链（string），如图 3-1 所示。

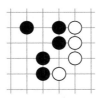

图 3-1 在这个棋盘中，黑方有 3 条棋链，白方有两条。白方较大的棋链有 6 口气，而较小的棋链（即单颗棋子）只有 3 口气

我们可以用 Python 的 `set` 类来高效地实现这个结构，如代码清单 3-4 中的 `GoString` 所示。这个类也放在 goboard_slow.py 文件中。

代码清单 3-4 使用 set 编码棋链

```python
class GoString():
    def __init__(self, color, stones, liberties):     # 棋链是一系列同色且相连的棋子
        self.color = color
        self.stones = set(stones)
        self.liberties = set(liberties)

    def remove_liberty(self, point):
        self.liberties.remove(point)

    def add_liberty(self, point):
        self.liberties.add(point)

    def merged_with(self, go_string):                 # 返回一条新的棋链，包含两条棋链的所有棋子
        assert go_string.color == self.color
        combined_stones = self.stones | go_string.stones
        return GoString(
            self.color,
            combined_stones,
            (self.liberties | go_string.liberties) - combined_stones)

    @property
    def num_liberties(self):
        return len(self.liberties)

    def __eq__(self, other):
        return isinstance(other, GoString) and \
            self.color == other.color and \
            self.stones == other.stones and \
            self.liberties == other.liberties
```

注意，`GoString` 直接跟踪、维护它自己的气数。我们可以调用 `num_liberties` 来获取任意交叉点处的气数，这比前面提到的从单颗棋子开始逐步查询的方法高效很多。

此外，我们还可以调用 `remove_liberty` 和 `add_liberty` 来为特定棋链增加或减少气数。当对方在这条棋链相邻的地方落子时，棋链的气通常会减少；而当这条棋链或己方其他棋链吃掉对方棋子的时候，棋链的气会增加。

最后，注意 GoString 的 `merged_with` 方法，当一次落子把两颗棋子连接起来的时候，需要调用这个方法。

3.1.3 在棋盘上落子和提子

在讨论了棋子和棋链之后，下一步自然是讨论如何在棋盘上落子。使用代码清单 3-4 中的 GoString 类，落子动作的算法如下所示。

（1）合并任何同色且相邻的棋链。
（2）减少对方的所有相邻棋链的气。
（3）如果对方的某条棋链气尽了，则需要提走它们。

此外，如果新生成的棋链气数为 0，则需要拒绝这个动作。这几个功能可以自然地实现在 Board 类中，我们把它放在 goboard_slow.py 文件中。我们允许创建任意行数和列数的棋盘，只要在初始化时给定合适的 `num_rows` 和 `num_cols` 参数即可。Board 类内部用私有变量 `_grid` 来跟踪棋盘状态，它是一个用于存储棋链的字典。首先，我们指定棋盘的尺寸，初始化一个棋盘实例，如代码清单 3-5 所示。

代码清单 3-5　创建围棋棋盘类 Board 的实例

```
class Board():
    def __init__(self, num_rows, num_cols):     ← 棋盘初始化为一个空网格，其尺寸
        self.num_rows = num_rows                  由行数和列数这两个参数决定
        self.num_cols = num_cols
        self._grid = {}
```

接下来，我们讨论 Board 类中表示落子动作的方法 `place_stone`。在这个方法里，首先需要检查某个给定交叉点的相邻棋子来看气数，如代码清单 3-6 所示。

代码清单 3-6　检查相邻点的气数

```
def place_stone(self, player, point):
    assert self.is_on_grid(point)
    assert self._grid.get(point) is None
    adjacent_same_color = []
    adjacent_opposite_color = []
    liberties = []
    for neighbor in point.neighbors():     ← 首先需要检查这个交叉点的
        if not self.is_on_grid(neighbor):    直接相邻点
            continue
        neighbor_string = self._grid.get(neighbor)
        if neighbor_string is None:
            liberties.append(neighbor)
        elif neighbor_string.color == player:
```

```python
            if neighbor_string not in adjacent_same_color:
                adjacent_same_color.append(neighbor_string)
        else:
            if neighbor_string not in adjacent_opposite_color:
                adjacent_opposite_color.append(neighbor_string)
new_string = GoString(player, [point], liberties)
```

注意，代码清单 3-6 中的前两行调用了两个实用工具方法来检查这个交叉点是否在棋盘的边界内，以及这个交叉点上是否已经存在棋子。这两个方法定义如代码清单 3-7 所示。

代码清单 3-7　落子与提子的实用工具方法

```python
def is_on_grid(self, point):
    return 1 <= point.row <= self.num_rows and \
        1 <= point.col <= self.num_cols

def get(self, point):                        # 返回棋盘某个交叉点的内容：如果该交叉点已经
    string = self._grid.get(point)           # 落子，则返回对应的 Player 对象；否则返回 None
    if string is None:
        return None
    return string.color

def get_go_string(self, point):              # 返回一个交叉点上的整条棋链：如果棋链中
    string = self._grid.get(point)           # 的一颗棋子落在这个交叉点上，则返回它的
    if string is None:                       # GoString 对象；否则返回 None
        return None
    return string
```

注意，还需要定义一个 get_go_string 方法，以返回交叉点对应的棋链。这个功能很通用，而且它对于防止自吃这种特殊情形也特别有用，3.2 节中将详细讨论。

接着继续补充代码清单 3-6 中定义的 place_stone 方法，在 new_string 初始化之后，我们实现本节开头所列出的 3 步操作，如代码清单 3-8 所示。

代码清单 3-8　继续对 place_stone 的定义

合并任何同色相邻的棋链
```python
for same_color_string in adjacent_same_color:
    new_string = new_string.merged_with(same_color_string)
for new_string_point in new_string.stones:
    self._grid[new_string_point] = new_string
for other_color_string in adjacent_opposite_color:     # 减少对方相邻棋链的气
    other_color_string.remove_liberty(point)
for other_color_string in adjacent_opposite_color:     # 如果对方的某条棋链气尽
    if other_color_string.num_liberties == 0:          # 了，就提走它们
        self._remove_string(other_color_string)
```

现在，我们的棋盘定义中只剩下代码清单 3-8 最后一行调用的 remove_string 还没有定义了。它的作用是提走一条棋链中所有的棋子，这其实相当简单，如代码清单 3-9 所示。但还有一点需要注意，在提走对方的棋链时，可能会导致其他棋子气数增加。例如，在图 3-2 中可以看到，如果黑方提走白方棋子，就能够为黑方的每条棋链都增加一口气。

代码清单 3-9　继续对 place_stone 的定义

```
    def _remove_string(self, string):
        for point in string.stones:
            for neighbor in point.neighbors():         ← 提走一条棋链可以为其他棋
                neighbor_string = self._grid.get(neighbor)    链增加气数
                if neighbor_string is None:
                    continue
                if neighbor_string is not string:
                    neighbor_string.add_liberty(point)
            self._grid[point] = None
```

这样，我们就完成了对棋盘类 Board 的实现。

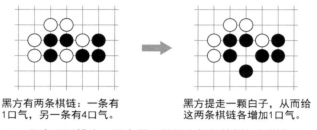

黑方有两条棋链：一条有　　　　黑方提走一颗白子，从而给
1口气，另一条有4口气。　　　　这两条棋链各增加1口气。

图 3-2　黑方可以提走一颗白子，从而为相邻的棋链各增加一口气

3.2　跟踪游戏状态并检查非法动作

现在我们已经实现了棋盘类 Board 落子与提子的规则，接下来继续实现下棋的逻辑。首先需要用一个 GameState 类来捕获当前的游戏状态。粗略地说，游戏状态包括棋盘中棋子的布局、下一回合的执子方、上一回合的游戏状态以及上一步动作。代码清单 3-10 中展示了 GameState 类定义的开头部分，本节后面还会继续为它添加更多的功能。与之前一样，我们把这个类放在 goboard_slow.py 文件中。

代码清单 3-10　存储围棋的游戏状态

```
class GameState():
    def __init__(self, board, next_player, previous, move):
        self.board = board
        self.next_player = next_player
        self.previous_state = previous
        self.last_move = move

    def apply_move(self, move):         ← 执行落子动作之后，返回新
        if move.is_play:                   的 GameState 对象
            next_board = copy.deepcopy(self.board)
            next_board.place_stone(self.next_player, move.point)
        else:
            next_board = self.board
        return GameState(next_board, self.next_player.other, self, move)
```

3.2 跟踪游戏状态并检查非法动作

```
@classmethod
def new_game(cls, board_size):
    if isinstance(board_size, int):
        board_size = (board_size, board_size)
    board = Board(*board_size)
    return GameState(board, Player.black, None, None)
```

至此，我们已经可以决定比赛何时结束了。只要在 `GameState` 类中添加代码清单 3-11 中的代码即可。

代码清单 3-11　决定围棋比赛结束的时机

```
def is_over(self):
    if self.last_move is None:
        return False
    if self.last_move.is_resign:
        return True
    second_last_move = self.previous_state.last_move
    if second_last_move is None:
        return False
    return self.last_move.is_pass and second_last_move.is_pass
```

至此我们已经实现了如何使用 `apply_move` 执行一个落子动作并更新游戏状态，接下来可以编写代码来识别落子动作的合法性了。人类棋手可能偶尔不小心落错子，但机器人一旦做出了非法落子动作，那一定是因为它还不懂得规则。需要检查 3 个规则：

- 确认要落子的交叉点是空的；
- 检查落子是否会导致自己气尽；
- 确认落子不违反劫争规则。

第一点很容易实现，但其他两点处理起来相对棘手，需要单独讨论。

3.2.1　自吃

当棋链只剩下一口气时，如果在这口气所对应的交叉点上落子，导致己方气尽而被提走，我们称之为自吃（self-capture）。例如，在图 3-3 中，黑子的前景堪忧。

白方随时可以在标记点上落子并吃掉黑子，而黑方无法阻止。但如果黑方自己在标记的交叉点上落子，会怎么样？整个黑方棋链都会由于气尽而被提走。大多数围棋规则集都禁止这样的动作，尽管存在一些例外情况。例如，值得一提的是，四年一度的应氏杯世界职业围棋锦标赛（Ing Cup）就允许这种自吃的落子规则，而它是国际围棋比赛中奖项最大的比赛之一。

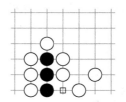

图 3-3　在这个棋局中，3 颗黑子只剩一口气，即有小方框标记的交叉点。如果遵循禁止自吃的规则，则不允许黑方在这点落子。相反地，白方则可以在这个标记点上落子并吃掉黑方 3 颗子

我们应当在代码中执行禁止自吃的规则。这样做，不但与现行的规则集保持一致，而且能减少机器人需要考虑的动作数目。要构造出一个选择自吃是最佳的解决方案的场景也不是不可能，但在正式的比赛中这种情况基本上闻所未闻。

如果稍微改一下图3-3中周围的棋子，则会出现另一种完全不同的情况，如图3-4所示。

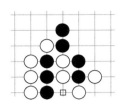

图3-4　在这种情况下，标记的交叉点对黑子来说是吃子，而不是自吃。因为黑方落子能够吃掉2颗白子，从而让黑方立即重获2口气

注意，在图3-4中，在检查新落的棋子是否气尽之前，一般应当先判断是否能吃掉对方棋子。在所有规则中，这一步动作都是有效吃子而不是自吃，因为黑子落下后将吃掉2颗白子，并重新获得2口气。

注意，Board类实际上允许自吃动作。但在GameState类中，我们可以在棋盘对象的一个副本上执行落子动作，然后检查副本上的气数并检查这个规则，如代码清单3-12所示。

代码清单3-12　继续对GameState的定义，执行禁止自吃的规则

```python
def is_move_self_capture(self, player, move):
    if not move.is_play:
        return False
    next_board = copy.deepcopy(self.board)
    next_board.place_stone(player, move.point)
    new_string = next_board.get_go_string(move.point)
    return new_string.num_liberties == 0
```

3.2.2　劫争

完成检查自吃的功能后，就可以继续实现劫争规则了。我们在第2章中对劫争和它在围棋比赛中的重要性进行了简要的介绍。简而言之，如果一次落子动作导致棋盘完全返回之前出现过的状态，就会触发劫争规则。但这并不意味着棋手就不能立即回击了。下面几幅图展示了一个特例。在图3-5中，白方刚刚在棋盘底部落下1颗孤子。黑方的2颗棋子现在只剩下1口气了，但白子也同样如此。

黑方此时可以立即吃掉白子并挽救自己的2颗棋子，如图3-6所示。

但是白方仍然可以立即在图3-5中落过子的同一点再次落子，如图3-7所示。

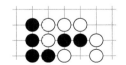

图3-5　在这个棋局中，白方想要吃掉2颗黑子，但是这颗白子也只剩下1口气

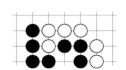

图3-6　接下来，黑方试图通过吃掉孤立的白子来挽救己方的2颗黑子

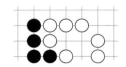

图3-7　在这个棋局中，白方可以迅速反击（提走3颗黑子），而不违反劫争规则

我们可以看到，白方可以立即重新吃掉3颗黑子，而这个动作并不违反劫争规则，因为图3-5

与图 3-7 的整体棋局状态并不完全一样。这种落子动作被称为反提（snapback）。简单来说，劫争规则一般归纳为"不能立即重新吃掉对方棋子"。但由于前面这种特殊情况的存在，因此我们在实现劫争规则时要格外小心。

劫争规则可以通过多种方式来实现，但除去极少数例外情况，这些方法基本上都是等效的。我们在代码中编写如下规则：棋手的一次落子动作不能让棋局恢复到上一回合的游戏状态，这里，游戏状态包括棋盘上所有棋子的位置，以及下一回合的执子方。这种组合称为局势大劫规则（situational superko rule）[①]。

由于每个 GameState 实例都存储了指向前一状态的指针，我们可以从当前状态一直往回遍历所有的历史状态，并对比是否有劫争情况发生。将代码清单 3-13 中的方法添加到 GameState 的代码里来实现这个逻辑。

代码清单 3-13　判断当前游戏状态是否违反了劫争规则

```
@property
def situation(self):
    return (self.next_player, self.board)
def does_move_violate_ko(self, player, move):
    if not move.is_play:
        return False
    next_board = copy.deepcopy(self.board)
    next_board.place_stone(player, move.point)
    next_situation = (player.other, next_board)
    past_state = self.previous_state
    while past_state is not None:
        if past_state.situation == next_situation:
            return True
        past_state = past_state.previous_state
    return False
```

这个实现是正确的，并且逻辑很简单，但它的速度相对较慢。每一次落子，都必须创建一个棋局游戏状态的深层副本，并将它与之前所有的历史状态进行对比。而且，历史状态的数量还会随着时间的推移而增加。我们将在 3.5 节中讨论一种可以加速这个步骤的有趣技术。

最后，可以使用 3.2 节中关于劫争和自吃规则的知识，来判断一个落子动作是否合法，如代码清单 3-14 所示。这样也就完成了我们对 GameState 类的完整定义。

代码清单 3-14　在给定游戏状态下，判断这个动作是否合法

```
def is_valid_move(self, move):
    if self.is_over():
        return False
    if move.is_pass or move.is_resign:
        return True
    return (
        self.board.get(move.point) is None and
```

[①] 与之相比，不考虑下一回合执子方而只考虑棋子位置的劫争规则，被称为位置大劫规则（positional superko rule）。——译者注

```
                    not self.is_move_self_capture(self.next_player, move) and
                    not self.does_move_violate_ko(self.next_player, move))
```

3.3 终盘

　　计算机围棋有一个关键概念：自我对弈（self-play）。在自我对弈中，通常从一个较弱的围棋机器人开始，让它与自己进行对弈，并利用比赛的结果来构建一个更强的机器人。在第 4 章中，我们将利用自我对弈来评估棋盘状态。在第 9 章至第 12 章中，我们将利用自我对弈来评估单个落子动作，以及评估选择落子动作的算法。

　　要利用好这个技术，首先得保证自我对弈的棋局能够正常结束。在人对人的棋局中，如果双方都无法通过下一步动作获得更多的优势，一局比赛就结束了。但即使对人类来说这也是个很复杂的概念。初学者往往在终盘阶段还无所适从地在对方地盘里落子，或者眼睁睁地看着对方侵入自己认为已经稳固的地盘。而对计算机来说这就更加困难了。如果机器人的逻辑是只要还有合法的动作就一直继续下棋的话，那么最终它只会把自己的气都填满，从而丢掉所有棋子。

　　我们可以想出几个启发式规则来帮助机器人更合理地结束棋局。例如：
- 不要在完全被同色棋子所包围的区域落子；
- 不要选择落子后会导致只剩一口气的动作；
- 如果对方棋子只剩一口气，总是吃掉它。

　　不幸的是，这几条规则全都过于严格了。如果机器人严格遵循这几条规则，那么强大的对手就可以利用这些弱点来吃掉本来可以救活的大龙，或者拯救快要因气尽被提走的棋链，或者得到更好的局势。总的来说，我们制定的规则应尽可能地减少对机器人选择空间的限制，以便于未来能够用更复杂的算法学习更高级的策略。

　　要解决这个问题，可以参考一下围棋的发展历史。在古代，规则很简单：棋盘上棋子多的一方就是获胜方。双方都会尽量填满所有可以填满的空点，只留下眼。但这样会让棋局终盘阶段拖延很长时间，因此人们慢慢想出了加速的办法：如果黑方明显控制了棋盘的一块区域（即若白方在这个区域落子，最终肯定会被吃掉），那么就不再需要黑子填满该区域，而只要双方都同意将该区域视为黑方地盘即可。这就是地盘概念的来源。随着时代的发展和规则的演变，地盘最终变成了明确的终盘统计指标。

　　这种评分规则避免了判断哪里是谁的地盘的问题，但是还得防止机器人自吃，如图 3-8 所示。

　　我们需要增加一条规则，禁止机器人自己填补自己的眼，而且要用最严格的定义。这里眼的定义是一个空点，它所有的相邻交叉点以及 4 个对角相邻点中有 3 个以上都是己方的棋子。

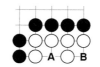

图 3-8　白方在棋盘边角处有两个眼 A 和 B。白方不应该在 A 和 B 任一点再落子，否则会导致所有白子都被黑方吃掉。我们需要禁止机器人填补自己的眼

　　注意　经验丰富的围棋棋手可能会发现，如果这样定义眼的话，在某些情况下可能会错过有效的眼。不过为了保持实现逻辑的简单，我们暂时接受这个错误。

我们还需要为棋盘边缘的眼做特殊的判定：在边线上，所有对角相邻的点必须都是己方的棋子。我们创建一个名为 agent 的新子模块（先新建一个叫 agent 的文件夹，再在其中新建一个空的 __init__.py 文件），并将代码清单 3-15 所示的 is_point_an_eye 函数放入这个模块下的 helpers.py 文件中。

代码清单 3-15　棋盘上某个点是否为眼

```
from dlgo.gotypes import Point


def is_point_an_eye(board, point, color):
    if board.get(point) is not None:          ← 眼必须是一个空点
        return False
    for neighbor in point.neighbors():         ← 所有相邻的点都必须是
        if board.is_on_grid(neighbor):             己方的棋子
            neighbor_color = board.get(neighbor)
            if neighbor_color != color:
                return False
    friendly_corners = 0                       ← 如果这个空点位于棋盘内部，己方棋子至少得
    off_board_corners = 0                         控制 4 个对角相邻点中的 3 个；而如果空点在
    corners = [                                   边缘，则必须控制所有的对角相邻点
        Point(point.row - 1, point.col - 1),
        Point(point.row - 1, point.col + 1),
        Point(point.row + 1, point.col - 1),
        Point(point.row + 1, point.col + 1),
    ]
    for corner in corners:
        if board.is_on_grid(corner):
            corner_color = board.get(corner)
            if corner_color == color:
                friendly_corners += 1
            else:
                off_board_corners += 1
    if off_board_corners > 0:
        return off_board_corners + friendly_corners == 4   ← 空点在边缘或角落
    return friendly_corners >= 3                           ← 空点在棋盘内部
```

本章并不需要特别考虑如何判定棋局胜负，但是在终盘阶段，计算点数肯定是一个重要话题。不同的锦标赛和围棋联盟所采纳的规则集合略有不同。在本书中，我们让机器人遵循 AGA 规则的数子法。这个方法也称为中国计数法。虽然日本规则在休闲游戏中更受欢迎，但 AGA 规则更容易在计算机里实现，而且这两种规则的差异很少会影响游戏的结果。

3.4　创建自己的第一个机器人：理论上最弱的围棋 AI

完成围棋棋盘与游戏状态编码的实现之后，我们就可以着手创建自己的第一个围棋机器人了。这个机器人非常弱，但它是将来所有改进的坚实基础。我们需要先定义所有机器人都遵循的接口，如代码清单 3-16 所示。把这些定义代码放在 base.py 文件中。

代码清单 3-16　围棋机器人的统一接口

```python
class Agent:
    def __init__(self):
        pass

    def select_move(self, game_state):
        raise NotImplementedError()
```

就是这么简单，这个接口只有一个方法。所有机器人都要根据当前游戏状态选择一个动作。当然，在这个方法内部可能会调用其他复杂的任务，例如评估当前棋盘状态等。但是在进行对弈时，这是机器人唯一需要的方法。

我们的第一个实现比较简单：它将随机选择任何合法的动作，只要别填上自己的眼即可；如果找不到合法的动作，它就会选择跳过回合。将这个随机机器人的代码放在 agents 目录下的 naive.py 文件中。回忆一下第 2 章中的介绍，在围棋中初学者的级别通常是 25 级到 1 级之间。按照这个评级标准，随机机器人应该算作 25 级，即一个完全的新手，如代码清单 3-17 所示。

代码清单 3-17　一个随机的围棋机器人，棋力评级大概是 25 级

```python
import random
from dlgo.agent.base import Agent
from dlgo.agent.helpers import is_point_an_eye
from dlgo.goboard_slow import Move
from dlgo.gotypes import Point


class RandomBot(Agent):
    def select_move(self, game_state):
        """Choose a random valid move that preserves our own eyes."""
        candidates = []
        for r in range(1, game_state.board.num_rows + 1):
            for c in range(1, game_state.board.num_cols + 1):
                candidate = Point(row=r, col=c)
                if game_state.is_valid_move(Move.play(candidate)) and \
                        not is_point_an_eye(game_state.board,
                                            candidate,
                                            game_state.next_player):
                    candidates.append(candidate)
        if not candidates:
            return Move.pass_turn()
        return Move.play(random.choice(candidates))
```

此时，模块结构应如下所示（确保在文件夹中放置一个空的 __init__.py 文件来初始化子模块）：

```
dlgo
  ...
  agent
    __init__.py
    helpers.py
    base.py
    naive.py
```

3.4 创建自己的第一个机器人：理论上最弱的围棋 AI

最后，我们可以建立一个启动程序，让两个随机机器人进行完整的对弈。这里首先要定义几个方便的辅助函数，例如在控制台上显示整个棋盘，或显示单个动作。

围棋棋盘的坐标可以用多种方式来指定，但在欧洲最常见的方法是用从 A 开始的字母表示列，用从 1 开始的数字表示行。在这个坐标系中，标准 19×19 棋盘的左下角为 A1，右上角为 T19。注意，依照惯例，我们忽略字母 I，以免与数字 1 混淆。

我们可以先定义一个字符串变量 COLS = 'ABCDEFGHJKLMNOPQRST'，其中每个字母代表围棋棋盘的一列。要在命令行上显示棋盘，可以使用（.）来显示一个空点，用 x 来代表黑棋，并用 o 代表白棋。把代码清单 3-18 中的代码放进我们在 dlgo 包新建的 utils.py 文件。创建一个 print_move 函数，用于在命令行中显示下一步动作。再创建一个 print_board 函数，用于显示当前棋盘以及所有的棋子。

代码清单 3-18　机器人相互对弈的实用工具函数

```
from dlgo import gotypes

COLS = 'ABCDEFGHJKLMNOPQRST'
STONE_TO_CHAR = {
    None: ' . ',
    gotypes.Player.black: ' x ',
    gotypes.Player.white: ' o ',
}


def print_move(player, move):
    if move.is_pass:
        move_str = 'passes'
    elif move.is_resign:
        move_str = 'resigns'
    else:
        move_str = '%s%d' % (COLS[move.point.col - 1], move.point.row)
    print('%s %s' % (player, move_str))


def print_board(board):
    for row in range(board.num_rows, 0, -1):
        bump = " " if row <= 9 else ""
        line = []
        for col in range(1, board.num_cols + 1):
            stone = board.get(gotypes.Point(row=row, col=col))
            line.append(STONE_TO_CHAR[stone])
        print('%s%d %s' % (bump, row, ''.join(line)))
    print('    ' + '  '.join(COLS[:board.num_cols]))
```

我们可以建立一个脚本，在 9×9 棋盘上启动两个随机机器人的对弈，直到它们决定终止棋局，如代码清单 3-19 所示。把这段代码放在 dlgo 模块外一个名为 bot_v_bot.py 的文件中。

代码清单 3-19　让机器人进行自我对弈的启动脚本

```
from dlgo import agent
from dlgo import goboard
from dlgo import gotypes
from dlgo.utils import print_board, print_move
import time


def main():
    board_size = 9
    game = goboard.GameState.new_game(board_size)
    bots = {
        gotypes.Player.black: agent.naive.RandomBot(),
        gotypes.Player.white: agent.naive.RandomBot(),
    }
    while not game.is_over():
        time.sleep(0.3)           ◁── 将睡眠定时器设置为 0.3s，以免机器人动
                                       作的输出速度太快而无法观察

        print(chr(27) + "[2J")    ◁── 在每个落子动作之前需要清
        print_board(game.board)        除屏幕。这样，棋盘就会始终
        bot_move = bots[game.next_player].select_move(game)   显示在命令行上的相同位置
        print_move(game.next_player, bot_move)
        game = game.apply_move(bot_move)


if __name__ == '__main__':
    main()
```

要在命令行里启动机器人对决，可以运行下面的命令：

`python bot_v_bot.py`

屏幕上应当会显示很多动作。最终棋局会在双方都跳过回合时结束。回想一下，黑子编码为 x，白子编码为 o，空点编码为 .。以下是生成的一局中白方最后一次落子的示例：

```
9 o.ooooooo
8 ooocoxxoxx
7 oooox.xxx
6 o.coxxxxxx
5 ooocooo
4 ooocooxxxxx
3 o.ocox.xx
2 ooocxxxxx
1 o.ocoxxx.
  ABCDEFGHJ
Player.white passes
```

这个机器人不但很弱，而且与之对弈会让人沮丧：即使局面完全无望，它也会顽固地继续落子，直到整个棋盘被填满。而且，无论它进行多少次自我对弈，都学习不到任何东西。它将永远

保持现在的水平。

在后面的章节里，我们将慢慢改进这两个弱点，并构建一个更有趣、更强大的围棋引擎。

3.5 使用 Zobrist 哈希加速棋局

本章最后一节将介绍如何与随机机器人开展对弈。但在这之前，我们先快速浏览一种重要技术，它可以解决当前实现中的速度问题。如果读者对速度调优不感兴趣，可以直接跳到 3.6 节。

回忆一下 3.2 节中，为了检测超级劫争的情形，我们需要检查棋局的全部历史记录，才能判断当前的棋局是否已经出现过。这样做所需的计算量是很大的。为了避免这个问题，我们可以稍微修改一下程序的设置：可以不用存储整个棋局的历史，而只存储占用空间更小的哈希值。

哈希技术在计算机科学中使用非常广泛。其中，Zobrist 哈希（以计算机科学家 Albert Zobrist 的名字命名，他在 20 世纪 70 年代早期构建了最早的围棋机器人之一）在其他棋类游戏中使用特别广泛，例如国际象棋。在 Zobrist 哈希技术中，我们需要为棋盘上每一个可能发生的动作分配一个哈希值。为获得最好的结果，每个哈希值都应当随机选择。在围棋中，落子动作有黑白两种可能，因此在 19×19 规格的棋盘上，完整的 Zobrist 哈希应当由 2×19×19 = 722 个哈希值组成。我们可以只用这 722 个哈希值来代表单个动作，给最复杂的棋盘布局编码。图 3-9 展示了这个技术的工作流程。

图 3-9 所示过程的有趣之处在于，用一个哈希值就能够对整个棋盘的状态进行编码。我们从空白棋盘开始，为简单起见，可以把它的哈希值选择为 0。每个落子动作都具有特定的哈希值，可以用棋盘的哈希值与动作对应的哈希值进行 XOR 操作来计算新的棋盘哈希值。我们将这个运算称为应用该哈希值。按照这个逻辑，每遇到一个新的落子动作，就可以将它的哈希值应用到棋盘上。这样，我们只用单个哈希值就可以跟踪当前的棋盘状态了。

注意，对于任何动作，都可以再次应用它的哈希值来撤回它（这也是 XOR 操作特有的方便之处）。我们将这个操作称为逆应用该哈希值。这一点很重要，因为有了这个特性，就可以在提子时轻松地从棋盘上移除棋子。例如，如果要吃掉棋盘上 C3 处的黑子，可以应用 C3 的哈希值，将它从当前棋盘状态对应的哈希值中移除。当然，这么做的话，还必须把吃掉 C3 处黑子的白子的哈希值也应用到棋盘上。如果白方一次落子吃掉多颗黑子，则需要将它们的哈希值全部都逆应用到棋盘上。

如果哈希值选择的足够大、足够通用，以至于不会导致哈希冲突（即两个不同的棋局状态永远不会产生相同的哈希值），那么就可以用这套算法来编码任何棋盘状态。但在实际运行中，我们往往不检查哈希冲突，而是直接假设哈希冲突不会产生。

要在围棋棋盘中实现 Zobrist 哈希，需要先生成所有的哈希值。我们可以使用 Python 的 `random` 随机库为 3×19×19 个可能的交叉点状态生成 64 位随机整数，如代码清单 3-20 所示。注意，在 Python 中，符号`^`用来执行 XOR 操作。对于空白棋盘选择哈希值 `0`。

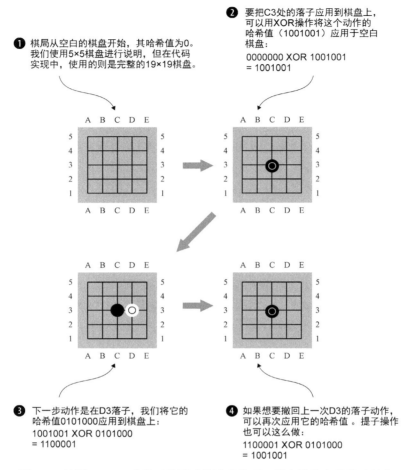

图 3-9 使用 Zobrist 哈希对落子动作进行编码，并高效地存储游戏状态

代码清单 3-20 生成 Zobrist 哈希值

```
import random

from dlgo.gotypes import Player, Point
def to_python(player_state):
    if player_state is None:
        return 'None'
    if player_state == Player.black:
        return Player.black
    return Player.white


MAX63 = 0x7fffffffffffffff
```

3.5 使用 Zobrist 哈希加速棋局

```
table = {}
empty_board = 0
for row in range(1, 20):
    for col in range(1, 20):
        for state in (Player.black, Player.white):
            code = random.randint(0, MAX63)
            table[Point(row, col), state] = code

print('from .gotypes import Player, Point')
print('')
print("__all__ = ['HASH_CODE', 'EMPTY_BOARD']")
print('')
print('HASH_CODE = {')
for (pt, state), hash_code in table.items():
    print('    (%r, %s): %r,' % (pt, to_python(state), hash_code))
print('}')
print('')
print('EMPTY_BOARD = %d' % (empty_board,))
```

在命令行中运行这个脚本，会显示我们所需的哈希值，并将生成的 Python 代码显示在命令行上。把显示的代码保存到 dlgo 模块下的 zobrist.py 文件中。

现在我们已经准备好了所需的哈希值，接着可以替换以前的游戏状态跟踪机制，改写成存储哈希值的方式。复制 goboard_slow.py 文件，命名为 goboard.py（本节之后的所有修改都放在这个新文件中），或者从 GitHub 代码库中找到 goboard.py 文件的代码也是可以的。第一步，做一个小修改，把 GoString 类、stones 变量和 liberties 变量都设置为不可变性质，即让它们在创建之后就不能再被修改。我们可以使用 Python 的 frozenset 替代之前的 set 来实现这个改变。frozenset 没有添加或删除元素的方法，因此在需要更新的时候就不能修改现有集合，而只能创建一个新集合了，如代码清单 3-21 所示。

代码清单 3-21　包含不可变成员 stones 和 liberties 的 GoString 实例

```
class GoString:
    def __init__(self, color, stones, liberties):
        self.color = color
        self.stones = frozenset(stones)        # stones 和 liberties 现在都改为不可
        self.liberties = frozenset(liberties)  # 变的 frozenset 实例

    def without_liberty(self, point):          # 用 without_liberty 方法替代之前
        new_liberties = self.liberties - set([point])  # 的 remove_liberty 方法
        return GoString(self.color, self.stones, new_liberties)

    def with_liberty(self, point):
        new_liberties = self.liberties | set([point])
        return GoString(self.color, self.stones, new_liberties)
```
用 with_liberty 替代
add_liberty

而对于 GoString，可以替换它的两个更新操作方法，来实现不可变性质。而诸如 merged_with

或 `num_liberties` 的其他辅助方法，则仍然保留，不受影响。

接下来，我们将更新围棋棋盘的相关代码，如代码清单 3-22 所示。

代码清单 3-22　实例化一个包含 _hash 成员的围棋棋盘，其值为空白棋盘的哈希值

```
from dlgo import zobrist

class Board:
    def __init__(self, num_rows, num_cols):
        self.num_rows = num_rows
        self.num_cols = num_cols
        self._grid = {}
        self._hash = zobrist.EMPTY_BOARD
```

接着，在 `place_stone` 方法中，每次落子时都对棋盘应用棋子的哈希值，如代码清单 3-23 所示。注意，与本节其他的代码一样，代码修改要在 goboard.py 文件中进行。

代码清单 3-23　落子时需要应用它的哈希值

```
                new_string = GoString(player, [point], liberties)   ◁── 在这一行之前，place_stone
将己方所有    ┌─▷ for same_color_string in adjacent_same_color:         的实现保持不变
的相邻棋链   │        new_string = new_string.merged_with(same_color_string)
合并起来     │    for new_string_point in new_string.stones:
             │        self._grid[new_string_point] = new_string

                self._hash ^= zobrist.HASH_CODE[point, player]   ◁── 接着，对棋盘应用这个交叉
                                                                      点与棋色所对应的哈希值
然后减少所   ┌─  for other_color_string in adjacent_opposite_color:
有相邻的对   │       replacement = other_color_string.without_liberty(point)
方棋链的气   └─▷     if replacement.num_liberties:
                        self._replace_string(other_color_string.without_liberty(point))
                    else:
                        self._remove_string(other_color_string)   ◁── 如果对方某条棋链气
                                                                      尽了，就提走它们
```

要提走一颗棋子，只需要再次应用它的哈希值即可，如代码清单 3-24 所示。

代码清单 3-24　提子时需要逆应用该棋子的哈希值

```
    def _replace_string(self, new_string):        ◁── 这个新的辅助方法可以
        for point in new_string.stones:               更新围棋棋盘网格
            self._grid[point] = new_string

    def _remove_string(self, string):
        for point in string.stones:
            for neighbor in point.neighbors():    ◁── 提走一条棋链会为其他棋
                neighbor_string = self._grid.get(neighbor)   链解放出新的气
                if neighbor_string is None:
```

3.5 使用 Zobrist 哈希加速棋局

在 Zobrist 哈希中，需要通过逆应用这步动作的哈希值来实现提子

```
            continue
        if neighbor_string is not string:
            self._replace_string(neighbor_string.with_liberty(point))
    self._grid[point] = None
    self._hash ^= zobrist.HASH_CODE[point, string.color]
```

最后，为 Board 类添加一个实用工具方法，用于返回棋盘当前的 Zobrist 哈希值，如代码清单 3-25 所示。

代码清单 3-25　返回棋盘当前的 Zobrist 哈希值

```python
def zobrist_hash(self):
    return self._hash
```

现在我们已经用 Zobrist 哈希值对棋盘进行了编码，让我们看看如何用它来改进 GameState。之前，上一回合的游戏状态是这样保存的：self.previous_state = previous。而我们已经讨论过，由于检查劫争时，必须循环遍历所有过去的状态，这么做消耗太大了。而现在我们可以使用一个新成员变量 previous_states 来存储 Zobrist 哈希值，如代码清单 3-26 所示。

代码清单 3-26　用 Zobrist 哈希值初始化游戏状态

```python
class GameState:
    def __init__(self, board, next_player, previous, move):
        self.board = board
        self.next_player = next_player
        self.previous_state = previous
        if self.previous_state is None:
            self.previous_states = frozenset()
        else:
            self.previous_states = frozenset(
                previous.previous_states |
                {(previous.next_player, previous.board.zobrist_hash())})
        self.last_move = move
```

如果棋盘是空白的，则历史状态 self.previous_states 是一个不可变的空 frozenset；否则，需要给状态集合增加一对值：下一回合落子方的棋色和上一回合的游戏状态的 Zobrist 哈希值。

上述这些都准备好之后，就可以大大改进 does_move_violate_ko 实现了，如代码清单 3-27 所示。

代码清单 3-27　使用 Zobrist 哈希值快速检测游戏状态是否有劫争

```python
def does_move_violate_ko(self, player, move):
    if not move.is_play:
        return False
    next_board = copy.deepcopy(self.board)
    next_board.place_stone(player, move.point)
    next_situation = (player.other, next_board.zobrist_hash())
    return next_situation in self.previous_states
```

通过 next_situation in self.previous_states 来检查历史棋局状态，比显式地循环遍历先前的所有棋局状态要快一个数量级。

在后面的章节中，这个有趣的哈希技巧可以帮我们大大提升自我对弈实现的速度，从而能够更快地改进棋力。

> **更进一步提升围棋棋盘实现的速度**
>
> 我们对原先的 goboard_slow.py 进行了深入的优化，并展示了如何使用 Zobrist 哈希来加速它，最终得到了 goboard.py。在本书的 GitHub 代码库中，还可以看到另一个名为 goboard_fast.py 的棋盘实现，它进一步提升了运行速度。这些速度上的提升，虽然牺牲了代码的可读性，但在后文中我们会发现极其有价值。
>
> 如果读者对如何优化棋盘速度感兴趣，可以查看 goboard_fast.py 的代码，以及代码中的注释。大多数的优化技巧都在于避免构建和复制 Python 对象。

3.6 人机对弈

现在，我们已经构建了一个能够进行自我对弈的机器人，读者可能会想要试试利用第 2 章所学的围棋知识，亲自与它对弈。这一点是可以实现的。而且有了机器人之间对弈的代码之后，并不需要进行太多的改动就能实现。

需要在 utils.py 文件中再添加一个实用工具函数，将人工输入转换为围棋棋盘的坐标，如代码清单 3-28 所示。

代码清单 3-28　将人工输入转换为围棋棋盘的坐标

```
def point_from_coords(coords):
    col = COLS.index(coords[0]) + 1
    row = int(coords[1:])
    return gotypes.Point(row=row, col=col)
```

这个函数将诸如 C3 或 E7 之类的人工输入转换为围棋棋盘的坐标。有了这个函数，我们就可以创建一个 9×9 棋盘的程序了，如代码清单 3-29 所示。这段代码就放在 human_v_bot.py 文件中。

代码清单 3-29　建立一个人机对弈的脚本

```
from dlgo import agent
from dlgo import goboard_slow as goboard
from dlgo import gotypes
from dlgo.utils import print_board, print_move, point_from_coords
from six.moves import input


def main():
    board_size = 9
    game = goboard.GameState.new_game(board_size)
    bot = agent.RandomBot()
```

```
    while not game.is_over():
        print(chr(27) + "[2J"]
        print_board(game.board)
        if game.next_player == gotypes.Player.black:
            human_move = input('-- ')
            point = point_from_coords(human_move.strip())
            move = goboard.Move.play(point)
        else:
            move = bot.select_move(game)
        print_move(game.next_player, move)
        game = game.apply_move(move)


if __name__ == '__main__':
    main()
```

在这个脚本里，人类棋手执黑子，随机机器人执白子。可以使用下面的命令启动这个脚本：

`python human_v_bot.py`

系统将提示输入一个落子动作，并按 Enter 键提交。例如，如果我们第一步棋选择落在 G3，那么机器人的响应可能如下所示：

```
Player.white D8
9 .........
8 ...o.....
7 .........
6 .........
5 .........
4 .........
3 ......x..
2 .........
1 .........
  ABCDEFGHJ
```

如果读者有兴趣，可以继续与机器人进行完整的对决。但是，因为这个机器人的动作是随机的，所以这样下棋暂时也没什么乐趣。

注意，就遵循围棋规则而言，这个机器人的功能已经完备了。它已经掌握了对于围棋所需知道的所有知识。这一点很重要，因为从现在开始我们就可以完全专注于改进围棋对弈的算法了。这个机器人标志着一个良好的开端。在接下来的章节中，我们将引入更多有趣的技术来创建更强大的机器人。

3.7 小结

- 围棋游戏中的双方最好用枚举进行编码。
- 围棋棋盘上的一个交叉点的特征由其直接相邻点决定。
- 围棋中的一次动作可以是落子、跳过回合或认输。

- 棋链指的是同色相连的棋子。在落子之后，如果想要高效地检查是否需要提子，棋链概念就非常重要。
- 围棋棋盘类 `Board` 包含了落子与吃子的所有逻辑。
- 棋局游戏状态类 `GameState` 负责跟踪下一回合的执子方、当前的棋盘布局以及之前所有的历史棋局状态。
- 本书判断劫争采用的是局势大劫规则。
- Zobrist 哈希是一种高效的编码技术，可以对棋局历史状态进行编码，并大大加快检查劫争的速度。
- 定义围棋机器人只需要一个方法 `select_move`。
- 我们的随机机器人可以进行自我对弈、与其他机器人对弈，也可以进行人机对弈。

第二部分

机器学习和游戏 AI

在本书第二部分中，我们将学习古典和现代游戏 AI 的各种算法。第二部分将从各种树搜索算法开始讲述，这些算法是游戏 AI 以及各种优化问题的基本工具；接着会介绍深度学习和神经网络，从数学基础开始，一直讲到许多实践性的设计问题；最后会介绍强化学习，它是一个能让游戏 AI 通过实践练习逐步提高的算法框架。

当然，这些技术的应用都不只局限于游戏中。掌握了这些技术之后，读者就应当能发现它们在各个领域中的应用机会了。

第 4 章 使用树搜索下棋

本章主要内容
- 使用极小化极大算法找到最佳动作。
- 对极小化极大树搜索进行剪枝,以加快速度。
- 将蒙特卡洛树搜索应用于游戏。

假设我们接到两个任务。第一个任务是编写一个计算机程序下国际象棋;第二个任务是编写一个程序在仓库中高效地提取货物。这两个程序有什么共同之处呢?乍看起来似乎并没有什么共同之处。但是,如果我们退一步,用更抽象的概念去思考,就能够看到一些相似之处。

- 任务中需要做出一系列决策。在国际象棋中,需要决定下一步移动哪一颗棋子;而在仓库中,需要决定接下来提取哪一件货物。
- 早期的决策可能会影响未来的决策。在国际象棋中,开盘阶段移动了一个兵,可能会导致皇后在很多回合后暴露于对手的威胁之下;而在仓库中,如果先去 17 号货架寻找一个物件,那么可能导致需要绕很多路去 99 号货架继续寻找货物。
- 在动作序列结束时,可以评估目标完成的程度。在国际象棋中,棋局结束时就知道谁赢了;而在仓库中,可以把所有寻找货物的时间累加起来作为一个度量标准。
- 决策序列的可能组合数量可能非常庞大。国际象棋比赛有大约 10^{100} 种潜在棋局;而在仓库中,如果有 20 个货物需要提取,就有 20 亿种可能的路径供选择。

两者的相似之处也就这么多了,更多的是不同之处。例如,在国际象棋中,我们有一个对手,双方轮流行动,对手会试图阻碍我们的行动,而在任何有人愿意上班的仓库中都不会发生这种情况。

在计算机科学中,树搜索算法(tree-search algorithm)是一类搜索策略,它们循环遍历许多可能的决策序列,并找到那些能产生最佳结果的决策。在本章中,我们将介绍适用于游戏的树搜索算法。这其中有不少原则也可以扩展应用到其他优化问题中。我们先介绍极小化极大搜索算法(minimax search algorithm)。每一回合,它会在对弈双方间切换视角。极小化极大算法可以找到完美的游戏路径,但它的速度太慢,无法应对特别复杂的局面。接着我们将介绍两种技术,只需要搜索树的一小部分就能快速获得有用的结果。其中之一是剪枝（pruning）技术，即通过消除树的分支中的一部分来加速搜索。要进行有效的剪枝，需要把问题相关的实践知识引入程序代码。如果做不到这一点，我们还可以考虑采用蒙特卡洛树搜索（Monte Carlo Tree Search，MCTS）。MCTS 是一种随机搜索算法，即使没有任何问题相关领域的特定代码，它也能搜寻到较好的结果。

当我们的技术工具箱配备这几项技术之后，就可以开始构建能玩各种棋盘或卡牌游戏的 AI 了。

4.1 游戏分类

树搜索算法最适合双方轮流发出动作且每一回合只有一个明确的可选动作组合的游戏。很多棋盘游戏和卡牌游戏都符合这种情况。然而，树搜索无法帮助计算机去打篮球、猜字谜或玩《魔兽世界》。我们可以引入两种特征，来对棋盘游戏进行进一步的分类。

- 确定性与不确定性。在确定性的游戏中，游戏的过程完全由玩家的选择来决定。而在不确定性的游戏中，则会包含随机性的元素，例如掷骰子或洗牌。
- 完全透明与隐藏信息。在完全透明的游戏中，双方全程都可以看到整个游戏状态，即整个棋盘都可见，或者所有的卡牌都摆在桌面上。而在隐藏信息的游戏中，每个玩家只能看到游戏状态的一部分。隐藏信息在卡牌类游戏中尤为常见，一般来说，每个玩家会被派发一手牌，并且无法看到其他玩家的牌。玩家需要根据别人的游戏决策来猜测他们所掌握的信息，而这正是隐藏信息类游戏的魅力所在。

表 4-1 展示了几款游戏，并按照这两种特征分类的情况。

表 4-1 棋盘和卡牌游戏的分类

	确定性	不确定性
完全透明	围棋、国际象棋	西洋双陆棋
隐藏信息	海战棋、Stratego 战棋	扑克、Scrabble 填字游戏

在本章中我们主要关注确定性的且完全透明的游戏。在这类游戏的比赛中，每一回合都存在理论上最佳的动作。游戏里没有运气，也没有秘密；在选择一个动作之前，我们就知道对手可能选择的每一个动作，以及自己之后可能做的所有动作，直到游戏结束为止。理论上，在第一回合就可以规划好整个游戏流程。极小化极大算法正是以这样的方式来找到完美动作的。

但实际上所有经得起时间考验的游戏，如国际象棋和围棋，都包含数量巨大的可能性。从人类的角度看，每一局对弈都仿佛经历人生一样漫长，而即使换成计算机，也无法总能计算到终盘。

本章所有示例包含的游戏特定逻辑都很少，因此只要将代码稍作调整，就可以适用于任何确定性的且完全透明的游戏。要做到这一点，我们可以依照 goboard 模块的设计模式来修改 `Player`、`Move` 和 `GameState` 等类，并实现新的游戏逻辑。`GameState` 的基本函数包括 `apply_move`、`legal_moves`、`is_over` 和 `winner`。我们已经为井字棋完成了一个代码示例，

4.2 利用极小化极大搜索预测对手

可以在本书 GitHub 上的 ttt 模块中找到它。

> **其他适合 AI 试验的游戏**
>
> 需要一些灵感？可以查找下列游戏的规则：
> - 国际象棋（Chess）；
> - 西洋跳棋（Checkers）；
> - 翻转棋（Reversi）；
> - 六贯棋（Hex）；
> - 中国跳棋（Chinese Checkers）；
> - 非洲棋（Mancala）；
> - 九子棋（Nine Men's Morris）；
> - 五子棋（Gomoku）。

4.2 利用极小化极大搜索预测对手

那么应该如何通过计算机编程来决定游戏的下一步动作呢？首先，我们可以考虑人类是如何做出这个决策的。让我们先从井字棋开始。在所有确定性的且完全透明的棋牌类游戏中，井字棋是最简单的。我们下面描述的策略专业术语叫极小化极大（minimaxing）。这个术语是极小化（minimizing）和极大化（maximizing）的缩写，即我们期望自己的得分最大化，而对手则希望我们的得分最小化。可以用一句话总结这个算法：不要觉得对手会比你笨（即要假设对手至少和你一样聪明）。

让我们看看极小化极大算法在实践中是如何工作的。观察图 4-1，×接下来要做什么动作？这个棋局并不复杂，在右下角落子就能立刻赢得比赛。这个情况可以归纳为一条通用规则：如果存在一个动作可以立刻赢得比赛，那么就采用它。这种做法不可能出错。

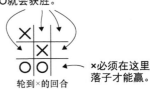

图 4-1 下一步×应该在哪里落子？图中的情形很简单：在右下角落子，可以立刻赢得比赛

我们可以在代码中实现这个规则，如代码清单 4-1 所示。

代码清单 4-1 找到可以立刻赢得比赛的动作

```
循环遍历所有合法的动作
    def find_winning_move(game_state, next_player):
        for candidate_move in game_state.legal_moves(next_player):
            next_state = game_state.apply_move(candidate_move)
            if next_state.is_over() and next_state.winner == next_player:
                return candidate_move        ← 这个动作可以赢棋！那么就不需要
        return None                            再继续寻找了
这个回合无法直接获胜
```

（注释：计算如果选择这个动作，棋局会变成什么样）

图 4-2 展示了这个函数会遍历检查的可能后续棋局。图中一个棋局指向多个可能后续棋局这种结构称为游戏树（game tree）。

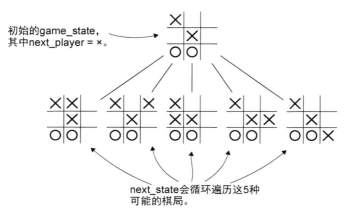

图 4-2　搜寻获胜动作的算法示意。从图上方的棋局开始，算法会循环遍历每一个可能的动作，并计算这个动作将会导致的游戏状态。接着检查这些可能的游戏状态是否会导致×获胜

让我们稍微再退一步：这个棋局是如何出现的？它的上一步棋局可能如图 4-3 所示。O 玩家天真地希望能在棋盘下方做出三连棋。但这得先假设×玩家会配合。这个局面也暗示了我们前面的规则的一个必然推论：不要选择任何会使对手获胜的动作。

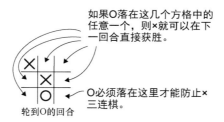

图 4-3　接下来 O 应该做什么动作？如果 O 在左下方下棋，那么必须得预料到×可以在右下方回应，并直接赢得比赛。因此 O 必须找到唯一能阻止这种情形的动作

代码清单 4-2 实现了这个逻辑。

代码清单 4-2　避免让对手直接获胜的函数

```
possible_moves 用来存放所有值得
考虑的动作列表
    def eliminate_losing_moves(game_state, next_player):
      opponent = next_player.other()
      possible_moves = []
      for candidate_move in game_state.legal_moves(next_player):   ← 循环遍历所有合
                                                                      法的动作
```

```
        next_state = game_state.apply_move(candidate_move)
        opponent_winning_move = find_winning_move(next_state, opponent)
        if opponent_winning_move is None:
            possible_moves.append(candidate_move)
    return possible_moves
```

↑ 计算如果走这一步，棋局会变成什么样

← 这一步会使对手获胜吗？如果不会，那么这一步动作是可行的

现在我们已经知道落子时必须防止对手直接进入获胜局面。因此，我们也应当假定对手也会这么应对。考虑到这一点的话，应该如何赢得比赛呢？让我们看一看图 4-4 中的棋局。

图 4-4　×应该采取什么动作？如果×在棋盘中心落子，则有两种方法可以得到三连棋：
1 处的顶部中间和 2 处的右下角。O 只能阻止其中一种情况，因此可以确保获胜

如果在中心位置落子，就会得到两个能够完成三连棋的点位：中上或右下。而对手无法同时阻止这两个点位。我们可以用一个通用规则来描述这个方法：尝试寻找一个动作，让对手无法阻止我们后续的获胜动作。这个逻辑乍一听感觉很复杂，但有了前面编写好的函数，实现它就很容易了，如代码清单 4-3 所示。

代码清单 4-3　找到两步棋之后可以保证获胜的函数

```
def find_two_step_win(game_state, next_player):
    opponent = next_player.other()
    for candidate_move in game_state.legal_moves(next_player):
        next_state = game_state.apply_move(candidate_move)
        good_responses = eliminate_losing_moves(next_state, opponent)
        if not good_responses:
            return candidate_move
    return None
```

↑ 循环遍历所有合法动作

← 计算如果走这一步，棋局会变成什么样

← 对手能不能做出良好的防御？如果不能，就选择这一步动作

← 不论己方选择哪个动作，对方都能阻止己方获胜

接着考虑，对手也应当能预料到我们会尝试这样做，并且也会试图阻止这种情形出现。现在读者应该能看到一个通用策略的雏形了。

（1）先检查是否可以在下一步直接获胜。如果可以，就这样行动。

（2）如果不可以，再看看对手能否在下一步获胜。如果能，就尝试阻止它。

（3）如果对手不能获胜，再看看能否通过第二步棋取胜。如果能，就按照这两步棋来落子。

（4）如果不能，再看看对手的第二步棋是否能获胜。

注意，前面 3 个函数的结构都比较相似：每个函数都会遍历全部合法动作，并检查这个动作之后所得到的假想棋局。此外，每个函数都建立在前一个函数的基础上，以模拟对手的回应动作。如果把这个概念再进一步泛化，就可以得到一种能够始终找到最佳动作的算法。

4.3 井字棋推演：一个极小化极大算法的示例

在 4.2 节中，我们研究了如何提前一两步预测对手的反应。在本节中，我们将展示如何将这个策略进一步扩展，并应用在井字棋中以选择最佳动作。它的核心思想与前面完全一致，但需要做得更加灵活，才能够预测任意回合之后的动作。

首先让我们定义一个枚举类型来表示棋局的 3 种可能结果，即获胜、失败和平局，如代码清单 4-4 所示。这个结果定义是针对特定执子方的：如果己方失败了，那就代表对方获胜了。

代码清单 4-4　表示游戏结果的枚举类型

```
class GameResult(enum.Enum):
    loss = 1
    draw = 2
    win = 3
```

假设有一个函数 best_result，可以给出某个游戏状态之后棋手能够获得的最佳结果。如果该玩家可以保证胜利，那么不论需要经过多少步、过程多复杂，best_result 函数都会返回 GameResult.win。如果棋手无法获胜，但可以强制平局，该函数将返回 GameResult.draw。其他情况下，它将返回 GameResult.loss。如果我们假设这个函数已经存在，就可以轻松地编写一个函数在回合中选择动作：遍历所有可能的动作，逐一调用 best_result，然后选择结果最佳的动作即可。当然，多个不同的动作也可能得到相同的结果，这时随机挑选其中一个动作即可。代码清单 4-5 展示了这个逻辑的实现。

代码清单 4-5　实现极小化极大搜索的代理

```
class MinimaxAgent(Agent):
    def select_move(self, game_state):
        winning_moves = []
        draw_moves = []
        losing_moves = []
        for possible_move in game_state.legal_moves():          ← 循环遍历所有合法的动作
            next_state = game_state.apply_move(possible_move)   ← 计算如果选择这个动作，会导致什么样的游戏状态
```

4.3 井字棋推演：一个极小化极大算法的示例

```
                    opponent_best_outcome = best_result(next_state)
                    our_best_outcome = reverse_game_result(opponent_best_outcome)
                    if our_best_outcome == GameResult.win:
                        winning_moves.append(possible_move)
                    elif our_best_outcome == GameResult.draw:
                        draw_moves.append(possible_move)
                    else:
                        losing_moves.append(possible_move)
                if winning_moves:
                    return random.choice(winning_moves)
                if draw_moves:
                    return random.choice(draw_moves)
                return random.choice(losing_moves)
```

由于下一回合对方执子，因此需要找到对方可能获得的最佳结果，这个结果的反面就是己方的结果

根据这个动作导致的最终结果来给它分类

挑选能获得最佳结果的动作

现在剩下的问题就是如何实现 `best_result` 了。与 4.2 节相同，可以从游戏终盘开始向前回溯。代码清单 4-6 展示了一个简单的情形：如果游戏已经结束，则只有一个可能的结果，直接返回它即可。

代码清单 4-6　极小化极大搜索的第一步

```python
def best_result(game_state):
    if game_state.is_over():
        if game_state.winner() == game_state.next_player:
            return GameResult.win
        elif game_state.winner() is None:
            return GameResult.draw
        else:
            return GameResult.loss
```

但如果当前处于盘中某个阶段，就需要向前搜索未来状态了。至此，读者大概已经熟悉这个模式了。首先循环遍历所有可能的动作，并计算下一个游戏状态。接着假设对方会尽力反击己方的假想动作，对这个新棋局调用 `best_result`，得到对方从这个新棋局所能够获得的最佳结果，这个结果的反面就是己方的结果。最后在遍历完所有动作之后，选择能给己方带来最佳结果的那个动作。代码清单 4-7 展示了这个逻辑的实现，它也是 `best_result` 函数实现的后半部分。

代码清单 4-7　实现极小化极大搜索

```
    best_result_so_far = GameResult.loss
    for candidate_move in game_state.legal_moves():
        next_state = game_state.apply_move(candidate_move)
        opponent_best_result = best_result(next_state)
        our_result = reverse_game_result(opponent_best_result)
        if our_result.value > best_result_so_far.value:
            best_result_so_far = our_result
    return best_result_so_far
```

找到对方的最佳动作

看看如果走这一步，棋局会变成什么样

无论对方想要什么，我们想要的就是它的反面

看看当前的结果是否比之前得到的结果更好

图 4-5 显示了在井字棋的某个棋局中，这个函数会考虑哪些未来棋局。

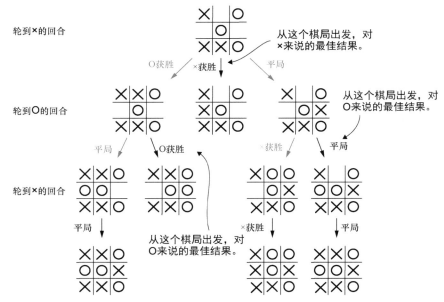

图 4-5 井字棋的一棵游戏树。在最上方的棋局中，轮到 × 的回合。如果 × 在棋盘上中位置落子，O 可以保证获胜；如果 × 在棋盘左中位置落子，× 将获胜；如果 × 在棋盘右中位置落子，则 O 可以强制平局。因此，× 应当选择棋盘左中位置落子

如果将这个算法应用于类似井字棋这样的简单游戏，就会得到一个战无不胜的棋手。读者如果有兴趣，可以试着与它下棋，可以采用本书 GitHub 上的 play_ttt.py 示例。理论上，这个算法也适用于国际象棋、围棋或任何其他确定性的且完全透明的游戏。但在实践中，对这几个棋类游戏来说，这个算法都太慢了。

4.4 通过剪枝算法缩减搜索空间

在前面的井字棋示例中，我们计算了所有可能的棋局，以便找到完美的策略。在井字棋中，可能的棋局一共才不到 30 万种，对现代计算机来说简直是小菜一碟。但我们能够将这个技术扩展到那些更有趣的棋类游戏中吗？例如，西洋跳棋大约有 5×10^{20} 种可能的棋局。从技术上讲，用现代计算机集群来搜索这么大的空间是有可能的，但也得花费好几年时间。而考虑国际象棋和围棋的话，可能的棋局数量已经超过了宇宙中原子的总数（"粉丝们"也很乐意提到这一点）。要完全搜索如此大的空间是不可能的。

要在复杂的棋类游戏中采用树搜索，我们需要一种策略来消除树的部分。这种寻找树中可以忽略的部分的过程称为剪枝。

游戏树是二维的：它具有宽度和深度。宽度是指某个给定棋局下可能动作的数量。而深度是指从某个棋局到可能的最终游戏状态的回合数。在棋局中的每一回合，这两个数值都会变化。

4.4 通过剪枝算法缩减搜索空间

对于某个特定的棋类游戏，我们通常会考虑它的典型宽度和典型深度，并以此来估计游戏树的尺寸。游戏树中棋局的数量大致由公式 W^d 给出，其中 W 是平均宽度，d 是平均深度。图 4-6 和图 4-7 显示了井字棋游戏树的宽度和深度。例如，在国际象棋中，每一回合玩家通常有大约 30 种选择，并且一局棋需要经过大约 80 回合才结束，因此，游戏树的尺寸可以估算为 $30^{80} \approx 10^{118}$。而围棋通常每一回合有 250 种合法动作，一场比赛可能持续 150 回合，这样算出的游戏树尺寸为 $250^{150} \approx 10^{359}$。

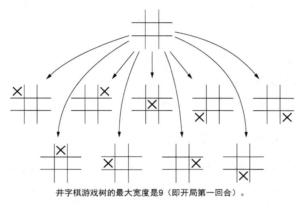

图 4-6　井字棋游戏树的宽度：最大宽度为 9，因为第一回合时有 9 个可能选择。
但之后每一回合合法的动作数量都会减少，因此平均宽度为 4~5 个动作

W^d 这个公式是呈指数增长的一个例子：当增加搜索深度时，需要考虑的棋局数量会迅速增加。想象一下平均宽度和平均深度大约为 10 的游戏，可供搜索的完全游戏树将包含 10^{10}（即 100 亿）个棋局。

现在让我们假设已经想出了合适的剪枝方案。首先，我们找到办法可以在每个回合中快速忽略两个可能的动作，将搜索树的有效宽度减少到 8。其次，我们发现只需要向前预测 9 步而不是 10 步，就能找出较好的游戏结果。这样我们就只需要搜索 8^9（约 1.3 亿）个棋局了。与完整的搜索空间相比，这样做能够节省超过 98%的计算量！可以看到，剪枝的关键点就在于，即使只略微缩减搜索的宽度或深度，也能够大大减少动作选择所需的时间。图 4-8 展示了剪枝对一棵很小的搜索树的影响。

本节将介绍两种剪枝技术：一种是用于减少搜索深度的棋局评估函数，另一种是用于减少搜索宽度的 α-β 剪枝（alpha-beta pruning）。这两项技术共同构成了经典棋盘游戏 AI 的支柱。

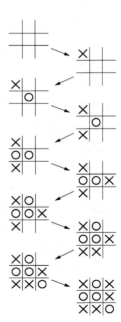

图 4-7　井字棋游戏树的深度：最大深度为 9 个回合，在那之后，棋盘就填满了

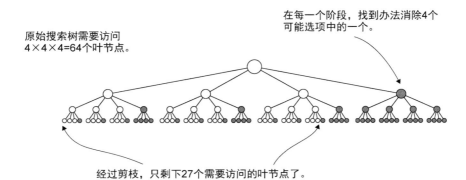

图 4-8 剪枝可以迅速缩小游戏树尺寸。图中搜索树的宽度为 4、高度为 3，总共需要检查 64 个叶节点。假设我们找到方法可以在每一回合将 4 个可能选项中的 1 个消除，那么最终需要访问的叶节点就只剩下 27 个了

4.4.1 通过棋局评估减少搜索深度

如果遍历游戏树直至终盘，就可以直接计算出获胜者。但我们如何在棋局的早期做到这一点呢？人类棋手往往在盘中就对哪一方领先有所感知。即使是初学者，也可以本能地体会到当前棋局是他在碾压对手，还是在挣扎求生。如果可以在计算机程序中捕捉到这种感觉，就能够大大减少搜索所需的深度。用来模仿这种感觉，去判断哪一方领先以及领先多少的函数，叫作棋局评估函数。

在许多棋类游戏中，我们可以利用对规则的了解来手工制作棋局评估函数。

- 西洋跳棋——棋盘上每个常规棋子算作 1 分，再加上每个国王算作 2 分。计算己方棋子的总分，并减去对方的分数。
- 国际象棋——每个兵计 1 分，每个象或马计 3 分，每个车计 5 分，皇后计 9 分。计算出己方棋子的总分，并减去对方的分数。

这两个评估函数其实都是高度简化的，西洋跳棋或国际象棋引擎会使用更复杂的启发式规则。例如，在这两种棋中，人工智能都会尝试主动吃掉对方的棋子，并保护己方的棋子。此外，它们也愿意牺牲较弱的棋子来兑掉对方更强的棋子。

在围棋中，也可以做出一个与这两种棋相似的启发式规则：将吃掉的棋子相加，然后减去对方吃掉的棋子数量。（等效地，也可以计算棋盘上留存棋子的数量差。）代码清单 4-8 展示了这个启发式规则的计算。但事实证明，这个启发式规则并不是一个有效的评估函数。在围棋中，吃子的威胁往往比实际提子更为重要。一盘棋持续到一百多个回合才第一次提子的情况也是很常见的。要制作一个能够在棋局中准确捕捉这种微妙游戏状态的评估函数实际上是非常困难的。

代码清单 4-8 一个高度简化的围棋棋局评估启发式规则

```
def capture_diff(game_state):
    black_stones = 0
    white_stones = 0
    for r in range(1, game_state.board.num_rows + 1):
        for c in range(1, game_state.board.num_cols + 1):
```

4.4 通过剪枝算法缩减搜索空间

```
                    p = gotypes.Point(r, c)
                    color = game_state.board.get(p)
如果是黑方落子         if color == gotypes.Player.black:      计算棋盘上黑子和白
的回合,那么返              black_stones += 1                子的数量差。这和计
回"黑子数量-         elif color == gotypes.Player.white:     算双方提子数量差是
白子数量"                  white_stones += 1                一致的,除非某一方
                    diff = black_stones - white_stones      提前跳过回合
                    if game_state.next_player == gotypes.Player.black:
                        return diff
                    return -1 * diff        如果是白方落子的回合,那么
                                            返回"白子数量-黑子数量"
```

尽管如此,这个高度简化的启发式规则仍然可以用来演示剪枝技术。这么做并不能创造出强大的围棋 AI,但至少还是比完全随机的动作选择要好得多。第 11 章和第 12 章中会介绍如何用深度学习来生成更佳的评估函数。

选择好评估函数之后,就可以着手实现深度剪枝了。这样就不必一直搜索到棋局终盘,而只需要向前搜索固定的步数,再调用评估函数来估计谁更有可能获胜。

图 4-9 展示了进行深度剪枝的游戏树的一部分(为了节省页面空间,我们省略了大部分分支,但是实际算法会检查这些没有展示的分支)。

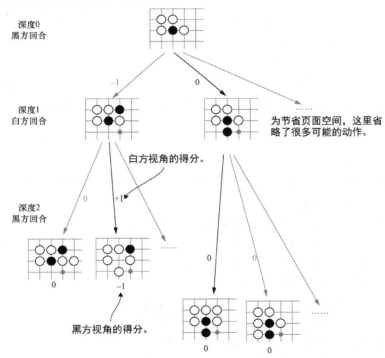

图 4-9 部分围棋游戏树。图中,游戏树向前搜索的深度是 2 步。搜索 2 步之后检查双方提子的数量,用于评估棋局。如果黑方选择最右边的分支,白方可以提走 1 子,对黑方产生 -1 的评分;如果黑方选择中间的分支,黑子就是暂时安全的,于是这个分支的评分为 0。因此,黑方应当选择中间的分支

在这棵游戏树中，向前搜索 2 步，并使用吃子数量作为棋局评估函数。初始位置是黑方落子的回合，有一颗黑子只剩 1 口气。这时黑方应该怎么做？如果黑子直接向下方长[①]，如游戏树的中间分支所示，则黑子会暂时安全。如果黑方在其他地方落子，则白方可以直接吃掉它。图中左侧的分支展示了这种情况的许多可能性之一。

在向前遍历 2 步之后，对当前的棋局调用评估函数。在本例中，任何白方吃子的分支都会得到白方+1、黑方−1 的得分。而所有其他分支的得分均为 0（在本例中没有其他办法可以在两回合中吃子）。在这种情况下，黑方选择唯一能保护己方棋子的动作。

代码清单 4-9 展示了深度剪枝的实现。

代码清单 4-9　包含深度剪枝的极小化极大搜索

```
def best_result(game_state, max_depth, eval_fn):
    if game_state.is_over():
        if game_state.winner() == game_state.next_player:
            return MAX_SCORE
        else:
            return MIN_SCORE

    if max_depth == 0:
        return eval_fn(game_state)

    best_so_far = MIN_SCORE
    for candidate_move in game_state.legal_moves():
        next_state = game_state.apply_move(candidate_move)
        opponent_best_result = best_result(
            next_state, max_depth - 1, eval_fn)
        our_result = -1 * opponent_best_result
        if our_result > best_so_far:
            best_so_far = our_result

    return best_so_far
```

- 如果游戏已经结束，就可以立即得知哪一方获胜
- 已达到最大搜索深度。使用启发式规则来确定当前动作序列的好坏
- 遍历所有可能动作
- 如果采取这个动作，看看棋局会变成什么样
- 从当前棋局开始，找到对方的最佳结果
- 无论对方想要什么，我们想要的就是它的反面
- 查看这个结果是否比之前得到的最佳结果还要好

这段代码和代码清单 4-7 中的极小化极大算法看起来很相似，因此将它们并排对比可能会有所帮助。注意它们有如下区别。

- 极小化极大算法不再返回一个表示获胜、失败或平局的枚举值，而是返回一个数字，用来表示评估函数的值。传统上，我们从下一回合的执子方视角来计算得分：得分越高意味着下一回合执子方更有希望获胜。当我们从对方的视角评估棋局之后，只要将得分乘以−1，就可以算回到自己的视角。
- max_depth 参数决定要提前搜索的步数。每经过一个回合，这个值减 1。
- 当 max_depth 变成 0 时，就可以停止搜索并调用棋局评估函数了。

读者可以尝试编写自己的评估函数，观察它们如何影响围棋机器人的个性。这可能会是一个很有趣的过程，而且这么做的效果肯定比我们给出的简单示例好。

---

① "长"是围棋术语，即沿着线延伸出去。——译者注

4.4.2 利用 α-β 剪枝缩减搜索宽度

如图 4-10 所示，当前回合黑方执子，正考虑在有小方框标记的交叉点上落子。如果黑方这么做了，白方就可以在 A 点落子，从而吃掉 4 颗黑子。对黑方来说，这显然是一场灾难！那么如果白方在 B 点落子，会如何呢？好吧，谁还会在乎呢？白方在 A 点的回应已经足够糟糕了。在黑方的角度来看，并不需要在乎 A 点是不是白方的最佳选择。一旦找到了白方的一个强力回应，我们就可以否决有小方框标记的交叉点上的落子，转而去寻找下一个方案了。这就是 α-β 剪枝的思路。

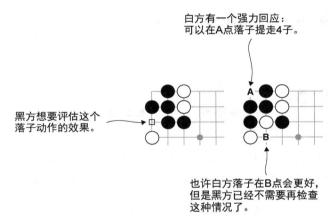

图 4-10 黑方正在考虑在有小方框标记的交叉点上落子。如果黑方在此处落子，则白方可以在 A 点回应，并吃掉黑方 4 颗子。这个结果对黑方来说太糟糕了，因此可以立即否定它，而不再需要去考虑白方其他的可能回应了（如 B 点）

让我们来看看如何在这个棋局中应用 α-β 剪枝算法。该算法在开始阶段与常规深度剪枝树搜索算法没有太大区别。图 4-11 展示了算法的第一步：选择一个动作，并站在黑方的角度上做出评估。这个动作落子在图中 A 点上，接着我们对它做出深度为 3 的完全评估。从图中可以看到，无论白方如何回应，黑方都至少能够吃掉 2 子。因此这个分支的评分为黑方+2。

接着，我们考虑黑方的下一个可能动作，即图 4-12 中标记的 B 点。和深度剪枝搜索相同，我们可以尝试分析白方所有可能的回应动作，并逐一评估。白方可以在左上角落子，并吃掉 4 颗黑子。对黑方来说，这个分支的评分为-4。而我们在上一回合中已经分析过，如果黑方在 A 点落子，就可以至少得到+2 的评分。而黑方如果选择在 B 点落子，那么白方就可能将黑方的评分限制到-4，甚至还可能更低。由于-4 已经比+2 差很多，这里就不需要再进一步搜索了。这样白方的其他十几个回应动作都不需要再评估了，并且每个回应动作之后还有更多可能的棋局组合。因此，我们可以累积节省很多计算量，但仍然得到与深度为 3 的完全搜索相同的动作选择。

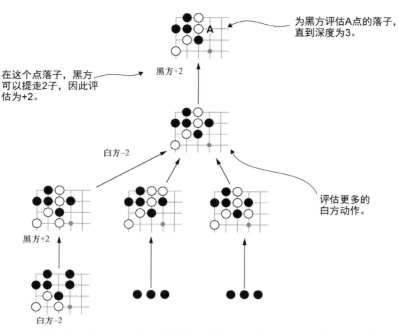

图 4-11 α-β 剪枝中的第一步:完全评估黑方的第一个可能动作,对黑方来说,此动作的评分为+2。到目前为止,算法与 4.4.1 节中介绍的深度剪枝搜索算法完全相同

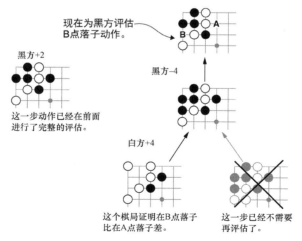

图 4-12 α-β 剪枝的第二步:现在对黑方的第二个可能动作进行评估。这时候,白方有一个回应动作,可以吃掉 4 颗黑子。对黑方来说,该分支评分为−4。一旦得到了这个评估,就可以完全抛弃黑方的这个动作,跳过其他可能的白方回应动作了。即使白方可能还有其他更好的回应,但我们已经知道在 B 点落子比在 A 点落子糟糕

在这个示例中,为了说明 α-β 剪枝的工作原理,我们选取了特定的评估顺序,但在实际的代码中,评估常常是按照落子的棋盘坐标来进行的。因此,α-β 剪枝所能节省的时间取决于找到最

佳分支的时间。如果恰好在评估早期就找到了最佳分支，就能够迅速消除其他分支。但在最坏的情况下，即最后一步才找到最佳分支，α-β 剪枝并不比完全深度剪枝搜索更快。

为了实现剪枝算法，必须在搜索全过程中跟踪记录到目前为止双方的最佳结果。传统上，我们将这两个结果值称为 α（alpha）和 β（beta），因此这个算法叫作 α-β 剪枝。在代码清单 4-10 所示的实现代码中，这两个值分别称为 `best_black` 和 `best_white`。

代码清单 4-10　检查是否可以停止对一个分支的评估

```
def alpha_beta_result(game_state, max_depth,
                     best_black, best_white, eval_fn):
    ...
    if game_state.next_player == Player.white:        ─┐ 为白方选择一个动作，这需要
        # Update our benchmark for white               │ 找到能够排除黑方的上一个
        if best_so_far > best_white:          ─┐       │ 动作。一旦发现了某个能够超
            best_white = best_so_far           │ 针对白方更新己
                                               │ 方的最佳结果  越黑方最佳选择的动作，搜索
        outcome_for_black = -1 * best_so_far   │       │ 就可以停止了
        if outcome_for_black < best_black:     ─┘       │
            return best_so_far                         ─┘
```

我们可以扩展深度剪枝的实现来添加 α-β 剪枝的功能。代码清单 4-10 展示了新增的关键代码。这段代码处理白方视角的逻辑，我们还需要一段类似的代码来处理黑方视角的逻辑。

首先，检查是否需要更新 `best_white` 的评分。接下来，检查是否可以停止对白方动作的评估。我们可以将当前得分与在任意分支中找到的黑方最佳得分进行比较。如果白方可以将黑方限制在更低的分数，那么黑方就不再需要考虑这个分支了，不用一直搜索到绝对的最佳评分。

代码清单 4-11 展示了 α-β 剪枝的一个完整实现。

代码清单 4-11　α-β 剪枝的一个完整实现

```
def alpha_beta_result(game_state, max_depth,
                     best_black, best_white, eval_fn):
    if game_state.is_over():                          ─┐
        if game_state.winner() == game_state.next_player:  检查棋局是否
            return MAX_SCORE                           │ 已经终盘
        else:                                          │
            return MIN_SCORE                          ─┘

    if max_depth == 0:                            ─┐ 已达到最大搜索深度。使用一段启发式
        return eval_fn(game_state)                 ─┘ 规则来确定这个动作序列的好坏

    best_so_far = MIN_SCORE              循环遍历所有的合法动作
    for candidate_move in game_state.legal_moves():  ◄──┐ 如果采取这个动作，
        next_state = game_state.apply_move(candidate_move) ◄─┘ 棋局会变成什么样
        opponent_best_result = alpha_beta_result(     ─┐
            next_state, max_depth - 1,                 │ 从这个棋局开始搜寻对
            best_black, best_white,                    │ 手所能得到的最佳结果
            eval_fn)                                  ─┘
   ┌─► our_result = -1 * opponent_best_result
不论对方想
要什么，我
们想要的就
是它的反面
```

```
            if our_result > best_so_far:                  查看这个结果是否比之
                best_so_far = our_result                  前得到的最佳结果更好
            if game_state.next_player == Player.white:
                if best_so_far > best_white:      为白方更新
                    best_white = best_so_far      最佳结果
                outcome_for_black = -1 * best_so_far      白方正在选择一个动作,这个动作只要
                if outcome_for_black < best_black:        足以排除,黑方的前一个动作即可
                    return best_so_far
为黑方更新  elif game_state.next_player == Player.black:
最佳结果     if best_so_far > best_black:
                    best_black = best_so_far
                outcome_for_white = -1 * best_so_far      黑方正在选择一个动作,这个动作只需
                if outcome_for_white < best_white:        足以排除白方的前一个动作即可
                    return best_so_far

    return best_so_far
```

4.5 使用蒙特卡洛树搜索评估游戏状态

在 α-β 剪枝算法中,我们用棋局评估函数来减少需要考虑的棋局数量。但在围棋中,棋局评估是非常非常困难的事情:遵循基于提子数量的简单启发式规则无法胜过大多数棋手。蒙特卡洛树搜索(MCTS)为我们提供了一种方法,可以在不依赖任何围棋策略知识的前提下评估游戏状态。MCTS 算法不需要利用游戏特有的启发式规则,而是通过模拟随机棋局来评估棋局的好坏。我们把模拟进行的每一个随机棋局称为一次推演(rollout)或拟盘(playout)。在本书中,我们采用术语推演。

蒙特卡洛树搜索是蒙特卡洛算法族的一员,它们可以利用随机性来分析极其复杂的情况。算法名称源自它的随机特性。

通过选择随机动作来建立一个良好的策略乍看似乎是不可能的。如果游戏 AI 完全随机地选择动作,当然会非常弱。但是如果让两个随机 AI 相互对抗,它们的对手也会和自己一样软弱无力。如果这时候发现黑方持续比白方赢得多,那一定是因为黑方从一开始就掌握了某种优势。因此,要评估某个棋局状态,我们可以从那里开始进行多次随机对弈推演,来弄清楚这个棋局是否对某一方有利。而且我们也不需要理解为何这个棋局是有利的。

当然,也有可能遇到不平衡的结果。如果模拟 10 次随机对弈,白方赢了 7 次,我们是否有信心说白方有优势呢?实际上并不能:白方只比随机分布多赢两场而已。如果黑白双方势均力敌,那么白方大约有 30% 的概率得到 10 局 7 胜的结果。但是如果白方在 100 次随机对弈中获胜了 70 次,我们就几乎可以确定初始棋局对白方有利了。因此,关键点在于进行更多次数的推演,让估计变得更准确。

MCTS 算法的每一轮计算都包含 3 个步骤。

(1)将新的棋局添加到 MCTS 树中。

(2)从这个棋局开始模拟随机对弈。

（3）根据随机对弈的结果更新树节点的统计数据。

在允许的时间内，可以多次重复这个过程。最后搜索树顶部的统计数据会告诉我们应当选择哪一个动作。

让我们试着逐步推演 MCTS 算法的一轮计算。图 4-13 显示了一棵 MCTS 树。算法进行到这里的时候，已经完成了许多次推演，并构建了部分搜索树。每个节点都记录了该节点之后任意棋局开始的胜负计数。也就是说节点计数包括其所有子节点的总和。（正常情况下，统计树会比图中有更多的节点，但为了节省页面空间，图中省略了许多节点。）

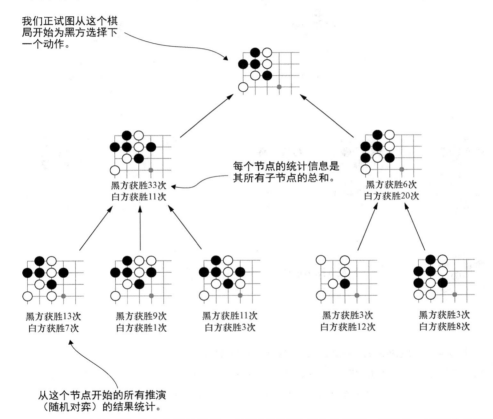

图 4-13　MCTS 树。树的顶部代表当前的棋局，我们正试图为黑方选择下一步动作。在图中的状态里，算法已经为各种不同的可能棋局进行了 70 次随机推演。每个节点都会跟踪记录从它的任何子节点开始的所有推演的统计信息

每一轮开始时，我们将在搜索树中添加一个新的棋局。首先，在树的底部选择一个节点（即一个叶节点）来添加新的子节点。图中这棵树有 5 个叶节点。

为了获得最佳效果，我们需要采取适当的策略来选取叶节点。4.5.2 节将介绍一个良好的选取策略。本例中为简便起见，我们假设每次都选择最左边的分支。从这个节点开始随机选择下一

步动作，计算新的棋局，并将计算出的新节点添加到搜索树中。图 4-14 展示了这个过程完成之后搜索树的样子。

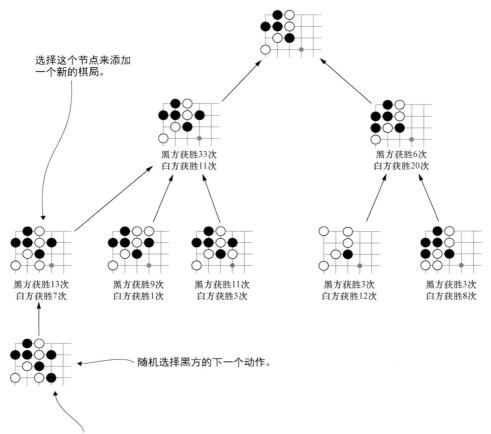

图 4-14　将新节点添加到 MCTS 树。在本例中，选择最左边的分支作为插入新节点的位置。然后，可以从这个棋局开始，随机选择下一个动作，并在树中创建新节点

这个新节点就是随机对弈的起点。我们从这里开始继续模拟对弈棋局，每一回合随机选择一个合法的动作即可，直到棋局终盘。然后进行终盘结算，并得到获胜方。本例假设获胜方是白方。将这次推演的结果记录在新节点中，并回溯它的所有祖先节点，将新的推演结果添加到途经的每个节点的统计信息中。图 4-15 展示了这个步骤完成后树的样子。

上述的整个过程只是 MCTS 算法的一轮推演。每重复一次这个过程，搜索树都会变得更大，树顶端的估计结果也会变得更加准确。通常，我们可以在固定数量的轮次之后或者经过一段固定的时间之后停止算法。这时候选择获胜率最高的那个动作即可。

4.5 使用蒙特卡洛树搜索评估游戏状态

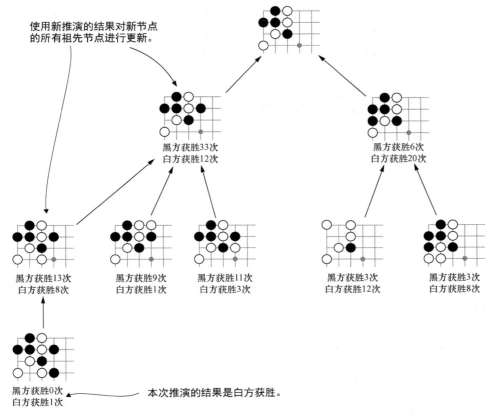

图 4-15 完成一次新的推演之后,需要更新 MCTS 树。在本例中,推演的结果是白方获胜。将这个获胜结果添加到新节点及其所有祖先节点的统计信息中

4.5.1 在 Python 中实现蒙特卡洛树搜索

现在我们已经对 MCTS 算法有所了解,接下来可以转到实现细节了。首先要设计一个数据结构来表示 MCTS 树,然后编写一个函数来执行 MCTS 树的推演过程。

如代码清单 4-12 所示,首先定义一个新类 `MCTSNode`,以表示搜索树中的任一节点。每个 `MCTSNode` 节点都包含下列几个属性。

- `game_state`——搜索树当前节点的游戏状态(即棋局以及下一回合执子方)。
- `parent`——当前 `MCTSNode` 节点的父节点。要表示树的根节点,可以把它的 `parent` 值设置为 `None`。
- `move`——触发当前棋局的上一步动作。
- `children`——当前节点所有子节点的列表。
- `win_counts` 和 `num_rollouts`——从当前节点开始的所有推演的统计信息。

- unvisited_moves——从当前棋局开始，所有可能的合法动作列表。这个列表只记录那些还没成为树中某一节点的动作。每当向搜索树添加一个新节点时，我们都会从 unvisited_moves 中提取出一个动作，为它生成一个新的 MCTSNode 实例，并添加到 children 列表中。

代码清单 4-12　表示 MCTS 树的数据结构

```python
class MCTSNode(object):
    def __init__(self, game_state, parent=None, move=None):
        self.game_state = game_state
        self.parent = parent
        self.move = move
        self.win_counts = {
            Player.black: 0,
            Player.white: 0,
        }
        self.num_rollouts = 0
        self.children = []
        self.unvisited_moves = game_state.legal_moves()
```

修改 MCTSNode 的方法有两个：一个负责向树中添加新的子节点，另一个负责更新它的推演统计信息。代码清单 4-13 展示了这两个方法。

代码清单 4-13　更新 MCTS 树某个节点的两个方法

```python
    def add_random_child(self):
        index = random.randint(0, len(self.unvisited_moves) - 1)
        new_move = self.unvisited_moves.pop(index)
        new_game_state = self.game_state.apply_move(new_move)
        new_node = MCTSNode(new_game_state, self, new_move)
        self.children.append(new_node)
        return new_node

    def record_win(self, winner):
        self.win_counts[winner] += 1
        self.num_rollouts += 1
```

最后，还可以添加 3 个辅助方法，用于访问树节点的有用属性。
- can_add_child——检测当前棋局中是否还有合法动作尚未添加到树中。
- is_terminal——检测是否达到了终盘。如果已经达到终盘，就不能继续进行搜索了。
- winning_frac——返回某一方在推演中获胜的比率。

这几个函数的实现如代码清单 4-14 所示。

代码清单 4-14　用于访问树节点有用属性的几个辅助方法

```python
    def can_add_child(self):
        return len(self.unvisited_moves) > 0

    def is_terminal(self):
        return self.game_state.is_over()
```

4.5 使用蒙特卡洛树搜索评估游戏状态

```
    def winning_frac(self, player):
        return float(self.win_counts[player]) / float(self.num_rollouts)
```

定义好搜索树的数据结构后,就可以着手实现 MCTS 算法了。首先用当前的游戏状态作为根节点来创建一棵新搜索树,接着反复生成新的推演。在本节的实现中,每一回合执行固定轮数的推演。在其他实现中,也有按照固定运行时长的。

每一轮推演开始,先沿着搜索树往下遍历,直至找到一个可以添加子节点的节点(即任何还留有尚未添加到树中的合法动作的棋局)为止。select_move 负责挑选可供继续搜索的最佳分支,我们先暂时忽略它的具体实现,将在 4.5.2 节中详细介绍。

找到合适的节点后,调用 add_random_child 来选择一个后续动作,并将它添加到搜索树中。此时 node 是一个新创建的 MCTSNode,它还没有包含任何推演。

现在我们可以从这个节点调用 simulate_random_game 并开始推演了。simulate_random_game 的实现与第 3 章中介绍的 bot_v_bot 示例相同。

最后需要为新创建的节点以及它所有的祖先节点更新获胜统计信息。整个过程的实现如代码清单 4-15 所示。

代码清单 4-15 MCTS 算法

```
class MCTSAgent(agent.Agent):
    def select_move(self, game_state):
        root = MCTSNode(game_state)

        for i in range(self.num_rounds):
            node = root
            while (not node.can_add_child()) and (not node.is_terminal()):
                node = self.select_child(node)

            if node.can_add_child():
                node = node.add_random_child()          ◁── 将新的子节点添
                                                              加到树中

            winner = self.simulate_random_game(node.game_state)   ◁── 从这个节点开始,
                                                                      模拟一局随机推演

            while node is not None:
                node.record_win(winner)        ◁── 将推演得出的得分沿
                node = node.parent                  着树分支向上推送
```

完成所有的推演之后,选择下一步动作。这时需要遍历搜索树顶端的所有分支,选择获胜率最高的那个分支即可。代码清单 4-16 展示了这个功能的实现。

代码清单 4-16 完成 MCTS 推演后,选择一个动作

```
class MCTSAgent:
...
    def select_move(self, game_state):
...
        best_move = None
        best_pct = -1.0
```

```
for child in root.children:
    child_pct = child.winning_pct(game_state.next_player)
    if child_pct > best_pct:
        best_pct = child_pct
        best_move = child.move
return best_move
```

4.5.2 如何选择继续探索的分支

每一回合中游戏 AI 能够利用的时间是有限的，这意味着能够执行的推演次数也是有限的。每多一次推演，都能提高一个可能动作的评估水平。我们可以把推演看作某种总量有限的资源：如果在动作 A 上多消耗一次推演，那么在动作 B 上就得少消耗一次。我们需要一个策略来决定如何分配有限的预算。标准的策略称为搜索树置信区间上界公式（upper confidence bound for trees formula，简称为 UCT 公式）。UCT 公式可以在下面介绍的两个相互冲突的目标之间取得一定平衡。

第一个目标是花费更多时间去检查最佳的动作。我们把这个目标叫作深入挖掘（exploitation），即想要对至今为止搜寻到的比较理想的目标进行深入的挖掘。这么做需要花费更多的时间来对那些估计获胜率最高的动作进行推演。当然，其中某些动作可能只是由于偶然因素才有较高的获胜率。但随着你对这些分支进行更多的推演，你的估算就会更加准确。误报率将会随着推演数量的增多而下降。

另一方面，如果某个节点只被访问了几次，那么得到的评估可能有很大的偏差。即使纯属偶然，也可能遇到一个实际很好的动作得出估计获胜率很低的情况。这时候，如果能再多推演几次，就有可能发掘出它的真实价值。因此，第二个目标就是花费更多时间来提高那些被访问次数最少的分支的评估准确率。这个目标我们称为广泛探索（exploration）。

图 4-16 将偏向于深入挖掘的搜索树与偏向于广泛探索的搜索树进行比较。深入挖掘和广泛探索之间的权衡，是很多试错型算法的共同特征。在本书后面的强化学习中，它会再次出现。

对于正在处理的每个节点，可以计算获胜百分率 w，作为深入挖掘的目标。而要表达广泛探索的目标，可以用下面的公式来计算：

$$\sqrt{\frac{\log N}{n}}$$

其中，N 代表推演的总数，n 代表从当前节点开始的所有推演数。这个特定的公式有其理论基础，这里先不详述。对我们而言，只要注意被访问次数最少的节点，它的值最大就可以了。

把这两个目标组合起来，就得到了 UCT 公式：

$$w + c\sqrt{\frac{\log N}{n}}$$

在这个公式里，参数 c 表示在权衡深入挖掘和广泛探索时想要的权重。UCT 公式为每个节点提供一个分数，而具有最高 UCT 分数的节点，就可以作为下一次推演的开端。

4.5 使用蒙特卡洛树搜索评估游戏状态

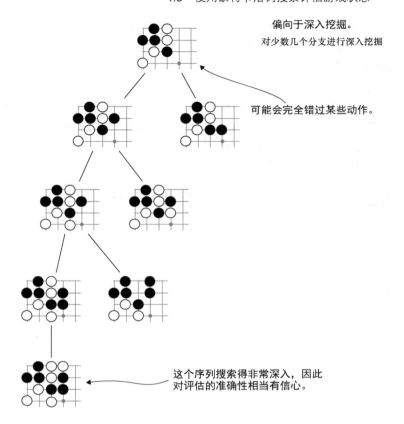

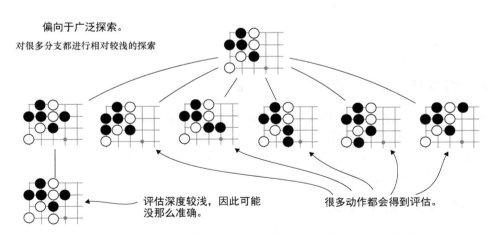

图 4-16 深入挖掘和广泛探索之间的权衡。图里的两棵游戏树都假设已经访问过 7 个棋局状态。图中上侧的搜索树偏向于深入挖掘：对于最有希望的动作分支，搜索树探索得更深。而图中下侧的搜索树则偏向于广泛探索：它会尝试更多的动作，但每个动作的搜索深度则相对较浅

如果使用较大的 c 值，就会花费更多时间去访问那些被访问次数最少的节点；而使用较小的 c 值，就会花费更多时间来对最有希望的节点进行更准确的评估。合适的 c 值往往得通过反复试错才能找到。我们建议先取 1.5 开始进行试验。参数 c 有时被称为温度（temperature）。当温度"更高"的时候，搜索将更加发散，而当温度"更低"的时候，搜索将更加集中。

代码清单 4-17 展示了这个策略的实现。在确定好要使用的度量标准之后，选择子节点的任务就变得很简单了，只需计算每个节点的 UCT 公式并选择具有最大值的节点即可。与极小化极大搜索相同，每一回合都需要切换视角。计算获胜率时需要以下一回合行动方的视角，因此沿着搜索树探索的时候，视角会在黑白双方之间交替变换。

代码清单 4-17　使用 UCT 公式选择要进行探索的分支

```
def uct_score(parent_rollouts, child_rollouts, win_pct, temperature):
    exploration = math.sqrt(math.log(parent_rollouts) / child_rollouts)
    return win_pct + temperature * exploration

class MCTSAgent:
...
    def select_child(self, node):
        total_rollouts = sum(child.num_rollouts for child in node.children)

        best_score = -1
        best_child = None
        for child in node.children:
            score = uct_score(
                total_rollouts,
                child.num_rollouts,
                child.winning_pct(node.game_state.next_player),
                self.temperature)
            if score > best_score:
                best_score = uct_score
                best_child = child
        return best_child
```

4.5.3　将蒙特卡洛树搜索应用于围棋

在 4.5.1 节中，我们实现了 MCTS 算法的一般形式。单纯的 MCTS 实现可以达到围棋业余 1 段水平，相当于业余棋手中的高手。而将 MCTS 与其他技术相结合，则可以产生更加强大的围棋机器人。如今许多围棋 AI 都同时采用了 MCTS 和深度学习。如果想要提高 MCTS 机器人的竞技水平，可以参考本节介绍的几个实践细节。

1. 代码越快，机器人就越强

在全尺寸（19×19）围棋棋盘上使用 MCTS，想要达到基本可用的水平，需要每一回合进行大约 10 000 次推演。而本章所介绍的实现速度还不够快，选出一步动作需要等好几分钟。要想在合理的时间内完成如此多的推演，就需要对代码实现进行优化。当然，在较小的棋盘上，即使用这个参考实现，也能得到一个有趣的对手。

在其他条件相同的前提下，推演越多决策就越好。要想让机器人变得更强，加快代码运行速度，在相同的时间内挤进更多的推演，总是可行的策略。而且我们不仅可以使用 MCTS 的特定逻辑，还可以对其他代码部分进行优化。例如，一次推演中需要调用数百次计算吃子的代码。所有的基本游戏逻辑都是极佳的优化目标。

2．推演策略越好，评估就越准确

在随机推演时选择动作的算法称为推演策略（rollout policy）。推演越贴近现实，评估就越准确。在第 3 章中，我们实现了一个下围棋的随机机器人 RandomAgent；在本章中我们使用 RandomAgent 作为推演策略。但是，RandomAgent 并不是完全随机的，它也用到了少量围棋知识。例如，在填满棋盘之前它不会跳过回合或者认输。另外，我们也编入了不能在己方的眼位上落子的逻辑，以避免在终盘阶段吃掉自己的棋子。如果没有这些逻辑，推演的结果就没那么准确了。

某些 MCTS 实现则更进一步，在推演策略中实现了更多围棋专属逻辑。我们有时把包含游戏专属逻辑的推演称为重推演（heavy rollout），相对地，接近纯随机的推演则被称为轻推演（light rollout）。

实现重推演的方法之一是创建一个围棋常见定式的列表，并包含已知定式的解法。棋盘上任何位置与已知定式匹配时，都可以查询已知的解法，从而提高它被选中的概率。当然，我们不能总是严格遵循已知的解法，否则会完全丢掉随机性，而随机性是 MCTS 算法中的关键元素之一。

图 4-17 展示了一个例子。这是一个 3×3 的局部定式，其中黑子有可能在下一回合被白方吃掉。黑子可以长出来暂时挽救危局，但这并不总是最好的回应，甚至算不上是一步好棋。不过与在棋盘中随机取一个点落子相比，它还是要好得多。

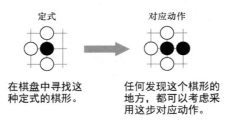

图 4-17　局部定式的一个例子。当我们遇到左侧的棋形时，应当考虑右侧的对应动作。遵循这类定式的推演策略并不会特别强大，但至少会比完全随机选择的动作强得多

想要建立一套良好的定式列表，需要了解围棋策略的相关知识。如果读者对其他可以应用到重推演策略的定式感兴趣，我们建议阅读 Fuego 或 Pachi 这两个开源 MCTS 围棋引擎的源代码。

最后，实现重推演策略时要格外小心，如果推演逻辑的计算速度很慢，就无法执行足够多的

3. 礼貌的机器人应当懂得何时认输

制作游戏 AI 不仅是为了开发最佳的算法，还需要为人类对手创造有趣的游戏体验。对棋手来说，乐趣的一部分来自获胜的满足感。但本书实现的第一个围棋机器人 `RandomAgent`，是一个令人抓狂的对手。即使对方已经遥遥领先，随机机器人也会坚持继续落子，直到整个棋盘都填满。当然棋手也可以直接退出棋局，心里认为自己获胜，但这样做总是感觉不够"竞技"。而如果机器人能够优雅地认输，那就会是一次更好的体验了。

我们可以在基本的 MCTS 实现之上轻松地添加更人性化的认输逻辑。在选择动作的过程中，MCTS 算法会计算出估计获胜率。每一回合我们都可以通过比较这些获胜率来决定要挑选的落子动作，但我们也可以在棋局的不同阶段比较获胜率。如果获胜率一直在下降，就说明胜势正在倾向于对方。如果估计获胜率的最高值降到一定程度，如 10%，就可以让机器人认输了。

4.6 小结

- 树搜索算法评估许多可能的决策序列来找出最佳决策。树搜索在游戏和通用优化问题中都很常见。
- 极小化极大树搜索是一种适用于游戏的树搜索算法。在极小化极大搜索中，评估需要在具有相反目标的两个玩家之间交替进行。
- 完整的极小化极大树搜索仅适用于非常简单的游戏（如井字棋）。要想应用到更复杂的游戏（例如国际象棋或围棋），需要缩减搜索树的尺寸。
- 棋局评估函数用于在给定的棋局中估计哪一方更有可能获胜。有了良好的棋局评估功能，就可以不用搜索到游戏结束就做出决定了。这种策略称为深度剪枝。
- α-β 剪枝可以减少每一回合需要考虑的动作数量，适用于国际象棋之类的复杂游戏。α-β 剪枝的理念很直观：在评估可能的动作时，如果发现对手有一个强力的回应，就可以立即放弃这一步动作。
- 当找不到良好的棋局评估规则时，可以使用蒙特卡洛树搜索。这个算法会模拟特定棋局之后的随机推演，并记录哪一方获胜的频率更高。

第 5 章　神经网络入门

本章主要内容
- 介绍人工神经网络的基础知识。
- 指导神经网络学习如何识别手写数字。
- 组合多个层来创建神经网络。
- 理解神经网络从数据中学习的原理。
- 从零开始实现一个简单的神经网络。

本章介绍人工神经网络（Artificial Neural Network，ANN）的核心概念。这类算法对现代深度学习至关重要。人工神经网络的历史可以追溯到 20 世纪 40 年代早期。历经数十年，它在许多领域的应用都取得了巨大成功，但其基本思想都保留了下来。

人工神经网络的核心理念，是从神经科学中汲取灵感，创造出一类与人们猜想的大脑工作方式类似的算法。其中特别地，我们采用神经元（neuron）的概念来作为人工神经网络的基础构件。多个神经元组合为不同的层（layer），不同层之间以特定的方式彼此连接（connect），从而组织成一个网络（network）。给定输入数据，神经元可以通过各层之间的连接逐层传输信息。如果信号足够强，我们说神经元会被激活（activate）。这样数据通过网络层层传播，到达最后一层，即输出层，并得到预测（prediction）结果。然后我们可以把这些预测与期望输出（expected output）进行比较，以计算预测的误差（error），神经网络可以利用它来进行学习，并改进未来的预测。

虽然由大脑结构启发的类比很有用，但我们不想在这里过度强调它。我们确实对大脑的视觉皮层知之甚多，但这种类比有时会产生误导，甚至引发错误的理解。我们认为最好将人工神经网络看作是试图揭示生物体的学习机制的指导原则，就像飞机利用了空气动力学原理，但并不会完全复制鸟类的功能。

为了使本章内容更为具体，我们提供了一个从零开始实现的基本神经网络。我们将应用这个神经网络来解决一个光学字符识别（Optical Character Recognition，OCR）领域的问题，即让计算机预测图像中的手写数字是哪一个。

在我们的 OCR 数据集中，每个图像都由像素网格组成，因此必须分析像素之间的空间关系才能确定它所代表的数字。围棋等众多棋类游戏也是在网格上下棋的，也必须考虑棋盘上的空间关系才能选择良好的动作。因此我们可能会期待 OCR 的机器学习技术也能够应用到围棋之类的游戏中。事实证明，它们确实有效。第 6 章至第 8 章将介绍如何把这些方法应用于围棋游戏。

本章会尽量少涉及数学内容。如果读者对线性代数、微积分和概率论的基础知识不够熟悉，或者想要一些简短实用的温习材料，我们建议先阅读附录 A。此外，附录 B 对神经网络学习过程中比较困难的部分（即反向传播算法）有详细的数学介绍。如果读者已经对神经网络有所了解，但还从未实现过神经网络代码，我们建议你立即跳到 5.5 节。如果你已熟悉神经网络的实现，请直接进入第 6 章，了解如何用神经网络来预测第 4 章中生成的棋局中的动作。

5.1 一个简单的用例：手写数字分类

在详细介绍神经网络之前，让我们先认识一个具体用例。在本章中，我们将构建一个可以良好地预测手写数字图像的应用，其准确率约为 95%。值得注意的是，只需将图像的像素值发送给神经网络就可完成所有操作，这个算法能够自己学会如何抽取数字的结构信息。

要实现这个目标，我们将采用改进版美国国家标准与技术研究所（Modified National Institute of Standards and Technology，MNIST）手写数字数据集。这是一个经过深入研究的数据集，它在深度学习领域的地位相当于果蝇在生物研究界的地位。

在本章中，我们将使用 NumPy 库来处理底层数学运算。NumPy 是 Python 机器学习和科学计算的行业标准，本书的其余部分也都会使用它。在尝试运行本章的代码示例之前，读者应当先通过惯用的包管理器来安装 NumPy。例如，如果使用的是 pip，可以在 shell 里运行 `pip install numpy` 来安装它；如果使用的是 Conda，可以运行 `conda install numpy`。

5.1.1 MNIST 手写数字数据集

MNIST 数据集由 60 000 个图像组成，所有图像尺寸均为 28 像素 × 28 像素。图 5-1 展示了这个数据集的几个样本示例。对人类来说，识别出示例中的大多数图像都是小菜一碟。例如，人可以轻松地读出第一行的数字 7、5、3、9、3、0 等，但数据集中也有少数图像连人类都难以判断。例如，图 5-1 中第 5 行的第 4 张图片，很难分辨到底是 4 还是 9。

MNIST 中每个图像都带有标签注释，其内容是一个 0～9 的数字，用来表示图像所描绘的真实数字值。

在查看具体数据之前，需要先加载它。这套数据可以在本书的 GitHub 代码库中找到，放在文件夹 dlgo/nn 中名为 mnist.pkl.gz 的文件里。

这个文件夹还包含了本章将要编写的全部代码。但和以往一样，我们建议读者按照本章的内容流程从零开始编写代码。当然，你也可以尝试直接运行 GitHub 代码库中的代码。

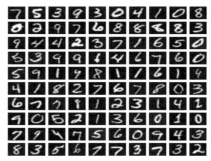

图 5-1 取自 MNIST 手写数字数据集的一些样本。这是光学字符识别领域中经过充分研究的一个数据集

5.1.2 MNIST 数据的预处理

由于这个数据集中的标签是 0~9 的整数,我们可以使用一种称为独热编码(one-hot encoding)的技术将标签值转换为长度为 10 的向量,如代码清单 5-1 所示。例如,数字 1 可以转换为一个长度为 10 的向量,其中槽位 1 的值为 1,而其他 9 个槽位的值都是 0。独热编码是一种很有用的表示方式,它在各种机器学习场景中都有广泛应用。用向量中的第一个槽位来表示标签 1,这种方式可以让神经网络之类的算法更容易区分不同的标签。使用独热编码,数字 2 表示为 [0,0,1,0,0,0,0,0,0,0]。

代码清单 5-1 用独热编码对 MNIST 标签进行编码

```python
import six.moves.cPickle as pickle
import gzip
import numpy as np

def encode_label(j):          # 将索引编码为长度
    e = np.zeros((10, 1))     # 为 10 的向量
    e[j] = 1.0
    return e
```

独热编码的优点是每个数字都有自己的槽位,这样就可以使用神经网络为单个输入图像输出每个槽位的概率(probability),这在之后的计算中很有用处。

检查文件 mnist.pkl.gz 的内容,我们可以发现它包含了 3 个可用的数据池:训练数据、验证数据和测试数据。回忆第 1 章,我们使用训练数据来训练或拟合机器学习算法,使用测试数据来评估算法的学习效果。验证数据可用于调整和验证算法的配置,在本章中可以先忽略。

MNIST 数据集中的图像是二维的,高度和宽度均为 28 像素。图像数据可以加载成维度为 784 (即 28×28)的特征向量(feature vector)。这里我们完全丢弃了图像结构,只把像素作为向量。这个向量的每个值可以取 0 或 1,其中 0 表示白色,1 表示黑色,如代码清单 5-2 所示。

代码清单 5-2 将 MNIST 数据转换变形并加载训练数据与测试数据

```python
def shape_data(data):
    features = [np.reshape(x, (784, 1)) for x in data[0]]     # 将输入图像展平成维度
                                                              # 为 784 的特征向量
    labels = [encode_label(y) for y in data[1]]               # 所有的标签都用独热
                                                              # 编码进行编码
    return zip(features, labels)                              # 创建特征标签对

def load_data():
    with gzip.open('mnist.pkl.gz', 'rb') as f:
        train_data, validation_data, test_data = pickle.load(f)   # 解压并加载 MNIST 数
                                                                  # 据,得到 3 个数据集
    return shape_data(train_data), shape_data(test_data)      # 忽略验证数据,将其他两
                                                              # 个数据集转换变形
```

这样我们就得到了一个表示 MNIST 数据集的简单形式：特征和标签都被编码为向量。接下来的任务是设计一种机制来学习如何准确地将特征映射到标签上。具体而言，我们需要设计一种算法来学习训练数据的特征与标签，并根据测试数据给出的特征预测出对应的标签。

我们在下一节可以看到，神经网络可以很好地完成这项工作。我们先讨论一种简单的方法来揭示这类应用所需要解决的共同问题。识别数字对人类来说是一项相对简单的任务，但我们很难精确地解释人们如何做到这一点，也很难解释我们是如何了解到我们所知的。这种现象，即知道如何做，却无法解释清楚为什么知道，被称为波拉尼悖论（Polanyi's paradox）。这一点导致我们想向计算机明确描述如何解决这个问题变得特别困难。

在这个应用中扮演关键角色的重要问题是模式识别（pattern recognition），即每个手写数字都有着和它的数字原型有关的特征。例如，0 大致是椭圆形的；又如，在许多国家中 1 用一条简单的竖线表示。根据这些简单的特征逻辑，我们可以通过相互比较手写数字，对手写数字进行粗略地分类：给定一个数字 8 的图像，那么与其他数字相比，它应该更接近于 8 的平均图像。代码清单 5-3 中的 average_digit 函数可以计算一个数字的平均图像。

代码清单 5-3 计算相同数字的所有图形的平均值

```python
import numpy as np
from dlgo.nn.load_mnist import load_data
from dlgo.nn.layers import sigmoid_double


def average_digit(data, digit):           # 为数据集中所有代表指定数字
    filtered_data = [x[0] for x in data if np.argmax(x[1]) == digit]   # 的样本计算平均值
    filtered_array = np.asarray(filtered_data)
    return np.average(filtered_array, axis=0)


train, test = load_data()
avg_eight = average_digit(train, 8)       # 把数字8的平均值作为一个简单
                                          # 模型的参数，用来检测数字8
```

训练集中的数字 8 的平均图像是什么样的？图 5-2 给出了答案。

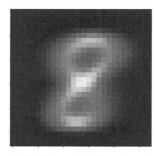

图 5-2　这是 MNIST 训练集中的手写数字 8 的平均图像。通常来说，将数百个不同图像取平均值，会得到一堆无法识别的斑点，但本例中的这个平均图像看起来仍然非常像数字 8

由于手写的数字个体之间的差距可能很大,因此平均图像会显得有点儿模糊。图中的情况确实符合这个预期,但它的形状仍然能明显看出是数字 8。也许我们可以利用它来识别数据集中的其他数字 8?代码清单 5-4 中的代码可以用来计算数字 8 的平均图像,并展示出图 5-2 所示的图像。

代码清单 5-4　计算并展示训练集中数字 8 的平均图像

```
from matplotlib import pyplot as plt

img = (np.reshape(avg_eight, (28, 28)))
plt.imshow(img)
plt.show()
```

MNIST 的训练集中数字 8 的平均值 `avg_eight` 包含了数字 8 在图像中如何呈现的大量相关信息。可以使用 `avg_eight` 作为一个简单模型的参数来判断某个表示数字的输入向量 x 是否为 8。在神经网络的场景中,我们在讨论参数的时候,经常说权重,这时候就可以把 `avg_eight` 当作权重来用。

为方便起见,可以将这个向量进行转置并得到 W = np.transpose (avg_eight)。然后计算 W 和 x 的点积,它会将 W 和 x 的像素值逐对相乘,并将所有 784 个结果值相加。如果我们的想法是正确的,并且如果 x 确实是数字 8,那么 x 的像素在与 W 相同的地方应该有差不多的色调值。相反,如果 x 不是数字 8,那么它与 W 的重叠就会比较少。让我们用几个例子检验这个假设,如代码清单 5-5 所示。

代码清单 5-5　使用点积计算一个数字图像与权重的接近程度

```
x_3 = train[2][0]        ← 下标为 2 的训练样本是数字 4
x_18 = train[17][0]      ← 下标为 17 的训练样本是数字 8

W = np.transpose(avg_eight)
np.dot(W, x_3)           ← 这一项的计算结果是 20.1
np.dot(W, x_18)          ← 这一项的计算结果要大得多,约为 54.2
```

我们选取两个 MNIST 样本,其中一个代表数字 4,另一个代表数字 8,并计算它们与权重 W 的点积。可以看到,数字 8 的点积结果为 54.2,远远高于数字 4 的点积结果 20.1。看起来我们走对路了。那么,点积结果是多少的时候应当判断为数字 8 呢?理论上两个向量的点积可以算出任意实数值。我们可以把点积的输出值进行转换(transform)并映射到输出范围为[0, 1]的某个值,然后就可以试着设置一个如 0.5 这样的判断阈值,对于高于阈值的结果就可以判定为数字 8 了。

要进行转换,可以使用 sigmoid 函数。sigmoid 函数通常用 σ 来表示。对于一个实数 x,sigmoid 函数定义如下:

$$\sigma(x) = \frac{1}{1+\mathrm{e}^{-x}}$$

图 5-3 展示了这个函数的大致形状，读者可以有一些直观感受。

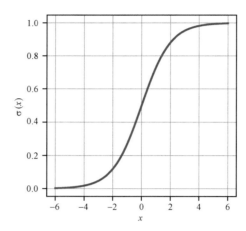

图 5-3　绘制 sigmoid 函数的图形。sigmoid 函数将实数值映射到[0, 1]的范围内。在 0 附近，它的斜率相当陡峭；而随着参数值正向增大或负向减小，曲线逐渐变得平缓

接下来，在将 sigmoid 函数应用到点积的输出之前，让我们先在 Python 中编写 sigmoid 函数，如代码清单 5-6 所示。

代码清单 5-6　为 double 类型和向量类型的数据实现简单的 sigmoid 函数

```
def sigmoid_double(x):
    return 1.0 / (1.0 + np.exp(-x))


def sigmoid(z):
    return np.vectorize(sigmoid_double)(z)
```

注意，首先要写一个接收 double 类型参数的函数 sigmoid_double，然后再利用它来实现针对向量值的 sigmoid 函数，这个函数会在本章中多次应用。在实际计算之前请注意，2 的 sigmoid 函数结果已经非常接近 1，因此对于先前计算的两个样本，sigmoid(54.2)和 sigmoid(20.1)，就几乎无法区分了。要解决这个问题，可以将点积的输出朝 0 偏移（shifting）。我们把执行一次这样的偏移操作称为应用一个偏差项（bias term），通常写作 b。从样本中可以计算出，偏差项的一个比较理想的估计值是 $b = -45$。有了权重和偏差项，现在就可以按照代码清单 5-7 所示的方法来计算模型的预测值（prediction）了。

代码清单 5-7 使用点积和 sigmoid 函数，根据权重与偏差计算出预测值

```
def predict(x, W, b):
    return sigmoid_double(np.dot(W, x) + b)
```
← 通过对 np.dot(W, x)+b 的输出应用 sigmoid 函数来计算出一个简单预测值

```
b = -45
print(predict(x_3, W, b))
print(predict(x_18, W, b))
```
← 这个数字 4 的示例，其预测值接近 0

这个数字 8 的示例，其预测值是 0.96。看来这个启发式规则是有效果的

根据之前计算过的示例，将偏差项设置为–45

从上面两个示例 `x_3` 和 `x_18` 中，我们得到了令人满意的结果。前者的预测值几乎为 0，而后者的预测值接近于 1。我们把这个将 **W** 的输入向量 **x** 映射到 σ(**Wx** + **b**) 并得到与 **x** 维度相同的向量的过程，称为对率回归（logistic regression）。图 5-4 展示了这个算法用于维度为 4 的向量的示例。

为了更好地了解这个过程的工作效果，让我们用它来计算所有训练样本和测试样本的预测值。如前所述，我们可以定义一个截断点，或决策阈值（decision threshold），用来决定预测值是否算作数字 8。我们可以选择准确率（accuracy）作为评估指标。准确率就是所有的预测结果中预测正确的比率，如代码清单 5-8 所示。

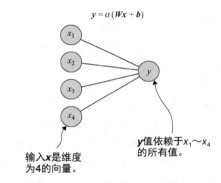

图 5-4 对率回归的示例，将维度为 4 的输入向量 **x** 映射到 0~1 的输出值 **y**。本图表明输出 **y** 依赖于输入向量 **x** 中的所有 4 个值

代码清单 5-8 评估使用了决策阈值的模型预测

```
def evaluate(data, digit, threshold, W, b):
    total_samples = 1.0 * len(data)
    correct_predictions = 0
    for x in data:
        if predict(x[0], W, b) > threshold and np.argmax(x[1]) == digit:
            correct_predictions += 1
        if predict(x[0], W, b) <= threshold and np.argmax(x[1]) != digit:
            correct_predictions += 1
    return correct_predictions / total_samples
```

将数字 8 的实例预测为 8，是一次正确的预测

作为评估指标，我们可以选择准确率，即所有预测结果中预测正确的比率

如果预测值低于设定的阈值，并且样本也确实不是数字 8，那么这也是一次正确的预测

让我们使用这个评估函数来评估 3 个数据集的预测质量：训练集、测试集和测试集中所有数字 8 的集合。和前面一样，这里将决策阈值设为 0.5，权重为 `W`，偏差项为 `b`，如代码清单 5-9 所示。

代码清单 5-9　计算 3 个数据集的预测准确率

这个简单模型在训练数据上的准确率为 78%（0.7814）

在测试数据上的准确率稍低，为 77%（0.7749）

只对测试集中的数字 8 的集合进行评估，则准确率仅为 67%（0.6663）

```
evaluate(data=train, digit=8, threshold=0.5, W=W, b=b)

evaluate(data=test, digit=8, threshold=0.5, W=W, b=b)

eight_test = [x for x in test if np.argmax(x[1]) == 8]
evaluate(data=eight_test, digit=8, threshold=0.5, W=W, b=b)
```

可以看到，使用训练集的准确率最高，约为 78%。这并不奇怪，因为我们的模型就是通过在训练集上调校（calibrate）而得出的。但是对训练集进行评估是没有意义的，因为这样做无法得知算法的泛用效果（generalize），即对没有见过的数据集的执行效果。在测试数据上的表现接近于在训练数据上的表现，准确率约为 77%。而最后一个准确率最值得注意：在所有数字 8 的测试集中，我们只达到了约 66% 的准确率，这相当于每遇到 3 个新数字 8 我们只能猜对其中 2 个。这个结果作为一个基线还可以接受，但远远不是能够达到的最好结果。那么到底哪里出了问题呢？又有哪些地方可以做得更好？

- 模型现在只能区分特定数字（此处为数字 8）与其他所有数字。由于训练集和测试集中每个数字的图像数量分布是均衡的（balanced），数字 8 的样本大约只占 10%。因此，只要用一个始终预测数字为 0 的简单模型，我们就能得到约 90% 的准确率。在分析解决分类问题的时候，需要特别注意这种分类不均衡（class imbalance）的情况。考虑到这一点，模型在测试数据集上 77% 的准确率就不再显得优秀了。我们需要定义一个可以准确预测全部 10 个数字的模型。
- 模型参数相当小。对于有数千种不同风格的手写图像集合，我们采用的权重集大小却只和单个图像相同。想要用这么小的模型来捕获这么多样的手写风格变化是不现实的。必须找到一类算法，它们可以有效地使用更多参数来捕获数据中的可能变化。
- 对于某个给定的预测值，我们只简单地选取了一个阈值来判定该数字是否为 8，而并没有使用预测的具体值来评估模型的质量。例如，一个预测值为 0.95 的正确预测，肯定比预测值为 0.51 的预测结果更有说服力。必须找到合适的形式来表示预测值与真实输出之间的接近程度。
- 这个模型的参数是通过直觉的引导制作而出的。虽然作为第一次尝试这可能是一个不错的结果，但机器学习真正的优势在于不需要把人们对数据的想法强加到算法中，而是让算法自己去数据中学习。每当模型做出正确预测时，都需要强化这种行为，而每当输出是错误的时候，也需要相应地调整模型。换句话说，需要设计一种能够根据训练数据的预测效果来更新模型参数的机制。

虽然我们对这个简单的应用和前面构建的朴素模型只进行了简短而粗略的讨论，但读者应当已经能感觉到神经网络的很多特征了。在 5.2 节中，我们会利用本节示例所建立的直觉，通过逐一解决上面提到的 4 个问题来正式进入神经网络话题的探讨。

5.2 神经网络基础

我们应当如何改进 OCR 模型呢？前面的介绍已经有所暗示，神经网络可以在这类任务上做得非常出色，远远比我们制作的模型要好得多。但制作的模型能够帮助我们理解构建神经网络的关键概念。本节就用神经网络的语言来重新描述 5.1 节介绍的模型。

5.2.1 将对率回归描述为简单的神经网络

在 5.1 节中，我们实现了用于二元分类（binary classification）的对率回归算法。简而言之，我们用一个特征向量 x 来表示一个数据样本，作为算法的输入，接着将它乘以权重矩阵 W，然后再添加偏差项 b。要得到一个 0 ~ 1 的预测值 y，可以对它应用 sigmoid 函数：$y = \sigma(Wx + b)$。

这里需要注意几点。首先特征向量 x 可以看成是神经元（有时称为一个单元，即 unit）的集合，它通过 W 和 b 与 y 相连。这个关系我们已经在图 5-4 中看到了。另外，sigmoid 可以看作一个激活函数，因为这个函数接收 $Wx + b$ 的计算结果，并将它映射到[0, 1]。如果将结果这样解释：当结果值接近 1 时，表示神经元 y 被激活；当结果值接近 0 时，则表示神经元不被激活，那么我们可以把这个算法设置看作是人工神经网络的一个简单示例。

5.2.2 具有多个输出维度的神经网络

在 5.1 节的用例中，我们将手写数字的识别问题简化为一个二元分类问题：区分数字 8 与其他数字。但是我们真正感兴趣的是预测所有 10 个分类，每个分类代表 1 个数字。从形式上说，要实现这一点并不困难，只要改变 y、W 和 b 所表示的内容即可。换句话说，需要变更模型的输出、权重与偏差项。

首先，我们把 y 改为维度为 10 的向量：每个维度的值代表其中一个数字的可能性。

$$y = \begin{bmatrix} y_0 \\ y_1 \\ \vdots \\ y_8 \\ y_9 \end{bmatrix}$$

接下来让我们相应地调整权重和偏差项。W 之前是一个长度为 784 的向量，现在我们可以将它改为尺寸为(10, 784)的矩阵。这样就可以对 W 和输入向量 x 进行矩阵乘法，即 Wx，其结果将是维度为 10 的向量。接着如果将偏差项设为维度为 10 的向量，就可以将其与 Wx 相加了。最后请注意，对于一个向量 z，我们可以通过对它的每一个元素应用 sigmoid 函数来计算整个向量的 sigmoid 值：

$$\sigma(z) = \begin{bmatrix} \sigma(z_0) \\ \sigma(z_1) \\ \vdots \\ \sigma(z_8) \\ \sigma(z_9) \end{bmatrix}$$

图 5-5 展示了这个稍作修改的设置，示例中有 4 个输入神经元和 2 个输出神经元。

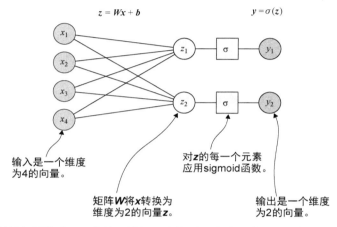

图 5-5　在这个简单的神经网络中，4 个输入神经元连接到 2 个输出神经元：先将输入向量与一个 2 × 4 的矩阵相乘，再与一个二维的偏差项相加，最后对得出结果的每个元素应用 sigmoid 函数，从而得到输出

那么我们的更改有什么用呢？之前我们是将输入向量 x 映射到一个单值 y，而现在输出 y 变成了一个向量。这样我们就可以多次进行这种向量到向量的转换，从而构建出一个更复杂的神经网络，我们称之为前馈网络（feed-forward network）。

5.3　前馈网络

让我们快速回顾一下我们在 5.2 节中所做的工作。用更抽象的话来说，我们执行了以下两个步骤。

（1）我们从一个输入神经元向量 x 开始，并对它应用了一个简单的变换，即 $z = Wx + b$。在线性代数的语言中，这种变换称为仿射线性变换（affine linear transformation）。为简化描述，这里我们用 z 作为中间变量来代替变换的结果。

（2）我们应用了一个激活函数，即 sigmoid 函数 $y = \sigma(z)$ 来获得输出神经元 y。应用 σ 的结果可以给出 y 的激活程度。

前馈网络的关键理念在于这个过程可以迭代重复应用，从而可以多次应用上面描述的两个步骤组成的简单构建块。这些构建块就是我们所谓的层。改用这个术语的话，我们可以说：通过堆叠（stack）许多层来组成的一个多层神经网络（multilayer neural network）。下面我们修改前面的例子，再多引入一层。现在需要执行以下两个步骤。

（1）从输入向量 x 开始，计算 $z^1 = W^1 x + b^1$。

（2）从中间结果 z^1 开始，可以计算输出结果 y，公式为 $y = W^2 z^1 + b^2$。

注意，此处使用上标来表示向量所在的层，用下标来表示向量或矩阵中的位置。图 5-6 展示了一个包含两层而不是单层的网络示例。

此时有一点已经很明显了：堆叠的层数并没有特定的限制。我们可以堆叠很多层。此外，激活函数也不必总是用 sigmoid 函数。实际上可供选择的激活函数非常多，我们将在第 6 章介绍其中的几个。我们将网络中所有层中的函数按顺序应用于一个或多个数据点的过程，称为一个前向传递（forward pass）。之所以称为前向传递，是因为在这个过程中，数据总是按照输入到输出的方向（在图 5-6 中即从左到右）向前流动而从不回退。

采用这几个术语，我们可以用图 5-7 来表示一个包含 3 层的普通前馈网络。

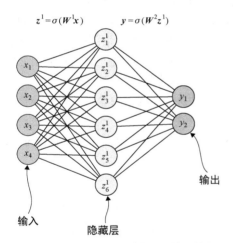

图 5-6　一个两层人工神经网络。输入神经元 x 连接到一组中间单元 z，后者再连接到输出神经元 y

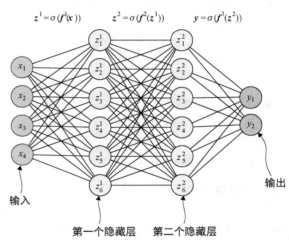

图 5-7　3 层前馈神经网络。在定义神经网络时，层数没有限制，每层的神经元数量也没有限制

回顾一下我们到目前为止所学的知识。把前面提到过的所有概念集合到一起，列成一个简明的列表。

- 顺序神经网络是一种将特征（或输入神经元）x 映射到预测（或输出神经元）y 的结构。我们可以按照顺序逐个堆叠一层层简单函数来构建顺序神经网络。
- 神经网络的每一层都是一个将给定输入映射到输出的公式。用一批数据计算一层的输出的过程，称为一趟前向传递。类似地，要计算整个顺序神经网络的前向传递，可以从输入向量开始按顺序计算每一层的前向传递来完成。
- sigmoid 函数是一个激活函数，它接受实值神经元的向量并对它们进行激活，即映射到范围[0, 1]里的一个值。我们把接近 1 的数值算作激活。
- 给定权重矩阵 **W** 和偏差项 **b**，应用仿射线性变换 **Wx** + **b** 来构成神经网络的一层。这一层通常称为稠密层（dense layer）或全连接层（fully connected layer）。后面我们将统一用稠密层来称呼它。
- 根据实现的不同，稠密层可以内嵌激活函数，也可以不内嵌。前者的意思是，可以把 σ(**Wx** + **b**)整体作为单独的一层，而不仅仅是其中的仿射线性变换。后者的意思是，也可以把激活函数看作独立于稠密层之外的单独一层。在之后的实现中，我们采用后者。总的来说，在分析如何将函数进行拆分并重组为逻辑单元的过程中，是否将激活函数内嵌到稠密层中其实并没有本质区别，只是角度不同而已。
- 前馈神经网络是由稠密层和激活函数所组成的顺序网络。出于历史原因，这种架构也称为多层感知机（multilayer perceptron，MLP）。但本书并没有足够空间来讨论这个命名的历史。
- 所有既不是输入又不是输出的神经元都称为隐藏单元（hidden unit）。相对应地，输入和输出神经元称为可见单元（visible unit）。这么称呼是因为隐藏单元是属于网络内部的，而可见的单元则是从网络外直接可观察的。这么说似乎有点儿牵强，因为我们通常都能够访问神经网络系统的任何部分，但了解这个术语并没有坏处。同理，输入和输出之间的层称为隐藏层，所有超过两层的顺序网络都至少有一个隐藏层。
- 如果不做特殊说明，我们统一用 x 代表网络的输入，用 y 代表网络的输出；有时候会用上标来表示正在处理的样本。

堆叠许多层而构建的、具有大量隐藏层的大型网络，称为深度神经网络（deep neural network），由此才有了深度学习这个说法。

> **非顺序神经网络**
>
> 在这个阶段，读者只需要关注顺序神经网络。这种网络的所有层可以形成一个序列。在顺序神经网络中，从输入开始，每个后续的（隐藏）层都恰好有一个前导和一个后继，最后以输出层结束。对于将深度学习应用于围棋这个需求，顺序神经网络就足以涵盖所有需要了。
>
> 通常来说，神经网络理论也允许任意非顺序的体系结构。例如，在某些应用中，将两层的输出连接或相加（这样会合并之前的两层或多层）也是有道理的。在这种情况下，多个输入将会合并，最后只得到一个输出。
>
> 而在其他应用中，将一个输入拆分成多个输出也可能很有用。总而言之，层可以具有多个输入和输出。我们将在第 11 章和第 12 章分别介绍多输入和多输出网络。

具有 l 层的多层感知机的配置可以通过权重集（$W = W^1, \cdots, W^l$）、（偏差集 $b = b^1, \cdots, b^l$），以及为每一层选择的激活函数集来完全描述。但我们仍然缺少一个学习数据以及更新参数的重要素材——损失函数，以及如何优化它。

5.4 我们的预测有多好？损失函数及优化

5.3 节定义了如何设置前馈神经网络，并向它传递输入数据，但我们仍然不知道该如何去评估预测的好坏。要做到这一点，我们需要一种标准来定义预测结果与实际结果的接近程度。

5.4.1 什么是损失函数

为了量化预测与目标之间的距离，我们引入损失函数的概念，它通常也称为目标函数（objective function）。假设有一个前馈网络，权重为 W，偏差项为 b，并采用了 sigmoid 激活函数。对于一组给定的输入特征 $X_1, \cdots, X_k$，以及相应的标签 $\hat{y}_1, \cdots, \hat{y}_k$（用来表示标签的符号 $\hat{y}$ 读作 y-hat），这个神经网络可以计算预测值 $y_1, \cdots, y_k$。在这个场景中，损失函数可以定义如下：

$$\sum_i \text{Loss}(W, b, X_i, \hat{y}_i) = \sum_i \text{Loss}(y_i, \hat{y}_i)$$

这里，$\text{Loss}(y_i, \hat{y}_i) \geq 0$，而 Loss 是一个可微函数（differentiable function）。损失函数是一个可以为每对值(预测, 标签)赋予一个非负值的平滑函数。而多个特征与标签的总损失值是所有样本的损失值的总和。损失函数会根据所提供的数据来评估算法参数的拟合程度。而我们的训练目标则是找到良好的策略来拟合参数，以使损失函数最小化。

5.4.2 均方误差

均方误差（Mean Square Error，MSE）是一个广泛使用的损失函数。虽然它并不适合我们的用例，但它仍然是最直观的损失函数之一。在 MSE 中，要测量预测值与实际标签的接近程度，可以测量所有观测到的样本的距离的平方，并取均值。假设用 $\hat{y} = \hat{y}_1, \cdots, \hat{y}_k$ 表示标签值，用 $y = y_1, \cdots, y_k$ 表示预测值，则均方误差定义如下：

$$\text{MSE}(y, \hat{y}) = \frac{1}{2} \sum_{i=1}^{k} (y_i - \hat{y}_i)^2$$

接下来我们会看到均方误差函数的一个应用，然后再讨论各种损失函数的优缺点。不过在此之前，让我们先在 Python 中实现均方误差函数，如代码清单 5-10 所示。

代码清单 5-10 均方误差损失函数及其导数

```
import random
import numpy as np

class MSE:               ← 使用均方误差作为损失函数

    def __init__(self):
        pass
```

```
@staticmethod
def loss_function(predictions, labels):
    diff = predictions - labels
    return 0.5 * sum(diff * diff)[0]

@staticmethod
def loss_derivative(predictions, labels):
    return predictions - labels
```

将 MSE 定义为预测与标签之差的平方的 0.5 倍……

……那么此时损失函数的导数就是简单的 predictions-labels

注意，这里不仅实现了损失函数本身，还实现了损失函数相对于预测值的导数 `loss_derivative`。这个导数是一个向量，可以通过预测值与标签值相减获得。

接下来我们将看到像 MSE 这样的导数如何在训练神经网络中发挥关键作用。

5.4.3 在损失函数中找极小值

一组预测与标签的损失函数可以为我们提供信息去判断模型参数微调的优劣。损失值越小表示预测越好，反之损失值越大预测越差。损失函数本身是神经网络参数的函数。在我们的 MSE 实现中并不直接提供权重，但是它们已经通过 predictions 间接给出了，因为预测值是使用权重来计算的。

从微积分知识中我们可以得知，在理论上要最小化损失函数，需要计算它的导数并找到导数为 0 的点。我们称位于这一点的参数集合为一个解（solution）。计算函数的导数并在特定点进行评估的过程，被称为计算梯度（computing the gradient）。我们在 MSE 的实现中已经完成了计算导数的第一步，但还有更多事情要做。我们的目标是显式地计算网络中所有权重和偏差项的梯度。

如果读者需要进一步了解微积分的基础知识，请务必查看附录 A。图 5-8 显示了三维空间中的一个曲面。这个曲面代表一个二维输入的损失函数。它的前两个坐标轴代表权重，而指向上方的坐标轴则代表损失值。

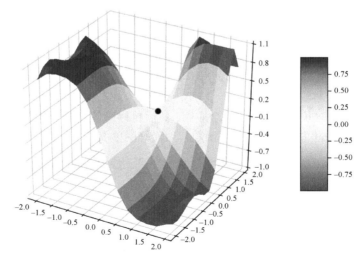

图 5-8 二维输入的损失函数示例（一个损失曲面）。该曲面在右下方的深色区域附近达到极小值，这个值可以通过求解损失函数的导数来计算

5.4.4 使用梯度下降法找极小值

直观地说,在计算给定点的函数的梯度时,该梯度指向上升最陡的方向。从损失函数 Loss 和参数 W 开始,使用梯度下降算法可以找到损失函数的极小值,步骤如下所示。

(1)计算当前参数组 W 的损失函数梯度 Δ(即计算损失函数相对于每个权重 W 的导数)。

(2)从 W 中减去 Δ,并更新 W。我们称这一步动作为跟随梯度。因为 Δ 指向上升最陡的方向,减去它会导致梯度走向下降最陡的方向。

(3)重复上述步骤,直到 Δ 为 0。

由于损失函数是非负的,因此它肯定会具有极小值。当然,它可能有很多个甚至无数个极小值。例如,假设有一个平坦的曲面,则它上面的每个点都是极小值。

> **局部极小值和全局极小值**
>
> 梯度下降到梯度为 0 的点,按定义来说即是极小值。而包含许多变量的可微函数的极小值,其精确数学定义较为复杂,并且需要用到函数的曲率(curvature)信息。
>
> 跟随着梯度下降,我们最终会找到一个极小值:跟随函数的梯度下降总能找到梯度为 0 的点。但我们还需要注意一点:我们无法得知这个极小值是局部的极小值还是全局的极小值。我们可能会陷入曲面的某个平台区域,它在局部看来有一个极小值,但在函数的其他位置可能还存在绝对值更小的点。图 5-8 中的标记点就是一个局部极小值,因为在曲面上存在明显更小的值。
>
> 解决这个问题的办法是直接忽略它,这可能会让人感觉有些奇怪。但在实践中,梯度下降通常能产生令人满意的结果,因此在神经网络损失函数的场景中,我们往往忽略是局部极小值还是全局极小值这个问题。实际上,算法往往都不会一直运行到结果收敛才停止,而是在预先设定好的步数之后就先停止了。

图 5-9 展示了在图 5-8 的损失曲面中,选取右上角标记所示的参数点,并执行梯度下降算法的工作流程。

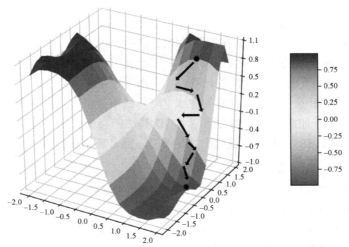

图 5-9 迭代地跟踪损失函数的梯度将最终达到极小值

在我们的 MSE 实现中已经可以看到，均方误差损失函数的导数很容易从形式上计算：它就是标签值和预测值之差。但要评估这样的导数，必须首先计算预测值。而要获得所有参数的梯度视图，必须为训练集中的每个样本计算导数并聚合结果。鉴于神经网络常常要处理数千甚至数百万的数据样本，这实际上是不可行的。相反地，我们使用称为随机梯度下降（Stochastic Gradient Descent，SGD）的技术来近似计算梯度。

5.4.5 损失函数的随机梯度下降算法

要计算神经网络的梯度并应用梯度下降算法，必须先在训练集中的每个数据点上求出损失函数的值，以及损失函数相对于网络参数的导数的值。这样的计算量在大多数情况下都过于庞大了。因此在实践中，我们采用一种称为随机梯度下降的技术。要运行 SGD 算法，首先需要从训练集中选择一些样本，称为一个小批量（mini-batch）。每个小批量都选取固定的样本数量，我们称之为小批量尺寸（mini-batch size）。对于识别手写数字这种分类问题，小批量尺寸的数量级最好与标签数量相同，以确保每个标签都能在一个小批量中得以体现。

对于给定的 l 层前馈神经网络，以及一个尺寸为 k 的小批量数据 $x_1, \cdots, x_k$，可以计算神经网络的前向传递值，并计算这个小批量的损失值。对于这一批数据中的每个样本 x_j，可以计算损失函数相对于神经网络的任何参数的梯度，并进行评估。我们把第 i 层的权重和偏差项梯度分别称为 $\Delta_j W^i$ 和 $\Delta_j b^i$。

对于这个小批量的数据中的每一层和每个样本，可以计算相应的梯度，并使用以下的更新规则（update rule）来更新参数：

$$W^i \leftarrow W^i - \alpha \sum_{j=1}^{k} \Delta_j W^i$$

$$b^i \leftarrow b^i - \alpha \sum_{j=1}^{k} \Delta_j b^i$$

要更新参数，可以从当前的参数中减去由这一批次数据计算出的累积错误。这里 $\alpha > 0$ 代表的是学习率（learning rate），它是一个在训练网络之前就指定好的实体参数。

当然，如果可以一次性处理所有的训练样本，那么获得的梯度信息将更为精确。我们分批次处理，会牺牲计算精度，但能得到更高的计算效率。由于选择样本批次的过程是随机的，因此我们将这个方法称为随机梯度下降。在普通的梯度下降算法中，理论上能够保证结果接近局部极小值，但在 SGD 中则并非如此。图 5-10 展示了 SGD 算法的典型表现。近似的随机梯度中的一部分可能并不会指向下降方向，但如果迭代次数足够多，通常还是能接近（局部）极小值的。

> **优化器**
>
> 计算（随机）梯度由微积分的基本原理定义，而使用梯度来更新参数的方式则不是这样。像 SGD 更新规则这样的技术称为优化器（optimizer）。
>
> 还存在许多其他优化器，以及更复杂的随机梯度下降算法。我们将在第 7 章介绍 SGD 的几个扩展。大多数扩展都围绕着如何随着时间的推移调整学习率，或针对单个权重进行粒度更细的更新。

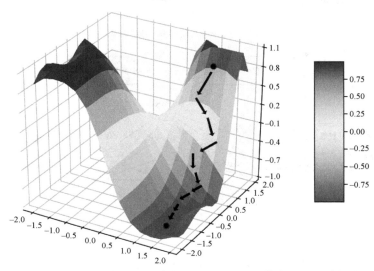

图 5-10　随机梯度没那么精确，因此在损失函数曲面上跟踪它的
时候，可能会先走一些弯路，然后才能接近局部极小值

5.4.6　通过网络反向传播梯度

我们已经讨论了如何使用随机梯度下降来更新神经网络的参数，但是还没有解释梯度是如何计算出来的。计算这些梯度的算法称为反向传播（backpropagation）算法，在本书的附录 B 中有更详尽的介绍。本节将大致给出反向传播算法的背景思路，并介绍我们实现前馈网络所必需的构建块。

回顾前面的内容，在前馈网络中我们实现前向传递的方法是逐个计算每一层的数据，并将它作为下一层计算的基础。在得到最后一层的输出即整个神经网络的预测值以及对应的标签之后，就可以计算出损失值了。损失函数本身是更简单函数的复合（composition）。要计算损失函数的导数，我们可以利用微积分的一个基本属性：链式法则（chain rule）。这个法则大致的意思是复合函数的导数等于这些函数的导数的复合。因此，与前向传递中逐层传递输入数据类似，我们可以反向地逐层传递导数。导数沿着神经网络向相反方向传播，因此这种算法称为反向传播算法。在图 5-11 中，我们可以看到具有两个稠密层和 sigmoid 激活函数的前馈神经网络的反向传播示例。

让我们一步一步地分析图 5-11 中的过程。

（1）前向传递训练数据。在这一步中，我们取得输入数据样本 x，并让它在神经网络中向前传递，最终得到输出预测值，具体如下所示。

　　a. 先计算仿射线性转换部分：$Wx + b$。

　　b. 对上面的结果应用 sigmoid 激活函数 $\sigma(x)$。注意，这里为方便起见，直接复用了 x 符号，之后也是如此，用它来表示每个计算步骤中上一步结果的输出值。

　　c. 重复上面 a 和 b 两个步骤，直至最终的输出层。图中的示例层数为 2，在实际应用中层数多少并没有影响。

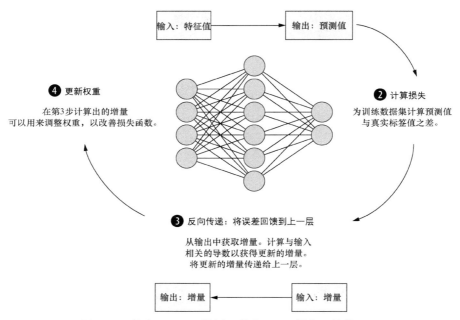

图 5-11 具有 sigmoid 激活函数和 MSE 损失函数的双层
前馈神经网络中的前向传递与反向传递过程

（2）评估损失函数。在这一步中，需要获取样本 x 对应的标签 $\hat{y}$，并将它与预测值 y 进行比较，计算损失值。图中示例的损失函数用的是均方误差函数。

（3）将误差项反向传递回去。在这一步中，需要取得损失值并将它通过整个网络反向传递。由于有链式法则的帮助，可以通过逐层计算导数来实现这个传递过程。前向传递通过网络向前传送输入数据，而反向传递则是将误差项朝相反的方向传递回去。

a. 按照与前向传递相反的方向传递误差项（即增量，用 Δ 表示）。

b. 计算损失函数的导数，它就是我们的初始 Δ。和前向传递的情形相似，我们在这里也复用符号，把过程中每个步骤所传播的误差项都叫作 Δ。

c. 计算 sigmoid 激活函数相对于它的输入变量的导数。这个导数很简单，就是 $\sigma \cdot (1-\sigma)$。然后通过逐个元素相乘将 Δ 传递到下一层：$\sigma(1-\sigma) \cdot \Delta$。

d. 仿射线性变换 $Wx + b$ 对于变量 x 的导数，就是简单的 W。要传递 Δ，可以计算 $W^T \cdot \Delta$。

e. 重复 b 和 c 两个步骤，直至网络的第一层。

（4）用梯度信息更新权重。流程的最后一步，我们将使用一路计算出来的增量来更新网络参数（即权重和偏差项）。

a. sigmoid 函数没有任何参数，所以什么都不需要做。

b. 每一层的偏差项更新值 Δb 就是 Δ。

c. 某一层的权重更新值 ΔW 可以按照公式 $\Delta \cdot x^T$ 计算（在与增量相乘之前需要先对 x 进行转置）。

d. 注意，我们在本例中是把 x 作为单个样本来说明的。但实际上前面的所有讨论都可以应用于小批量样本。如果用变量 x 来表示一个小批量（即 x 是一个矩阵，其中每一列都是一个输入向量），则前向传递和反向传递过程的计算也都仍然是完全相同的形式。

现在我们已经掌握了构建和运行前馈网络所需的全部数学知识，接下来我们把前面学到的理论知识用于实践，并构建一个神经网络。

5.5 在 Python 中逐步训练神经网络

本章已经涵盖了很多理论基础，但从概念上讲，我们只需要实现其中几个基本概念就够了。我们的实现只需要处理 3 个类：一个 `Layer` 类（代表层的概念）；一个 `SequentialNetwork` 类（代表顺序神经网络的概念），它是通过逐个添加几个 `Layer` 对象构建的；一个需要在网络上进行反向传播的 `Loss` 类（代表损失函数概念）。接下来我们将分别介绍这 3 个类的实现，然后还需要实现加载和检查手写数字数据的代码，之后就可以用神经网络的实现来处理这些数据了。图 5-12 展示了这几个 Python 类的组合方式，以及如何实现 5.4.6 节中描述的前向传递和反向传递流程。

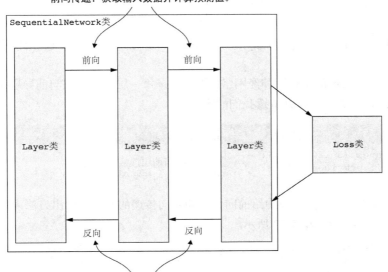

图 5-12　前馈网络的 Python 实现类。`SequentialNetwork` 类的一个实例中包含多个 `Layer` 实例。每个 `Layer` 类都实现了一个数学函数及其导数。`forward` 和 `backward` 方法分别实现前向传递和反向传递。`Loss` 实例可以计算损失函数，即预测值和训练数据之间的误差

5.5.1 Python 中的神经网络层

在实现通用的 Layer 类之前，请注意，正如之前讨论过的那样，层不仅包含处理输入数据的算法（即前向传递），还需要包含将误差项进行反向传播的机制。为了在反向传递中不用重新计算激活值，我们需要维护双向传递进出该层的数据状态。理解了这一点，代码清单 5-11 所示的 Layer 初始化逻辑应该就显而易见了。我们需要先创建一个层模块，然后使用这个模块中的组件来构建神经网络。

代码清单 5-11　层的基本实现

```python
import numpy as np                    # 将多个层堆叠起来构
                                      # 建顺序神经网络
class Layer:
    def __init__(self):
        self.params = []

        self.previous = None          # 每一层都知道它的前一层（previous）……
        self.next = None              # ……以及它的后一层（next）

        self.input_data = None        # 每一层都可以保留前向传递
        self.output_data = None       # 中流入和流出该层的数据

        self.input_delta = None       # 同样，每一层都可以保留在反向
        self.output_delta = None      # 传递中流入和流出该层的数据
```

每一层都具有一个参数列表，用来存储当前的输入和输出数据，以及反向传递中相应的输入和输出增量。

此外，由于我们讨论的是顺序神经网络，因此记录每一层的后继层与前导层是有意义的。添加代码清单 5-12 所示的内容，并继续我们的定义。

代码清单 5-12　通过前导层与后继层变量来建立各层之间的连接

```python
def connect(self, layer):            # 这个方法将当前层连接到它在
    self.previous = layer            # 顺序网络中的前后紧邻区域
    layer.next = self
```

接下来，在抽象的 Layer 类中给前向传递和反向传递的操作预留出方法声明，它的子类必须实现这些方法，如代码清单 5-13 所示。

代码清单 5-13　顺序神经网络层中的前向传递和反向传递

```python
def forward(self):                   # 每一层的实现都必须提供一个
    raise NotImplementedError        # 函数，用来传递前馈输入数据

def get_forward_input(self):         # 第一层的 input_data 不作处理；所有其他层的
    if self.previous is not None:    # input_data 则是从前一层的输出中获取的
        return self.previous.output_data
```

```
        else:
            return self.input_data
                                        ◁──── 每一层必须实现误差项的反向传播功能，即
    def backward(self):                       一种通过网络反向传递输入误差的方法
        raise NotImplementedError

    def get_backward_input(self):   ◁────
        if self.next is not None:            最后一层对输入增量不作处理，而所有其
            return self.next.output_delta    他层都会从它的后继层获取误差项
        else:
            return self.input_delta

    def clear_deltas(self): ◁────   为每一个小批量的数据计算各种增量并累积起来。
        pass                        在下一个小批量开始时，要重置所有的增量

    def update_params(self, learning_rate):  ◁────
        pass                                       使用指定的 learning_rate（即学
                                                   习率），根据当前的各种增量来
    def describe(self):                            更新当前层的参数
        raise NotImplementedError
```
Layer 的实现可以输出它的各种属性

我们还需要提供几个辅助函数。`get_forward_input` 和 `get_backward_input` 用来获取传递过程中相应的输入，它们对输入和输出神经元做了特殊处理。除此之外还需要实现一个 `clear_deltas` 方法，用来在每处理完一个小批量的样本增量之后，周期化地重置所有增量。另外还有一个 `update_params` 方法，在神经网络告知当前层需要更新参数时，它负责对当前层的参数进行更新。

注意，最后我们还为 Layer 添加了一个输出描述自身状态的方法。有了它我们就可以更轻松地掌握神经网络的状态了。

5.5.2 神经网络中的激活层

接下来，我们将实现第一个层，即 ActivationLayer（激活层）。我们将使用前面已经实现的 sigmoid 激活函数。反向传播需要这个函数的导数，但实现它并不困难，如代码清单 5-14 所示。

代码清单 5-14 实现 sigmoid 激活函数的导数

```
def sigmoid_prime_double(x):
    return sigmoid_double(x) * (1 - sigmoid_double(x))


def sigmoid_prime(z):
    return np.vectorize(sigmoid_prime_double)(z)
```

注意，和 sigmoid 激活函数一样，它的导数也要提供标量和向量两个版本。现在我们定义一

个使用 sigmoid 激活函数作为内置激活函数的激活层 `ActivationLayer`，如代码清单 5-15 所示。注意，sigmoid 激活函数没有任何参数，因此不需要考虑更新参数的操作。

代码清单 5-15　sigmoid 激活层

```python
class ActivationLayer(Layer):                          ◁── 这个激活层使用 sigmoid
    def __init__(self, input_dim):                          激活函数来激活神经元
        super(ActivationLayer, self).__init__()

        self.input_dim = input_dim
        self.output_dim = input_dim

    def forward(self):
        data = self.get_forward_input()                ◁── 前向传递只需要将 sigmoid 激
        self.output_data = sigmoid(data)                    活函数应用于输入数据即可

    def backward(self):
        delta = self.get_backward_input()
        data = self.get_forward_input()
        self.output_delta = delta * sigmoid_prime(data)   ◁── 反向传递则需要将输
                                                              入数据的 sigmoid 激
    def describe(self):                                       活函数的导数与误差
        print("|-- " + self.__class__.__name__)              项进行逐个元素相乘
        print("  |-- dimensions: ({},{})"
              .format(self.input_dim, self.output_dim))
```

仔细检查梯度的实现，看看它是不是符合图 5-11 中的描述。对于这个激活层，反向传递只需要将本层的当前增量与输入数据的 sigmoid 激活函数的导数进行逐个元素相乘即可：$\sigma(x) \cdot (1 - \sigma(x)) \cdot \Delta$。

5.5.3　在 Python 中实现稠密层

现在继续我们的代码实现，下一个要实现的层是 `DenseLayer`，即稠密层，它是前馈神经网络的构建块。这个层比前面的激活层更加复杂，也是本章要讨论的最后一个层实现。稠密层初始化时需要更多的变量，因为我们需要处理权重矩阵、偏差项以及它们各自的梯度，如代码清单 5-16 所示。

代码清单 5-16　稠密层权重初始化

```python
class DenseLayer(Layer):

    def __init__(self, input_dim, output_dim):   ◁── 稠密层需要指定输入
                                                      和输出的维度
        super(DenseLayer, self).__init__()

        self.input_dim = input_dim
        self.output_dim = output_dim
                                                          ◁── 随机初始化权重矩阵
        self.weight = np.random.randn(output_dim, input_dim)  和偏差项向量
```

5.5 在 Python 中逐步训练神经网络

```python
        self.bias = np.random.randn(output_dim, 1)
        self.params = [self.weight, self.bias]

        self.delta_w = np.zeros(self.weight.shape)
        self.delta_b = np.zeros(self.bias.shape)
```
← 层参数包括权重和偏差项

← 权重和偏差项的增量设置为 0

注意，这里我们对 **W** 和 **b** 进行了随机的初始化。神经网络的权重初始化其实有许多方法。随机初始化是一个可以接受的基线，但其实有很多更复杂的初始化方法可以更准确地反映输入数据的结构。

> **参数初始化作为优化的起点**
>
> 初始化参数是一个有趣的话题，我们将在第 6 章讨论其他几种初始化技术。
>
> 现在你只要记住初始化会影响学习行为即可。如果考虑图 5-10 所示的损失曲面，参数的初始化意味着在曲面上选择一个起点进行优化，所以应当可以很容易地想象到，在图 5-10 所示的损失曲面上 SGD 采用不同起点可能会导致不同的结果。这使得初始化成为神经网络研究中的一个重要课题。

现在稠密层的前向传递实现就很简单了，如代码清单 5-17 所示。

代码清单 5-17　稠密层的前向传递

```python
    def forward(self):
        data = self.get_forward_input()
        self.output_data = np.dot(self.weight, data) + self.bias
```
← 稠密层的前向传递就是对输入数据的仿射线性变换，而输入数据由权重和偏差项定义

至于反向传递，回想一下，要计算当前层的增量，只需要转置 **W** 并将其乘以传入的增量即可：$W^T\Delta$。**W** 和 **b** 的梯度也很容易计算：$\Delta W = \Delta y^T$，以及 $\Delta b = \Delta$，其中 **y** 表示该层的输入（由当前使用的样本数据计算而出）。稠密层的反向传递实现如代码清单 5-18 所示。

代码清单 5-18　稠密层的反向传递

```python
    def backward(self):
        data = self.get_forward_input()
        delta = self.get_backward_input()
        self.delta_b += delta
        self.delta_w += np.dot(delta, data.transpose())
        self.output_delta = np.dot(self.weight.transpose(), delta)
```

将当前增量加到偏差项增量上

然后将这一项加到权重增量上

← 要进行反向传递，首先要获取输入数据和增量

← 最后，将输出增量传递到前一层，完成反向传递

本层的更新规则是根据我们为网络指定的学习率来累加增量，如代码清单 5-19 所示。

代码清单 5-19　稠密层权重更新机制

```python
    def update_params(self, rate):
        self.weight -= rate * self.delta_w
        self.bias -= rate * self.delta_b
```
← 使用权重和偏差项增量，可以通过梯度下降来更新模型参数

```python
    def clear_deltas(self):                        ◀── 更新参数后，应当
        self.delta_w = np.zeros(self.weight.shape)      重置所有增量
        self.delta_b = np.zeros(self.bias.shape)

    def describe(self):                            ◀── 稠密层可以通过它的输
        print("|--- " + self.__class__.__name__)       入和输出维度来描述
        print("  |-- dimensions: ({},{})"
              .format(self.input_dim, self.output_dim))
```

5.5.4 Python 顺序神经网络

现在我们已经实现了神经网络的构建块，接着转向神经网络本身。要初始化顺序神经网络，可以给它设置一个空的层列表，如代码清单 5-20 所示。如果没有特别指定的话，默认使用 MSE 作为损失函数。

代码清单 5-20　初始化顺序神经网络

```python
class SequentialNetwork:
    def __init__(self, loss=None):           ◀── 在顺序神经网络中，可
        print("Initialize Network...")            以按顺序堆叠多个层
        self.layers = []
        if loss is None:
            self.loss = MSE()            ◀── 如果没有提供损失函数，
                                              则默认使用 MSE
```

接下来，我们为顺序神经网络增加函数，实现逐个添加层的功能，如代码清单 5-21 所示。

代码清单 5-21　按顺序添加层

```python
def add(self, layer):                        ◀── 每添加一层，都需要将它与前导层
    self.layers.append(layer)                    连接起来，并输出层的描述
    layer.describe()
    if len(self.layers) > 1:
        self.layers[-1].connect(self.layers[-2])
```

神经网络实现的核心方法是训练方法。我们使用小批量数据作为网络的输入：将训练数据混洗，并将它为拆分尺寸为 `mini_batch_size` 的多个小批量。在训练网络的时候，可以分批、逐个、小批量地向它输送数据。为了改善学习效果，这种多批次的训练需要反复进行多次。我们把每一轮多批次训练称为一个训练迭代周期（epoch）。对每个小批量数据，需要调用 `train_batch` 方法。如果初始化时提供了 `test_data`，则需要在每一个训练迭代周期结束之后评估网络的表现。顺序神经网络上的 `train` 方法如代码清单 5-22 所示。

代码清单 5-22　顺序神经网络上的训练方法

```python
def train(self, training_data, epochs, mini_batch_size,
          learning_rate, test_data=None):
    n = len(training_data)
    for epoch in range(epochs):              ◀── 要训练网络，需要依照迭代
        random.shuffle(training_data)            周期来多次传入数据集
```

5.5 在 Python 中逐步训练神经网络

混洗训练数据，创建多个小批量
```
mini_batches = [
    training_data[k:k + mini_batch_size] for
    k in range(0, n, mini_batch_size)
]
```

如果提供了测试数据，就应当在每个训练迭代周期结束后评估网络
```
for mini_batch in mini_batches:
    self.train_batch(mini_batch, learning_rate)   ◄── 对每个小批量训练网络
    if test_data:
        n_test = len(test_data)
        print("Epoch {0}: {1} / {2}"
            .format(epoch, self.evaluate(test_data), n_test))
    else:
        print("Epoch {0} complete".format(epoch))
```

接下来，`train_batch` 方法用于计算一个小批量的前向传递和反向传递，然后更新参数，如代码清单 5-23 所示。

代码清单 5-23 对一个小批量数据进行顺序神经网络训练

要对一个小批量数据进行网络的训练，需要计算其前向传递和反向传递……
```
def train_batch(self, mini_batch, learning_rate):
    self.forward_backward(mini_batch)

    self.update(mini_batch, learning_rate)   ◄── ……并根据结果更新模型的参数
```

`update` 和 `forward_backward` 可以通过代码清单 5-24 所示的方式来计算。

代码清单 5-24 网络的更新规则，以及前向传递与反向传递

更新所有层的参数
清除每一层中的所有增量
计算输出数据的损失导数
```
def update(self, mini_batch, learning_rate):
    learning_rate = learning_rate / len(mini_batch)   ◄── 用小批量尺寸来归一化学习率是一个常见技巧
    for layer in self.layers:
        layer.update_params(learning_rate)
    for layer in self.layers:
        layer.clear_deltas()

def forward_backward(self, mini_batch):
    for x, y in mini_batch:
        self.layers[0].input_data = x
        for layer in self.layers:                      ◄── 对于小批量中的每个样本，逐层向前传递特征
            layer.forward()
        self.layers[-1].input_delta = \
            self.loss.loss_derivative(self.layers[-1].output_data, y)
        for layer in reversed(self.layers):
            layer.backward()                           ◄── 将误差项逐层反向传播
```

上面实现的逻辑很直观，但有几点需要注意。首先，我们可以用小批量尺寸来归一化学习率，以控制更新的规模。其次，在反向传递之前，得先计算网络输出的损失导数，并把结果作为反向传递的第一个输入增量。

现在，`SequentialNetwork` 的实现只剩下模型性能与评估相关的部分没有完成了。要在

测试数据上对网络进行评估,需要向网络输送测试数据,前向传递并通过整个网络,这个功能由 `single_forward` 方法完成。真正的评估是在 `evaluate` 方法中进行的,它将返回预测结果中正确的数量,并评估预测的准确性。评估的实现如代码清单 5-25 所示。

代码清单 5-25 评估

```
def single_forward(self, x):              ◁── 前向传递单个样本
    self.layers[0].input_data = x             数据,并返回结果
    for layer in self.layers:
        layer.forward()
    return self.layers[-1].output_data

def evaluate(self, test_data):            ◁── 计算测试数据上的预测准确率
    test_results = [(
        np.argmax(self.single_forward(x)),
        np.argmax(y)
    ) for (x, y) in test_data]
    return sum(int(x == y) for (x, y) in test_results)
```

5.5.5 将网络集成到手写数字分类应用中

实现了前馈网络之后,让我们回到最初的用例:预测 MNIST 数据集中的手写数字。在导入前面实现的必要类之后,我们就可以加载 MNIST 数据,初始化网络,添加各个层,然后使用数据训练和评估网络了。

现在开始构建网络。首先记住输入维度为 784、输出维度为 10(对应 10 个数字)。我们可以选取 3 个稠密层,输出维度分别为 392、196 和 10,并在每个层之后添加 sigmoid 激活函数;3 个稠密层,每一层的维度都减半,如代码清单 5-26 所示。这里我们用到的神经网络层的数量和每一层的尺寸数据,称为超参数(hyperparameter)。网络的架构就是由这些超参数设置的。我们鼓励读者尝试其他的层尺寸,以便更直观地感受网络学习的过程与它的架构之间的关联。

代码清单 5-26 实例化一个神经网络

```
from dlgo.nn import load_mnist
from dlgo.nn import network
from dlgo.nn.layers import DenseLayer, ActivationLayer
training_data, test_data = load_mnist.load_data()    ◁── 加载训练数据和测试数据

net = network.SequentialNetwork()          ◁── 初始化顺序神经网络

net.add(DenseLayer(784, 392))              ◁── 然后可以逐个添加稠密层与激活层
net.add(ActivationLayer(392))
net.add(DenseLayer(392, 196))
net.add(ActivationLayer(196))
net.add(DenseLayer(196, 10))
net.add(ActivationLayer(10))               ◁── 最后一层的维度为 10,即要预测的类别数量
```

要让网络开始执行数据的训练,读者可以调用 `train` 方法,并传入所有必要的参数,可以

尝试将训练迭代周期数设为 10，将学习率设为 3.0，将小批量尺寸设为 10，正好与结果的类别数量相同，如代码清单 5-27 所示。如果能对训练数据做出近于完美的混洗，那么大多数小批量中都会包含全部类别，从而能够产生良好的随机梯度。

代码清单 5-27　在训练数据上运行神经网络实例

```
net.train(training_data, epochs=10, mini_batch_size=10,
          learning_rate=3.0, test_data=test_data)
```

现在可以通过指定训练数据和测试数据、训练的迭代周期数、小批量的尺寸以及学习率，来轻松地训练模型了

接着在命令行中执行：

```
python run_network.py
```

这个命令会生成以下输出：

```
Initialize Network...
|--- DenseLayer
  |-- dimensions: (784,392)
|-- ActivationLayer
  |-- dimensions: (392,192)
|--- DenseLayer
  |-- dimensions: (192,10)
|-- ActivationLayer
  |-- dimensions: (10,10)
Epoch 0: 6628 / 10000
Epoch 1: 7552 / 10000
...
```

训练的结果高度依赖初始化时选取的权重，但每一个训练迭代周期的具体结果数值并不重要。值得注意的是，一般来说经过不到 10 个迭代周期就能达到 95%以上的准确率。考虑到我们的代码是完全从零开始开发的，这已经是一个相当好的结果了。而且这个模型的结果比本章开始实现的简单模型要好得多。但我们还可以做得更好。

注意，对本章所研究的用例来说，我们完全忽略了输入图像的空间结构，而将它看作简单的向量。但应该说明清楚的是，给定像素的临近区域仍然是有利用价值的重要信息。而且，我们最终还是要回到围棋游戏的，而第 2 章和第 3 章中已经可以看到，在围棋中，棋子（或棋链）的邻近区域是多么的重要。

第 6 章将介绍如何实现一个特别的神经网络，它更适用于探查图像或围棋棋盘这类空间数据中的模式。有了它，我们就能再前进一步，并在第 7 章中介绍开发围棋机器人的内容。

5.6　小结

- 顺序神经网络是一个简单的人工神经网络，由多个层线性堆叠而成。神经网络可以应用到各种机器学习问题中，包括图像识别问题。
- 前馈网络是由具有激活函数的稠密层所组成的顺序神经网络。

- 损失函数用于评估预测的质量。均方误差是实践中最常见的损失函数之一。损失函数为衡量模型的准确性提供了一种严格的方法。
- 梯度下降算法是一种求函数极小值的算法。梯度下降算法会跟踪函数中最陡峭的斜率。在机器学习中,使用梯度下降算法来查找能获得最小损失的模型权重。
- 随机梯度下降算法是梯度下降算法的一种变体。在随机梯度下降算法中,可以在训练集的一小部分数据(称为一个小批量)上计算梯度,然后根据每个小批量数据来更新网络权重。在大型训练集上,随机梯度下降算法往往比常规梯度下降算法要快得多。
- 在顺序神经网络中,可以使用反向传播算法来高效地计算梯度。反向传播和小批量的组合使得训练足够快,可以应用在大型数据集上。

第 6 章 为围棋数据设计神经网络

本章主要内容
- 构建一个深度学习应用,可以根据数据预测围棋的下一步动作。
- 介绍 Keras 深度学习框架。
- 了解卷积神经网络。
- 构建能够分析围棋空间数据的神经网络。

在第 5 章中,我们已经初步了解了神经网络的基本原理,并从零开始实现了一个前馈神经网络。在本章中,我们将把注意力转回围棋游戏,并解决如何使用深度学习技术来预测围棋游戏中任意给定棋局的下一步动作的问题。特别地,我们将使用第 4 章开发的树搜索技术来生成围棋游戏数据,然后用它们来训练神经网络。图 6-1 是我们将在本章中构建的应用的概览。

如图 6-1 所示,要利用好第 5 章中介绍的神经网络知识,必须先解决以下几个关键步骤。

(1)在第 3 章中,我们专注于如何教计算机学会围棋规则,并在棋盘上实现对弈逻辑。第 4 章使用这些数据结构进行树搜索。在第 5 章中我们看到,神经网络需要的是数值输入,具体到我们所实现的前馈网络架构,它需要的是向量。

(2)为了能够输送到神经网络中,需要将围棋的棋局转换为输入向量。我们必须先创建一个编码器(encoder)来完成这个转换工作。图 6-1 绘制的是一个简单的编码器,我们将在 6.1 节中实现它。这个编码器可以将棋盘编码成相同尺寸的矩阵,其中白子表示为-1,黑子表示为 1,空点表示为 0。和前面章节中提到的 MNIST 数据类似,把这个矩阵展平就可以变换成一个向量。虽然这种表达方式过于简单,无法提供良好的动作预测结果,但它朝着正确方向迈出了第一步。第 7 章将介绍更复杂、更有效的棋盘编码方法。

(3)要训练神经网络来预测落子动作,首先必须准备好用于输入网络的数据。在 6.2 节中,我们将学习如何利用第 4 章中的技巧来生成棋谱。每一个讨论过的棋局都要进行编码,并转换为神经网络的训练特征,而棋盘的下一步动作,则作为训练标签使用。

(4)虽然像第 5 章那样自己实现神经网络很有用,但本章我们将引入更成熟的深度学习库以得到更快的速度和更高的可靠性。6.3 节将介绍 Keras，它是一个流行的 Python 深度学习库。我们将使用 Keras 建立神经网络模型，并预测落子动作。

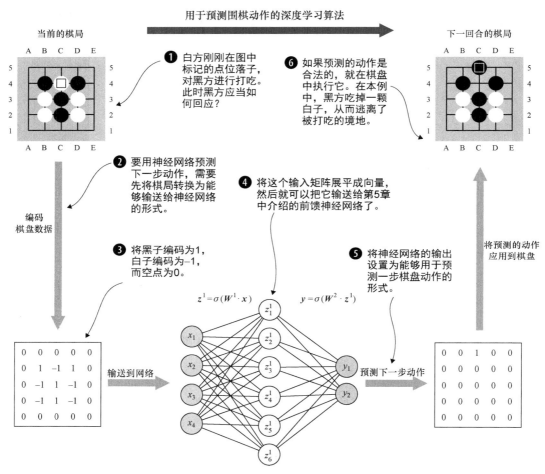

图 6-1　如何使用深度学习预测围棋游戏中的下一步动作

（5）此时读者可能会觉得奇怪，为什么要把棋盘矩阵展平成向量，完全丢弃围棋棋盘的空间结构呢？在 6.4 节中，我们将了解一种称为卷积层（convolutional layer）的新网络层类型，它更适合围棋的应用场景。我们将使用卷积层来构建一种称为卷积神经网络（Convolutional Neural Network，CNN）的新网络架构。

（6）在本章的最后部分，我们将了解更多现代深度学习的关键概念，它们能帮助我们进一步提高预测落子动作的准确性。例如，6.5 节会使用 softmax 更有效地预测概率；6.6 节会用一种称为线性整流单元（Rectified Linear Unit，ReLU）的有趣函数作为激活函数，来构建更深层次的深度神经网络。

6.1 为神经网络编码围棋棋局

在第 3 章中我们构建了一个 Python 类库,它包含了围棋游戏中的所有实体:Player、Board、GameState 等。现在我们想要把机器学习应用到围棋问题中,但神经网络这类数学模型无法像 GameState 类那样直接处理高级抽象对象,而只能处理向量或矩阵之类的数学对象。在本节中我们将创建一个 Encoder 类,它可以将围棋游戏对象转换为某种数学形式。之后,我们就能够把这种数学表示形式的数据输送给机器学习工具了。

要构建一个深度学习模型来预测围棋落子动作,第一步要加载能够输送给神经网络的数据。要实现这一点,可以给围棋棋盘定义一个简单的编码器,如图 6-1 所示。编码器是一种以适当的方式转换第 3 章中实现的围棋棋盘的方法。前面介绍过,多层感知机的输入形式是向量,而在 6.4 节中我们将看到另一种运行在更高维数据上的网络架构。图 6-2 展示了如何定义这类编码器的思路。

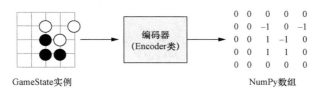

图 6-2 编码器 Encoder 类的图示。它接收 GameState 类实例并将其转换为数学形式,即一个 NumPy 数组

编码器的核心在于如何编码完整的游戏状态。特别地,它应当定义如何编码棋盘上的单个点。有时候,与编码相反的过程也很有意思:如果已经用神经网络预测出下一手落子动作,而这个动作是已编码的,就需要把它转换回棋盘上的实际落子动作。这个反向操作称为解码,它是应用预测动作不可或缺的过程。

厘清了思路,现在就可以定义 Encoder 类了。这个类是本章和第 7 章里创建的各种编码器的通用接口。我们将在 dlgo 中定义一个名为 encoders 的新模块,以及一个空的 __init__.py 初始化文件,并在模块中放入文件 base.py。然后,在这个文件中输入代码清单 6-1 所示的定义。

代码清单 6-1 用于编码围棋游戏状态的抽象 Encoder 类

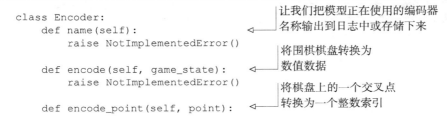

```
        raise NotImplementedError()
    def decode_point_index(self, index):     ◁─┐ 将整数索引转换回围棋
        raise NotImplementedError()            棋盘上的交叉点

    def num_points(self):                    ◁─┐ 棋盘上交叉点的总数，即
        raise NotImplementedError()            棋盘宽度乘以棋盘高度

    def shape(self):                         ◁── 棋盘结构编码后的形状
        raise NotImplementedError()
```

编码器的定义很简单，但我们还想在 base.py 文件中添加一个便利功能：一个根据名称字符串来创建编码器的函数（如代码清单 6-2 所示）。这样就不需要显式地创建编码器对象了。把这个 get_encoder_by_name 函数附加在编码器定义的后面。

代码清单 6-2　按名称创建围棋棋盘编码器

```
import importlib
                                                    ┌─ 可以根据编码器的名称
                                                    │  来创建它的实例
def get_encoder_by_name(name, board_size):  ◁──────┘
    if isinstance(board_size, int):              ┌─ 如果 board_size 是一个整数，则依据
        board_size = (board_size, board_size)  ◁─┘  这个尺寸创建一个正方形棋盘
    module = importlib.import_module('dlgo.encoders.' + name)
    constructor = getattr(module, 'create')    ◁─┐ 每个编码器的实现类都必须提供
    return constructor(board_size)               一个 "create" 函数来创建新实例
```

现在我们已经对编码器有了初步了解，也知道了如何创建编码器，接着就可以去实现图 6-2 中的想法，制作第一个编码器：黑白双方一方表示为 1，另一方表示为 -1，而空点表示为 0。为了做出准确的预测，这个模型还需要知道下一回合的执子方。因此，我们用 1 来表示下一回合的执子方、-1 表示其对手方，而不是固定用 1 表示黑方、-1 表示白方。由于我们将围棋棋盘编码为与棋盘尺寸相同的单个矩阵（即一个特征平面），因此可以将这个编码器称为 OnePlaneEncoder。在第 7 章中，我们还会看到具有多个特征平面（feature plane）的编码器，例如我们将实现一个具有 3 个平面的编码器，它用一个平面来表示黑方的棋盘布局，用另一个平面来表示白方的棋盘布局，还有一个平面表示劫争。本章我们暂时沿用简单的单平面思路，在 oneplane.py 文件中加以实现。代码清单 6-3 展示了实现的第一部分。

代码清单 6-3　使用简单的单平面围棋棋盘编码器对游戏状态进行编码

```
import numpy as np

from dlgo.encoders.base import Encoder
from dlgo.goboard import Point

class OnePlaneEncoder(Encoder):
    def __init__(self, board_size):
```

```
            self.board_width, self.board_height = board_size
            self.num_planes = 1

        def name(self):
            return 'oneplane'

        def encode(self, game_state):
            board_matrix = np.zeros(self.shape())
            next_player = game_state.next_player
            for r in range(self.board_height):
                for c in range(self.board_width):
                    p = Point(row=r + 1, col=c + 1)
                    go_string = game_state.board.get_go_string(p)
                    if go_string is None:
                        continue
                    if go_string.color == next_player:
                        board_matrix[0, r, c] = 1
                    else:
                        board_matrix[0, r, c] = -1
            return board_matrix
```

编码逻辑：对于棋盘上每一个交叉点，如果该点落下的是当前执子方的棋子，则在矩阵中填充 1；如果是对手方的棋子，则填充-1；如果该点为空点，则填充 0

可以用名称"oneplane"来指代这个编码器

接着是定义的第二部分，将完成对棋盘上的单个交叉点进行编码和解码的工作。如代码清单 6-4 所示，编码过程将棋盘上的交叉点映射到尺寸为棋盘宽度乘以高度的向量，而解码过程则是从这个向量回溯棋盘交叉点坐标。

代码清单 6-4　使用单平面围棋棋盘编码器对交叉点进行编码和解码

```
        def encode_point(self, point):              ← 将棋盘交叉点转换为整数索引
            return self.board_width * (point.row - 1) + (point.col - 1)

        def decode_point_index(self, index):         ← 将整数索引转换为棋盘交叉点
            row = index // self.board_width
            col = index % self.board_width
            return Point(row=row + 1, col=col + 1)

        def num_points(self):
            return self.board_width * self.board_height

        def shape(self):
            return self.num_planes, self.board_height, self.board_width
```

关于围棋棋盘编码器的部分到此结束。接下来我们将生成能够编码并输送给神经网络的数据。

6.2　生成树搜索游戏用作网络训练数据

将机器学习应用于围棋比赛之前，我们需要准备一个训练数据集。幸运的是，各种公共围棋服务器上一直都有强大的棋手在进行对弈。我们会在第 7 章中介绍如何查找和处理这种

棋谱并创建训练数据。现在我们可以先生成棋谱。本节介绍如何使用第 4 章创建的树搜索机器人来生成棋谱。在后面几节中，我们可以用这些机器人生成的棋谱作为训练数据来进行深度学习试验。

使用机器学习模仿经典算法看上去是不是有点傻？但如果传统算法非常慢，那就不一样了。在这里，对于速度慢的树搜索算法，我们希望用机器学习来迅速得到它的近似值。这一点正是 AlphaGo Zero 的关键概念。我们会在第 14 章介绍 AlphaGo Zero 的工作原理。

接下来，在 dlgo 模块之外创建一个名为 generate_mcts_games.py 的文件。从文件名就可以看出，这段代码的功能是用 MCTS 算法生成棋局。之后，我们会把每一局的每一回合都用 6.1 节中的 OnePlaneEncoder 进行编码，并存储在 numpy 数组中以备将来使用。我们需要先将代码清单 6-5 中的 import 语句放在这个文件的顶部。

代码清单 6-5　用于生成蒙特卡洛树搜索棋局编码数据的模块的导入语句

```
import argparse
import numpy as np

from dlgo.encoders import get_encoder_by_name
from dlgo import goboard_fast as goboard
from dlgo import mcts
from dlgo.utils import print_board, print_move
```

从这些导入语句中可以看到这个任务所需要的工具：mcts 模块、第 3 章中的 goboard 实现以及 6.1 节刚定义的 encoders 模块。接下来编写生成游戏数据的函数 generate_game，如代码清单 6-6 所示。在这个函数中，我们先用第 4 章的 MCTSAgent 实例来进行自我对弈（注意，可以利用第 4 章介绍的 MCTS 机器人的温度参数来调节树搜索的活跃度）。对于每一个动作，在落子之前对棋盘状态进行编码，然后将这个动作编码为一个独热向量，最后将它应用到棋盘上。

代码清单 6-6　为本章生成 MCTS 棋局

```
def generate_game(board_size, rounds, max_moves, temperature):
    boards, moves = [], []
    
    encoder = get_encoder_by_name('oneplane', board_size)
    
    game = goboard.GameState.new_game(board_size)
    
    bot = mcts.MCTSAgent(rounds, temperature)
    
    num_moves = 0
    while not game.is_over():
        print_board(game.board)
        move = bot.select_move(game)
```

在 boards 变量中存储编码后的棋盘状态；而 moves 变量用于存放编码后的落子动作

用给定的棋盘尺寸、按名称初始化一个 OnePlaneEncoder 实例

一个尺寸为 board_size 的新棋局被实例化好了

指定推演回合数与温度参数，创建一个蒙特卡洛树搜索代理作为我们的机器人

机器人选择下一步动作

6.2 生成树搜索游戏用作网络训练数据

```
        if move.is_play:                              ← 把编码的棋盘状态添加
            boards.append(encoder.encode(game))         到 boards 数组中
        move_one_hot = np.zeros(encoder.num_points())
        move_one_hot[encoder.encode_point(move.point)] = 1
        moves.append(move_one_hot)
        print_move(game.next_player, move)
        game = game.apply_move(move)                  ← 之后把机器人的下一步
        num_moves += 1                                  动作执行到棋盘上
        if num_moves > max_moves:
            break                                     ← 继续下一步动作，直至达到
                                                        最大动作数量限制
    return np.array(boards), np.array(moves)
```

左侧注释：
- 把下一步动作进行独热编码，并添加到 moves 数组中

现在我们就可以使用蒙特卡洛树搜索来创建和编码棋局数据了，接下来定义一个 main 方法来运行几盘棋，并保存它们，如代码清单 6-7 所示。这段代码也可以放在 generate_mcts_games.py 文件中。

代码清单 6-7　为本章生成 MCTS 棋局的主函数

```
def main():
    parser = argparse.ArgumentParser()
    parser.add_argument('--board-size', '-b', type=int, default=9)
    parser.add_argument('--rounds', '-r', type=int, default=1000)
    parser.add_argument('--temperature', '-t', type=float, default=0.8)
    parser.add_argument('--max-moves', '-m', type=int, default=60,
                        help='Max moves per game.')
    parser.add_argument('--num-games', '-n', type=int, default=10)
    parser.add_argument('--board-out')
    parser.add_argument('--move-out')

    args = parser.parse_args()                    ← 这个应用允许用命令行
    xs = []                                         参数进行自定义设置
    ys = []

    for i in range(args.num_games):
        print('Generating game %d/%d...' % (i + 1, args.num_games))
        x, y = generate_game(args.board_size, args.rounds, args.max_moves,
                             args.temperature)   ← 根据给定棋局数量来
        xs.append(x)                               生成相应的棋局数据
        ys.append(y)

    x = np.concatenate(xs)                        ← 当所有棋局都生成之后，为
    y = np.concatenate(ys)                          棋局添加相应的特征与标签

    np.save(args.board_out, x)                    ← 根据命令行参数所指定的选项，将
    np.save(args.move_out, y)                       特征与标签数据存放到不同的文件中

if __name__ == '__main__':
    main()
```

有了这个实用工具程序，我们就可以轻松地生成棋局数据了。例如，假设我们想生成 20 局

9×9 围棋的棋局数据，并将特征存放在 features.npy 文件中，将标签存放在 labels.npy 文件中，那么可以执行下面的命令：

```
python generate_mcts_games.py -n 20 --board-out features.npy
↪ --move-out labels.npy
```

注意，生成这样的棋局数据可能会相当缓慢，因此需要等待一段时间才能够生成大量的游戏。我们可以选择减少 MCTS 的轮数，但这也会相应降低机器人的棋力段位。因此，我们已经事先生成了一些棋局数据，可以在本书 GitHub 代码库中的 generated_games 目录中找到。对应的棋局输出文件为 features-40k.npy 和 labels-40k.npy。这些数据包含了大约 40 000 个回合，相当于几百局棋。这些棋局数据在生成时设置为每回合进行 5 000 轮 MCTS。在这种条件下，MCTS 引擎大多数情况下都能够合理发挥，因此我们也可以期望神经网络能够学会如何模仿它。

至此我们已经完成了预处理的全部工作，下一步就可以将神经网络应用于生成的数据了。我们可以直接用第 5 章中的网络实现来做到这一点，而这么做也不失为一个很好的练习。但展望未来，我们需要一个更强大的工具来满足日益复杂的深度神经网络需求。下一节将介绍 Keras 深度学习库。

6.3 使用 Keras 深度学习库

随着许多强大的、封装了底层抽象的深度学习库的出现，神经网络的梯度和反向传递的计算正渐渐变为失传的技艺。在第 5 章中，我们从零开始实现了一个神经网络，这么做益处颇多，现在是时候转向结构更成熟、特性更丰富的软件了。

Keras 深度学习库是一个用 Python 编写的结构优雅、广泛流行的深度学习工具。这个开源项目创建于 2015 年，并迅速积累了巨大的用户群。它的代码托管在 GitHub 上，并在官方网站上提供了优秀的文档。

6.3.1 了解 Keras 的设计原理

Keras 的主要优势之一，就是它的 API 非常直观，因此很容易上手，并能帮助开发者实现快速原型设计和快速实验周期。这使 Keras 成为许多数据科学竞赛的热门选择。Keras 吸收了其他深度学习工具（如 Torch）的理念，并采用了模块化的构建块形式。它的另一大优势是可扩展性，让我们可以很直观地添加新的自定义层，或者扩展现有功能。

还有一个原因让 Keras 很容易上手，那就是它的功能非常齐全。例如，很多流行的类似 MNIST 数据集都可在 Keras 中直接加载，并且在 GitHub 代码库中还可以找到很多优秀的示例。最重要的是，GitHub 上记录了 Keras 的完整生态体系，包括各种 Keras 扩展和独立项目，并由开源社区建设维护。

此外，Keras 还有一个与众不同的"后端"概念：这个库可以用几个不同的强大引擎来运行，而且可以根据需求切换后端引擎。我们可以把 Keras 看作是深度学习体系的"前端"：它提供一系列方便的高级抽象和功能库来运行算法模型,而后台繁重的工作则可以选择一个后端服务来负责运行。截至编写本书时,Keras 的官方后端有 3 个：TensorFlow、Theano 和 Microsoft Cognitive Toolkit。在本书中我们将使用谷歌的 TensorFlow 库作为默认后端,它同时也是 Keras 的默认后端。如果读者对其他后端有所偏好,由于 Keras 处理好了大部分的差异细节,切换起来也不费劲。

在本节中,我们将先学习如何安装 Keras,然后通过运行第 5 章中的手写数字识别示例代码来了解其 API,最后继续完成围棋落子动作预测的任务。

6.3.2 安装 Keras 深度学习库

要开始使用 Keras,需要先安装一个后端服务。我们可以先选用 TensorFlow。安装它最便捷的途径是用 pip 命令,如下所示：

```
pip install tensorflow
```

如果你的计算机配有 NVIDIA GPU,并安装了最新的 CUDA 驱动程序,那么可以尝试安装 GPU 加速版 TensorFlow：

```
pip install tensorflow-gpu
```

如果 tensorflow-gpu 与你的硬件和驱动程序相互兼容,就会有巨大的速度提升。

Keras 还有几个可选的依赖库,如有助于模型序列化与可视化的组件。不过我们暂时先跳过它们,直接继续安装 Keras 深度学习库本身：

```
pip install Keras
```

6.3.3 热身运动：在 Keras 中运行一个熟悉的示例

本节中我们将看到用来定义和运行 Keras 模型所需要遵循的 4 步工作流程。
（1）数据预处理——加载并准备将要输送到神经网络的数据集。
（2）模型定义——将模型实例化,并根据需要向其添加具体层。
（3）模型编译——使用优化器、损失函数以及一系列评估指标（可选）来编译先前定义的模型。
（4）模型训练与评估——在数据上训练深度学习模型,并进行评估。

为了尽快上手 Keras,我们将引导你完成第 5 章中所展示的用例：使用 MNIST 数据集来预测手写数字。后面我们将看到,第 5 章中的简单模型定义已经和 Keras 语法相当接近了,因此换用 Keras 应该更加轻松。

在 Keras 中可以定义两种类型的模型：顺序模型和更通用的非顺序模型。本章中我们仅使用顺序模型。两种模型的类定义都可以在 keras.models 中找到。要定义顺序模型,必须向它添加具体的层,这一点和第 5 章的实现一样。Keras 层可在 keras.layers 模块获得。用 Keras 加载 MNIST 数据集也很简单，这个数据集可以在 keras.datasets 模块中找到。开始定义这个应用解决方案之前，我们先导入它的全部依赖，如代码清单 6-8 所示。

代码清单 6-8　从 Keras 导入模型、层和数据集

```
import keras
from keras.datasets import mnist
from keras.models import Sequential
from keras.layers import Dense
```

下一步是加载并预处理 MNIST 数据。在 Keras 中，这个步骤只需几行代码即可实现。加载完成之后，将 60 000 个训练样本和 10 000 个测试样本数据展平，再转换为 float 类型，然后除以 255，将输入数据进行归一化处理。这样做是由于数据集中的像素值变化范围是 0 ~ 255，因此把它们归一化为[0, 1]的范围之后可以使神经网络的训练更方便。此外，和第 5 章中一样，标签必须采用独热编码。代码清单 6-9 展示了如何用 Keras 执行上述操作。

代码清单 6-9　使用 Keras 加载和预处理 MNIST 数据

```
(x_train, y_train), (x_test, y_test) = mnist.load_data()

x_train = x_train.reshape(60000, 784)
x_test = x_test.reshape(10000, 784)
x_train = x_train.astype('float32')
x_test = x_test.astype('float32')
x_train /= 255
x_test /= 255

y_train = keras.utils.to_categorical(y_train, 10)
y_test = keras.utils.to_categorical(y_test, 10)
```

数据准备好之后，现在可以继续定义神经网络了。在 Keras 中初始化一个 Sequential 模型，然后逐个添加多个层，如代码清单 6-10 所示。为第一层提供参数 input_shape 来指明输入数据的形状。在我们的例子里，输入数据是一个维度为 784 的向量，因此应当提供参数 input_shape = (784,)。Keras 中的 Dense 层在创建时可以提供关键字参数 activation，以指定这个稠密层的激活函数。我们选择 sigmoid 激活函数，这也是目前唯一介绍过的激活函数。Keras 里还有很多激活函数，我们会在后续章节中深入讨论。

代码清单 6-10　用 Keras 构建一个简单的顺序模型

```
model = Sequential()
model.add(Dense(392, activation='sigmoid', input_shape=(784,)))
model.add(Dense(196, activation='sigmoid'))
model.add(Dense(10, activation='sigmoid'))
model.summary()
```

创建 Keras 模型的下一步是用一个损失函数和优化器来编译（compile）模型，如代码清单 6-11 所示。可以用名称字符串来指定这两个参数：损失函数选择 mean_squared_error（均方误差），优化器则选择 sgd（随机梯度下降）。同样地，Keras 还有很多损失函数和优化器可供选择，但作为上手示例，我们可以先用第 5 章中已经介绍过的这两个即可。另外，Keras 模型的编译步骤中还可额外提供一个参数 `metrics` 来指定多个评估指标。对我们的第一个应用来说，使用 `accuracy`（准确率）这一个指标就够了。`accuracy` 指标用来度量模型得分最高的预测输出与数据的真实标签之间匹配的频率。

代码清单 6-11　编译 Keras 深度学习模型

```
model.compile(loss='mean_squared_error',
              optimizer='sgd',
              metrics=['accuracy'])
```

最后一步是执行网络的训练步骤，然后用测试数据对它进行评估，如代码清单 6-12 所示。我们可以在 `model` 上调用 `fit` 函数来完成这一步。调用时指定的参数包括训练数据集、小批量尺寸以及运行的迭代周期数。

代码清单 6-12　训练和评估 Keras 模型

```
model.fit(x_train, y_train,
          batch_size=128,
          epochs=20)
score = model.evaluate(x_test, y_test)
print('Test loss:', score[0])
print('Test accuracy:', score[1])
```

总结一下，构建和运行 Keras 模型分为 4 个步骤：数据预处理、模型定义、模型编译以及模型训练与评估。Keras 的核心优势之一是可以快速完成这个 4 步循环，从而实现快速实验周期。这一点非常重要。因为通常情况下，初始的模型定义仅通过调整参数就可以得到很大的改进。

6.3.4　使用 Keras 中的前馈神经网络进行动作预测

现在读者应当已经对 Keras 顺序神经网络的 API 有所了解，让我们回到围棋动作预测的应用场景。图 6-3 展示了训练过程中的这个步骤。首先要加载 6.2 节生成的围棋棋谱数据，如代码清单 6-13 所示。注意与之前的 MNIST 数据一样，围棋棋盘数据需要展平为向量。

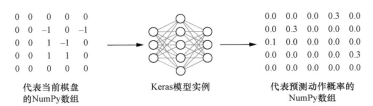

图 6-3　神经网络可以用来预测围棋落子动作。如果已经将游戏状态编码为矩阵，就可以把这个输送给动作预测模型了。模型的输出是一个代表各个可能动作概率的向量

代码清单 6-13 加载并预处理先前存储的围棋棋谱数据

```
import numpy as np
from keras.models import Sequential
from keras.layers import Dense

np.random.seed(123)
X = np.load('../generated_games/features-40k.npy')
Y = np.load('../generated_games/labels-40k.npy')
samples = X.shape[0]
board_size = 9 * 9

X = X.reshape(samples, board_size)
Y = Y.reshape(samples, board_size)

train_samples = int(0.9 * samples)
X_train, X_test = X[:train_samples], X[train_samples:]
Y_train, Y_test = Y[:train_samples], Y[train_samples:]
```

- 设置一个固定的随机种子，以确保这个脚本可以严格重现
- 将样本数据加载到 NumPy 数组中
- 将输入数据由 9×9 的矩阵转换为维度为 81 的向量
- 预留数据集的 10% 作为测试集；其他的 90% 用于训练

接下来我们用上面定义的特征 X 和标签 Y 来定义一个用于预测围棋动作的模型，并运行它。9×9 棋盘有 81 种可能的落子动作，因此网络需要预测 81 个分类。我们先讨论一下最简单的情形，假设我们闭上眼睛，随意指出棋盘上的一个位置，这样就有 1/81 的机会纯粹依靠运气就能选对下一回合动作，即准确率为 1.2%。因此，我们希望做出来的模型的准确率能够显著超过 1.2%。

定义一个简单 Keras 多层感知机，包含 3 个 Dense（稠密层），激活函数均为 sigmoid，并采用均方误差作为损失函数、随机梯度下降作为优化器进行编译。之后用这个网络进行 15 个迭代周期的训练，并使用测试数据进行评估，如代码清单 6-14 所示。

代码清单 6-14 在生成的围棋棋谱数据上运行 Keras 多层感知机

```
model = Sequential()
model.add(Dense(1000, activation='sigmoid', input_shape=(board_size,)))
model.add(Dense(500, activation='sigmoid'))
model.add(Dense(board_size, activation='sigmoid'))
model.summary()

model.compile(loss='mean_squared_error',
              optimizer='sgd',
              metrics=['accuracy'])

model.fit(X_train, Y_train,
          batch_size=64,
          epochs=15,
          verbose=1,
          validation_data=(X_test, Y_test))

score = model.evaluate(X_test, Y_test, verbose=0)
print('Test loss:', score[0])
print('Test accuracy:', score[1])
```

执行这段代码，可以在控制台看到输出的模型摘要和评估指标：

```
Layer (type)                 Output Shape              Param #
=================================================================
dense_1 (Dense)              (None, 1000)              82000
_____
dense_2 (Dense)              (None, 500)               500500
_____
dense_3 (Dense)              (None, 81)                40581
=================================================================
Total params: 623,081
Trainable params: 623,081
Non-trainable params: 0
_____

...

Test loss: 0.0129547887068
Test accuracy: 0.0236486486486
```

注意输出中的 `Tranable params: 623,081` 这一行，它表示训练过程中维护了超过60万个独立权重。这是模型计算强度的一个粗略的指标，它还可以粗略地估计模型的容量（capacity），即它学习复杂关系的能力。当比较不同的网络架构时，参数总数可以用来近似地比较模型的体量。

从输出可以看到，实验的预测准确率仅为 2.3% 左右，这并不能令人满意。但请注意，前面讲的随机猜测动作的基础实现，准确率是 1.2%。也就是说，尽管模型表现得不是很好，但它确实学到了一些东西，预测动作的效果比随机猜测好。

我们可以向模型输入特定的棋局来查看它的大致情况。图 6-4 展示了我们设计的一个棋局状态，它的正确落子动作显而易见。下一回合执子方可以在 A 点或 B 点落子来吃掉对方两颗子。另外，这个棋局并不在我们的训练集中。

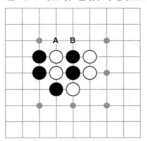

图 6-4 用于测试模型的示例棋局。在这个棋局中，黑方可以通过 A 点落子来吃掉白方两颗子，而白方也可以在 B 点落子来吃掉黑方两颗子。在这里，先落子的一方会占握巨大的优势

现在，可以将这个棋局输入训练模型中，并输出它的预测结果，如代码清单 6-15 所示。

代码清单 6-15 用已知的棋局来评估模型

```
test_board = np.array([[
    0, 0, 0, 0, 0, 0, 0, 0, 0,
    0, 0, 0, 0, 0, 0, 0, 0, 0,
    0, 0, 0, 0, 0, 0, 0, 0, 0,
    0, 1, -1, 1, -1, 0, 0, 0, 0,
    0, 1, -1, 1, -1, 0, 0, 0, 0,
    0, 0, 1, -1, 0, 0, 0, 0, 0,
    0, 0, 0, 0, 0, 0, 0, 0, 0,
```

```
        0, 0, 0, 0, 0, 0, 0, 0, 0,
        0, 0, 0, 0, 0, 0, 0, 0, 0,
]])
move_probs = model.predict(test_board)[0]
i = 0
for row in range(9):
    row_formatted = []
    for col in range(9):
        row_formatted.append('{:.3f}'.format(move_probs[i]))
        i += 1
    print(' '.join(row_formatted))
```

输出如下所示:

```
0.037 0.037 0.038 0.037 0.040 0.038 0.039 0.038 0.036
0.036 0.040 0.040 0.043 0.043 0.041 0.042 0.039 0.037
0.039 0.042 0.034 0.046 0.042 0.044 0.039 0.041 0.038
0.039 0.041 0.044 0.046 0.046 0.044 0.042 0.041 0.038
0.042 0.044 0.047 0.041 0.045 0.042 0.045 0.042 0.040
0.038 0.042 0.045 0.045 0.045 0.042 0.045 0.041 0.039
0.036 0.040 0.037 0.045 0.042 0.045 0.037 0.040 0.037
0.039 0.040 0.041 0.041 0.043 0.043 0.041 0.038 0.037
0.036 0.037 0.038 0.037 0.040 0.039 0.037 0.039 0.037
```

这个矩阵与 9×9 的棋盘一一映射: 每个数字代表模型在棋盘这个点上下一回合落子的置信度。模型输出的结果并不太好: 它甚至连不能在被棋子占据的地方落子都没有学会。但请注意, 棋盘边缘的得分始终低于靠近中心的得分。而根据围棋传统, 除终盘或者其他特殊情况之外, 应该尽量避免在棋盘边缘落子。这样看来, 我们的模型已经学会了一个围棋相关的合理概念。它并没有依靠对围棋策略或者落子效率的理解, 而是简单地模仿我们的 MCTS 机器人所做的事情。这个模型也许不能预测很多强力的落子动作, 但它至少已经学会了避免一整类非常糟糕的动作。

这已经可以算是真正的进步了, 但我们还可以做得更好。第一次实验中所展现出来的几个问题, 将在本章后面几节分别得到处理, 围棋落子动作的预测准确率也会逐渐提高。我们需要解决下面几个问题。

- 这个预测模型使用的数据是由树搜索算法生成的, 而这个算法的随机性很高。有时候 MCTS 引擎会产生很奇怪的动作, 尤其在遥遥领先或远远落后的局面下。在第 7 章中我们将利用人工棋谱数据创建一个深度学习模型。当然, 人类的策略也有出乎意料的时候, 但他们至少不会下一些毫无道理的废棋。
- 本章使用的神经网络架构还有很大的改进空间。在多层感知机中, 因为必须将二维的棋盘数据展平为一维向量, 从而丢失了棋盘相关的全部空间信息, 所以它其实并不太适合用来处理围棋棋盘数据。6.4 节将介绍一种新型的神经网络, 它可以更好地捕获围棋棋盘的结构。
- 到目前为止, 在所有网络中我们都只用过 sigmoid 这一个激活函数。6.5 节和 6.6 节将介绍两种新的激活函数, 它们通常可以产生更好的结果。

- 到目前为止，我们只用过 MSE 这一个损失函数。它很直观，但并不太适合我们的使用场景。6.5 节我们将采用为分类任务量身定制的损失函数。

在本章的结尾，上述问题大多得到解决之后，我们就能够构建出一个比首次尝试更加优秀的模型，能够更好地预测动作。在第 7 章中我们还会学习构建更加强大的机器人的关键技术。

注意，我们的最终目标不是尽量准确地预测落子动作，而是要创建一个更强的围棋机器人。因此，虽然深层神经网络永远也无法在历史棋局的下一步动作预测上做得更好，但深度学习的强大之处在于它们仍然能隐式地捕获棋局的结构，并找到合理的甚至非常优秀的落子动作。

6.4 使用卷积网络分析空间

在围棋中往往会有一些特定形状的局部棋子组合反复出现，我们将它们称为定式。人类棋手学习并掌握了数十种这样的定式，并为它们赋予了富含意义的名称（如虎口、双以及我个人最喜欢的梅花六）。为了能够尽量模仿人类的决策，我们的围棋 AI 也应当能够识别很多局部定式。一种被称为卷积网络的特殊神经网络被设计出来，用于检测这样的空间关系。卷积神经网络（CNN）在游戏之外也有许多应用：在图像、音频甚至文本领域都能发现它的应用。本节将介绍如何构建 CNN，并将它应用到围棋游戏数据中：首先介绍卷积的概念，然后展示如何在 Keras 中构建 CNN，最后展示处理卷积层输出的几个有用方法。

6.4.1 卷积的直观解释

卷积层以及我们用它构建的卷积神经网络，名称来源于计算机视觉领域的一个传统操作：卷积（convolution）。卷积是一种图像转换（也称图像过滤）的直观方法。对于尺寸相同的两个矩阵，可以执行以下操作来计算简单卷积。

（1）将两个矩阵的对应元素逐个相乘；
（2）将结果矩阵的所有元素值相加。

这种简单卷积的输出是一个标量值。图 6-5 展示了这种操作的一个例子，对两个 3×3 矩阵进行卷积运算，得到一个标量。

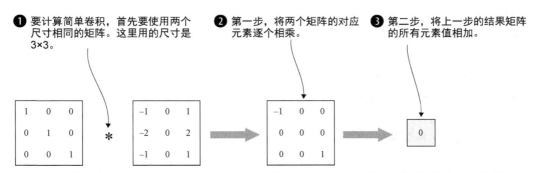

图 6-5 简单卷积运算：将两个尺寸相同的矩阵的对应元素逐个相乘，然后将所有元素值相加

这种简单卷积并不能立即帮到我们，但它们可用于计算更复杂的、对我们的应用场景非常有帮助的卷积。接下来，我们不再使用两个尺寸相同的矩阵，而是固定第二个矩阵的尺寸，并任意增加第一个矩阵的尺寸。在这种情况下，我们将第一个矩阵称为输入图像（input image），将第二个矩阵称为卷积核（convolutional kernel），或者简称为核（kernel，有时也称为过滤器，即filter）。因为核的尺寸小于输入图像，所以可以在输入图像的许多分块（patch）上计算简单卷积。在图 6-6 中，可以看到针对 10×10 输入图像的这种卷积操作，它的核是一个 3×3 矩阵。

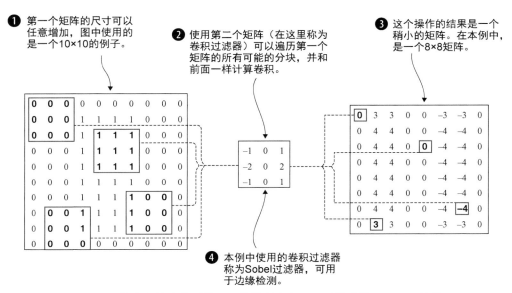

图 6-6　将卷积核应用到输入图像的所有相同尺寸的分块上，可以计算
图像与核的卷积。本例中选择的核是一个垂直边缘检测器

读者可能早就想问为什么我们要对卷积感兴趣，那么图 6-6 中的示例可能会给出第一个提示。在这个示例中，输入图像是一个 10×10 矩阵，中心附近的 4×8 分块都是数字 1，周围被数字 0 包围。核则选择成第一列为(−1, −2, −1)，第三列为(1, 2, 1)，正好与第一列符号相反，而中间列为全 0。这样选择的核，有如下几个效果：

- 将这个卷积核应用于输入图像中的一个 3×3 分块时，如果分块之中的所有像素值都相同，则卷积的输出将为 0；
- 将这个卷积核应用于左列值高于右列值的图像分块时，卷积的输出将为负；
- 将这个卷积核应用于右列值高于左列值的图像分块时，卷积的输出将为正。

这个卷积核是用来检测输入图像中的垂直边缘的。输入图像左侧边缘的卷积值为正；右侧边缘的卷积值为负。这和图 6-6 中的卷积结果正好一致。

图 6-6 中使用的核是被大量应用所采用的经典核，称为 Sobel 算子核。如果将这个核翻转 90°，就可以得到一个用于检测水平边缘的核。用同样的方式，还可以定义其他卷积核，用于模糊或锐

化图像、检测角落，以及更多其他的功能。很多核都可以在标准的图像处理库中找到。

卷积最有趣的功能是从图像数据中抽取有价值的信息，而我们预测围棋数据下一步动作的应用正需要这个功能。在上面的例子中，我们选择了一个特定的卷积核，但在神经网络中，卷积核并不由人选定，而是通过反向传播算法从数据中学习出来。

到目前为止，我们讨论的情形还只限于如何对一个输入图像应用一个卷积核。但通常来说，将多个核应用到多个图像并生成多个输出图像的情形应用更加广泛。应该如何做到这一点呢？假设有 4 个输入图像，并定义了 4 个核，那么可以将每个输入图像的卷积相加，得到一个输出图像。在后文中，我们把这种卷积输出图像称为特征映射（feature map）。接着，如果想要把生成的特征映射增加到 5 个的话，那就需要把为每个输入图像定义的核的个数增加到 5 个。这种通过使用 $n \times m$ 个卷积核将 n 个输入图像映射到 m 个特征映射的过程，称为一个卷积层。图 6-7 对这种情况进行了说明。

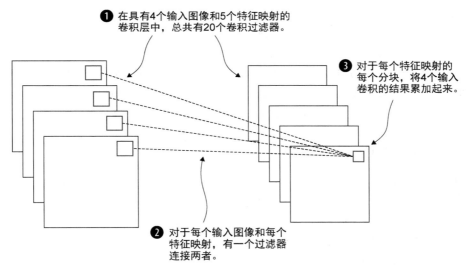

图 6-7　在卷积层中，卷积核对多个输入图像进行操作，以产生指定数量的特征映射

以这种方式看，卷积层是将多个输入图像变换为多个输出图像，从而抽取输入的相关空间信息的方法。读者可能已经料到，卷积层还可以链式连接起来形成神经网络。仅由卷积层和稠密层组成的网络通常称为卷积神经网络，或简称为卷积网络。

> **张量在深度学习中的应用**
>
> 　　我们已经说过，卷积层的输出是一堆图像。这么思考当然会对理解有所帮助，但其实卷积还有更多的内容。类比来说，向量（一维）由多个元素组成，但它也不仅仅是一堆数字。同样，矩阵（二维）由多个列向量组成，但它还具有内在的二维结构，可以用于矩阵乘法和其他操作（如卷积）。卷积层的输出具有三维结构。卷积层中的过滤器甚至还多了一个维度，具有四维结构（对于输入和输出图像的每个组合有一个二维的过滤器）。不仅如此，高阶的深度学习技术常常会处理更高维度的数据结构。

> 在线性代数中，向量和矩阵的高维推广称为张量。附录 A 有对张量更详细的描述，这里就不深入讨论了。对本书而言，我们并不需要张量的正式定义。除概念上的了解之外，张量这个名称还能为我们提供方便的术语，在后面的章节中将会用到。例如，卷积层输出的图像集合可以称为三阶张量（3-Tensor）。卷积层中的四维过滤器则形成一个四阶张量（4-Tensor）。我们可以把卷积操作换一种说法：在三阶张量（输入图像）上进行四维运算（卷积过滤器），并转换为另一个三阶张量。
>
> 更通俗地说，顺序神经网络是一步步对不同维度的张量进行转换的机制。输入数据依靠张量的"流动"通过网络，这也正是 TensorFlow 的名称由来。TensorFlow 是谷歌开发的流行机器学习库，可以用来运行 Keras 模型。

注意，在上面的讨论中，我们只涉及了如何通过卷积层将数据前向反馈，而没有讨论如何进行反向传播。我们特意忽略了这一部分是因为它在数学上超出了本书的范围，而且更重要的是，反向传播过程已经被 Keras 处理好了。

卷积层的参数通常比与其复杂度相似的稠密层要少得多。如果要在 28×28 输入图像上定义 3×3 卷积核，则对应输出大小为 26×26，这样的卷积层将具有 3×3 = 9 个参数。在卷积层中，我们通常还会把偏差项添加到每个卷积的输出中，从而产生总共 10 个参数。如果将它与一个拥有 28×28 输入向量和 26×26 的输出向量的稠密层进行比较，则这个稠密层将具有 28×28×26×26 = 529 984 个参数，这还不包括偏差项。不过，卷积运算在计算上比稠密层所使用的常规矩阵乘法代价更高昂。

6.4.2 用 Keras 构建卷积神经网络

要使用 Keras 构建和运行卷积神经网络，我们需要使用一种名为 `Conv2D` 的新层，这种层可以对二维数据（例如围棋棋盘数据）执行卷积操作。我们还将了解另一个名为 `Flatten` 的层，这种层可以将卷积层的输出展平为向量，然后它才可以将输送到稠密层中。

首先，输入数据的预处理步骤会和之前略有不同。我们不再直接展平围棋棋盘数据，而是原样保持其二维结构，如代码清单 6-16 所示。

代码清单 6-16 加载和预处理转换卷积神经网络的棋盘数据

```
import numpy as np
from keras.models import Sequential          ← 导入两个新层，一个层是二维卷积层，
from keras.layers import Dense                 另一个层可以将输入展平为向量
from keras.layers import Conv2D, Flatten

np.random.seed(123)
X = np.load('../generated_games/features-40k.npy')
Y = np.load('../generated_games/labels-40k.npy')

samples = X.shape[0]
size = 9
input_shape = (size, size, 1)              ← 输入数据的形状是三维的；我们
                                             使用一个平面，内容是 9×9 棋盘
X = X.reshape(samples, size, size, 1)      ← 接着相应地将输入数据进行形状变换
```

6.4 使用卷积网络分析空间

```
train_samples = int(0.9 * samples)
X_train, X_test = X[:train_samples], X[train_samples:]
Y_train, Y_test = Y[:train_samples], Y[train_samples:]
```

接下来就可以用 Keras 的 `Conv2D` 对象来构建网络了。我们使用两个卷积层，然后将第二个卷积的输出展平，再连接两个稠密层，最终达到的输出尺寸是与前面相同的 9×9，如代码清单 6-17 所示。

代码清单 6-17　用 Keras 为围棋数据构建一个简单的卷积神经网络

网络的第一层是一个 Conv2D 层，具有 48 个输出过滤器

```
model = Sequential()
model.add(Conv2D(filters=48,
                 kernel_size=(3, 3),
                 activation='sigmoid',
                 padding='same',
                 input_shape=input_shape))
model.add(Conv2D(48, (3, 3),
                 padding='same',
                 activation='sigmoid'))
model.add(Flatten())
model.add(Dense(512, activation='sigmoid'))
model.add(Dense(size * size, activation='sigmoid'))
model.summary()
```

第二层也是一个卷积层。为简洁起见，省略 filters 和 kernel_size 参数

对于这一层，选择 3×3 卷积核

正常情况下卷积的输出尺寸会比输入尺寸小。通过添加参数 padding = 'same'，可以要求 Keras 在输出的周边用 0 填充矩阵，使得输出尺寸和输入尺寸保持一致

然后，将前面卷积层的三维输出展平……

……并继续连接两个稠密层，和 MLP 示例中所做一样

这个模型的编译、运行和评估过程应当与前面 MLP 示例的过程完全相同。唯一更改的内容是输入数据的形状，以及模型本身。

如果现在运行这个模型，读者会发现测试准确度几乎没有变化：它应该还是在 2.3% 左右。这已经很好了，因为我们还有一些能够充分利用卷积模型特性的技巧没有使用呢。在本章的剩余部分，我们将介绍更先进的深度学习技术，以提高动作预测的准确度。

6.4.3　用池化层缩减空间

池化（pooling）是一种在大多数卷积深度学习应用中都很常见的通用技术。人们用它来缩减图像尺寸，以减少上一层的神经元数量。

池化的概念简单明了：通过将图像的各个分块合并成（或者说池化成）单个值，来对图像进行向下采样。图 6-8 所示的示例中，每个不相交的 2×2 分块都只保留其最大值，因此图像尺寸最终缩减到原来的 1/4。

这个技术称为最大池化（max pooling），池化过程操作的不相交分块的尺寸称为池尺寸（pool

size)。我们还可以定义其他类型的池。例如，可以计算分块中所有值的平均值，这称为平均池化（average pooling）。

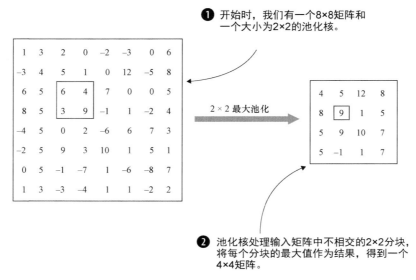

图 6-8　通过应用 2×2 最大池化核，将 8×8 图像缩减为 4×4 的图像

可以在卷积层之前或之后定义一个神经网络层来执行池化功能，如代码清单 6-18 所示。

代码清单 6-18　向 Keras 模型添加池尺寸为(2, 2)的最大池化层

```
model.add(MaxPooling2D(pool_size=(2, 2)))
```

还可以尝试在代码清单 6-4 中将 `MaxPooling2D` 替换为 `AveragePooling2D`。在诸如图像识别的场景中，要缩减卷积层的输出尺寸的话，池化技术往往是必不可少的。尽管由于这个操作对图像进行了向下采样而损失了部分信息，但在大大减少所需计算量的同时，它通常也能保留足够的信息以进行相当准确的预测。

在实际运行池化层实现之前，我们还要再讨论其他几个能够帮助我们获得更加准确的围棋动作预测的技术工具。

6.5　预测围棋动作概率

自从在第 5 章中首次引入神经网络以来，我们只用过一个激活函数：sigmoid 激活函数。另外，我们也一直在使用均方误差作为损失函数。把这两个选择作为首次尝试都不错，它们也确实在深度学习工具箱中占有一席之地。但它们并不特别适合我们的应用场景。

归根结底，当预测围棋动作时，我们真正关心的还是这个问题：对于棋盘上每一个可能的落子动作，它能够成为下一步动作的可能性（likely）是多少？每时每刻棋盘上都存在许多理想的候选动作。我们之前所设立的深度学习实验，都是在用算法从数据中找到下一步最好的动作。但说到底，表征学习，尤其是深度学习，其真正的强项，是可以依赖对棋局结构的充分了解来预测移动的可能性。我们真正需要的是预测所有可能动作的概率分布（probability distribution）。使用 sigmoid 激活函数则无法保证这一点。所以这里我们将引入 softmax 激活函数，最后一层可以用它来预测概率。

6.5.1　在最后一层使用 softmax 激活函数

softmax 激活函数是 logistic sigmoid 函数 σ 的直接推广。要计算向量 $x = (x_1, \cdots, x_l)$ 的 softmax 激活函数，首先对向量的每个元素应用指数函数，即计算 e^{x_i}。接着将这些值进行归一化（normalize）处理：

$$\text{softmax}(x_i) = \frac{e^{x_i}}{\sum_{j=1}^{l} e^{x_j}}$$

根据定义，softmax 激活函数的各个分量元素均为非负值，并且加起来总为 1，这意味着 softmax 激活函数输出的是概率值。让我们计算一个例子，看看它是如何工作的，如代码清单 6-19 所示。

代码清单 6-19　在 Python 中定义 softmax 激活函数

```
import numpy as np

def softmax(x):
    e_x = np.exp(x)
    e_x_sum = np.sum(e_x)
    return e_x / e_x_sum

x = np.array([100, 100])
print(softmax(x))
```

在 Python 中定义好 softmax 激活函数之后，用一个维度为 2 的示例向量来计算它。这里 x = (100, 100)，如果计算 x 的 sigmoid 值，结果将接近(1, 1)，但计算它的 softmax 值，会得到(0.5, 0.5)。这个结果应该和我们所预期的相同：由于 softmax 激活函数值的总和为 1，并且两个元素值相同，因此 softmax 激活函数应当为两个元素赋予相等的概率。

多数情况下，softmax 激活函数会出现在神经网络的最后一层，这样就可以保证预测输出的是概率值，如代码清单 6-20 所示。

代码清单 6-20　在 Keras 模型最后添加一个 softmax 激活函数的稠密层

```
model.add(Dense(9*9, activation='softmax'))
```

6.5.2 分类问题的交叉熵损失函数

我们从第 5 章开始使用均方误差作为损失函数。在 6.5.1 节已经说过，对于我们的用例，它并不是最佳的选择。现在让我们继续这个话题，仔细探讨一下可能出现的问题，并提出一个可行的替代方案。

回想一下，我们将动作预测的用例归为一个分类（classification）问题，它有 9×9 个可能的类别，其中只有一个是正确的。正确的类别被标记为 1，而所有其他类别被标记为 0。每个类别的预测值始终都是一个 0～1 的值。这是对预测数据表现方式的一个强假设，所以采用的损失函数也应当反映这种假设。让我们看看 MSE 是怎么做的：它对预测值和标签的差做了一个平方运算，但并没有利用到预测值范围限制在 0～1 的事实。实际上，MSE 最适合的问题是回归（regression）问题，这类问题的输出是连续的。例如，预测一个人的身高。在这些用例中，MSE 会惩罚那些较大的差异。而在我们的方案中，预测值与实际结果之间的绝对最大差异只有 1。

MSE 的另一个问题是它以相同的方式惩罚所有 81 个预测值。我们最终只关心如何预测到唯一的一个类别，并标记为 1。假设有一个模型，将正确的动作预测为 0.6，而其他所有类别的预测值除一个 0.4 之外都为 0。在这种情况下，均方误差为 $(1 - 0.6)^2 + (0 - 0.4)^2 = 2 \times 0.4^2$，大约是 0.32。预测结果是正确的，但两个非零预测值的损失值是相同的，都是大约 0.16。损失函数对较小的预测值也给予同等的重视，是否值得？另一种情况，假设模型再一次把正确的动作预测为 0.6，但另外还有两个动作分别得到了 0.2 的预测值，则相应的 MSE 则为 $(0.4)^2 + 2 \times 0.2^2$，即大约 0.24，这个损失值显著低于前一个场景。但是，如果实际情况是 0.4 对应的预测更准确，即它对应的动作实际上也是一个强有力的回应动作，也可以是下一步动作的候选呢？损失函数真的应该惩罚这种情况吗？

考虑到这些问题，我们引入了分类交叉熵损失函数（categorical cross-entropy loss function），或者简称交叉熵损失。对于模型的标签 $\hat{y}$ 和预测值 y，这个损失函数的定义如下：

$$-\sum_i \hat{y}_i \log(y_i)$$

注意，虽然这个公式看起来像是许多项的总和，可能会涉及大量计算，但对于我们的用例，这个公式可以归结为仅仅一项，即 $\hat{y}_i$ 值为 1 的那一项。对于 $\hat{y}_i = 1$ 的索引 i，交叉熵损失函数值只是 $-\log(y_i)$。这样计算量就很少了。但使用它可以得到什么好处呢？

- 由于交叉熵损失仅惩罚标签为 1 的项，因此所有其他值的分布对它没有直接影响。例如，上面例子中正确的下一步预测值为 0.6 的情况下，将其他的动作预测为一个 0.4 或者两个 0.2 并没有区别。这两种情况的交叉熵损失都是 $-\log(0.6) = 0.51$。
- 交叉熵损失适用于 [0, 1] 的范围。假如模型对实际正确的下一步动作预测出的概率为 0，那么这个预测就错了。我们知道 $\log(1) = 0$，并且在 0～1 的范围内，当 x 逐渐接近 0 时，$-\log(x)$ 会接近无穷大，这意味着 $-\log(x)$ 会变得任意大（而不只是像 MSE 那样呈平方增长）。
- 此外，当 x 接近 1 时，MSE 会更快地下降，这意味着不太可信的预测会得到更小的损失。

图 6-9 给出了 MSE 和交叉熵损失的可视化对比。

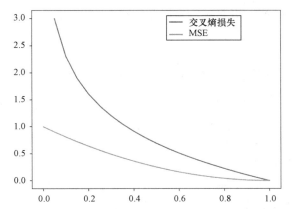

图 6-9　标记为 1 的类别的 MSE 与交叉熵损失的关系图。
交叉熵损失对范围[0, 1]中的每个值赋予了较高的损失值

交叉熵损失与 MSE 的另一个关键的区别，是它在随机梯度下降（SGD）学习过程中的表现。实际上，当接近更高的预测值（即 y 越来越接近 1）时，MSE 的梯度更新变化会变得越来越小；因此学习速度通常会放慢。与此相比，使用交叉熵损失时并没有显示类似 SGD 的这种减速情况，并且参数更新的变化与预测值和真实值之间的差异成正比。我们无法在这里更深入介绍，但对我们的动作预测应用场景来说，这是一个巨大的好处。

使用分类交叉熵损失函数而不是 MSE 编译 Keras 模型非常容易，如代码清单 6-21 所示。

代码清单 6-21　使用分类交叉熵损失函数编译 Keras 模型

```
model.compile(loss='categorical_crossentropy'...)
```

有了交叉熵损失函数和 softmax 激活函数这两个工具，我们现在就可以更好地处理分类标签并使用神经网络预测概率了。结束本章之前，让我们再学习两种技术，它们能够对构建更深的（即具有更多层的）网络有所帮助。

6.6　使用丢弃和线性整流单元构建更深的网络

到目前为止，我们还没有构建超过 2～4 层的神经网络。也许读者会猜测，直接再多加一些相似的层，是不是就能让结果得到改善呢？如果真是这样的话确实会很好，但现实中还需要多考虑几方面问题。虽然继续构建越来越深层的神经网络，会增加模型所具有的参数数量，从而增强它适配输入数据的能力，但也可能遇到一些问题。可能导致失败的主要原因之一是过拟合（overfitting）：模型在预测训练数据的时候会变得越来越好，但在测试数据上运行则效果欠佳。

在更加极端的情况下，模型能够完全预测甚至完全记住它学习过的数据，但对稍有不同的新数据，却完全不知道该怎么做了。这种模型是没有实际用处的。模型需要具有泛化能力，对于预测像围棋这样复杂的游戏中的下一步动作的模型来说尤其如此。无论花费多少时间收集训练数据，模型都会遇到从未见过的棋局。总而言之，重要的是寻找强有力的下一步动作。

6.6.1　通过丢弃神经元对网络进行正则化

防止过拟合是机器学习中的常见问题。我们可以找到许多关于解决过拟合问题的正则化技术（regularization techniques）的文献。深度神经网络可以应用其中一种看似简单但实际上效果极佳的技术：丢弃（dropout）。网络中的一层如果设置了丢弃选项，那么在每个训练步骤中，它会随机挑选几个神经元，并将它们设置为 0。也就是说，我们把这些神经元从训练过程中完全丢弃，在下一个训练步骤中，再随机选择并丢弃新的神经元。我们通常通过指定丢弃率（dropout rate，即在当前层中丢弃神经元的比率）来完成这个功能的设置。图 6-10 展示了一个丢弃示例层，其中每个小批量（包括前向传递和反向传递）的神经元被丢弃的概率为 50%。

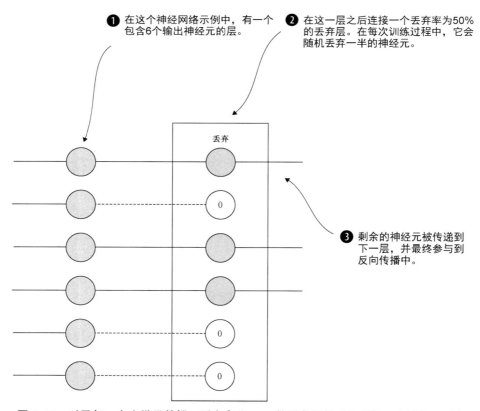

图 6-10　对于每一个小批量数据，丢弃率为 50% 的丢弃层将随机选择一半神经元丢弃

这个过程背后的基本原理是：通过随机丢弃神经元，可以防止单个层（因此整个神经网络也不会）过度专注于给定的数据。每一层必须足够灵活而不过分依赖单个神经元。这样做的话，就可以防止神经网络产生过拟合。

在 Keras 中，可以按代码清单 6-22 所示的方式定义一个指定丢弃率（参数 rate）的 Dropout 层。

代码清单 6-22　导入 Dropout 层，并将其添加到 Keras 模型

```
from keras.layers import Dropout

...
model.add(Dropout(rate=0.25))
```

在顺序神经网络里，任意其他类型的层也都可以像这样添加丢弃层。尤其是在深度较高的网络架构中，添加丢弃层通常是必不可少的。

6.6.2　线性整流单元激活函数

作为本章的最后一个部分，在本节中我们将了解线性整流单元（ReLU）激活函数。研究表明，对于深度网络，这个函数的结果通常比 sigmoid 或其他激活函数更好。图 6-11 展示了 ReLU 的形状。

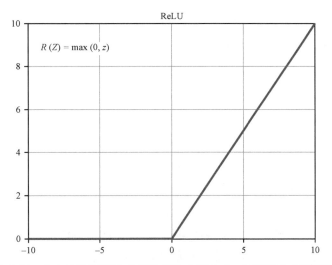

图 6-11　ReLU 激活函数会将负值输入设为 0，正值输入保持不变

ReLU 以将负值输入设为 0 的方式忽略负值输入，而正值输入则保持不变。因此，正信号越强，ReLU 的激活度就越强。这样解释的话，线性整流单元激活函数非常接近大脑中神经元的简单模型：较弱的信号被忽略，但较强的信号激发神经元。除这个基本类比之外，我们不会进一步强调或驳斥 ReLU 更多理论上的好处，但注意，使用它们通常会产生令人满意的结果。要在 Keras

中使用 ReLU，可以在层的 activation 参数中用 relu 替换 sigmoid，如代码清单 6-23 所示。

代码清单 6-23　为一个 Dense 层添加一个线性整流激活函数

```
from keras.layers import Dense
...
model.add(Dense(activation='relu'))
```

6.7　构建更强大的围棋动作预测网络

本章前面几节涵盖了很多方面的知识，不仅介绍了具有最大池化层的卷积网络，还介绍了交叉熵损失函数、最后一层的 softmax 激活函数以及用于正则化的丢弃和 ReLU 激活函数，这些功能都可以用来提高神经网络的性能。在本章结束时，让我们把学到的所有新知识集成起来，形成一个新的神经网络，并用于围棋动作预测的应用场景，看看它现在会如何表现。

首先让我们回顾一下如何加载围棋数据，用简单的单平面编码器进行编码，并转换为适合卷积网络的形状，如代码清单 6-24 所示。

代码清单 6-24　加载并预处理卷积神经网络的围棋数据

```
import numpy as np
from keras.models import Sequential
from keras.layers import Dense, Dropout, Flatten
from keras.layers import Conv2D, MaxPooling2D
np.random.seed(123)
X = np.load('../generated_games/features-40k.npy')
Y = np.load('../generated_games/labels-40k.npy')

samples = X.shape[0]
size = 9
input_shape = (size, size, 1)

X = X.reshape(samples, size, size, 1)

train_samples = int(0.9 * samples)
X_train, X_test = X[:train_samples], X[train_samples:]
Y_train, Y_test = Y[:train_samples], Y[train_samples:]
```

接下来，让我们对代码清单 6-17 中的卷积网络进行强化，如下所示。

- 保持其基本架构不变，先从两个卷积层开始，然后连接一个最大池化层，最后以两个稠密层结束。
- 添加 3 个用于正则化的丢弃层：每个卷积层之后各一个，外加第一个稠密层之后的一个。丢弃率为 50%。
- 将输出层的激活函数更改为 softmax，将所有内部层的激活函数更改为 ReLU。
- 将损失函数由均方误差更改为交叉熵损失。

让我们来看看这个模型在 Keras 中的样子，如代码清单 6-25 所示。

代码清单 6-25　使用丢弃和 ReLU 构建围棋数据的卷积网络

```
model = Sequential()
model.add(Conv2D(48, kernel_size=(3, 3),
                 activation='relu',
                 padding='same',
                 input_shape=input_shape))
model.add(Dropout(rate=0.5))
model.add(Conv2D(48, (3, 3),
                 padding='same', activation='relu'))
model.add(MaxPooling2D(pool_size=(2, 2)))
model.add(Dropout(rate=0.5))
model.add(Flatten())
model.add(Dense(512, activation='relu'))
model.add(Dropout(rate=0.5))
model.add(Dense(size * size, activation='softmax'))
model.summary()

model.compile(loss='categorical_crossentropy',
              optimizer='sgd',
              metrics=['accuracy'])
```

最后，要评估这个模型，可以运行代码清单 6-26 中的代码。

代码清单 6-26　评估增强的卷积网络

```
model.fit(X_train, Y_train,
          batch_size=64,
          epochs=100,
          verbose=1,
          validation_data=(X_test, Y_test))
score = model.evaluate(X_test, Y_test, verbose=0)
print('Test loss:', score[0])
print('Test accuracy:', score[1])
```

注意，上面的示例将训练迭代周期从之前的 15 增加到了 100。这个示例的输出看起来像这样：

```
Layer (type)                 Output Shape              Param #
=================================================================
conv2d_1 (Conv2D)            (None, 9, 9, 48)          480
_____
dropout_1 (Dropout)          (None, 9, 9, 48)          0
_____
conv2d_2 (Conv2D)            (None, 9, 9, 48)          20784
_____
max_pooling2d_1 (MaxPooling2 (None, 4, 4, 48)          0
_____
dropout_2 (Dropout)          (None, 4, 4, 48)          0
_____
flatten_1 (Flatten)          (None, 768)               0
```

```
dense_1 (Dense)              (None, 512)              393728
_____
dropout_3 (Dropout)          (None, 512)              0
_____
dense_2 (Dense)              (None, 81)               41553
=================================================================
Total params: 456,545
Trainable params: 456,545
Non-trainable params: 0

...
Test loss: 3.81980572336
Test accuracy: 0.0834942084942
```

使用这个模型，测试准确率可达 8%以上，与之前的基线模型相比有了很大的改进。另外，注意输出中的 `Trainable params: 456,545`。回顾一下，我们基线模型有超过 600 000 个可训练参数。也就是说，在将准确率提高 3 倍的同时，我们还减少了权重数量。这意味着性能的提高应当归功于新模型的结构，而不仅仅是其尺寸。

但从坏的一面来说，新模型的训练需要更长的时间。这很大程度上是因为增加了训练的迭代周期数。这个模型要学习更复杂的概念，因此需要更多的训练量。如果我们有足够耐心将 `epochs` 设置得更高，那么这个模型的预测准确率还可以再提高几个百分点。第 7 章将会介绍更高级的优化器，以加速训练过程。

接下来，让我们把示例棋局输送给模型，看看它推荐的下一步动作是什么：

```
0.000 0.001 0.001 0.002 0.001 0.001 0.000 0.000 0.000
0.001 0.006 0.011 0.023 0.017 0.010 0.005 0.002 0.000
0.001 0.011 0.001 0.052 0.037 0.026 0.001 0.003 0.001
0.002 0.020 0.035 0.045 0.043 0.030 0.014 0.006 0.001
0.003 0.020 0.030 0.031 0.039 0.039 0.018 0.007 0.001
0.001 0.021 0.033 0.048 0.050 0.032 0.017 0.006 0.001
0.001 0.010 0.001 0.039 0.035 0.022 0.001 0.004 0.001
0.000 0.006 0.008 0.017 0.017 0.010 0.007 0.002 0.000
0.000 0.000 0.001 0.001 0.002 0.001 0.001 0.000 0.000
```

棋盘上得分最高的动作得分为 0.052，对应图 6-4 中的 A 点。在这个点落子，黑方可以吃掉白方 2 颗子。这个模型可能还没达到围棋大师的水准，但它已经学会了如何吃掉对方棋子！当然，这个结果还远非完美：在已经摆放了棋子的交叉点上，它仍然会计算出较高的得分。

讨论至此，我们鼓励读者去尝试不同的模型参数，并观察会发生什么。下面几个思路可以帮助你上手。

- 在这个问题中，下面哪种情况效果最好？最大池化，平均池化还是不用池化？（注意，去掉池化层会增加模型中可训练参数的数量。因此，请记住，如果发现准确率有所提高，就需要付出额外的计算量。）
- 是添加第三个卷积层更有效，还是在现有的两个层中增加过滤器的数量更好？
- 在保持结果良好的前提下，能把倒数第二个 Dense 层缩小到多少？

- 更改丢弃率可以改善结果吗？
- 在不使用卷积层的情况下能得到多高的准确率？将这个模型与使用了 CNN 的结果最好的模型进行对比，模型尺寸和训练时间有多大差别？

在第 7 章中，我们将应用本章学到的所有技术来构建一个深度学习的围棋机器人，这个机器人不再仅仅用模拟棋局数据，而是在实盘数据上进行训练。我们还将看到对输入数据进行编码的新方法，该方法能够显著地提高模型性能。通过这些技术的结合，我们将能够构建一个可以预测出合理动作的机器人，至少能够击败围棋初学者。

6.8 小结

- 使用编码器可以将棋盘状态转换为神经网络的输入，这是将深度学习应用于围棋的重要的第一步。
- 使用树搜索生成围棋棋局数据，为我们的神经网络提供第一个可用的数据集。
- Keras 是一个功能强大的深度学习库，可以用它创建许多有意义的深度学习架构。
- 卷积神经网络可以利用输入数据的空间结构来抽取相关特征。
- 使用池化层可以缩减图像尺寸，从而降低计算复杂度。
- 在网络的最后一层使用 softmax 激活函数，可以将预测的输出转换为概率值。
- 在围棋动作预测中，使用分类交叉熵作为损失函数，是比均方误差损失函数更自然的选择。而在尝试预测连续范围内的数字时，均方误差更有用。
- 在深层网络架构里，使用丢弃层可以轻松地避免过拟合。
- 使用线性整流单元代替 sigmoid 激活函数，可以显著提升神经网络的性能。

第 7 章 从数据中学习：构建深度学习机器人

本章主要内容
- 下载并处理真实围棋棋谱。
- 了解存储围棋棋谱的标准格式。
- 用这套棋谱数据训练一个深度学习模型，用于落子动作预测。
- 用更复杂的棋盘编码器创建强大的围棋机器人。
- 运行自己的实验，并进行评估。

在第 6 章中，我们对构建深度学习应用的许多基本要素有了基本了解，并构建了几个神经网络来测试已经掌握的工具。但我们还缺少一个关键事物：可用于学习的优良数据。有监督的深度神经网络做得再好，也无法超越提供给它的数据。然而到目前为止我们手里只有自行生成的数据而已。

在本章中，我们将了解最常见的围棋数据格式：智能游戏格式（Smart Game Format，SGF）。绝大多数热门围棋服务器支持 SGF 格式棋谱下载功能。在本章中，为了武装用于围棋动作预测的深度神经网络，我们需要从围棋服务器上下载很多 SGF 文件，用一种聪明的方法对它们进行编码，再使用这些数据去训练神经网络。这样训练出来的网络将比前几章中的任何模型都强大得多。

图 7-1 展示了本章结束时我们构建的成果。

读到本章结尾，读者就能够用复杂神经网络运行自己的实验，并创造属于自己的强大围棋机器人。不过第一步我们需要先获取真实世界的围棋数据。

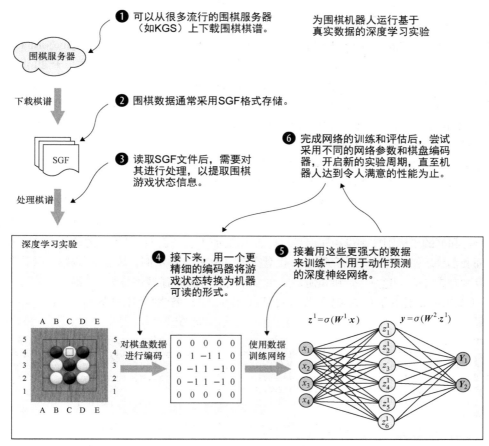

图 7-1 构建一个深度学习围棋机器人，并使用真实的围棋数据进行训练。我们可以从公共围棋服务器中找到用于训练机器人的棋谱。在本章中，我们将学习如何寻找这些棋谱，并将它们转换为训练集，再训练一个 Keras 模型来模仿人类棋手的决策

7.1 导入围棋棋谱

到目前为止我们所用的围棋数据全都是自己生成的。在第 6 章中，我们训练了一个深度神经网络来为生成数据预测下一步动作。这种情况下，最好结果也只能是让预测动作尽量贴近生成的动作而已，但生成数据的质量是由树搜索算法决定的。我们可以说，提供给神经网络的数据决定了训练出的深度学习机器人的上限。机器人永远无法超越生成数据的棋手。

如果改用棋手的真实棋谱作为神经网络的输入，就可以显著地提高机器人的棋力。接下来我们会使用世界上最流行的围棋平台之一——KGS 围棋服务器（KGS Go Server，曾称为 Kiseido Go Server）上的棋谱数据。在深入介绍如何下载和处理 KGS 数据之前，我们首先介绍一下围棋数据的数据格式。

7.1.1 SGF 文件格式

智能游戏格式（Smart Game Format，SGF）曾称为智能围棋格式（Smart Go Format），最早开发于 20 世纪 80 年代末。目前它的主要版本是第 4 版（表示为 FF[4]），发布于 20 世纪 90 年代末。SGF 是一种基于文本的简单格式，但表达能力很强，可用于表示围棋游戏、围棋游戏的变体（例如职业玩家的游戏评论）以及其他类型的棋盘游戏。本章后面的内容中，我们假设所处理的 SGF 文件是基础围棋格式，不包含任何变体。我们将在本节介绍 SGF 的一些基础知识，如果读者想了解更多相关信息，可以参考 Sensei's Library 的官方网站。

SGF 的核心内容是棋局的元数据和落子动作记录。元数据的格式是用两个大写字母表示一个属性名称，然后在一个方框里指定它的值。例如，在尺寸（即属性 SZ）为 9×9 的围棋上进行的棋局，在 SGF 中编码为 SZ[9]。围棋落子动作的编码方式如下：落在棋盘的第 3 行第 3 列上的白子，记录为 W[cc]，而黑方在第 7 行第 3 列上的落子动作则表示为 B[gc]。这里字母 B 和 W 代表棋子颜色，而行和列的坐标则按字母顺序编号。要表示跳过回合，可以记录为空的动作 B[] 和 W[]。

下面我们展示第 2 章末尾的完整 9×9 棋盘实例的 SGF 文件示例。从 SGF 内容可以看到，SGF 的当前版本为 FF[4]，这是一局围棋游戏（在 SGF 中，围棋的游戏编号为 1，即 GM[1]），棋盘尺寸为 9×9（SZ[9]），让 0 子（HA[0]），贴 6 目半（KM[6.5]）。游戏使用日式规则（RU[Japenese]），最终结果为白方胜 9 目半（RE[W+9.5]）。

```
(;FF[4] GM[1] SZ[9] HA[0] KM[6.5] RU[Japanese] RE[W+9.5]
;B[gc];W[cc];B[cg];W[gg];B[hf];W[gf];B[hg];W[hh];B[ge];W[df];B[dg]
;W[eh];B[cf];W[be];B[eg];W[fh];B[de];W[ec];B[fb];W[eb];B[ea];W[da]
;B[fa];W[cb];B[bf];W[fc];B[gb];W[fe];B[gd];W[ig];B[bd];W[he];B[ff]
;W[fg];B[ef];W[hd];B[fd];W[bi];B[bh];W[bc];B[cd];W[dc];B[ac];W[ab]
;B[ad];W[hc];B[ci];W[ed];B[ee];W[dh];B[ch];W[di];B[hb];W[ib];B[ha]
;W[ic];B[dd];W[ia];B[];
 TW[aa][ba][bb][ca][db][ei][fi][gh][gi][hf][hg][hi][id][ie][if]
  [ih][ii]
 TB[ae][af][ag][ah][ai][be][bg][bi][ce][df][fe][ga]
 W[])
```

SGF 文件由多个节点（node）组成，节点之间以分号分隔。第一个节点包含棋局相关的元数据，即棋盘尺寸、规则集、棋局结果以及其他背景信息。后续每个节点代表棋局中的一步动作。文件中的空白是完全无关的，就算把上面的示例字符串折叠成单行文本，结果仍然是有效的 SGF 文件。在文件末尾的最后一个节点中，TW 之后列出白方占领的点目，TB 之后列出黑方占领的点目。注意，这段用来标识地盘的内容其实是放在最后一个动作（W[]，表示跳过回合）节点中的，可以把它们看作对这个棋局的一种注释。

上面的示例描述了 SGF 文件的一些核心属性，并展示了为生成训练数据而复盘棋谱所需的全部信息。SGF 格式还支持更多的功能，但主要都用于为棋谱添加评论和注释，因此本书读者不需要了解它们。

7.1.2 从 KGS 下载围棋棋谱并复盘

打开 u-go 的网站，可以找到各种格式的棋谱（zip、tar.gz 等）。这是一个从 KGS 围棋服务器上收集的自 2001 年以来棋谱合集。在这个合集中，对弈双方要么至少有一方为 7 段以上，要么双方都有 6 段。回顾一下第 2 章中的内容，段位是从 1 段到 9 段越来越强，因此这些棋局都是由围棋高手所创造的。另外请注意，这里所有的棋局都是在 19×19 的标准棋盘上进行的，而在第 6 章中我们生成的数据只用了简单得多的 9×9 棋盘。

对预测围棋动作来说，这是一个非常强大的数据集。我们将在本章中利用它来造就一个强大的深度学习机器人。我们希望能够自动下载这些数据，其步骤是获取包含各个文件链接的 HTML，下载各个文件，接着分析文件，最后处理其中包含的 SGF 棋谱。

把这些数据转换为深度学习模型的输入之前，首先需要在主 dlgo 模块中创建一个新的子模块名为 data，并和往常一样放入空的 __init__.py 文件。本书所需的所有与围棋数据处理相关的内容都放到这个子模块中。

接下来我们下载棋谱数据。在 data 子模块中添加一个新文件 index_processor.py，在文件里创建一个名为 KGSIndex 的类。因为下载数据这一步是完全技术性的工作，它既不涉及围棋知识，又不涉及机器学习知识，所以我们在这里省略了实现细节的介绍。如果读者感兴趣，可以在 GitHub 代码库中找到它的代码。KGSIndex 的实现里只有一个方法 download_files，后面我们会用到。这个方法会将 u-go 网站上的棋谱下载到本地，查找其中所有的相关下载链接，然后在名为 data 的独立文件夹中下载相应的 tar.gz 文件。代码清单 7-1 展示了它的调用方式。

> **代码清单 7-1　创建包含来自 KGS 的围棋数据的压缩文件的索引**

```
from dlgo.data.index_processor import KGSIndex

index = KGSIndex()
index.download_files()
```

运行这段命令，应该会有如下命令行输出：

```
>>> Downloading index page
KGS-2017_12-19-1488-.tar.gz 1488
KGS-2017_11-19-945-.tar.gz 945

...

>>> Downloading data/KGS-2017_12-19-1488-.tar.gz
>>> Downloading data/KGS-2017_11-19-945-.tar.gz

...
```

现在下载的数据已经保存在本地了，让我们继续处理它，以便在神经网络中使用。

7.2　为深度学习准备围棋数据

第 6 章中介绍过一个围棋数据的简单的编码器，它是融入在第 3 章中介绍的 `Board` 和 `GameState` 类之中的。而在使用 SGF 文件时，首先必须提取文件的内容（即前面提到的文件分析过程），并依据内容对棋局进行复盘,以便能够为围棋游戏框架提供必要的游戏状态信息。

7.2.1 从 SGF 棋谱中复盘围棋棋局

要从 SGF 文件中读取围棋游戏状态信息,首先需要理解和实现它的格式规范。虽然这一点并不是很难(再怎么说,它也不过是依据固定规则对一串文本进行分析而已),但它并不是构建围棋机器人过程中最激动人心的部分,并且要确保万无一失就得花费大量的时间和精力。鉴于这些原因,我们将在 dlgo 中引入另一个名为 gosgf 的子模块,由它负责处理 SGF 文件的所有逻辑。在本章中,我们把这个模块看作一个黑盒子直接使用。如果读者想了解更多关于 Python 解析 SGF 的信息,可以访问我们的 GitHub 代码库。

注意 gosgf 模块改编自 Gomill Python 库。

在 gosgf 模块中,我们只需要依赖一个实体 `Sgf_game` 就可以满足全部需求了。接下来我们看看如何使用 `Sgf_game` 加载 SGF 游戏样本,逐个读出游戏信息,并把每一回合的动作执行到一个 `GameState` 对象的过程。图 7-2 展示了一局用 SGF 命令表示的围棋棋局的开头部分。

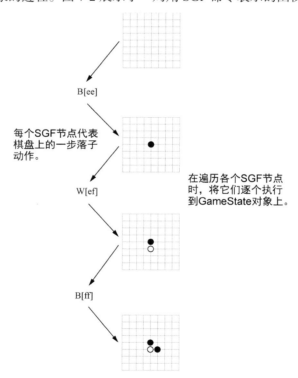

图 7-2 根据 SGF 文件复盘棋谱。原始 SGF 文件用类似 B[ee]的字符串对落子动作进行编码。`Sgf_game` 类负责对这些字符串解码,并返回成 Python 元组,然后就可以把这些动作执行到 `GameState` 对象里,重现整个棋局过程(如代码清单 7-2 所示)

代码清单 7-2 使用围棋框架重现 SGF 文件中的动作

```
from dlgo.gosgf import Sgf_game
from dlgo.goboard_fast import GameState, Move
from dlgo.gotypes import Point
from dlgo.utils import print_board

sgf_content = "(;GM[1]FF[4]SZ[9];B[ee];W[ef];B[ff]" + \
              ";W[df];B[fe];W[fc];B[ec];W[gd];B[fb])"

sgf_game = Sgf_game.from_string(sgf_content)

game_state = GameState.new_game(19)

for item in sgf_game.main_sequence_iter():
    color, move_tuple = item.get_move()
    if color is not None and move_tuple is not None:
        row, col = move_tuple
        point = Point(row + 1, col + 1)
        move = Move.play(point)
        game_state = game_state.apply_move(move)
        print_board(game_state.board)
```

注释：
- 首先从新的 gosgf 模块导入 Sgf_game 类
- 定义一个示例 SGF 字符串。这段内容未来将会改为从下载数据中解析得到
- 调用 from_string 方法创建一个 Sgf_game 实例
- 主序列中的各项是(颜色, 动作)对，其中"动作"是一对棋盘坐标
- 迭代遍历棋局的主序列。我们忽略所有的变化和注释
- 接着把读出的动作执行到当前的游戏状态中

简单地说，这个流程就是在得到一个有效的 SGF 字符串后，再根据它创建一个棋局，它的主序列可以随意迭代遍历。代码清单 7-2 是本章的核心，它为继续处理围棋数据以进行深度学习提供了一个大致的框架。

（1）下载并解析围棋游戏压缩文件。

（2）迭代遍历这些压缩文件中包含的每个 SGF 文件，将它们作为 Python 字符串读出，并用这些字符串创建一个 `Sgf_game` 实例。

（3）读出每个 SGF 字符串中围棋棋局的主序列，确保处理重要的细节（例如设置让子），并将生成的动作数据输入 `GameState` 对象中。

（4）对每个动作使用一个 `Encoder` 将当前棋盘信息编码为特征，并将动作本身作为标签存储，然后把它执行到棋盘上。这样就可以动态地创建深度学习动作预测数据了。

（5）将生成的特征和标签存储为适当的格式，以便未来可以再次读取并输送到深度神经网络。

在接下来的几节中，我们将非常详细地描述如何完成这 5 项任务。把这些数据处理好之后，我们就可以返回到动作预测应用，并观察这些数据会如何影响动作预测的准确率。

7.2.2 构建围棋数据处理器

在本节中，我们将构建一个围棋数据处理器，它可以把原始 SGF 数据转换为机器学习算法

的特征与标签。这会是一个处理时间比较长的实现，因此我们将它拆分为几个部分。完成这个数据处理器的构建之后，基于真实数据的深度学习模型就万事俱备了。

首先在新的 data 子模块中创建一个 processor.py 文件。和以往一样，读者也可以从 GitHub 代码库下载 processor.py 的副本，然后阅读其中的实现即可。我们先导入几个 processor.py 所需的 Python 核心库，如代码清单 7-3 所示。除用于数据处理的 NumPy 库之外还需要不少用来处理文件的包。

代码清单 7-3　数据和文件处理所需的 Python 库

```python
import os.path
import tarfile
import gzip
import glob
import shutil

import numpy as np
from keras.utils import to_categorical
```

我们还需要导入 dlgo 模块下之前构建的许多核心抽象，如代码清单 7-4 所示。

代码清单 7-4　从 dlgo 模块导入数据处理所需的抽象

```python
from dlgo.gosgf import Sgf_game
from dlgo.goboard_fast import Board, GameState, Move
from dlgo.gotypes import Player, Point
from dlgo.encoders.base import get_encoder_by_name

from dlgo.data.index_processor import KGSIndex
from dlgo.data.sampling import Sampler
```

采样器将用于对文件中的训练和测试数据进行采样

我们还没讨论到代码清单 7-4 中的最后两个导入（`Sampler` 和 `KGSIndex`），但会在构建围棋数据处理器时介绍它们。继续编辑 processor.py，编写 `GoDataProcessor` 的初始化构造函数。这里需要提供两个参数，一个参数 `encoder` 是用字符串指定的 `Encoder` 对象，另一个 `data_directory` 用来指定存储 SGF 数据的目录，如代码清单 7-5 所示。

代码清单 7-5　初始化围棋数据处理器，指定所用的编码器和本地数据存储目录

```python
class GoDataProcessor:
    def __init__(self, encoder='oneplane', data_directory='data'):
        self.encoder = get_encoder_by_name(encoder, 19)
        self.data_dir = data_directory
```

接下来我们实现数据处理的主方法 `load_go_data`，如代码清单 7-6 所示。调用这个方法时，我们可以指定要处理的棋局数量和要加载的数据类型（是训练数据还是测试数据）。`load_go_data` 会从 KGS 下载在线围棋棋谱，并按照指定的棋局数量进行采样，接着处理棋谱数据，创建特征与标签，最后将结果以 NumPy 数组的形式保存到本地。

代码清单 7-6 load_go_data 函数：加载、处理和存储数据

```
def load_go_data(self, data_type='train',
                 num_samples=1000):
    index = KGSIndex(data_directory=self.data_dir)
    index.download_files()

    sampler = Sampler(data_dir=self.data_dir)
    data = sampler.draw_data(data_type, num_samples)

    zip_names = set()
    indices_by_zip_name = {}
    for filename, index in data:
        zip_names.add(filename)
        if filename not in indices_by_zip_name:
            indices_by_zip_name[filename] = []
        indices_by_zip_name[filename].append(index)
    for zip_name in zip_names:
        base_name = zip_name.replace('.tar.gz', '')
        data_file_name = base_name + data_type
        if not os.path.isfile(self.data_dir + '/' + data_file_name):
            self.process_zip(zip_name, data_file_name,
                             indices_by_zip_name[zip_name])

    features_and_labels = self.consolidate_games(data_type, data)
    return features_and_labels
```

- 参数 data_type 用于指定数据类型，可以选择是训练数据还是测试数据
- num_samples 指定从数据中加载的棋局数量
- 从 KGS 下载所有棋局数据，并存储到本地数据目录。如果数据已经存在，则不会再次下载
- Sampler 实例从数据中抽取指定数量的棋局数据，并加载为指定的数据类型
- 收集数据中包含的所有压缩文件名，存放到一个列表中
- 按压缩文件名对所有 SGF 文件索引进行分组
- 然后单独处理每个压缩文件
- 接着将每个压缩文件得到的特征和标签进行整合并返回

注意，数据下载之后，需要用一个 Sampler（采样器）实例把它拆分开。这个采样器的主要工作是确保随机选择指定数量的棋局，以及更重要的是要确保训练数据与测试数据不出现任何重叠。Sampler 在文件级别上拆分训练数据和测试数据，办法很简单，将 2014 年之前进行的棋局作为测试数据，而把更近的棋局作为训练数据。这么做可以确保测试数据里的任何可用棋局信息都不会（部分）出现在训练数据中，否则可能导致模型出现过拟合问题。

> **拆分训练数据和测试数据**
>
> 将数据拆分为训练数据和测试数据是为了获得可靠的性能指标。我们使用训练数据生成一个模型，再用测试数据对其进行评估，以了解模型是否适用于它未见的情形，即模型从训练阶段学到的内容是否有能力扩展到真实世界。正确地收集和拆分数据，对于模型结果的可靠性至关重要。
>
> 要拆分数据，有个最简单的方法：加载全部数据，然后将其混洗，再随机拆分成训练数据和测试数据。对某些问题来说这个朴素的方法可能是一个好主意，但对于其他情况则不然。对围棋棋谱来说，一局棋之中的各个动作是相互依赖的，如果训练模型时使用的测试数据中有的动作序列也在测试数据中出现，就很容易给人一种得到了强大模型的错觉。而实践证明，这样训练出来的机器人在实战中远没有那么强大。所以请读者一定要认真地分析数据并找到合理的数据拆分方案。

在完成数据的下载与采样后，load_go_data 会依靠两个辅助函数来处理数据：process_zip

负责读出单个压缩文件，consolidate_games 负责将每个压缩文件的结果组织成特征与标签集合。接下来让我们观察一下 process_zip 函数，它执行以下几个步骤。

（1）调用 unzip_data 解压当前文件。
（2）初始化一个 Encoder 实例来编码 SGF 棋谱。
（3）初始化形状合理的特征和标签 NumPy 数组。
（4）迭代遍历棋局列表，并逐个处理棋局数据。
（5）每一局开始之前先布置全部让子。
（6）然后读出 SGF 棋谱中的每个动作。
（7）将每一回合的下一步动作编码为 label。
（8）将每一回合的当前棋盘布局状态编码为 feature。
（9）把下一步动作执行到棋盘上并继续。
（10）在本地文件系统中分块存储特征与标签。

下面展示一下 process_zip 中前 9 个步骤的实现。注意，为简洁起见，我们省略了技术性实用工具函数 unzip_data，读者可以在 GitHub 代码库中找到。图 7-3 中展示了如何将 SGF 压缩文件处理并转换成编码的游戏状态。

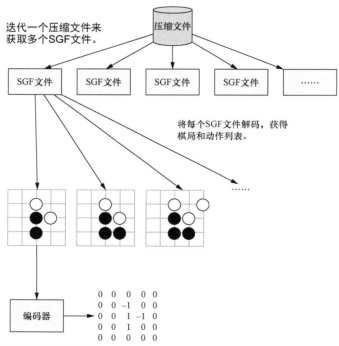

图 7-3　process_zip 函数。它会迭代包含许多 SGF 文件的压缩文件。每个 SGF 文件包含一系列落子动作，我们用这些动作来重建 GameState 对象。然后用 Encoder 对象将各个游戏状态转换为 NumPy 数组

7.2 为深度学习准备围棋数据

接下来我们实现 process_zip 的定义，如代码清单 7-7 所示。

代码清单 7-7　处理存储在压缩文件中的围棋棋谱，并转换为编码的特征与标签

```
def process_zip(self, zip_file_name, data_file_name, game_list):
    tar_file = self.unzip_data(zip_file_name)
    zip_file = tarfile.open(self.data_dir + '/' + tar_file)
    name_list = zip_file.getnames()
    total_examples = self.num_total_examples(zip_file, game_list,
                                             name_list)
    shape = self.encoder.shape()
    feature_shape = np.insert(shape, 0, np.asarray([total_examples]))
    features = np.zeros(feature_shape)
    labels = np.zeros((total_examples,))

    counter = 0
    for index in game_list:
        name = name_list[index + 1]
        if not name.endswith('.sgf'):
            raise ValueError(name + ' is not a valid sgf')
        sgf_content = zip_file.extractfile(name).read()
        sgf = Sgf_game.from_string(sgf_content)
        game_state, first_move_done = self.get_handicap(sgf)
        for item in sgf.main_sequence_iter():
            color, move_tuple = item.get_move()
            point = None
            if color is not None:
                if move_tuple is not None:
                    row, col = move_tuple
                    point = Point(row + 1, col + 1)
                    move = Move.play(point)
                else:
                    move = Move.pass_turn()
                if first_move_done and point is not None:
                    features[counter] = self.encoder.encode(game_state)
                    labels[counter] = self.encoder.encode_point(point)
                    counter += 1
                game_state = game_state.apply_move(move)
                first_move_done = True
```

- 确定此压缩文件中所有棋局的总动作数量
- 根据所用的编码器推断特征与标签的形状
- 解压缩文件后，将 SGF 内容读取为字符串
- 布置所有让子，得到开盘游戏状态
- 遍历 SGF 文件中的所有动作
- 读取落子的坐标……
- ……或者如果没有落子动作，就选择跳过回合
- 将当前的游戏状态编码为特征……
- ……并将下一步动作编码为特征的标签
- 之后把落子动作执行到棋盘上，然后继续下一回合

注意，for 循环中的代码逻辑与代码清单 7-2 中描述的过程非常接近，因此读者应该会有似曾相识的感觉。process_zip 调用两个我们接下来要实现的辅助方法。第一个辅助方法是 num_total_examples，它会提前计算每个压缩文件中可用的动作的总数，让我们可以高效地确定特征与标签数组的尺寸，如代码清单 7-8 所示。

代码清单 7-8 计算当前压缩文件中有效动作的总数

```python
def num_total_examples(self, zip_file, game_list, name_list):
    total_examples = 0
    for index in game_list:
        name = name_list[index + 1]
        if name.endswith('.sgf'):
            sgf_content = zip_file.extractfile(name).read()
            sgf = Sgf_game.from_string(sgf_content)
            game_state, first_move_done = self.get_handicap(sgf)

            num_moves = 0
            for item in sgf.main_sequence_iter():
                color, move = item.get_move()
                if color is not None:
                    if first_move_done:
                        num_moves += 1
                    first_move_done = True
            total_examples = total_examples + num_moves
        else:
            raise ValueError(name + ' is not a valid sgf')
    return total_examples
```

第二个辅助方法是 `get_handicap`，用来获取当前棋局规定的让子数目，并把这些让子布置到空白棋盘上，如代码清单 7-9 所示。

代码清单 7-9 获取让子数目，并将它们布置到空白棋盘上

```python
@staticmethod
def get_handicap(sgf):
    go_board = Board(19, 19)
    first_move_done = False
    move = None
    game_state = GameState.new_game(19)
    if sgf.get_handicap() is not None and sgf.get_handicap() != 0:
        for setup in sgf.get_root().get_setup_stones():
            for move in setup:
                row, col = move
                go_board.place_stone(Player.black,
                                     Point(row + 1, col + 1))
        first_move_done = True
        game_state = GameState(go_board, Player.white, None, move)
    return game_state, first_move_done
```

在 `process_zip` 实现的结尾，需要将特征与标签分块存储到单独的文件中，如代码清单 7-10 所示。

代码清单 7-10 将特征与标签分块存储到本地

```python
        feature_file_base = self.data_dir + '/' + data_file_name + '_features_%d'
        label_file_base = self.data_dir + '/' + data_file_name + '_labels_%d'
        chunk = 0 # Due to files with large content, split up after chunksize
        chunksize = 1024
```

7.2 为深度学习准备围棋数据

```
                    while features.shape[0] >= chunksize:
把当前的分块            feature_file = feature_file_base % chunk          分块处理特征与标签时，我们
从 features 和         label_file = label_file_base % chunk              以块大小为 1024 为一个批次
labels 数组中           chunk += 1
分割出来……               current_features, features = features[:chunksize],
       ↱               features[chunksize:]
                       current_labels, labels = labels[:chunksize], labels[chunksize:]
                       np.save(feature_file, current_features)
                       np.save(label_file, current_labels)          ←……并存储到一个单
                                                                       独的文件中
```

之所以要分块单独存储，是因为 NumPy 数组会迅速变大，而将数据存储在较小的文件中就可以保留更多的灵活性。例如，我们可以选择把所有分块数据合并起来使用，也可以根据需要将每个文件单独加载到内存中。这两种方式以后都会用到。后者（即动态加载批量数据）稍微复杂一些，但前者还是很直观的。另外，在我们的实现中 while 循环中分块的最后一部分数据可能会丢掉，但影响并不大，因为我们已经拥有足够多的数据了。

继续编辑 processor.py 文件，补充对 GoDataProcessor 的定义。要实现数据整合，只需将所有数组合并（concatenate）成一个数组即可，如代码清单 7-11 所示。

代码清单 7-11　将独立的特征与标签 NumPy 数组合并到一个集合中

```python
    def consolidate_games(self, data_type, samples):
        files_needed = set(file_name for file_name, index in samples)
        file_names = []
        for zip_file_name in files_needed:
            file_name = zip_file_name.replace('.tar.gz', '') + data_type
            file_names.append(file_name)

        feature_list = []
        label_list = []
        for file_name in file_names:
            file_prefix = file_name.replace('.tar.gz', '')
            base = self.data_dir + '/' + file_prefix + '_features_*.npy'
            for feature_file in glob.glob(base):
                label_file = feature_file.replace('features', 'labels')
                x = np.load(feature_file)
                y = np.load(label_file)
                x = x.astype('float32')
                y = to_categorical(y.astype(int), 19 * 19)
                feature_list.append(x)
                label_list.append(y)
        features = np.concatenate(feature_list, axis=0)
        labels = np.concatenate(label_list, axis=0)
        np.save('{}/features_{}.npy'.format(self.data_dir, data_type),
↳ features)
        np.save('{}/labels_{}.npy'.format(self.data_dir, data_type), labels)

        return features, labels
```

要测试上面的实现，可以加载 100 个棋谱的特征与标签，如代码清单 7-12 所示。

代码清单 7-12　加载 100 个棋谱的训练数据

```
from dlgo.data.processor import GoDataProcessor

processor = GoDataProcessor()
features, labels = processor.load_go_data('train', 100)
```

这些特征与标签使用第 6 章中的 `oneplane` 编码器进行编码，因此它们的结构与第 6 章完全相同。因此这套数据可以用来训练第 6 章中创建的任何神经网络。但如果现在就这么做的话，请不要期待能得到太好的评估结果。虽然这套真实棋谱数据比第 6 章中生成的棋局要好得多，但我们现在用的是 19×19 棋盘，这可比在 9×9 棋盘要复杂得多。

将数量巨大的小文件加载到内存中进行合并，可能会导致内存不足的异常。在 7.2.3 节中，我们用数据生成器（data generator）来解决这个问题。在模型训练中，它每次只提供下一个小批量的数据。

7.2.3　构建可以高效地加载数据的围棋数据生成器

从 u-go.net 网站下载的 KGS 索引中包含了超过 170 000 个棋局，相当于数百万个可以用于预测模型训练的围棋动作。在加载越来越多的棋谱时，将全部数据点加载到一对 NumPy 数组中将会变得越来越困难。这种简单地将棋局合并在一起的方式注定会在某个时刻导致程序崩溃。

因此，建议在 `GoDataProcessor` 中用一个更聪明的实现来替换 `consolidate_games`。注意，神经网络训练每次只需要一个小批量的特征与标签。我们没必要把全部数据都始终保存在内存中。因此接下来我们要构建一个围棋数据的生成器。如果读者了解 Python 中生成器的概念，就会立即明白我们要做什么了。但是，如果读者并不了解生成器，可以把它看作一个函数，在需要下一批数据的时候，它能高效地提供数据。

首先初始化一个 `DataGenerator` 类。将代码清单 7-13 中的代码放到 data 模块的 generator.py 文件中。生成器的初始化构造函数需要指定本地数据目录 `data_directory` 以及 `GoData` `Processor` 中的 `Sampler` 提供的数据样本。

代码清单 7-13　围棋数据生成器的签名

```
import glob
import numpy as np
from keras.utils import to_categorical
class DataGenerator:
    def __init__(self, data_directory, samples):
        self.data_directory = data_directory
        self.samples = samples
        self.files = set(file_name for file_name, index in samples)  ←─── 生成器可以访问之前采样的文件集合
        self.num_samples = None
```

```python
def get_num_samples(self, batch_size=128, num_classes=19 * 19):
    if self.num_samples is not None:
        return self.num_samples
    else:
        self.num_samples = 0
        for X, y in self._generate(batch_size=batch_size,
                                   num_classes=num_classes):
            self.num_samples += X.shape[0]
        return self.num_samples
```

← 在某些应用中，可能需要知道自己拥有多少示例样本

接下来，我们将实现一个私有的 `_generate` 方法，它负责创建并返回批量数据，如代码清单 7-14 所示。这个方法的整体逻辑与 `consolidate_games` 类似，但有一个重要区别：后者需要为特征与标签创建一个巨大的 NumPy 数组，而前者则只需要返回（即 `yield`）下一个小批量的数据即可。

代码清单 7-14 生成并产生下一批围棋数据的私有方法

```python
def _generate(self, batch_size, num_classes):
    for zip_file_name in self.files:
        file_name = zip_file_name.replace('.tar.gz', '') + 'train'
        base = self.data_directory + '/' + file_name + '_features_*.npy'
        for feature_file in glob.glob(base):
            label_file = feature_file.replace('features', 'labels')
            x = np.load(feature_file)
            y = np.load(label_file)
            x = x.astype('float32')
            y = to_categorical(y.astype(int), num_classes)
            while x.shape[0] >= batch_size:
                x_batch, x = x[:batch_size], x[batch_size:]
                y_batch, y = y[:batch_size], y[batch_size:]
                yield x_batch, y_batch
```

随着训练的进展返回（或者产生）一批批数据 →

最后，这个生成器还缺少一个返回生成器的方法。获得一个生成器之后，也可以对它显式地调用 `next()` 方法来为用例批量生成数据。我们可以像代码清单 7-15 这样做。

代码清单 7-15 调用 generate 方法获取模型训练的生成器

```python
def generate(self, batch_size=128, num_classes=19 * 19):
    while True:
        for item in self._generate(batch_size, num_classes):
            yield item
```

下面我们先解释如何将这个概念纳入 `GoDataProcessor` 中，然后再使用数据生成器训练神经网络。

7.2.4 并行围棋数据处理和生成器

读者可能已经注意到，在代码清单 7-3 中，仅仅加载 100 个棋谱，也会感觉比预期的要慢一些。虽然肯定有等待数据下载的因素，但处理数据的速度其实也比较慢。在我们的实现中，各个压缩文件是顺序处理的，即在一个文件处理完成后才继续处理下一个。但是如果仔细观察就会发

现，我们所展示的围棋数据处理过程正符合人们常说的高度并行（embarrassingly parallel）模式。因此只需要做出一点点改变就可以把工作负载分配到计算机的全部 CPU 上，实现压缩文件的并行处理。例如，我们可以使用 Python 的多处理库（multiprocessing library）。

本书 GitHub 代码库的 data/parallel_processor.py 文件提供了并行版本的 `GoDataProcessor` 实现。建议对它的工作原理感兴趣的读者仔细阅读代码的实现细节。虽然并行化的加速能够带来直接的好处，但它的实现细节会增加代码的阅读难度，因此我们在这里不对它进行详细介绍。

使用并行版本的 `GoDataProcessor` 还有另一个好处，即可以选择用 `DataGenerator` 来返回生成器，而不用直接返回数据，如代码清单 7-16 所示。

代码清单 7-16　load_go_data 的并行版本，可以选择返回一个生成器

```
def load_go_data(self, data_type='train', num_samples=1000,
                 use_generator=False):
    index = KGSIndex(data_directory=self.data_dir)
    index.download_files()

    sampler = Sampler(data_dir=self.data_dir)
    data = sampler.draw_data(data_type, num_samples)

    self.map_to_workers(data_type, data)
    if use_generator:
        generator = DataGenerator(self.data_dir, data)
        return generator
    else:
        features_and_labels = self.consolidate_games(data_type, data)
        return features_and_labels
```

将工作负载映射到多个 CPU

要么返回一个围棋数据生成器……

……要么像以前一样返回合并的数据

这两个版本的 `GoDataProcessor` 接口基本一致，但并行版本中多了一个 `use_generator` 标志参数。利用 dlgo.data.parallel_processor 的 `GoDataProcessor`，就可以改用生成器来提供围棋数据了，如代码清单 7-17 所示。

代码清单 7-17　加载 100 局训练数据

```
from dlgo.data.parallel_processor import GoDataProcessor

processor = GoDataProcessor()
generator = processor.load_go_data('train', 100, use_generator=True)
print(generator.get_num_samples())
generator = generator.generate(batch_size=10)
X, y = generator.next()
```

最初的数据加载仍然需要时间，但根据机器的处理器数量，它应当获得相应的加速。创建好生成器之后，可以调用 `next()` 立即返回一个批次的数据。这么做，我们就再也不会遇到内存溢出的麻烦了。

7.3　基于真实棋局数据训练深度学习模型

现在我们已经可以访问高段位的围棋数据，并把它处理成可以用于动作预测模型的形式，让

7.3 基于真实棋局数据训练深度学习模型

我们把流程的各个节点连接起来，并用这套数据来构建深度神经网络。在本书 GitHub 代码库中的 dlgo 模块下可以找到一个名为 networks 的子模块，它提供了几个神经网络示例架构，可以作为构建强大的动作预测模型的基础。例如，networks 模块中可以找到 3 个不同复杂度的卷积神经网络，分别为 small.py、medium.py 和 large.py。这几个文件都包含一个 layers 函数，这个函数用于返回一系列可以添加到顺序 Keras 模型的层。

我们将构建一个卷积神经网络，它由 4 个卷积层和一个稠密层组成，均采用 ReLU 激活函数。此外还需要在每个卷积层之前添加一个新的实用工具层——ZeroPadding2D 层（填零层）。填零是一种将输入特征用 0 填充扩展的操作。假设我们使用第 6 章中的单平面编码器将棋盘编码为 19×19 矩阵，此时如果指定填充尺寸为 2，则会在每一行最左侧和最右侧各添加一列 0，并在矩阵顶部和底部各添加一行 0 值向量，从而生成一个放大的 23×23 矩阵。这里用填零层人为地增加卷积层的输入尺寸，可以避免卷积操作过度缩小图像。

在展示具体代码之前，我们还得再讨论一个小技术问题。回想一下，卷积层的输入和输出都是四维的：我们以小批量的形式提供了一系列过滤器，每个过滤器都是二维的（即它们具有宽度和高度）。这 4 个维度（小批量尺寸、过滤器数量、每个过滤器的宽度以及高度）的表示顺序有不同的惯例。实践中最常用的顺序有两种。注意，过滤器通常也称为通道（C），小批量尺寸通常也称为样本数量（N），此外，我们还可以使用简称来表示宽度（W）和高度（H）。有了这几个符号，这两种常见的顺序就可以分别表示为 NWHC 和 NCWH。在 Keras 中，我们把这种维度顺序称为 data_format，其中 NWHC 称为 channels_last，而 NCWH 称为 channels_first，其原因显而易见。而我们在构建第一个围棋棋盘编码器（即单平面编码器）时，使用的是 channels_first 惯例（编码后的棋盘形状为 1, 19, 19，即表示单平面在前面）。这意味着我们必须为所有卷积层提供 data_format = channels_first 参数。我们来看看 small.py 中的模型是什么样的，如代码清单 7-18 所示。

代码清单 7-18　为一个用于围棋动作预测的小型卷积网络指定各个层

```
from keras.layers.core import Dense, Activation, Flatten
from keras.layers.convolutional import Conv2D, ZeroPadding2D


def layers(input_shape):
    return [
        ZeroPadding2D(padding=3, input_shape=input_shape,
                      data_format='channels_first'),         ◁── 使用填零层来放大输入图像
        Conv2D(48, (7, 7), data_format='channels_first'),
        Activation('relu'),

        ZeroPadding2D(padding=2, data_format='channels_first'),   ◁── channels_first 意味着特征输入平面的维度放在前面
        Conv2D(32, (5, 5), data_format='channels_first'),
        Activation('relu'),

        ZeroPadding2D(padding=2, data_format='channels_first'),
        Conv2D(32, (5, 5), data_format='channels_first'),
        Activation('relu'),
```

```
        ZeroPadding2D(padding=2, data_format='channels_first'),
        Conv2D(32, (5, 5), data_format='channels_first'),
        Activation('relu'),

        Flatten(),
        Dense(512),
        Activation('relu'),
    ]
```

`layers` 函数返回一个 Keras 层的列表，可以逐个添加到 `Sequential` 模型里。使用这些层，我们就可以构建一个应用来运行图 7-1 中描述的前 5 个步骤了：对围棋数据进行下载、提取、编码，并使用它来训练神经网络。在训练部分将使用前面构建的数据生成器。但首先让我们从这个茁壮成长的围棋机器学习库里导入一些基本组件，如代码清单 7-19 所示。要构建这个应用，需要一个围棋数据处理器、一个编码器以及一个神经网络架构。

代码清单 7-19　构建围棋数据神经网络所需的关键导入

```
from dlgo.data.parallel_processor import GoDataProcessor
from dlgo.encoders.oneplane import OnePlaneEncoder

from dlgo.networks import small
from keras.models import Sequential
from keras.layers.core import Dense
from keras.callbacks import ModelCheckpoint    ◁── 有了模型检查点，就可以在
                                                   时间消耗较大的实验里保存
                                                   实验进度了
```

在代码清单 7-19 里，最后一句从 Keras 导入了一个名为 `ModelCheckpoint`（模型检查点）的方便工具。由于现在我们有了大量可供访问的训练数据，完成包含几个迭代周期的一整套训练流程可能需要花费数小时甚至数天的时间。如果由于某种原因导致实验中途失败，那么最好能够做到备份完善。而这正是模型检查点所提供的功能：在每一个训练迭代周期结束之后，它都会存储模型的快照。这样的话，即使实验中途失败，我们也能够从最后一个检查点恢复训练流程。

接下来定义训练数据和测试数据。首先初始化一个 `OnePlaneEncoder`，并用它创建一个 `GoDataProcessor`，如代码清单 7-20 所示。使用这个数据处理器，就可以为训练数据和测试数据各实例化一个数据生成器，并在 Keras 模型中使用。

代码清单 7-20　创建训练数据和测试数据生成器

```
    go_board_rows, go_board_cols = 19, 19         ◁── 首先创建一个与棋盘
    num_classes = go_board_rows * go_board_cols       尺寸相同的编码器
    num_games = 100

    encoder = OnePlaneEncoder((go_board_rows, go_board_cols))  ◁── 然后用它初始化一个
                                                                   围棋数据处理器
    processor = GoDataProcessor(encoder=encoder.name())    ◁──

┌─▷ generator = processor.load_go_data('train', num_games, use_generator=True)
│   test_generator = processor.load_go_data('test', num_games, use_generator=True)
└ 用这个处理器创建两个数据生成器，分别用于训练和测试
```

7.3 基于真实棋局数据训练深度学习模型

下一步，用 dlgo.networks.small 中的 layers 函数定义一个 Keras 神经网络。把这个小型网络的各个层逐一添加到新的顺序网络中，再为最后的 Dense 层添加一个 softmax 激活层，这样就完成了模型的定义，如代码清单 7-21 所示。然后使用分类交叉熵损失函数来编译模型，并使用 SGD 进行训练。

代码清单 7-21　使用小型层架构定义一个 Keras 模型

```
input_shape = (encoder.num_planes, go_board_rows, go_board_cols)
network_layers = small.layers(input_shape)
model = Sequential()
for layer in network_layers:
    model.add(layer)
model.add(Dense(num_classes, activation='softmax'))
model.compile(loss='categorical_crossentropy', optimizer='sgd',
    metrics=['accuracy'])
```

在训练 Keras 模型时，使用数据生成器的情形与直接使用数据集略有不同。我们需要把模型调用 fit 方法改为调用 fit_generator，把调用 evaluate 改为调用 evaluate_generator。并且这两个新方法的签名也和之前两个稍有不同。调用 fit_generator 时，需要指定参数 generator（生成器）、epochs（训练迭代周期数），以及 steps_per_epoch（每个迭代周期中的训练步数）。这 3 个参数是训练模型的基本配置。我们还需要在测试数据上验证训练过程的效果，因此需要提供参数 validation_data（验证数据生成器）和 validation_steps（每个迭代周期中的验证步数）。最后，还需要向模型添加一个 callback 参数（回调函数）。回调函数让我们可以在训练过程中跟踪和返回额外信息。这里我们可以利用回调来触发 ModelCheckpoint 实用工具，以便在每个迭代周期完成后存储 Keras 模型。代码清单 7-22 给出了一个示例，这里训练的模型批量尺寸为 128，训练迭代周期数为 5 代。

代码清单 7-22　用生成器拟合 Keras 模型并进行评估

```
epochs = 5
batch_size = 128
model.fit_generator(
    generator=generator.generate(batch_size, num_classes),
    epochs=epochs,
    steps_per_epoch=generator.get_num_samples() / batch_size,
    validation_data=test_generator.generate(
        batch_size, num_classes),
    validation_steps=test_generator.get_num_samples() / batch_size,
    callbacks=[
        ModelCheckpoint('../checkpoints/small_model_epoch_{epoch}.h5')
    ])
model.evaluate_generator(
    generator=test_generator.generate(batch_size, num_classes),
    steps=test_generator.get_num_samples() / batch_size)
```

注意，如果读者打算自己运行这段代码，需要关注完成实验所需的时间。如果在 CPU 上运行它，训练一个迭代周期可能需要几个小时。实际上，机器学习中使用的数学运算与计算机图形学有很多共同之处。因此，在某些情况下，神经网络的计算可以移到 GPU 上，并获得显著的加速。使用 GPU 进行计算将大大加快计算速度，在卷积神经网络里，往往能加速一到两个数量级。如果你的计算机配备了合适的驱动程序，那么 TensorFlow 可以将计算移到某些特定的 GPU 上。

> **注意** 如果想用 GPU 执行机器学习运算，NVIDIA 芯片与 Windows 或 Linux 操作系统的组合是支持得最好的。用其他组合也不是不可行，但要花很多时间去调整驱动器。

如果你不想自己尝试执行，或者现在暂时不想这样做，那么我们也已经为你预先计算好了这个模型。请参看本书的 GitHub 代码库，在 `checkpoints` 目录中存放了 5 个检查点模型，它们分别是每个训练迭代周期后完成的。下面是训练执行的一段输出（这个训练是在旧的便携式计算机的 CPU 上进行的，可能会让人有立即购买更快 GPU 的冲动）：

```
Epoch 1/5
12288/12288 [==============================] - 14053s 1s/step - loss: 3.5514
 - acc: 0.2834 - val_loss: 2.5023 - val_acc: 0.6669
Epoch 2/5
12288/12288 [==============================] - 15808s 1s/step - loss: 0.3028
 - acc: 0.9174 - val_loss: 2.2127 - val_acc: 0.8294
Epoch 3/5
12288/12288 [==============================] - 14410s 1s/step - loss: 0.0840
 - acc: 0.9791 - val_loss: 2.2512 - val_acc: 0.8413
Epoch 4/5
12288/12288 [==============================] - 14620s 1s/step - loss: 0.1113
 - acc: 0.9832 - val_loss: 2.2832 - val_acc: 0.8415
Epoch 5/5
12288/12288 [==============================] - 18688s 2s/step - loss: 0.1647
 - acc: 0.9816 - val_loss: 2.2928 - val_acc: 0.8461
```

这里可以看到，在完成 3 个迭代周期的训练之后，训练数据上的准确率达到 98%，测试数据上的准确率达到 84%。这与我们在第 6 章中计算的模型相比有了非常大的改进！看来在实际数据上训练一个更大的网络似乎有所收获：网络学会了几乎完美地预测来自 100 局棋局的动作，而且推广得相当好。84% 的验证准确率足以令人满意。不过话说回来，100 局棋局仍然是一个很小的数据集，改用更大的数据集是不是能够做得更好，我们暂时还无从得知。但我们的目标终究是构建一个能够与高段棋手竞争的强大的机器人，而不只是在玩具数据集上所向披靡。

下一步，要构造一个真正强大的机器人，我们还需要采用更好的围棋数据编码器。第 6 章的单平面编码器是一个很好的初步尝试，但它并不能完全捕获到我们所面临的复杂性。在 7.4 节中，我们将了解两个更复杂的编码器，以提高训练效果。

7.4 构建更逼真的围棋数据编码器

第 2 章和第 3 章讲到了围棋中的劫争规则。回顾一下，这个规则的存在是为了防止棋局中出

7.4 构建更逼真的围棋数据编码器

现无限循环,即禁止落子动作导致棋局回复到之前出现过的局面。但如果给出一个随机围棋棋局让我们来判断是否有劫争,那就只能瞎猜了。在没有见过以往落子序列的情况下,劫争存在与否是无法得知的。特别地,我们之前设计的单平面编码器,将黑子编码为-1,白子编码为1,空点编码为0,这么做是完全无法了解劫争情况的。虽然劫争只是一个例证,但它也能说明我们在第 6 章中构建的 `OnePlaneEncoder` 有些过于简单了,无法掌握构建强大的围棋机器人所需的全部信息。

本节将提供两个更精细的编码器。研究表明它们有更好的动作预测能力。我们称第一个编码器为 `SevenPlaneEncoder`,它由以下 7 个特征平面组成。每个平面都是一个 19×19 矩阵,各自描述一组不同的特征:

- 第 1 个平面,对每一颗仅剩 1 口气的白子编码为 1,其他白子编码为 0;
- 类似地,第 2 个和第 3 个平面,分别对有 2 口或至少 3 口气的白子,编码为 1;
- 第 4 个到第 6 个平面和前面相同,但针对的是黑子,也就是说,它们分别为剩下 1 口、2 口或至少 3 口气的黑子编码为 1;
- 最后一个特征平面把由于劫争而不能落子的点标记为 1。

这一组特征平面除了对劫争概念进行显式地编码,还对棋子剩余的气数进行了建模和编码,并区分黑子与白子。只剩一口气的棋子由于下一回合就可能被吃掉,因此具有额外的战术意义(围棋界通常将只剩一口气的棋子称为打吃)。由于新的模型可以直接"看到"这个属性,因此就能够更容易地了解它对棋局的影响。为劫争与气数单独创建特征平面,实际上相当于给模型增加了提示,强调了这些概念的重要性,而无须解释它们有多重要或为何重要。

接下来我们看看如何扩展 encoders 模块的基本 `Encoder` 类来实现这一点。将代码清单 7-23 中的代码保存在 sevenplane.py 文件中。

代码清单 7-23 初始化一个简单的七平面编码器

```python
import numpy as np

from dlgo.encoders.base import Encoder
from dlgo.goboard import Move, Point


class SevenPlaneEncoder(Encoder):
    def __init__(self, board_size):
        self.board_width, self.board_height = board_size
        self.num_planes = 7

    def name(self):
        return 'sevenplane'
```

这里有趣的地方在于棋局的编码,其编码方式如代码清单 7-24 所示。

代码清单 7-24 使用 SevenPlaneEncoder 编码游戏状态

```python
    def encode(self, game_state):
        board_tensor = np.zeros(self.shape())
        base_plane = {game_state.next_player: 0,
```

```
                        game_state.next_player.other: 3}
        for row in range(self.board_height):
            for col in range(self.board_width):
                p = Point(row=row + 1, col=col + 1)
                go_string = game_state.board.get_go_string(p)
                if go_string is None:
                    if
    game_state.does_move_violate_ko(game_state.next_player,
                                                    Move.play(p)):
                        board_tensor[6][row][col] = 1
                else:
                    liberty_plane = min(3, go_string.num_liberties) - 1
                    liberty_plane += base_plane[go_string.color]
                    board_tensor[liberty_plane][row][col] = 1
        return board_tensor
```

将劫争规则所禁止的动作进行编码

将有 1 口、2 口或更多口气的黑子和白子进行编码

我们还需要实现几个方便的方法才能满足 Encoder 的接口要求，如代码清单 7-25 所示。

代码清单 7-25　实现七平面编码器所有其他的 Encoder 方法

```
    def encode_point(self, point):
        return self.board_width * (point.row - 1) + (point.col - 1)

    def decode_point_index(self, index):
        row = index // self.board_width
        col = index % self.board_width
        return Point(row=row + 1, col=col + 1)

    def num_points(self):
        return self.board_width * self.board_height

    def shape(self):
        return self.num_planes, self.board_height, self.board_width

def create(board_size):
    return SevenPlaneEncoder(board_size)
```

我们还要另外讨论一个编码器，它的代码放在 GitHub 上。类似于 SevenPlaneEncoder，这是一个具有 11 个特征平面的编码器。读者可以在本书 GitHub 上的 encoders 模块中的 simple.py 中找到它，名为 SimpleEncoder，它具有如下 11 个特征平面：

- 前 4 个特征平面描述有 1、2、3 或 4 口气的黑子；
- 接下来 4 个特征平面描述有 1、2、3 或 4 口气的白子；
- 如果是黑方的回合，则第 9 个平面设置为 1；如果是白方的回合，则第 10 个平面设置为 1；
- 最后一个平面，和前面一样，留作劫争规则的标记。

这个 11 个平面编码器与前面的编码器类似，但更明确地描述了当前回合的执子方，对棋子

气数的描述也更加精细。这两个编码器都很强大，能够显著地改善模型的性能。

在第 5 章和第 6 章中，我们了解了许多改进深度学习模型的技术，但是在所有实验中都有一个要素始终没变：我们一直都使用随机梯度下降作为优化器。虽然 SGD 是很好的基准，但下一节中将介绍 Adagrad 和 Adadelta，这两个优化器都可以显著地改善训练过程。

7.5 使用自适应梯度进行高效的训练

为了进一步提高围棋动作预测模型的性能，我们将介绍随机梯度下降以外的优化器，它们也是本章介绍的最后一组工具。回顾第 5 章，SGD 的更新规则相当简单：对于参数 W，如果从反向传播得到的误差为 ΔW，并且指定学习率为 α，则在 SGD 中，要更新这个参数，只需要计算 $W - \alpha \Delta W$ 即可。

在许多情况下，这样的更新规则确实可以带来不错的结果，但它也存在着一些缺陷。我们可以通过多种方式对简单的 SGD 进行扩展，从而克服这些缺陷，达到更佳的效果。

7.5.1 在 SGD 中采用衰减和动量

例如，让学习率随着时间的推移而衰减（decay）是一个广泛接受的思路。每进行一次更新，就把学习率调低。这个技巧的实用效果通常很不错，因为在训练开始阶段，网络还没有学到任何东西，用较大的更新步伐去接近损失函数的极小值是比较合理的。而在训练过程达到一定水平后，就应当缩减更新的范围，只对学习过程进行适当的改进，以免破坏学习进度。通常来说，我们可以使用衰减率（即下一步缩减的百分率）来指导学习率的衰减。

另一个流行的技巧是动量（momentum），它将前一个更新步骤与当前更新步骤相加。例如，如果 W 是想要更新的参数向量，∂W 是由 W 计算的当前梯度。如果最近一次更新是 U，那么下一个更新步骤如下：

$$W \leftarrow W - \alpha(\gamma U + (1-\gamma)\partial W)$$

这里，从上次更新中保留的部分 γ 被称为动量项（momentum term）。如果两个梯度项都指向大致相同的方向，则下一个更新步骤会得到加强（即接收动量）；如果两个梯度项指向相反的方向，则会相互抵消，从而让梯度受到抑制。动量技术的名称来自物理学概念，如果把损失函数想象成一个曲面，把参数想象成一个放在表面上的球，参数的更新就描述了球的运动。由于我们的梯度是下降的，甚至可以把参数的更新过程想象成球体一次次接收新的运动，从而沿着曲面滚动下滑的过程。如果最后几次（梯度）更新步骤都指向大致相同的方向，球体将加速冲向目的地，即曲面的极小值处。动量技术正是这个类比的延伸。

在 Keras 中，如果想在 SGD 算法中采用衰减或动量技术，或者两者同时采用，只需向 `SGD` 实例提供它们的速率参数即可。假设我们希望 SGD 的学习率为 0.1，衰减率为 1%，动量为 90%，那么可以按照代码清单 7-26 来指定。

代码清单 7-26　在 Keras 中使用动量和学习率衰减来初始化 SGD

```
from keras.optimizers import SGD
sgd = SGD(lr=0.1, momentum=0.9, decay=0.01)
```

7.5.2　使用 Adagrad 优化神经网络

动量和学习率衰减技术在优化普通 SGD 时都表现得很好，但是它们仍然存在一些弱点。例如在围棋棋盘中，专业棋手的最初几手落子几乎都在棋盘的第 3 行～第 5 行。而他们从来不会在第 1 行或第 2 行落子。而在棋局终盘阶段，情况则相反，那时候很多棋子都会落在棋盘边缘。在我们用过的所有深度学习模型中，最后一层都是尺寸和棋盘尺寸（即 19×19）相同的稠密层。这一层的每个神经元都对应棋盘上的一个交叉点。如果使用 SGD，那么无论有没有采用动量或衰减技术，所有神经元的学习率都是一样的。这可能会导致麻烦。如果在混洗训练数据时做得不够好，可能会导致学习率已经下降了太多，以至于在终盘阶段第 1、2 行上的动作再也无法得到任何有用的更新了，也就是说再也没有学习效果了。实际上，我们通常希望以往不常观察到的模式仍然能够获得足够大的更新，而频繁出现的模式接收到的更新会越来越小。

这正是全局设置学习率所带来的问题。而要解决它，我们可以利用那些采用了自适应梯度方法的技术。本节我们展示其中两个方法，即 Adagrad 和 Adadelta。

在 Adagrad 方法中，不设置全局学习率。我们需要为每个参数单独调整学习率。当拥有大量数据，而数据中的模式出现频率很低的时候，Adagrad 的工作效果非常好。而我们的应用场景正适合这两个条件：我们拥有大量的围棋数据，而且由于专业围棋比赛极端复杂，以至于那些被专业人士认为是标准定式的落子动作组合在数据集中出现的频率并不高。

假设有一个权重向量 W，其尺寸为 l（这里我们用更简单的向量来讨论，但这个技术也能应用于更加通用的张量之中），其中每一项元素为 W_i。在基本 SGD 中，对于这些参数的一个给定梯度 ∂W，以及学习率 α，权重 W_i 的更新规则如下所示：

$$W_i \leftarrow W_i - \alpha \partial W_i$$

在 Adagrad 方法中，α 项被替换为根据 W_i 之前的更新状况对每个下标 i 进行动态适配的参数。实际上，在 Adagrad 方法中，每个单独的学习率与之前更新速率成反比。更准确地说，在 Adagrad 方法中，可以用如下方式来更新参数：

$$W \leftarrow W - \frac{\alpha}{\sqrt{G+\varepsilon}} \cdot \partial W$$

在这个公式中，ε 是一个很小的正数，用来确保不会出现除零错误，而 $G_{i,i}$ 则是目前为止收到的梯度 W_i 的平方和。我们用 $G_{i,i}$ 的形式，是因为可以把这一项看作一个维度为 l 的方阵 G 的一部分，这个矩阵中所有的对角项 $G_{j,j}$ 正是前面所说的值，而除对角项之外，其他所有项的值都是 0。这种形式的矩阵被称为对角矩阵。每次参数更新之后，把对角项与最新的梯度贡献值相加来

更新 G。以上就是 Adagrad 方法的全部定义，但如果想要用更简明、与下标 i 无关的形式来写出这个规则，可以这么做：

$$W \leftarrow W - \frac{\alpha}{\sqrt{G+\varepsilon} \cdot \partial W}$$

注意，因为 G 是一个矩阵，因此需要把 ε 加到矩阵的每一项 $G_{i,j}$ 上，并且 α 也需要除以矩阵的每个元素。此外，$G \cdot \partial W$ 代表的是 G 和 ∂W 两者间的矩阵乘法。要在 Keras 中使用 Adagrad，可以按照代码清单 7-27 来编译一个使用 Adagrad 优化器的模型。

代码清单 7-27　使用 Adagrad 优化器来构建 Keras 模型

```
from keras.optimizers import Adagrad
adagrad = Adagrad()
```

与其他 SGD 技术相比，Adagrad 的一个关键优势是不需要再手动设置学习率了。这样就少了一件需要操心的事情。寻找良好的网络架构并对模型的所有参数进行调优，已经是非常困难的事情了。实际上，可以用 `Adagrad(lr=0.02)` 来改变 Keras 的初始学习率，但本书中并不建议这样做。

7.5.3　使用 Adadelta 优化自适应梯度

另一个名为 Adadelta 的优化器与 Adagrad 很相似，它在 Adagrad 的基础上进行了进一步扩展。在 Adadelta 中，我们不需要再在矩阵 G 里积累所有过去的梯度（的平方），而是使用类似于动量技术的方式，只保留上次更新的一部分，然后与当前梯度相加即可：

$$G \leftarrow \gamma G + (1-\gamma)\partial W$$

虽然 Adadelta 的思路大致如此，但它的细节机制与精确的更新规则就有点过于复杂了，无法展示在本节中。我们建议读者查看原始文档以了解更多细节。

在 Keras 中，可以用代码清单 7-28 所示的方式使用 Adadelta 优化器。

代码清单 7-28　使用 Adadelta 优化器来构建 Keras 模型

```
from keras.optimizers import Adadelta
adadelta = Adadelta()
```

在训练深度神经网络处理围棋数据时，与随机梯度下降相比，Adagrad 和 Adadelta 都有很大的帮助。在后面章节中更高级的模型里，我们将常常使用其中之一作为模型的优化器。

7.6　运行自己的实验并评估性能

在第 5 章、第 6 章和本章中，我们展示了很多深度学习技术，并提供了一些提示和几个示例架构作为基准。现在到了训练模型的时候了。在机器学习实验中，尝试各种超参数的组合是至关重要的，例如，用多少层，选择哪种层，训练多少个迭代周期，等等。在深度神经网络中尤其如此，我们面临的参数组合数可能数不胜数。只调整某一个特定的参数对模型性能并不总能有明显的影响。深度学习的研究人员常常需要依赖大量的实验结果，以及几十年研究积累的更深层理论来形成他们的直觉。我们无法提供如此深刻的知识，但是可以帮助读者开始建立自己的直觉。

在我们这样的实验用例（即训练神经网络以尽可能好地预测围棋动作）中，要想取得优良的结果，关键的因素是快速实验周期。必须用很短的时间去构建模型架构、启动模型训练、观察和评估性能指标，然后重新调整模型，并重新启动流程。从 Kaggle 网站的数据科学竞赛就可以看出，获胜的往往是那些尝试次数最多的团队。幸运的是，Keras 本身就是基于快速实验思想构建的。这也是我们选择它作为本书的深度学习框架的主要原因之一。我们希望读者也能感受到用 Keras 构建神经网络的快捷性，以及修改实验配置的方便性。

7.6.1 测试架构与超参数的指南

让我们来看看构建动作预测网络时的一些实践性考量。

- 卷积神经网络是围棋动作预测网络的一个优秀候选。一定要明白，仅用稠密层会导致较差的预测质量。通常来说，建立由多个卷积层和最后的一两个稠密层所组成的网络是必要的。在后面的章节中，我们还将看到更复杂的体系结构，但是现在使用卷积网络就够了。
- 改变卷积层的核尺寸，观察它的变化对模型性能有什么影响。根据我们的经验，核尺寸设在 2~7 是比较合适的，大太多就没必要了。
- 如果使用了池化层，请确保把最大池化和平均池化都用上。但更重要的是，不要选择太大的池化尺寸。在我们的应用场景里，最大尺寸不要超过 3 是比较合适的。最好也尝试在不使用池化层的情况下构建网络，这可能会让计算成本更加高昂，但应该会有不错的效果。
- 请使用丢弃层进行正则化。第 6 章中我们已经对如何使用丢弃层来防止模型过拟合有所了解。网络通常会因为添加丢弃层而受益，只要别添加得太多或者将丢弃率设置得过高即可。
- 在网络的最后一层使用 softmax 激活函数，因为有了它就可以得到概率分布，并且与分类交叉熵损失函数相配合，会非常适合我们的应用场景。
- 尝试使用不同的激活函数。我们已经介绍过 ReLU 和 sigmoid 激活函数，其中 ReLU 应该是默认选择。在 Keras 中还可以使用许多其他的激活函数，如 ELU、SELU、PReLU 和 LeakyReLU。我们无法在这里详细讨论这些 ReLU 变体，但读者可以在 Keras 官方网站上找到它们的详尽用法。
- 改变小批量的尺寸对模型的性能会有影响。对于第 5 章中 MNIST 这类预测问题，通常建议选择与类别数相同的小批量尺寸。对于 MNIST，小批量尺寸通常会在 10~50。这样的话，如果数据是完全随机的，则每个梯度都能够从所有类别中接收信息，SGD 会表现得更好。在我们的应用场景中，某些围棋动作会比其他动作要频繁得多。例如，棋盘的 4 个角落很少落子，尤其是与星点相比。数据中的这种现象，我们称之为类别不均衡现象。在这种情况下，就无法期望一个小批量能覆盖所有类别了。因此我们需要采用 16～256 的小批量尺寸（这个范围是我们从各类研究文献中找到的）。

优化器的选择对网络的学习效果也有相当大的影响。我们已经有几种选择可供实验：包含学习率衰减与否的 SGD，以及 Adagrad 或 Adadelta。在 Keras 官方网站上还可以找到其他可能对模型训练过程有益的优化器。

模型训练的迭代周期数也必须适当地挑选。如果使用模型检查点并跟踪每个迭代周期的各种性能指标，就可以有效地衡量训练在哪个阶段不再有效改进了。在下一节和最后一节中我们将简要讨论如何评估性能指标。通用的经验法则是，假设有足够的计算能力，就尽量把迭代周期数设置得更高，而不要设置得太低。如果发现模型训练在某个迭代周期之后停止改进，或者甚至由于过拟合而变得更糟，我们仍然有机会改用更早的检查点模型。

权重初始值

如何在训练开始前初始化各个权重，是调整深度神经网络的另一个关键问题。由于网络优化意味着要找到一组权重值对应于损失曲面上的极小值，因此权重的初始值很重要。在第 5 章的网络实现中，我们为各个权重分配了随机的初始值，然而这并不是一个好办法。

权重初始化是一个有趣的研究课题，几乎值得用一整章来介绍。Keras 有许多权重初始化方案，每个包含权重的层都可以单独进行初始化。但我们并没有在正文中介绍它们，原因是 Keras 默认选择的初始器已经足够好，费心更改它们往往是不值得的。通常来说，神经网络的配置还有很多地方更值得关注。但了解不同初始化方案的差异总是一件好事。如果高阶用户想要尝试不同 Keras 初始化器，可以参考 Keras 官方网站上的相关资料。

7.6.2 评估训练与测试数据的性能指标

在 7.3 节中，我们展示了在一个小数据集上执行的训练执行结果。我们使用的网络是一个相对较小的卷积网络，而且只训练了 5 个迭代周期。在这个实验中，我们跟踪训练数据上的损失率和准确率，并使用测试数据进行验证。最后，我们在测试数据上计算了预测准确率。这是所有训练都应当遵循的标准工作流程。但是怎么判断应当何时终止训练，怎么发现训练出问题了呢？以下几点可供参考。

- 每一个训练迭代周期之后，训练的准确率和损失率都应当有所改进。在最后几个迭代周期中，指标的提高程度会逐渐减少，甚至可能会来回波动。如果连续几代都没有看到任何明显改善，就可能需要停止训练了。
- 同时，应该关注验证的损失率和准确率分别是什么情况。在训练早期阶段，验证损失率应当持续下降，但在训练后期阶段，通常会看到验证损失率逐渐趋于平稳，并开始再次增加。这是一个明显的迹象，表明网络开始在训练数据上过拟合了。
- 如果使用了模型检查点，就可以选择训练准确率很高但验证损失率仍然较低的一代，用当时保存的检查点模型作为结果。
- 如果训练和验证的损失率都很高，请尝试选择更深层次的网络架构，或调整其他超参数。
- 如果训练损失率较低，但验证损失率较高，则表示模型过拟合了。如果拥有特别庞大的训练数据集，这种情况通常不会发生。我们拥有超过 17 万局围棋比赛数据，相当于数百万步可供学习的落子动作，应该不会发生这个问题。
- 选择训练数据的尺寸时，应当与运行的硬件条件相匹配。如果一个训练迭代周期要几个小时以上，就没有那么有趣了。这时候可以先在中型数据集上进行多次尝试，找到性能良好的模型，然后再用尽可能大的数据集再次训练这个模型。
- 如果没有足够好的 GPU，可以选择在云上训练模型。我们在附录 D 中展示如何用 Amazon Web Services（AWS）在 GPU 上训练模型。
- 在比较不同训练过程的时候，如果有一次训练在过程中看起来比前一次糟糕，请不要过早地停止训练。有些模型的学习进程会比其他模型慢，但最终可能会赶上甚至超过其他模型。

读者可能会问，使用本章提供的方法到底可以构建多强的围棋机器人。理论上的上限是这样的：在围棋中，神经网络永远无法比提供给它的数据做得好。特别地，如果只用监督深度学习技术（最近 3 章都是如此）是无法达到超越人类的水准的。在实践中，如果有足够的计算能力和时间，那么围棋机器人完全有可能达到大约职业 2 段的程度。

要得到超越人类的表现，就需要使用强化学习技术了。我们将在第 9 章至第 12 章介绍这个课题。之后，在第 13 章和第 14 章中，我们就可以将强化学习、有监督的深度学习，以及第 4 章中介绍过的树搜索技术结合起来，构建更为强大的机器人。

但在深入研究构建更强大机器人的方法之前，我们将先在第 8 章中展示如何部署机器人，并让它们能够与环境进行交互，与人类棋手或其他机器人进行对抗。

7.7 小结

- 广泛使用的智能游戏格式用于存储围棋或其他棋类游戏的棋谱，可以用来为神经网络建立数据集。
- 围棋数据可以进行并行处理，以提高处理速度。另外，还可以用数据生成器来高效地提供围棋数据。
- 有了强大的业余高段到职业段位的棋谱，就可以构建出效果良好的深度学习模型，用于围棋动作预测。

- 如果了解训练数据的某些重要属性，就可以显式地将它们编码到特征平面中。这样模型就可以快速地学习到特征平面与我们试图预测的结果之间的关联。例如，对围棋机器人来说，可以添加特征平面来表示一条棋链的气数（即与之相邻的空点数）。
- 使用 Adagrad 或 Adadelta 之类的自适应梯度技术可以提升训练的效果。这两种算法会随着训练过程的进展动态调整学习率。
- 可以在一个相对较小的脚本中实现端到端的整个模型训练流程。可以把这个脚本作为模板，继续构建我们自己的实验。

第 8 章 实地部署围棋机器人

本章主要内容
- 从头到尾构建一个应用，用来训练和运行围棋机器人。
- 开发一个前端，让人们可以与机器人对弈。
- 让机器人在本地与其他机器人对弈。
- 把机器人部署到在线围棋服务器上。

到目前为止，我们已经掌握了如何构建和训练一个强大的深度学习模型来进行围棋动作预测。但是如何把它集成到一个应用中与对手进行对弈呢？无论是想自己下棋，还是想让机器人与其他机器人竞争，神经网络的训练都只是构建完整应用的一部分工作。训练好的模型必须集成到一个可以进行对抗的引擎中。

在本章中，我们将构建一个简单的围棋模型服务器，以及两个前端。首先，我们提供一个 HTTP 前端，可以用它来与机器人进行对弈。然后，我们将介绍围棋文本协议（Go Text Protocol，GTP），一种围棋机器人广泛采用的信息交换协议。有了它，我们的机器人就可以与其他机器人（如 GNU Go 或 Pachi 这两个基于 GTP 的免费围棋程序）进行对弈了。最后，我们将展示如何在 Amazon Web Services（AWS）上部署围棋机器人，并把它连接到 Online Go Server（OGS）上。这样，机器人就能够在一个真实的环境中参与排名比赛，与世界各地的其他机器人或人类玩家相互竞争，甚至参加各类锦标赛。要实现上述目标，应先学习如何处理下列任务。

- 构建一个动作预测代理——第 6 章和第 7 章中训练的神经网络需要集成到一个框架中，这样才能够在对弈棋局中使用它们。在 8.1 节中，我们将回顾第 3 章（我们在那里创建了一个只会随机落子的代理）中代理的概念，并以此为基础开发一个深度学习代理。
- 提供一个图形化的界面——为了方便地与围棋机器人对战，人们需要某种（图形化的）界面。尽管到目前为止命令行界面已经够用，但在 8.2 节中，我们还是会为机器人提供一个更有乐趣的游戏前端。
- 将机器人部署到云端——如果计算机里没有强大的 GPU，就无法训练出强大的围棋机器人。幸运的是，多数大型云服务提供商都提供按需 GPU 实例服务。而且，即使我们已经拥有足够强大的 GPU 用于训练，也仍然可能需要在服务器上托管之前训练过的模型。在 8.3 节中，我们将展示如何实现这一点。附录 D 中可以了解到更多关于如何在 AWS 中进行全部设置的详细信息。

- 与其他机器人对话——人们使用图形化界面或其他接口进行交互，而机器人习惯上则是通过标准化协议来进行通信的。在 8.4 节中，我们将介绍通用 GTP。这个协议是实现以下两个功能的基本组件。
  - 与其他机器人对弈——接下来在 8.5 节中，我们将为机器人构建一个 GTP 前端，让它可以与其他程序进行对弈。我们将展示如何让机器人在本地与其他两个围棋程序进行对战，并观察自己创造的成果有多强。
  - 将机器人部署到在线围棋服务器——最后，在 8.6 节中，我们将展示如何向在线围棋平台部署机器人，以便与网站的注册用户或他机器人竞争。这样，机器人甚至可以参与排名比赛和锦标赛。最后一节将介绍这些内容，但由于这个话题大部分都是技术性材料，因此我们把多数细节放在附录 E 中。

8.1 用深度神经网络创建动作预测代理

现在，我们已经准备好了为围棋数据构建一个强大的神经网络的所有模块，让我们把神经网络集成到一个代理（agent）中，以供其他程序使用。回想一下第 3 章中的 Agent 概念。我们将它定义为一个类，通过实现 `select_move` 方法，它可以为当前游戏状态选择下一步动作。我们用 Keras 模型和我们的围棋棋盘编码器（Encoder）来编写一个 DeepLearningAgent（这些代码放在 dlgo 模块下的 agent 模块中的 predict.py 文件中），如代码清单 8-1 所示。

代码清单 8-1　使用 Keras 模型和围棋棋盘编码器初始化代理

```
import numpy as np

from dlgo.agent.base import Agent
from dlgo.agent.helpers import is_point_an_eye
from dlgo import encoders
from dlgo import goboard
from dlgo import kerasutil

class DeepLearningAgent(Agent):
    def __init__(self, model, encoder):
        Agent.__init__(self)
        self.model = model
        self.encoder = encoder
```

编码器用来将棋盘状态转换为特征，模型用于预测下一步动作。实际上，这个模型会计算所有可能动作的概率分布，之后再从中选取结果，如代码清单 8-2 所示。

代码清单 8-2　编码棋盘状态并利用模型预测动作概率

```python
    def predict(self, game_state):
        encoded_state = self.encoder.encode(game_state)
        input_tensor = np.array([encoded_state])
        return self.model.predict(input_tensor)[0]

    def select_move(self, game_state):
        num_moves = self.encoder.board_width * self.encoder.board_height
        move_probs = self.predict(game_state)
```

接下来稍微调整一下存储在 `move_probs` 中的概率分布，如代码清单 8-3 所示。首先计算所有值的立方，大幅增加可能性较大和可能性较小的动作之间的距离。我们希望尽可能多地选择最好的动作。然后用一个称为剪裁（clipping）的技巧来防止动作的概率过于接近 0 或 1。定义一个很小的正值 $\varepsilon = 0.000\,001$，并将所有小于 ε 的概率值设为 ε，将大于 $1-\varepsilon$ 的概率值设为 $1-\varepsilon$。最后对所有结果值进行归一化处理，再次得到一个概率分布。

代码清单 8-3　对概率分布进行缩放、剪裁，并再次进行归一化

```python
move_probs = move_probs ** 3                         # 增加可能性较大和较小的动作之间的距离
eps = 1e-6
move_probs = np.clip(move_probs, eps, 1 - eps)       # 防止动作概率过于接近0或1
move_probs = move_probs / np.sum(move_probs)         # 再次进行归一化处理，得到另一个概率分布
```

做这个变换的目的是根据动作概率从这个分布中进行抽样，如代码清单 8-4 所示。另一种可行的办法是不做抽样，而直接选择可能性最大的动作（即在概率分布上取极大值）。我们之所以采取抽样策略，是因为有时候，尤其当从众多选项中无法找到脱颖而出的动作的时候，可以根据抽样选择其他动作。

代码清单 8-4　尝试从已排序的候选动作列表中选择下一步动作

```python
candidates = np.arange(num_moves)                                    # 将概率列表转换为一个有序的动作列表
ranked_moves = np.random.choice(
    candidates, num_moves, replace=False, p=move_probs)              # 对潜在候选动作进行抽样
for point_idx in ranked_moves:
    point = self.encoder.decode_point_index(point_idx)
    if game_state.is_valid_move(goboard.Move.play(point)) and \
            not is_point_an_eye(game_state.board, point,
    game_state.next_player):                                         # 从顶端开始，找到一个不会导致眼减少的合法动作
        return goboard.Move.play(point)
return goboard.Move.pass_turn()                                      # 如果无法找到不导致自吃的合法动作，则选择跳过当前回合
```

为方便起见，还需要持久化存储 `DeepLearningAgent` 的实例，以便稍后可以再获取它。实践中的典型情况是：训练好一个深度学习模型并为它创建一个代理，然后将其持久化。之后的某个时刻，在需要用这个代理提供服务的时候，将它反序列化并运行起来，这样人们或其他机器

人就可以与之对弈了。要执行序列化步骤，可以利用 Keras 的序列化格式。Keras 模型在持久化时存储在 HDF5 文件中，这是一种高效的序列化格式。HDF5 文件包含各种灵活的群组（group），可以用于存储元信息（meta-information）或数据（data）。任何 Keras 模型都可以通过调用 `model.save("model_path.h5")` 将整个模型（包括神经网络架构和它的所有权重）持久化存储到本地文件 model_path.h5 中。要使用 Keras 持久化功能，只需要安装 Python 库 h5py 即可，可以使用 `pip install h5py` 来安装它。

要存储完整的代理实例，还需要增加一个额外的群组来存储围棋棋盘编码器的相关信息，如代码清单 8-5 所示。

代码清单 8-5　序列化一个深度学习代理实例

```
def serialize(self, h5file):
    h5file.create_group('encoder')
    h5file['encoder'].attrs['name'] = self.encoder.name()
    h5file['encoder'].attrs['board_width'] = self.encoder.board_width
    h5file['encoder'].attrs['board_height'] = self.encoder.board_height
    h5file.create_group('model')
    kerasutil.save_model_to_hdf5_group(self.model, h5file['model'])
```

最后，在完成模型的序列化之后，还需要知道如何从 HDF5 文件中加载模型，如代码清单 8-6 所示。

代码清单 8-6　从 HDF5 文件中反序列化 DeepLearningAgent 实例

```
def load_prediction_agent(h5file):
    model = kerasutil.load_model_from_hdf5_group(h5file['model'])
    encoder_name = h5file['encoder'].attrs['name']
    if not isinstance(encoder_name, str):
        encoder_name = encoder_name.decode('ascii')
    board_width = h5file['encoder'].attrs['board_width']
    board_height = h5file['encoder'].attrs['board_height']
    encoder = encoders.get_encoder_by_name(
        encoder_name, (board_width, board_height))
    return DeepLearningAgent(model, encoder)
```

以上就是我们对深度学习代理的全部定义。下一步，必须确保该代理能够连接到一个环境，并与环境进行交互。要做到这一点，可以把 `DeepLearningAgent` 嵌入一个 Web 应用，这样人们就可以用自己的浏览器与它进行对弈了。

8.2　为围棋机器人提供 Web 前端

在第 6 章和第 7 章中，我们设计并训练了一个神经网络，它能够预测人类棋手在围棋游戏中将会如何落子。在 8.1 节中，我们将落子动作的预测模型转换为一个 `DeepLearningAgent`，它能够进行动作选择。下一步，我们就可以让机器人开始下棋了！在第 3 章中，我们构建了一个基本的命令行界面，让人们可以在键盘上输入动作，而笨拙的 RandomBot 则会把它的回应动作输出到控制台。现在，我们已经构建了一个更复杂的机器人，它也应当配备一个更好的前端来与人们过招。

在本节中，我们将为 DeepLearningAgent 编写一个 Python 的 Web 应用，以便在 Web 浏览器中使用它。我们使用轻量的 Flask 库，通过 HTTP 来运行代理实例。浏览器前端使用一个名为 jgoboard 的 JavaScript 库来呈现人机交互围棋棋盘。这段代码可以在 GitHub 代码库的 dlgo 中的 httpfrontend 模块中找到。这里我们不打算详细讨论这段代码，因为我们不想把话题从构建围棋 AI 的核心主题转移到使用其他语言（如 HTML 或 JavaScript）来开发 Web 应用。我们将大致讨论这个应用的功能，以及在完整的示例中使用它的方法。图 8-1 展示的是本章将要构建的应用的概览。

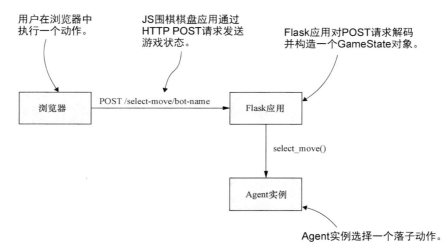

图 8-1　构建围棋机器人 Web 前端。httpfrontend 模块启动一个 Flask Web 服务器，它负责解码 HTTP 请求并传递给一个或多个围棋机器人代理。在浏览器中，基于 jgoboard 库的客户端通过 HTTP 与服务器通信

如果观察 httpfrontend 模块的结构，就会发现一个名为 server.py 的文件，它有一个独立的、文档完备的方法 get_web_app，可以调用它并得到需要运行的 Web 应用。代码清单 8-7 中的示例展示了如何使用 get_web_app 加载随机机器人并开启网络服务。

代码清单 8-7　注册一个随机代理并用它启动一个 Web 应用

```
from dlgo.agent.naive import RandomBot
from dlgo.httpfrontend.server import get_web_app

random_agent = RandomBot()
web_app = get_web_app({'random': random_agent})
web_app.run()
```

8.2 为围棋机器人提供 Web 前端

运行这个示例程序，将在 localhost（127.0.0.1）上启动一个 Web 服务，监听端口 5000，这也是 Flask 应用所使用的默认端口。刚刚命名为 random 的 RandomBot 随机机器人响应静态文件夹 httpfrontend 中的 HTML 文件 play_random_99.html。这个页面会渲染一个围棋棋盘，并定义人机对弈的规则。人类棋手执黑子，机器人执白子。每当人类棋手落子时，会触发 route/select-move/random 来接收机器人的下一步动作。当机器人的动作被接收后，就会被执行到棋盘上，接着又回到人类棋手的回合。要与这个机器人进行对弈，可以在浏览器中访问 http://127.0.0.1:5000/static/play_random_99.html。这时候应该能够看到一个可以运行的示例，如图 8-2 所示。

在后面的章节中，我们还会添加更多的机器人，但是现在注意，play_predict_19.html 文件里还有另一个前端。这个 Web 前端与一个名为 predict 的机器人对话，可以用来进行 19×19 棋盘的对弈。因此，如果我们用 Keras 神经网络模型训练围棋数据，使用一个围棋棋盘编码器实例 encoder，可以先创建一个代理的实例 agent = DeepLearningAgent(model, encoder)，然后将它注册到一个 Web 应用中——web_app = get_web_app({'predict': agent})，之后就可以调用 web_app.run() 启动它了。

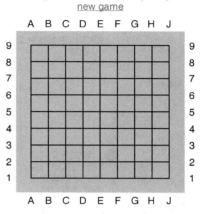

图 8-2 运行一个 Python 的 Web 应用，在浏览器中与围棋机器人对弈

端到端围棋机器人示例

图 8-3 显示了一个覆盖整个流程的端到端示例（与我们在第 7 章开头所介绍的流程相同）。我们从必要的导入开始，然后用一个编码器和一个围棋数据处理器将围棋数据加载为特征 X 和标签 y，如代码清单 8-8 所示。

代码清单 8-8　用数据处理器从围棋数据中加载特征与标签

```
import h5py

from keras.models import Sequential
from keras.layers import Dense

from dlgo.agent.predict import DeepLearningAgent, load_prediction_agent
from dlgo.data.parallel_processor import GoDataProcessor
from dlgo.encoders.sevenplane import SevenPlaneEncoder
from dlgo.httpfrontend import get_web_app
from dlgo.networks import large

go_board_rows, go_board_cols = 19, 19
nb_classes = go_board_rows * go_board_cols
encoder = SevenPlaneEncoder((go_board_rows, go_board_cols))
processor = GoDataProcessor(encoder=encoder.name())

X, y = processor.load_go_data(num_samples=100)
```

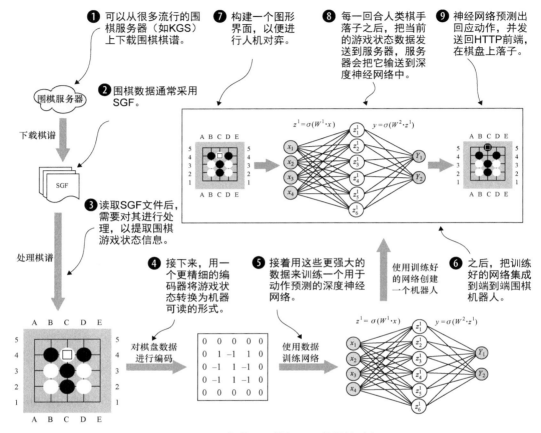

图 8-3 深度学习围棋机器人的训练过程

特征和标签准备好之后,就可以创建一个深度卷积神经网络,并用这些数据进行训练了。这一次我们选择 dlgo.networks 模块中的大型网络,并选用 Adadelta 作为优化器,如代码清单 8-9 所示。

代码清单 8-9　用 Adadelta 构建并运行一个大型围棋动作预测模型

```
input_shape = (encoder.num_planes, go_board_rows, go_board_cols)
model = Sequential()
network_layers = large.layers(input_shape)
for layer in network_layers:
    model.add(layer)
model.add(Dense(nb_classes, activation='softmax'))
model.compile(loss='categorical_crossentropy', optimizer='adadelta',
    metrics=['accuracy'])

model.fit(X, y, batch_size=128, epochs=20, verbose=1)
```

模型完成训练后，可以用它创建一个围棋机器人，并保存为 HDF5 格式，如代码清单 8-10 所示。

代码清单 8-10　创建并持久化一个 DeepLearningAgent

```
deep_learning_bot = DeepLearningAgent(model, encoder)
deep_learning_bot.serialize("../agents/deep_bot.h5")
```

最后，从文件中加载机器人，并把它提供给 Web 应用。如代码清单 8-11 所示。

代码清单 8-11　将机器人加载入内存，并在 Web 应用中展示

```
model_file = h5py.File("../agents/deep_bot.h5", "r")
bot_from_file = load_prediction_agent(model_file)

web_app = get_web_app({'predict': bot_from_file})
web_app.run()
```

当然，如果之前已经训练好了一个强大的机器人，那么除最后一步之外都可以跳过。例如，我们可以加载第 7 章中存储在检查点中的某个模型，并相应地更改 model_file，查看它们在实际对弈中作为棋手如何运行。

8.3　在云端训练与部署围棋机器人

本书到现在为止，所有的开发都是在本地计算机上进行的。如果条件较好，计算机上配备了较新的 GPU，那么训练第 5 章至第 7 章中开发的深度神经网络并不是问题。但如果没有配备足够强大的 GPU，或者无法让它腾出足够的计算时间，那么在云端租用 GPU 的计算时间往往是一个不错的选择。

如果暂时不考虑训练过程，并假设已经拥有一个强大的机器人，那么借助云服务商来托管机器人并提供服务也是一个不错的选择。我们在 8.2 节中用本地托管的 Web 应用运行过一个机器人。但如果我们想要向朋友分享机器人，或者让它服务于公众，这样的设置就并不理想了。这要求我们既要确保计算机日夜不停地运行，又得想办法避免个人计算机暴露于公众访问之下。但若在云端托管机器人，就可以将开发和部署分离开来，并通过简单地分享一个 URL 让任何感兴趣的人都可以与机器人展开对弈。

这是个很重要的话题，但它内容特殊，并且与机器学习没有直接关联，所以我们将这部分内容放在附录 D。在附录 D 中读者将了解如何学会使用一个特定的云服务提供商：AWS。本书的附录中会介绍以下技能：

- 创建 AWS 账户；
- 灵活地设置、运行和终止虚拟服务器实例；
- 用合理的成本在云 GPU 上创建一个适合深度学习模型训练的 AWS 实例；
- 将围棋机器人部署到一个几乎免费的 HTTP 服务器上。

除了这几个有用的技能，附录 D 也是部署一个完整的、可以与在线围棋服务器相连的围棋机器人的先决条件。我们将在后面的 8.6 节中讨论这个话题。

8.4 与其他机器人对话：围棋文本协议

8.2 节介绍了如何将机器人框架集成到一个 Web 前端。为了做到这一点，我们使用超文本传输协议（HTTP）来处理机器人与人类棋手之间的通信，而 HTTP 是 Web 技术的核心协议之一。为了避免读者分心，我们特意省略了所有的细节，而有一个标准化的协议是实现这一目标的必要条件。人类和机器人缺乏交流围棋动作的共同语言，但协议可以充当这个桥梁。

围棋文本协议（Go Text Protocol，GTP）是世界各地的围棋服务器用来连接平台上人机交互的事实标准协议。许多离线围棋软件也基于 GTP。本节通过示例介绍 GTP，我们将用 Python 实现该协议的一部分，并利用这个实现让机器人与其他围棋程序进行对弈。

在附录 C 中，我们将介绍如何安装 GNU Go 和 Pachi 这两个通用的围棋程序。它们几乎适用于所有的操作系统。我们建议把这两个程序都装上，所以请确保这两个程序都在系统上安装好了。不需要任何前端，而只需要简单的命令行工具。如果已经安装了 GNU Go，可以通过运行下面的 GTP 模式来启动它：

```
gnugo --mode gtp
```

我们可以在这个模式下探索 GTP 是如何工作的。GTP 是一种基于文本的协议，因此我们可以直接在终端键入命令并按 Enter 键。例如，要设置一个 9×9 的棋盘，可以键入 `boardsize 9`。GNU Go 将会返回一个响应，并确认命令已正确执行。每个成功的 GTP 命令都会触发一个以符号=开头的响应，而失败的命令则会得到?开头的响应。要检查当前的棋盘状态，可以发出命令 `showboard`，和预想一样，它将会打印出一个空的 9×9 棋盘。

在实际棋局中最为重要的命令有两个：`genmove` 和 `play`。第一个命令 `genmove` 用于向 GTP 机器人发出生成下一手落子动作的请求。GTP 机器人通常也会在内部将这个动作执行到它自身维护的游戏状态中。这两个命令都需要一个参数表示玩家执子的颜色：黑子或白子。例如，要生成一个白方落子动作并应用到 GNU Go 的棋盘上，可以键入 `genmove white`。这会触发一个响应，如= C4，表示 GNU Go 接受这个命令（=），并在 C4 处落下一颗白子。GTP 支持的棋盘坐标与第 2 章和第 3 章中介绍的相同。

另一个与围棋玩法相关的命令是 `play`。这个命令会通知 GTP 机器人在棋盘上走一步棋。例如，可以告诉 GNU Go 我们希望它发出 `play black D4` 来在 D4 上落下黑子，而它将会返回一个=来确认这个命令。当两个机器人进行对弈时，它们会轮流要求对方 `genmove` 下一个动作，然后在自己的棋盘上 `play` 它接收到的响应动作。这个流程很直观，但其实我们省略了很多细节。一个完整的 GTP 客户机还需要处理很多其他的命令，例如让子、管理时间设置和计数规则等。如果对 GTP 的细节有兴趣，读者可以参看 GNU Go 的相关文档。简而言之，基本的 `genmove` 和 `play` 命令已经足够让我们的深度学习机器人与 GNU Go 和 Pachi 对战了。

我们可以在 dlgo 模块中创建一个名为 gtp 的子模块来处理 GTP，并封装我们的 Agent 概念，以便它可以用这个协议来交换围棋动作。读者可以尝试继续丰富前面章节中的实现代码，但是从本章开始，建议读者直接采用我们在 GitHub 上的实现，代码目录是 dlgo/gtp。

首先，让我们正式定义 GTP 命令，如代码清单 8-12 所示。在许多围棋服务器上，每个命令都会被分配一个序列号，以确保命令能够与响应正确地匹配。这个序列号是可选的，也可以是 None。对我们来说，GTP 命令由序列号、命令名称和命令的多个参数组成。我们可以将这个定义放在 gtp 模块中的 command.py 文件中。

代码清单 8-12　GTP 命令的 Python 实现

```python
class Command:

    def __init__(self, sequence, name, args):
        self.sequence = sequence
        self.name = name
        self.args = tuple(args)

    def __eq__(self, other):
        return self.sequence == other.sequence and \
            self.name == other.name and \
            self.args == other.args

    def __repr__(self):
        return 'Command(%r, %r, %r)' % (self.sequence, self.name, self.args)

    def __str__(self):
        return repr(self)
```

接下来要将命令行中的文本输入解析为一个 Command 实例。例如，999 play white D4 解析之后应当得到 Command(999, 'play', ('white', 'D4'))。实现这个功能的函数 parse 如代码清单 8-13 所示，也放在 command.py 文件中。

代码清单 8-13　从纯文本中解析 GTP 命令

```python
def parse(command_string):
    pieces = command_string.split()
    try:
        sequence = int(pieces[0])      # GTP 命令的第一个参
        pieces = pieces[1:]            # 数是可选的序列号
    except ValueError:
        sequence = None                # 如果文本的开头部分不是数字，则
                                       # 表示这个命令没有序列号
    name, args = pieces[0], pieces[1:]
    return Command(sequence, name, args)
```

我们刚刚已经说过，GTP 坐标是用标准符号表示的，因此将 GTP 坐标解析为 Board 棋盘坐标的过程和逆过程都相对简单。我们可以在 gtp 模块的 board.py 文件中定义两个辅助函数，用于在坐标和棋盘位置之间进行转换，如代码清单 8-14 所示。

代码清单 8-14　在 GTP 坐标和内部 Point 类型之间相互转换

```python
from dlgo.gotypes import Point
from dlgo.goboard_fast import Move
```

```
def coords_to_gtp_position(move):
    point = move.point
    return COLS[point.col - 1] + str(point.row)

def gtp_position_to_coords(gtp_position):
    col_str, row_str = gtp_position[0], gtp_position[1:]
    point = Point(int(row_str), COLS.find(col_str.upper()) + 1)
    return Move(point)
```

8.5 在本地与其他机器人对弈

现在我们已经对 GTP 的基础知识有所了解，接下来可以直接开始应用的构建工作了。我们需要一个程序来加载机器人，并让它与 GNU Go 或 Pachi 进行对弈。不过在这之前，我们需要先解决一个技术问题，即机器人应该何时跳过回合或认输的问题。

8.5.1 机器人应该何时跳过回合或认输

开发至今，深度学习机器人还没办法得知终止棋局的时机。按照目前的设计方式，机器人总是会选择当前最佳的动作来回应，但这对比赛的终结并无益处，尤其在己方局势糟糕的时候。这时候选择跳过回合甚至直接认输可能是更好的选择。因此我们需要添加一个终盘策略：它能够显式地告诉机器人终止棋局的时机。在第 13 章和第 14 章，我们将引入更强大的学习技术，届时这个策略就不再显得那么有用了（因为那时候机器人将能够通过学习来判断当前的棋局状态，并学会判断什么时候最适合终止棋局）。但就目前而言，这个终盘策略的概念还是很有用的，它能在部署机器人与其他对手竞争的过程中发挥作用。

我们可以在 dlgo 模块下的 agent 子模块中建立一个名为 termination.py 的文件，并填写代码清单 8-15 中的 TerminationStrategy 类。这个类的任务是决定什么时候采取跳过回合或者认输的动作——因为在默认情况下，机器人永远不会跳过回合或认输。

代码清单 8-15　终盘策略告诉机器人何时该终止棋局

```
from dlgo import goboard
from dlgo.agent.base import Agent
from dlgo import scoring

class TerminationStrategy:

    def __init__(self):
        pass

    def should_pass(self, game_state):
        return False

    def should_resign(self, game_state):
        return False
```

8.5 在本地与其他机器人对弈

我们可以用一个简单的启发式规则来判断终止棋局的时机：当对方跳过回合时，我们也跳过回合（如代码清单 8-16 所示）。这个方法依赖于对方知道该何时跳过回合，但作为首次尝试也是个不错的选择。并且在与 GNU Go 和 Pachi 对弈时，这个规则非常适用。

代码清单 8-16 当对方跳过回合时，己方也跳过回合

```python
class PassWhenOpponentPasses(TerminationStrategy):

    def should_pass(self, game_state):
        if game_state.last_move is not None:
            return True if game_state.last_move.is_pass else False

def get(termination):
    if termination == 'opponent_passes':
        return PassWhenOpponentPasses()
    else:
        raise ValueError("Unsupported termination strategy: {}"
                         .format(termination))
```

在 termination.py 文件里，读者还会发现另一个称为 `ResignLargeMargin` 的策略。当对方的比赛评估分数过高时，这个策略会选择认输。我们还可以想出许多类似的策略，但请记住，最终都可以通过机器学习来摆脱对这些策略的依赖。

最后，要让机器人能够进行相互对弈，还需要给 Agent 实例配备一个 `TerminationStrategy` 实例，以便在适当的时候选择跳过或认输来终止棋局，如代码清单 8-17 所示。这个 `TerminationAgent` 类也放进 termination.py 文件。

代码清单 8-17 将代理类和终盘策略封装起来

```python
class TerminationAgent(Agent):

    def __init__(self, agent, strategy=None):
        Agent.__init__(self)
        self.agent = agent
        self.strategy = strategy if strategy is not None \
            else TerminationStrategy()

    def select_move(self, game_state):
        if self.strategy.should_pass(game_state):
            return goboard.Move.pass_turn()
        elif self.strategy.should_resign(game_state):
            return goboard.Move.resign()
        else:
            return self.agent.select_move(game_state)
```

8.5.2 让机器人与其他围棋程序进行对弈

完成了终盘策略的讨论之后，现在可以让围棋机器人与其他程序进行比赛了。在 gtp 模块的 play_local.py 文件里可以找到一个脚本，它能够在机器人与 GNU Go 或 Pachi 之间开启一局对弈。

接下来我们从必要的导入语句开始,一步一步地完成这个脚本,如代码清单 8-18 所示。

代码清单 8-18　本地机器人运行器的导入语句

```python
import subprocess
import re
import h5py

from dlgo.agent.predict import load_prediction_agent
from dlgo.agent.termination import PassWhenOpponentPasses, TerminationAgent
from dlgo.goboard_fast import GameState, Move
from dlgo.gotypes import Player
from dlgo.gtp.board import gtp_position_to_coords, coords_to_gtp_position
from dlgo.gtp.utils import SGFWriter
from dlgo.utils import print_board
from dlgo.scoring import compute_game_result
```

上面的导入语句中,除 SGFWriter 之外,其他读者应当都很熟悉。SGFWriter 是 dlgo.gtp.utils 模块中的一个工具类,它可以跟踪棋局的进度,并在棋局结束后写入 SGF 文件。

要初始化游戏运行器 LocalGtpBot,需要为它提供一个深度学习代理和一个终盘策略。此外,还可以指定让子数目以及对弈的对手。对弈对手可以选择 gnugo 或 pachi。LocalGtpBot 将我们选择的对手程序作为子进程启动,之后机器人与对手程序之间将通过 GTP 进行通信,如代码清单 8-19 所示。

代码清单 8-19　启动一个运行器,开启两个机器人之间的对弈

```python
class LocalGtpBot:

    def __init__(self, go_bot, termination=None, handicap=0,
                 opponent='gnugo', output_sgf="out.sgf",
                 our_color='b'):
        self.bot = TerminationAgent(go_bot, termination)
        self.handicap = handicap
        self._stopped = False
        self.game_state = GameState.new_game(19)
        self.sgf = SGFWriter(output_sgf)

        self.our_color = Player.black if our_color == 'b' else Player.white
        self.their_color = self.our_color.other

        cmd = self.opponent_cmd(opponent)
        pipe = subprocess.PIPE
        self.gtp_stream = subprocess.Popen(
            cmd, stdin=pipe, stdout=pipe
        )

    @staticmethod
    def opponent_cmd(opponent):
        if opponent == 'gnugo':
            return ["gnugo", "--mode", "gtp"]
        elif opponent == 'pachi':
```

用一个代理实例和一个终盘策略来初始化机器人实例

棋局结束之后,将整盘棋谱存储到指定的 SGF 格式文件中

棋局启动后会一直进行下去,直到有一方终止棋局才结束

对手在 GNU Go 或 Pachi 两者间选择一个

可以在命令行中读取或写入 GTP 命令

```
            return ["pachi"]
        else:
            raise ValueError("Unknown bot name {}".format(opponent))
```

这个工具所使用的一个主要方法是 command_and_response，它负责发送一个 GTP 命令，并读取命令的响应，如代码清单 8-20 所示。

代码清单 8-20　发送 GTP 命令并接收响应

```
    def send_command(self, cmd):
        self.gtp_stream.stdin.write(cmd.encode('utf-8'))

    def get_response(self):
        succeeded = False
        result = ''
        while not succeeded:
            line = self.gtp_stream.stdout.readline()
            if line[0] == '=':
                succeeded = True
                line = line.strip()
                result = re.sub('^= ?', '', line)
        return result

    def command_and_response(self, cmd):
        self.send_command(cmd)
        return self.get_response()
```

进行一局对弈的工作流程如下（具体实现代码如代码清单 8-21 所示）。

（1）使用 GTP 命令 boardsize 来指定棋盘的尺寸。由于我们的深度学习机器人只能适配 19×19 的棋盘，因此在这里我们只允许这个尺寸的棋盘。

（2）调用 set_handicap 方法设置合适的让子数目。

（3）调用 play 方法启动一局对弈。

（4）将棋谱保存为 SGF 文件。

代码清单 8-21　设置棋盘，启动棋局，让双方进行对弈，并持久化存储棋谱记录

```
    def run(self):
        self.command_and_response("boardsize 19\n")
        self.set_handicap()
        self.play()
        self.sgf.write_sgf()

    def set_handicap(self):
        if self.handicap == 0:
            self.command_and_response("komi 7.5\n")
            self.sgf.append("KM[7.5]\n")
        else:
            stones = self.command_and_response("fixed_handicap
{}\n".format(self.handicap))
            sgf_handicap = "HA[{}]AB".format(self.handicap)
```

```
            for pos in stones.split(" "):
                move = gtp_position_to_coords(pos)
                self.game_state = self.game_state.apply_move(move)
                sgf_handicap = sgf_handicap + "[" +
    self.sgf.coordinates(move) + "]"
            self.sgf.append(sgf_handicap + "\n")
```

对弈的游戏逻辑很简单：只要双方没有提出终止，就让他们轮流执行落子动作（如代码清单 8-22 所示）。双方的机器人分别使用 `play_our_move` 和 `play_their_move` 方法来执行它们的动作。我们还需要及时清除命令行，并输出当前棋局状态和粗略的估计结果。

代码清单 8-22　当一方发出终止棋局的信号时，棋局就结束了

```
    def play(self):
        while not self._stopped:
            if self.game_state.next_player == self.our_color:
                self.play_our_move()
            else:
                self.play_their_move()
            print(chr(27) + "[2J")
            print_board(self.game_state.board)
            print("Estimated result: ")
            print(compute_game_result(self.game_state))
```

要让机器人下一步棋，首先得向它发出请求，要求它调用 `select_move` 来生成一手落子动作，再将这个动作应用到棋盘上，接着将这个动作翻译成 GTP 格式，再发送给对方，如代码清单 8-23 所示。另外，还需要对跳过回合和认输动作进行特别的处理。

代码清单 8-23　向机器人发出请求生成一手落子动作，并翻译为 GTP 格式

```
    def play_our_move(self):
        move = self.bot.select_move(self.game_state)
        self.game_state = self.game_state.apply_move(move)

        our_name = self.our_color.name
        our_letter = our_name[0].upper()
        sgf_move = ""
        if move.is_pass:
            self.command_and_response("play {} pass\n".format(our_name))
        elif move.is_resign:
            self.command_and_response("play {} resign\n".format(our_name))
        else:
            pos = coords_to_gtp_position(move)
            self.command_and_response("play {} {}\n".format(our_name, pos))
            sgf_move = self.sgf.coordinates(move)
        self.sgf.append(";{}[{}]\n".format(our_letter, sgf_move))
```

而要让对方下一步棋，其流程结构与己方下一步棋是类似的。首先要求 GNU Go 或 Pachi 通过 genmove 来生成一步动作，然后解析它返回的 GTP 响应，并转换为一个我们的机器人能理解的动作，如代码清单 8-24 所示。最后，还需要在对方认输或双方都跳过回合的时候终止棋局。

代码清单 8-24　通过 genmove 获取对方的落子动作并执行

```
    def play_their_move(self):
        their_name = self.their_color.name
        their_letter = their_name[0].upper()

        pos = self.command_and_response("genmove {}\n".format(their_name))
        if pos.lower() == 'resign':
            self.game_state = self.game_state.apply_move(Move.resign())
            self._stopped = True
        elif pos.lower() == 'pass':
            self.game_state = self.game_state.apply_move(Move.pass_turn())
            self.sgf.append(";{}[]\n".format(their_letter))
            if self.game_state.last_move.is_pass:
                self._stopped = True
        else:
            move = gtp_position_to_coords(pos)
            self.game_state = self.game_state.apply_move(move)
            self.sgf.append(";{}[{}]\n".format(their_letter,
➥ self.sgf.coordinates(move)))
```

这样整个 play_local.py 的实现就完成了。用代码清单 8-25 中的代码来测试它。

代码清单 8-25　让机器人与 Pachi 进行对弈

```
from dlgo.gtp.play_local import LocalGtpBot
from dlgo.agent.termination import PassWhenOpponentPasses
from dlgo.agent.predict import load_prediction_agent
import h5py

bot = load_prediction_agent(h5py.File("../agents/betago.hdf5", "r"))

gtp_bot = LocalGtpBot(go_bot=bot, termination=PassWhenOpponentPasses(),
                     handicap=0, opponent='pachi')
gtp_bot.run()
```

图 8-4 展示了两个机器人对弈的情形。

从图 8-4 上方可以看到输出的棋盘，接着是当前的估计评分。从图 8-4 下方左侧可以看到 Pachi 的游戏状态（与己方机器人的棋局游戏状态相同），图 8-4 下方右侧则展示了 Pachi 输出它所评估的双方各自占领地盘的情况。

这是一个令人信服和激动的演示，清晰地展现了机器人现在所达到的程度。但我们的故事还远远没有结束。在下一节中，我们将进一步介绍如何将机器人连接到真实的在线围棋服务器上。

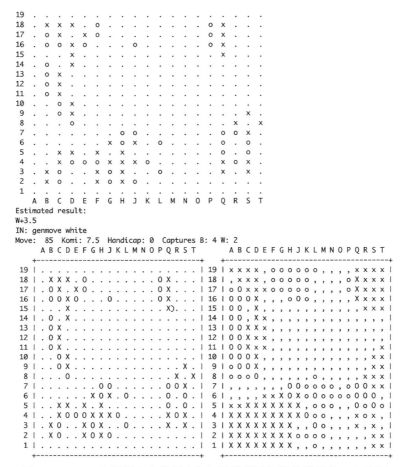

图 8-4 Pachi 和机器人在棋局中如何检视棋局与评估棋局的一个快照

8.6 将围棋机器人部署到在线围棋服务器

注意，play_local.py 实际上相当于一个微型围棋服务器，可供两个机器人彼此对战。它接收并发送 GTP 命令，并且知道何时开始或结束棋局。这样做会产生额外开销，因为服务器程序还需要扮演控制对弈双方如何交互的裁判角色。

如果想要将机器人连接到真实的围棋服务器上，那么服务器会负责全部的游戏逻辑，这样我们只需要负责发送和接收 GTP 命令即可。一方面，由于需要操心的事情变少了，任务会变得更简单。但另一方面，要连接到一个正规的围棋服务器，则意味着必须确保我们的程序支持服务器所支持的全部 GTP 命令，否则可能会导致机器人崩溃。

为了避免发生崩溃的情况，我们需要把 GTP 命令的处理模块修改得更加正规。首先需要实现一个适当的 GTP 响应类来表达成功或失败的命令响应，如代码清单 8-26 所示。

代码清单 8-26　对 GTP 响应进行编码和序列化

```
class Response:
    def __init__(self, status, body):
        self.success = status
        self.body = body                    ◁── 构造一个表示成功的 GTP
def success(body=''):                            响应，包含响应体
    return Response(status=True, body=body)

def error(body=''):    ◁── 构造一个表示错误的 GTP 响应
    return Response(status=False, body=body)

def bool_response(boolean):    ◁── 将 Python 的布尔值转换为 GTP 消息
    return success('true') if boolean is True else success('false')

def serialize(gtp_command, gtp_response):◁── 将一个 GTP 消息序列化
    return '{}{} {}\n\n'.format(              成一个字符串
        '=' if gtp_response.success else '?',
        '' if gtp_command.sequence is None else str(gtp_command.sequence),
        gtp_response.body
    )
```

这样，最后剩下的一个任务就是实现本节的主类 GTPFrontend 了。这个类也放入 gtp 模块中的 front.py 文件中。首先需要代码清单 8-27 所示的导入语句，包括来自 gtp 模块的 command 和 response。

代码清单 8-27　GTP 前端的 Python 导入语句

```
import sys

from dlgo.gtp import command, response
from dlgo.gtp.board import gtp_position_to_coords, coords_to_gtp_position
from dlgo.goboard_fast import GameState, Move
from dlgo.agent.termination import TerminationAgent
from dlgo.utils import print_board
```

要初始化 GTP 前端，需要指定一个 Agent 代理实例和一个可选的终盘策略。接着 GTPFrontend 会实例化一个字典，用来存放要处理的 GTP 事件，如代码清单 8-28 所示。这些 GTP 事件，包括 play 等常见命令，全部都需要由我们来实现。

代码清单 8-28　初始化 GTPFrontend，定义 GTP 事件处理器

```
HANDICAP_STONES = {
    2: ['D4', 'Q16'],
    3: ['D4', 'Q16', 'D16'],
    4: ['D4', 'Q16', 'D16', 'Q4'],
    5: ['D4', 'Q16', 'D16', 'Q4', 'K10'],
    6: ['D4', 'Q16', 'D16', 'Q4', 'D10', 'Q10'],
```

```
    7: ['D4', 'Q16', 'D16', 'Q4', 'D10', 'Q10', 'K10'],
    8: ['D4', 'Q16', 'D16', 'Q4', 'D10', 'Q10', 'K4', 'K16'],
    9: ['D4', 'Q16', 'D16', 'Q4', 'D10', 'Q10', 'K4', 'K16', 'K10'],
}

class GTPFrontend:

    def __init__(self, termination_agent, termination=None):
        self.agent = termination_agent
        self.game_state = GameState.new_game(19)
        self._input = sys.stdin
        self._output = sys.stdout
        self._stopped = False

        self.handlers = {
            'boardsize': self.handle_boardsize,
            'clear_board': self.handle_clear_board,
            'fixed_handicap': self.handle_fixed_handicap,
            'genmove': self.handle_genmove,
            'known_command': self.handle_known_command,
            'komi': self.ignore,
            'showboard': self.handle_showboard,
            'time_settings': self.ignore,
            'time_left': self.ignore,
            'play': self.handle_play,
            'protocol_version': self.handle_protocol_version,
            'quit': self.handle_quit,
        }
```

在调用代码清单 8-29 中的 run 方法开启棋局后，程序将不断地读取 GTP 命令，并将这些命令转发给相应的事件处理器，由对应的 process 方法完成处理。

代码清单 8-29　直到棋局终盘之前，前端会不断地从输入流中解析命令

```
    def run(self):
        while not self._stopped:
            input_line = self._input.readline().strip()
            cmd = command.parse(input_line)
            resp = self.process(cmd)
            self._output.write(response.serialize(cmd, resp))
            self._output.flush()

    def process(self, cmd):
        handler = self.handlers.get(cmd.name, self.handle_unknown)
        return handler(*cmd.args)
```

剩下的任务是逐个完成 GTPFrontend 中各个 GTP 命令的处理实现。代码清单 8-30 展示了其中最重要的 3 个命令的实现，其他的内容请参考本书的 GitHub 代码库。

代码清单 8-30　GTP 前端中最重要的几个事件响应的实现

```
    def handle_play(self, color, move):
        if move.lower() == 'pass':
```

```python
            self.game_state = self.game_state.apply_move(Move.pass_turn())
        elif move.lower() == 'resign':
            self.game_state = self.game_state.apply_move(Move.resign())
        else:
            self.game_state =
   self.game_state.apply_move(gtp_position_to_coords(move))
        return response.success()

    def handle_genmove(self, color):
        move = self.agent.select_move(self.game_state)
        self.game_state = self.game_state.apply_move(move)
        if move.is_pass:
            return response.success('pass')
        if move.is_resign:
            return response.success('resign')
        return response.success(coords_to_gtp_position(move))

    def handle_fixed_handicap(self, nstones):
        nstones = int(nstones)
        for stone in HANDICAP_STONES[nstones]:
            self.game_state = self.game_state.apply_move(
                gtp_position_to_coords(stone))
        return response.success()
```

现在可以用一个脚本从命令行启动这个 GTP 前端了，如代码清单 8-31 所示。

代码清单 8-31　从命令行启动 GTP 接口

```python
from dlgo.gtp import GTPFrontend
from dlgo.agent.predict import load_prediction_agent
from dlgo.agent import termination
import h5py

model_file = h5py.File("agents/betago.hdf5", "r")
agent = load_prediction_agent(model_file)
strategy = termination.get("opponent_passes")
termination_agent = termination.TerminationAgent(agent, strategy)

frontend = GTPFrontend(termination_agent)
frontend.run()
```

在程序开始运行之后，它的用法与 8.4 节中测试 GNU Go 的方式完全相同：向它发送 GTP 命令，它会做出适当的处理。读者可以尝试使用 genmove 命令生成一个落子动作，或用 showboard 命令输出棋盘。任何在 GTPFrontend 中做事件处理器的命令都可以尝试。

在 OGS 上注册一个机器人

现在 GTP 前端实现已经完成，而且它的工作方式和本地 GNU Go 或 Pachi 相同，接下来可以在采用 GTP 进行通信的在线平台上注册机器人了。大多数流行的围棋服务器都是基于 GTP 的，附录 C 详细地介绍了其中 3 个。OGS 是欧洲和北美洲最流行的服务器之一。我们选择 OGS 平台来展示如何运行机器人，而其他平台上的做法也与之类似。

由于在 OGS 上注册机器人的流程相对复杂，并且对应的软件是用 JavaScript 编写的，因此我们把这部分内容放到了附录 E 中。读者可以现在就去阅读附录 E，若是对线上机器人对弈不感兴趣，也可以跳过这一节。读完附录 E，读者应该可以学到以下技能：

- 在 OGS 上创建两个账户，一个是机器人本身的账户，另一个是个人账户，用来对机器人账户进行管理；
- 将机器人从本地计算机上连接到 OGS 进行测试；
- 将机器人部署到 AWS 实例上，以便随时与 OGS 保持连通。

这样，我们就能够与自己构建的机器人进行一场（排名）比赛了。不仅如此，任何拥有 OGS 账户的棋手都可以挑战我们的机器人了，这一点确实激动人心。并且最重要的是，我们的机器人甚至还可以参加 OGS 主办的联赛！

8.7 小结

- 将深度学习网络集成到一个代理框架中，让模型能够与它所处的环境交互。
- 将代理注册到一个 Web 应用，并构建一个 HTTP 前端，让人们可以通过图形界面与自己的机器人进行对战。
- 使用 AWS 之类的云平台，可以租用 GPU 计算能力来高效地执行深度学习实验。
- 在 AWS 上部署 Web 应用，可以轻松地分享机器人，并让它与他人进行对战。
- 给机器人添加收发 GTP 命令的功能，让它按照标准方式与其他围棋程序在本地进行对战。
- 为机器人构建一个 GTP 前端，以便能够将它注册到某个在线围棋平台上。
- 在云平台中部署机器人，让它可以进行常规的对弈，或者参加 OGS 举办的联赛，或者随时随地与自己对弈。

第 9 章　通过实践学习：强化学习

本章主要内容
- 定义强化学习的任务。
- 建立一个围棋棋局学习代理。
- 收集自我对弈的经验以用于训练。

我大概读过十多本围棋相关的书，它们都是由中日韩的职业围棋高手所著的，但我的个人水平只有中等业余级别。为什么我一直没能达到这些职业棋手的水平呢？是因为我忘记了他们书中的技巧吗？我并不这么认为：影山利郎（Toshiro Kageyama）的《围棋基础教程》（Ishi，1978）我几乎能倒背如流。也许我还得读更多的书……

我不知道成为顶级围棋大师的秘诀是什么，但至少知道我与职业围棋选手之间的一个根本差别：实践练习。围棋选手在获得职业资格之前可能需要参加 5 000～10 000 场比赛。实践创造新知，而且得到的往往是只可意会不可言传的新知。围棋的知识确实可以总结——这也是为什么要把它们写进书本的原因，但很多微妙的知识都在翻译成文字的过程中丢失了。如果想要完全掌握我们所学的围棋知识，就必须进行相应水准的练习。

既然实践对人来说是如此宝贵，那么对计算机而言也是如此吗？计算机程序是否能够通过实践来进行学习？这正是强化学习（Reinforcement Learning，RL）宣称的能力。在强化学习中，我们让程序反复不断地尝试某项任务来改进程序。每当结果理想时，修改程序，让它能够在未来复现当时的决策；而当结果不佳时，也要修改程序来避免这种决策。当然这并不意味着每次试验之后都需要编写新代码：强化学习算法提供了一种自动化的方法来自行修改代码。

当然，强化学习并不是"免费午餐"。首先，它的速度很慢：机器人需要完成数以千计的任务实践之后才能取得明显的进步。另外，它的训练过程极其烦琐，因此调试起来也非常困难。但如果能够付出足够的努力，让这些技术能够发挥作用，那么回报也将会是巨大的：我们将构建出能够利用复杂策略去完成各种任务的软件，即使我们自己也不知道该如何描述这些策略。

本章先对强化学习周期进行介绍,接下来再介绍如何设置围棋机器人,让它按照与强化学习过程相符的方式进行自我对弈。在第 10 章中,我们将展示如何利用自我对弈数据来提高机器人的性能。

9.1 强化学习周期

许多算法都实现了强化学习的机制,而它们的工作流程都遵循同一个标准框架。本节描述强化学习周期,在这个周期中,计算机程序通过反复尝试一项任务来进行改进。图 9-1 展示了这个周期的流程。

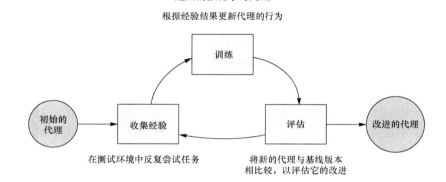

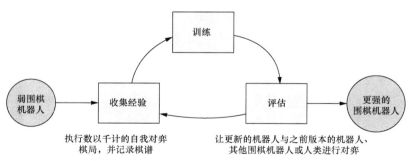

图 9-1　强化学习周期。实现强化学习的方法有很多,但所有方法的流程都有一个共同的结构。首先,计算机程序反复尝试某项任务。我们把这些尝试的记录称为经验数据。接下来,修改程序的行为以模仿那些更成功的尝试,而这个过程就是训练过程。然后,定期评估性能,以确认程序是否还需改进。通常来说,整个过程需要重复多个周期

在强化学习的语言里,我们的围棋机器人称为一个代理,即一个为了完成任务而不断作出决策的程序。在本书前面的章节里,我们实现了多个不同版本的 `Agent` 代理类,它们都可以选择围棋动作。我们为所有代理类都提供了一个相同的环境,即一个 `GameState` 对象。所有代理都会作出一个决策,即选择一个落子动作。虽然那时候还没有使用强化学习,但代理的概念是相通的。

强化学习的目的是使代理尽可能变得更有效。针对具体的情况,我们希望代理能在围棋比赛中获胜。

首先,让围棋机器人进行一系列的自我对弈,在每一局比赛中,它都需要记录棋局的每一回合以及最后的结果。这些棋谱称为它的经验(experience)。

接下来,根据机器人在自我对弈中得到的经验来训练它,并更新它的行为。这个过程类似于第 6 章和第 7 章所描述的神经网络的训练。强化学习的核心思想,是让机器人去学习在对弈中获胜时所做的决策,并减少它在失败时所做的决策。训练算法应当有机地融入代理结构中:我们需要能够系统性地修改代理的行为,以便进行训练。有很多算法可以做到这一点,本书会讨论其中 3 个:在本章和第 10 章中,我们将先从策略梯度(policy gradient)算法开始介绍;在第 11 章中,我们将讨论 Q 学习(Q-learning)算法;第 12 章将介绍演员-评价(actor-critic)算法。

训练完成后,机器人应当会变得更强大一些。但是可能导致训练过程出错的情况也不少,所以很有必要评估机器人的改进程度,并确定它的强度。要评估一个游戏代理,只要让它完成更多的游戏即可。我们可以让代理与它的早期版本进行对弈来评估它的进步。而作为一种保险性检查,我们还可以定期将机器人与其他人工智能进行比较,或者亲自与它进行人机对弈。

在这之后,就可以无限地重复这个迭代循环了:

- 收集经验;
- 训练;
- 评估。

我们会把这个迭代循环周期分解为多个脚本。在本章中,我们会实现一个 `self_play` 脚本,它将模拟自我对弈棋局,并将经验数据保存到磁盘中。在第 10 章中,我们将创建一个 `train` 脚本,它可以接收经验数据作为输入,进而相应地更新代理,并保存更新的代理。

9.2 经验包括哪些内容

在第 3 章中,我们设计了一组表示围棋游戏的数据结构。我们已经熟悉如何用 `Move`、`GoBoard` 和 `GameState` 等类来存储整个棋谱。但强化学习算法则不同,它更加通用,它所处理的是问题的高度抽象表示,因此相同的算法可以应用于尽可能多的领域。本节将展示如何用强化学习的语言来描述棋谱。

对围棋来说,可以把经验数据按照独立的棋局进行划分,在强化学习里,这个术语称为期(episode)。每一期训练数据都有明确的结果,而且在本期训练中所做的决定,与下一期里发生的事情没有任何关系。在其他问题领域，可能没有明显的方法来将经验划分为独立期。例如，一个设计为连续运行的机器人会做出无穷无尽的决策。我们可以想办法将强化学习应用于这类问题，但是在我们的问题里，有训练期的边界作为区分，会让问题变得更简单。

在一个训练期中，代理在所处环境里面临一个状态（state）。代理必须根据当前的状态来选择一个行动（action）。选择行动之后代理将进入一个新的状态，这个状态取决于所选择的行动以及环境中所发生的任何其他事情。在围棋的场景中，AI 面临一个棋局（即状态），并选择一个合法的落子动作（即行动）。在那之后 AI 将在它的下一回合（即下一个状态）看到新的棋局。

注意，代理选择行动之后的新状态也包括对手的回应动作。只用当前状态和代理所选择的行动是无法确定下一个状态的，还必须等待对手的动作。对手的行为，是代理必须学会驾驭的环境的一部分。

为了让代理得到改进，我们需要获得是否实现了目标的反馈。反馈信息可以通过计算代理的收获（reward，即实现目标的某种数值评分）来获得。对围棋 AI 来说，它的目标是赢得一场比赛，所以在每次获胜时它将会获得评分为 1 的收获，而在每次失败时获得评分为-1 的收获。强化学习算法会修改代理的行为，增加代理累积的收获分数。图 9-2 说明了如何用状态、行动和收获来描述围棋游戏。

围棋等棋类游戏有一种特殊情况：它们的收获都是在游戏结束时一次性获得的。收获只有两种可能——胜利或失败，而不必关心棋局过程中还发生了什么。在其他的领域，收获则可能是分散的。假设让人工智能来玩拼字游戏（Scrabble）。每个回合中 AI 都会拼出一个单词并获得分数，而它的对手也会这么做。在这种情况下，可以把 AI 获得的分数算作正收获，把对手获得的分数算作负收获。这样，人工智能就不必等到一期训练结束，而是在每次行动后都能得到一小部分收获。

在强化学习中有一个关键的概念，即一次行动可能会在很久之后的未来带来收获。想象一下，已方在一场比赛的第 35 回合，做了一个特别聪明的动作，之后在第 200 回合获胜。这局棋的最终胜利至少有一部分要归功于棋局早期的优秀表现。我们必须想出某种方法将游戏最终的收获分派给所有的动作。我们把代理在某个行动之后所看到的未来奖励称为这次行动的回报（return）。要计算一次行动的回报，需要将代理在这次行动之后看到的所有收获累加起来，一直累加到本期的末尾，如代码清单 9-1 所示。这么做也说明我们并不能提前得知哪个动作最终导致了输赢。我们把责任交给了学习算法，让它来分摊功劳，或者归因于少数几次独立的行动。

代码清单 9-1　计算行动的回报

```
reward[i]是代理在行动 i 之后
立即能够看到的收获
    for exp_idx in range(exp_length):
        total_return[exp_idx] = reward[exp_idx]
        for future_reward_idx in range(exp_idx + 1, exp_length):
            total_return[exp_idx] += reward[future_reward_idx]
```

循环遍历未来所有的收获，并将它们添加到回报中

9.2 经验包括哪些内容

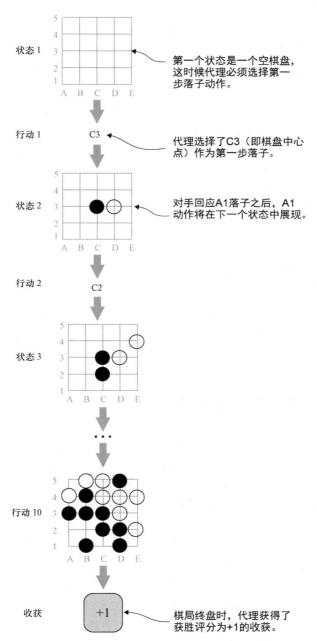

图9-2 将一局5×5的围棋比赛翻译成强化学习的语言。正在训练的代理执黑子。它将会看到一系列的状态（即棋盘状态）并选择对应的行动（即合法的落子动作）。在一个训练期（即一局完整的比赛）结束时，它会得到一份收获，以表示是否达到了目标。在本例中黑方最终获胜，因此黑方代理得到的收获是+1

这个假设并不适用于所有问题。再次考虑拼字游戏的示例。第 1 回合所做的决定可能会影响到第 3 回合的得分，例如把一个得分很高的 X 保留下来，直到能把它和一个奖励小方框结合起来为止。但是很难看出第 3 回合的决定会对第 20 回合有什么影响。为了在回报计算中表达这个概念，可以改为计算每个行动的未来回报的加权和。行动离得越远权重就越小，这样未来的收获就会比近期的收获影响小。

这种技巧称为收获打折（discounting）。代码清单 9-2 展示了如何计算折扣回报的过程。在这个例子中，每一个行动会获得紧随其后的下一步行动的全部收获。但再下一步行动的收获就只占 75% 了，因此两步之后的收获只有 75% × 75% ≈ 56%，以此类推。这里选择的 75% 只是一个示例，真正适合的折扣率则取决于所处理的特定领域。最有效的折扣率可能需要进行多次试验才能找到。

代码清单 9-2　计算折扣回报

```
for exp_idx in range(exp_length):
    discounted_return[exp_idx] = reward[exp_idx]
    discount_amount = 0.75
    for future_reward_idx in range(exp_idx + 1, exp_length):
        discounted_return[exp_idx] +=
            discount_amount * reward[future_reward_idx]
        discount_amount *= 0.75
```

随着距离原始行动越来越远，discount_amount 会变得越来越小

在构建围棋 AI 的场景中，唯一可能的收获就是胜利或失败。这就让我们在计算回报的时候可以走一条捷径：当我们的代理获得胜利时，游戏中的每个行动都获得+1 的回报；而当代理失败时，每个行动的回报值都是−1。

9.3　建立一个有学习能力的代理

强化学习无法凭空创造出围棋 AI 或其他类型的智能代理，而只能改进一个已经能够在游戏规则框架内工作的机器人。因此，我们首先需要一个至少能完成游戏的代理。本节展示如何创建围棋机器人，并使用神经网络来选择动作。如果从一个未经训练的网络开始，这个机器人将会和第 3 章里的 RandomAgent 一样糟糕。所以我们可以用强化学习来改进这个神经网络。

策略（policy）指的是一个根据给定状态来选择行动的函数。在前几章中，我们见过几个具有 select_move 函数的 Agent 类的实现。每一个 select_move 函数都是一个策略：输入一个游戏状态，输出一个动作。到目前为止，我们执行的所有策略都是有效的，因为它们会产生合法的动作。但它们的效果则不尽相同：第 4 章中的 MCTSAgent 往往会打败第 3 章中的 RandomAgent。如果想要改进这些代理，就需要考虑对算法进行改进，编写新的代码，并测试它——这是一个标准的软件开发过程。

而要使用强化学习，则需要一个可以用其他计算机程序来进行自动更新的策略。在第 6 章中，我们已经学习过一类函数——卷积神经网络。它恰好可以帮助我们做到这一点。深度神经网络可

9.3 建立一个有学习能力的代理

以计算复杂的逻辑,而且使用梯度下降算法可以修改它的行为。

我们在第 6 章和第 7 章中设计的动作预测神经网络,其输出是一个向量,为棋盘上的每一点计算了一个值。每个交叉点得到的值代表网络预测下一步在该点落子的置信度。那么如何把这种输出转换成一个策略呢?一种简单的方法是直接选择具有最高值的动作。如果网络已经训练完毕,能够选择良好的动作,那么这个方法就可以得到不错的结果。但对于任意一个给定的棋局,这种策略总是会选择相同的动作。这会给强化学习带来一个问题:为了通过强化学习来提高性能,我们需要选择各种各样的动作,其中有些会更好,有些会更糟。我们观察它们所产生的结果,以寻找更好的动作。但是要想改进,多样化就是必需的。

因此,相比于总选择最高值的动作的策略,我们更需要一个随机策略(stochastic policy)。这里,随机意味着如果在同样的棋局下进行两次动作选择的话,代理可能会做出不同的选择。但这里引入的随机性,和第 3 章中实现的 RandomAgent 的随机方式又有所不同。RandomAgent 选择动作与游戏中发生了什么无关。随机策略意味着动作选择会依赖棋盘状态,但又不是 100% 可预测的。

9.3.1 从某个概率分布中进行抽样

对于任何棋局,神经网络都会给出一个向量,它的每个元素对应于棋盘上的一个交叉点。要用这个向量来创建策略,可以把它的每个元素值看作是选择对应交叉点的落子动作的概率。本节将展示如何根据这些概率来进行动作选择。

例如,假设玩剪刀石头布游戏,我们可以采用一种策略:50%的概率选石头,30%选布,20%选剪刀。我们把这个 50%-30%-20%的划分,称为这 3 种选择的一个概率分布。注意,概率值的总和恰好是 100%,这是由于策略必须总是选择列表中的一项。这是概率分布的一个必要属性,否则假如有一个 50%-30%-10%的策略,则会留下 10%的概率无法得到任何决策。

按照这种比例来随机选择一项的过程,称为从概率分布中进行抽样。代码清单 9-3 展示了一个 Python 函数,它将根据这个策略从多个选项中选择一个。

代码清单 9-3 从概率分布中抽样的示例

```
import random

def rps():
    randval = random.random()
    if 0.0 <= randval < 0.5:
        return 'rock'
    elif 0.5 <= randval < 0.8:
        return 'paper'
    else:
        return 'scissors'
```

尝试将这段代码多运行几次,看看它会有什么表现。我们将会看到,出 rock 的次数比出 paper 多,而出 paper 的次数比出 scissors 多,但 3 种选择都会时常出现。

NumPy 也内置了这种从概率分布中进行抽样的逻辑，即 `np.random.choice` 函数。代码清单 9-4 展示了如何使用 NumPy 来实现相同的功能。

代码清单 9-4　使用 NumPy 从概率分布中抽样

```python
import numpy as np

def rps():
    return np.random.choice(
        ['rock', 'paper', 'scissors'],
        p=[0.5, 0.3, 0.2])
```

另外，`np.random.select` 函数则可以处理来自相同分布的重复抽样。它将从这个分布中进行一次抽样，并从列表中移除该项，然后继续从其余项目中进行抽样。通过这种方式，我们可以得到一个半随机的有序列表。概率更高的项目很可能出现在列表的前面，但所有项目的次序仍然保留了一些变化。代码清单 9-5 展示了如何使用 `np.random.choice` 来进行多次抽样。传入参数 `size=3`，表示需要 3 个不同的选项，参数 `replace=False` 表示我们不希望进行重复抽样。

代码清单 9-5　使用 NumPy 对概率分布进行重复抽样

```python
import numpy as np

def repeated_rps():
    return np.random.choice(
        ['rock', 'paper', 'scissors'],
        size=3,
        replace=False,
        p=[0.5, 0.3, 0.2])
```

如果围棋策略建议了一个非法的动作，这时候重复抽样就非常有用了。在遇到非法动作时，再另外选择一个动作即可：只要再调用一次 `np.random.choice`，然后使用它生成的下一个动作就行了。

9.3.2　剪裁概率分布

强化学习过程可能相当不稳定，在训练的早期尤为如此。代理可能会对偶然的获胜采取过度的反应，并暂时给那些实际并不那么好的动作分配过高的概率。（在这方面，它和人类初学者没什么不同！）甚至可能出现某一个特定动作的概率一直上升到 1 的情况。这会导致一个微妙的问题：由于我们的代理总是选择相同的动作，因此它就没机会忘掉它了。

为了防止这种情况发生，可以对概率分布进行剪裁操作，以避免概率被一直推向 0 或 1，如代码清单 9-6 所示。在第 8 章的 `DeepLearningAgent` 里，我们也做过类似的事情。NumPy 里的 `np.clip` 函数可以完成这个工作。

9.3 建立一个有学习能力的代理

代码清单 9-6　对一个概率分布进行剪裁

```
def clip_probs(original_probs):
    min_p = 1e-5
    max_p = 1 - min_p
    clipped_probs = np.clip(original_probs, min_p, max_p)
    clipped_probs = clipped_probs / np.sum(clipped_probs)   ◁── 确保结果仍然是一个
    return clipped_probs                                         有效的概率分布
```

9.3.3　初始化一个代理实例

让我们开始构建一种新型的代理 `PolicyAgent`。它能够根据一个随机策略来选择动作，并可以从经验数据中学习。这个模型与第 6 章和第 7 章的动作预测模型基本一致，唯一的区别在于如何训练它。我们把这个类的代码添加到 dlgo/agent/pg.py 文件中。

回顾前面的章节可以看到，我们的模型需要一个与它相匹配的棋盘编码方案。`PolicyAgent` 类的构造函数（如代码清单 9-7 所示）所接收的参数包括模型与棋盘编码器。这样做可以将不同的关注点进行良好的分离。`PolicyAgent` 类负责根据模型选择动作，并根据经验数据更改它的行为，但它可以忽略模型结构和棋盘编码方案的细节。

代码清单 9-7　PolicyAgent 类的构造函数

```
class PolicyAgent(Agent):
    def __init__(self, model, encoder):       ◁── 一个 Keras 顺序
        self.model = model                         模型实例
        self.encoder = encoder
```
实现编码器接口

要开启强化学习，首先要构建一个棋盘编码器，然后再构建一个模型，最后用它们实例化一个代理。代码清单 9-8 展示了这个过程。

代码清单 9-8　构造一个新的学习代理

```
encoder = encoders.simple.SimpleEncoder((board_size, board_size))
model = Sequential()
for layer in dlgo.networks.large.layers(encoder.shape()):
    model.add(layer)
model.add(Dense(encoder.num_points()))       用第 6 章中介绍的 dlgo.network.large
model.add(Activation('softmax'))              模块中的层构建一个顺序模型
new_agent = agent.PolicyAgent(model, encoder)
```
添加一个输出层，返回棋盘上各点的概率分布

构造这样的代理时，对于新创建的模型，Keras 会将它的权重初始化为很小的随机值。此时，代理的策略接近于一致随机（uniform random），即它会在具有大致相同概率的有效动作中任选一个。稍后，模型会随着不断训练，做出更加复杂的决策。

9.3.4　在磁盘上加载并保存代理

强化学习过程可以无限期地持续下去，可能要花几天甚至几周时间来训练机器人。因此需要定期

将机器人持久化存储到磁盘上，以便启动或停止训练过程，并比较它在训练周期中不同节点的性能。

要存储代理，可以用第 8 章介绍的 HDF5 文件格式。HDF5 格式是方便存储数值型数组的格式，它与 NumPy 和 Keras 的集成度也很高。

在 PolicyAgent 类上定义一个 serialize 方法，用来将它的编码器和模型持久化存储到磁盘上，如代码清单 9-9 所示。这样就足以重建代理了。

代码清单 9-9　将一个 PolicyAgent 实例序列化到磁盘

```
class PolicyAgent(Agent):
    ...
    def serialize(self, h5file):
        h5file.create_group('encoder')
        h5file['encoder'].attrs['name'] = self.encoder.name()
        h5file['encoder'].attrs['board_width'] = \
            self.encoder.board_width
        h5file['encoder'].attrs['board_height'] = \
            self.encoder.board_height
        h5file.create_group('model')
        kerasutil.save_model_to_hdf5_group(
            self._model, h5file['model'])
```

- 存储足以重建棋盘编码器的信息
- 使用 Keras 内置的特性来持久化模型以及它的权重

这里，h5file 参数可以是一个 h5py.File 对象，也可以是 h5py.File 中的一个群组。这样做的好处是能够把其他数据与这个代理打包到同一个 HDF5 文件中。

要使用这个 serialize 方法，需要先创建一个新的 HDF5 文件，然后传入文件句柄，如代码清单 9-10 所示。

代码清单 9-10　使用 serialize 方法的示例

```
import h5py

with h5py.File(output_file, 'w') as outf:
    agent.serialize(outf)
```

接着，用一个对应的 load_policy_agent 函数来实现反序列化的过程，如代码清单 9-11 所示。

代码清单 9-11　从文件中加载策略代理

```
def load_policy_agent(h5file):
    model = kerasutil.load_model_from_hdf5_group(
        h5file['model'])
    encoder_name = h5file['encoder'].attrs['name']
    board_width = h5file['encoder'].attrs['board_width']
    board_height = h5file['encoder'].attrs['board_height']
    encoder = encoders.get_encoder_by_name(
        encoder_name,
        (board_width, board_height))
    return PolicyAgent(model, encoder)     ← 重建代理
```

- 使用内置的 Keras 函数加载模型结构与权重
- 恢复棋盘编码器

9.3.5 实现动作选择

在开始自我对弈之前，PolicyAgent 还需要再实现一个函数 select_move。这个函数看起来与第 8 章中添加到 DeepLearningAgent 中的 select_move 函数类似。它的第一步是将棋盘编码为一个适合作为模型输入的张量（即多个堆叠的矩阵，见附录 A）。接下来将棋盘张量输入模型，并得到预测动作的概率分布。然后对概率分布进行剪裁，以确保没有过度接近 1 或 0 的概率值。图 9-3 展示了这个流程。

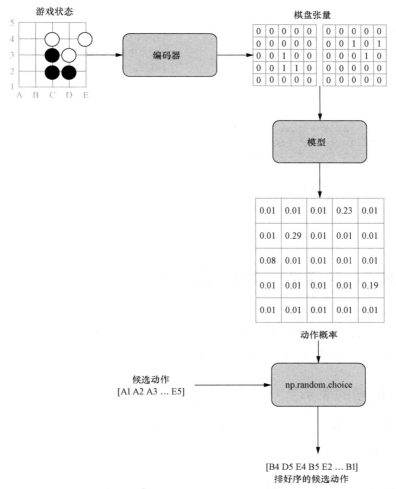

图 9-3 动作选择过程。首先将游戏状态编码成一个数值张量，然后把这个张量传递给模型，以得到各个动作的概率。接着对棋盘上所有的交叉点根据动作概率进行抽样，得到一个排好序的候选动作列表

代码清单 9-12 展示了如何实现图 9-3 中所示的这几个步骤。

代码清单 9-12　使用神经网络选择动作

```
class PolicyAgent(Agent):
...
    def select_move(self, game_state):
        board_tensor = self._encoder.encode(game_state)
        X = np.array([board_tensor])
        move_probs = self._model.predict(X)[0]

        move_probs = clip_probs(move_probs)

        num_moves = self._encoder.board_width * \
            self._encoder.board_height
        candidates = np.arange(num_moves)
        ranked_moves = np.random.choice(
            candidates, num_moves,
            replace=False, p=move_probs)

        for point_idx in ranked_moves:
            point = self._encoder.decode_point_index(point_idx)
            move = goboard.Move.play(point)
            is_valid = game_state.is_valid_move(move)
            is_an_eye = is_point_an_eye(
                game_state.board,
                point,
                game_state.next_player)
            if is_valid and (not is_an_eye):
                return goboard.Move.play(point)
        return goboard.Move.pass_turn()
```

调用 Keras 的预测函数会输出批量的预测结果，因此可以把整个棋盘包装成一个数组，然后从结果数组中取出第一项

创建一个数组，包含棋盘中每个交叉点的坐标

根据策略从棋盘上的交叉点中抽样，创建一个排好序的候选交叉点列表

循环遍历每个交叉点，检查它是否为合法动作，并选择第一个合法动作

如果代码运行到了这里，说明没有合法的动作可供选择了

9.4　自我对弈：计算机程序进行实践训练的方式

现在我们已经有了一个能够完成整个棋局的学习代理，可以开始收集经验数据了。对围棋 AI 来说，这意味着需要生成数以万计的棋局。本节将展示这个过程的实现：我们先描述几个方便经验数据处理的数据结构，然后展示如何实现自我对弈驱动程序。

9.4.1　经验数据的表示

经验数据包含 3 个部分：状态、行动和收获。要把这 3 类数据组织好，我们需要一个独立的数据结构来统一存储它们。

ExperienceBuffer（经验缓冲区）类是一个轻量级容器，用来存储经验数据。如代码清单 9-13 所示，它有 3 个属性：states、actions 和 rewards。这 3 个属性都用 NumPy 数组来存储，而代理需要将自己的状态与动作编码为这种数值结构。ExperienceBuffer 只是一个用来传递数据集的容器而已。在这个实现里，并没有包含任何梯度学习特有的内容，因此在后面的章节中，我们可以把这个类用于其他强化学习算法。因此，我们把这个类添加

到 dlgo/rl/experience.py 模块中。

代码清单 9-13　经验缓冲区的构造函数

```
class ExperienceBuffer:
    def __init__(self, states, actions, rewards):
        self.states = states
        self.actions = actions
        self.rewards = rewards
```

在经验缓冲区收集了大量数据之后，就需要把它存储到磁盘上。这时候 HDF5 文件格式再一次成为完美的选择。我们可以在 ExperienceBuffer 类中添加一个 serialize 方法，如代码清单 9-14 所示。

代码清单 9-14　将经验缓冲区存储到磁盘

```
class ExperienceBuffer:
...
    def serialize(self, h5file):
        h5file.create_group('experience')
        h5file['experience'].create_dataset(
            'states', data=self.states)
        h5file['experience'].create_dataset(
            'actions', data=self.actions)
        h5file['experience'].create_dataset(
            'rewards', data=self.rewards)
```

除了序列化函数，我们还需要一个相应的 load_experience 函数来从文件中读取经验缓冲区，如代码清单 9-15 所示。注意，每个数据集都需要转换成一个 np.array，因此需要把整个数据集读入内存中。

代码清单 9-15　从 HDF5 文件中还原一个 ExperienceBuffer 实例

```
def load_experience(h5file):
    return ExperienceBuffer(
        states=np.array(h5file['experience']['states']),
        actions=np.array(h5file['experience']['actions']),
        rewards=np.array(h5file['experience']['rewards']))
```

现在我们已经有了一个简单容器，可以传递经验数据了，但我们还需要一个方法来向它填充代理的决策数据。这里有一个问题，即每当代理做出一次决策的时候，它并不能马上得到相应的收获，而要等到棋局终盘，知道哪一方获胜的时候，才能计算出收获。要解决这个问题，就需要跟踪当前棋局的所有决策，一直到终盘为止。我们可以把这套逻辑直接放到代理的实现中，但这样做会把 PolicyAgent 的实现变得很混乱。另一个办法，就是将它分离成一个单独的 ExperienceCollector（经验收集器）对象，其唯一职责就是逐期记录每一局棋的信息。

ExperienceCollector 类需要实现 4 个方法。

- begin_episode 和 complete_episode，由自我对弈驱动器调用，表示一局棋的开始和结束。
- record_decision，由代理调用，表示它所选择的一个单独行动。
- to_buffer，将 ExperienceCollector 至今为止收集的全部信息整装打包，返回一个 ExperienceBuffer 对象。自我对弈驱动器会在每一轮自我对弈会话结束时调用这个方法。

完整的实现在代码清单 9-16 中。

代码清单 9-16　跟踪一局棋过程中的决策的对象

```
class ExperienceCollector:
    def __init__(self):
        self.states = []
        self.actions = []
        self.rewards = []
        self.current_episode_states = []
        self.current_episode_actions = []

    def begin_episode(self):
        self.current_episode_states = []
        self.current_episode_actions = []

    def record_decision(self, state, action):      ◁── 把一次决策存储到当
        self.current_episode_states.append(state)      前期中；代理对象负
        self.current_episode_actions.append(action)    责对棋局的状态和行
                                                       动进行编码

    def complete_episode(self, reward):
        num_states = len(self.current_episode_states)
        self.states += self.current_episode_states          ◁── 将最终的收获分摊给
        self.actions += self.current_episode_actions           本局所有的行动
        self.rewards += [reward for _ in range(num_states)] ◁

        self.current_episode_states = []
        self.current_episode_actions = []

    def to_buffer(self):             ◁── ExperienceCollector 使用 Python 列表
        return ExperienceBuffer(         累积数据；这个函数可以把它们转换
            states=np.array(self.states),   成 NumPy 数组
            actions=np.array(self.actions),
            rewards=np.array(self.rewards)
        )
```

要将 ExperienceCollector 集成到代理中，可以添加一个 set_collector 方法来告诉代理该往哪里发送它的经验数据。接着在 select_move 方法中，代理会在每次做出决策之后通知收集器，如代码清单 9-17 所示。

代码清单 9-17　将 ExperienceCollector 集成到 PolicyAgent 中

```
class PolicyAgent:
...
    def set_collector(self, collector):          ┤允许自我对弈驱动程序给代
        self.collector = collector                 理添加一个经验收集器
...
    def select_move(self, game_state):
...
        if self.collector is not None:           ┐代理在选择好一个动
            self.collector.record_decision(       │作之后，把它的决策
                state=board_tensor,               │通知给收集器
                action=point_idx
            )
        return goboard.Move.play(point)
```

9.4.2　模拟棋局

下一步就可以进行对弈了。我们在本书中已经做过两次类似的事情：第 3 章的 bot_v_bot 演示程序和第 4 章中蒙特卡洛树搜索实现的一部分。现在我们可以采用代码清单 9-18 中的 simulate_game 函数实现。

代码清单 9-18　模拟两个代理之间的一局比赛

```
def simulate_game(black_player, white_player):
    game = GameState.new_game(BOARD_SIZE)
    agents = {
        Player.black: black_player,
        Player.white: white_player,
    }
    while not game.is_over():
        next_move = agents[game.next_player].select_move(game)
        game = game.apply_move(next_move)
    game_result = scoring.compute_game_result(game)
    return game_result.winner
```

在这个函数里，black_player 和 white_player 可以是 Agent 类的任意实例。因此可以为正在训练的 PolicyAgent 任意挑选对手进行对决。理论上对手也可以是一个人类棋手，但如果这么做的话，要很多年才能收集到足够的经验数据。此外，学习代理也可以与某个第三方围棋机器人开展对弈，并采用第 8 章的 GTP 框架来处理通信。

我们还可以让学习代理与它的副本进行对弈。这么做不仅最简单，还有两个特殊的优势。

首先，强化学习需要足够多的成功与失败经验来学习。想象一下，假如一个新手初次对弈就遇到了围棋大师。新手的棋艺与围棋大师的水平相差实在太大，以至于连分辨自己哪步棋下错都做不到。并且由于围棋大师经验丰富，即使犯了几个小错也仍然能够轻松获胜。因此，双方都无法从这次对弈中学到东西。相反地，新手在开始阶段应当与其他新手进行对决，再慢慢学习、进步。这个道理同样适用于强化学习。当机器人与自己对弈时，它的对手总是

与自己势均力敌。

其次,用代理进行自我对弈,一局对弈可以得到两局的经验。由于对弈双方采取了相同的决策过程,因此胜方或负方的经验都可用于学习。强化学习需要巨量的比赛数据,因此有双倍的数据累积速度,是一个很不错的优点。

要开启自我对弈,需要先构造两个代理副本,并为其各分配一个 ExperienceCollector 实例。由于两个代理在终盘时得到的收获是相反的,因此我们必须给它们分配独立的经验收集器。代码清单 9-19 展示了这个初始化步骤。

> **游戏之外的强化学习**
>
> 在棋盘游戏中,自我对弈是非常好的收集经验数据的方法。而在其他领域,我们需要另外构建一个模拟环境来运行代理。例如,如果想要用强化学习来构建某个机器人控制系统,就需要一个模拟系统来全面地模拟机器人所运行的物理环境。
>
> 如果读者想要进行更多、更深入的强化学习实验,那么可以参看 OpenAI 竞技场。它提供了很多棋盘游戏、电子游戏以及物理模拟的环境。

代码清单 9-19　生成一批经验数据的初始化代码

```
agent1 = agent.load_policy_agent(h5py.File(agent_filename))
agent2 = agent.load_policy_agent(h5py.File(agent_filename))
collector1 = rl.ExperienceCollector()
collector2 = rl.ExperienceCollector()
agent1.set_collector(collector1)
agent2.set_collector(collector2)
```

现在我们已经可以着手实现模拟自我对弈棋局的主循环了,如代码清单 9-20 所示。在这个循环中,agent1 会一直执黑子,而 agent2 一直执白子。只要 agent1 和 agent2 完全相同,最终我们会把它们的经验数据合并起来进行训练,这样做没问题。但是,如果学习代理要与其他的参考代理进行对决,那么最好还是让它们轮流切换执黑白子。在围棋中,由于黑方先手,且黑方和白方的弈棋风格会略有不同,因此学习代理需要对双方都进行训练。

代码清单 9-20　进行一系列自我对弈

```
for i in range(num_games):
    collector1.begin_episode()
    collector2.begin_episode()

    game_record = simulate_game(agent1, agent2)
    if game_record.winner == Player.black:
        collector1.complete_episode(reward=1)      ← agent1 获胜,所以它
        collector2.complete_episode(reward=-1)       得到正收获
    else:
        collector2.complete_episode(reward=1)
        collector1.complete_episode(reward=-1)     ← agent2 获胜
```

当自我对弈结束时,最后要将所有收集到的经验合并起来,保存到一个文件中,如代码清单 9-21

所示。这个文件为训练脚本提供输入数据，第 10 章会讲到它的细节。

代码清单 9-21　保存一批经验数据

```
experience = rl.combine_experience([       ◁── 将两个代理的经验数据合并
    collector1,                                到一个单独的缓冲区中
    collector2])
with h5py.File(experience_filename, 'w') as experience_outf:   ◁── 保存到一个 HDF5 文
    experience.serialize(experience_outf)                          件中
```

至此，万事俱备，我们已经可以生成自我对弈数据了。第 10 章会展示如何使用自我对弈数据来改进机器人。

9.5　小结

- 代理是用于完成某个特定任务的计算机程序。例如，我们的围棋对弈 AI 就是一个代理，它的任务目标是在围棋比赛中获得胜利。
- 强化学习周期包括如下过程：收集经验数据，用经验数据训练代理，对更新的代理进行评估。在每一个循环周期结束时，我们预期代理的能力会有小幅提升。理想情况下，可以反复执行这个周期，不断地改进代理。
- 要针对一个问题进行强化学习，必须能够先用状态、行动和收获等术语来描述这个问题。
- 收获可以用来控制强化学习代理的表现。如果代理得到的结果与预期相符，可以给予正收获，而对于想要避免的结果，可以给予负收获。
- 策略是在某个给定状态下所做出决策的规则。在围棋 AI 中，根据棋局来选择下一步动作的算法就是它的策略。
- 可以用神经网络来训练策略，只要将输出向量看作所有可能行动的一个概率分布，然后从概率分布中进行抽样即可。
- 将强化学习应用到游戏时，可以通过自我对弈来收集经验数据。自我对弈，即代理与它的副本进行对决。

第 10 章　基于策略梯度的强化学习

本章主要内容
- 使用策略梯度学习来改进对弈表现。
- 在 Keras 中实现策略梯度学习。
- 策略梯度学习的优化微调。

第 9 章展示了如何制作可以进行自我对弈的围棋程序，并将结果保存为经验数据。这是强化学习的前半部分工作，而下一步是要用经验数据来改进代理，让它能够获得更多的胜利。第 9 章的代理用神经网络来选择落子动作。我们进行一个思维实验，假设对神经网络的每一个权重进行随机调整。这样代理就会选择不同的动作。运气好的话，这些新动作中有一些能够比之前的动作效果更好，而其他的动作则可能变得更差。综合起来，更新的代理可能比之前的版本稍微强一点，也可能稍微弱一点，到底是变强还是变弱则是随机的。

我们可以对这个思路做出改进吗？本章介绍策略梯度学习（gradient policy learning）的一种形式。策略梯度方法提供了一个机制，可以估计权重参数的调整方向，让代理能够更好地完成它的任务。在这里，每个权重的调整不再是随机的，而是通过分析经验数据来猜测是增加还是减少特定的权重效果更好。随机因素在策略梯度学习中仍然有一席之地，但策略梯度学习可以提高改进的概率。

回忆第 9 章，我们采用随机策略来做出决策。这个策略是一个函数，它会给代理可能做出的每个动作赋予一个概率值。本章介绍的策略学习方法工作流程如下。

（1）当代理获胜时，增大它所选择过的动作的概率。
（2）当代理失败时，减小它所选择过的动作的概率。

首先我们会讨论一个简化示例，并展示如何用这套技术来改进策略，获得更多的胜利。接着我们会看到如何在神经网络中使用梯度下降法得到预期的改变——即增大或减小某个特定动作的概率。最后我们会提供一些实践性指导来帮助管理训练过程。

10.1 如何在随机棋局中识别更佳的决策

要介绍策略学习，需要先从一个比围棋简单得多的游戏开始，让我们把这个游戏称为"加加加"（Add It Up）。下面是它的游戏规则：
- 每一回合每人选择一个 1~5 的数字；
- 在 100 回合后，每个人将他们所选择的数字加起来；
- 总和最高的人获胜。

是的，这个规则意味着每个回合都选择 5 就是最佳策略。没错，这并不是一个好游戏，但我们用它只是为了更方便地展示策略学习（policy learning），即根据游戏结果来逐渐学习并改进一个随机策略。因为这个游戏的最佳策略是已知的，所以我们可以更清晰地观察策略学习如何趋向完美策略的过程。

"加加加"是一个很简单的游戏，但它的诸多概念可以和围棋之类更复杂的游戏进行对照。与围棋一样，"加加加"一局比赛时间很长，而且在一局之中，参赛各方都有很多机会来做出或好或坏、影响结局的选择。要根据游戏结果来更新策略，需要识别对这局比赛的输赢贡献最大的动作。这个问题也称为贡献分配（credit assignment）问题，它也是强化学习的核心问题之一。本节展示如何把很多局游戏的结果均摊分配到一次次独立的决策。在第 12 章中，我们将基于这个技术创造出更为复杂、健壮的贡献分配算法。

让我们先从纯粹的随机策略开始。在概率完全相同的 5 个选项中选择 1 个（我们把这种策略称为一致随机（uniform random）策略）。这样，在一局游戏的全过程中，我们大概会选择 20 次数字 2、20 次数字 3 等。但是这么做不能保证一个数字（如数字 1）恰好被选择 20 次，它被选择的次数在每一局游戏中都会有所变化。代码清单 10-1 展示了一个 Python 函数，用来模拟这样的代理在一整局游戏中进行的全部选择。图 10-1 展示了几个样例结果，读者也可以自己运行几遍程序，并观察结果。

代码清单 10-1　随机从 1~5 中选择一个数字

```
import numpy as np

counts = {1: 0, 2: 0, 3: 0, 4: 0, 5: 0}
for i in range(100):
    choice = np.random.choice([1, 2, 3, 4, 5],
                              p=[0.2, 0.2, 0.2, 0.2, 0.2])
    counts[choice] += 1
print(counts)
```

虽然代理在每一局游戏中都遵循完全相同的策略，但策略本身的随机性会根据不同游戏发生变化。我们可以利用这种变化来改进策略。

代码清单 10-2 展示了一个函数，它会模拟一局完整的"加加加"游戏，跟踪记录每个参与者所做出的决策，最后计算出胜者。

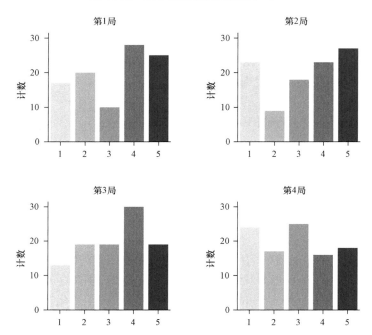

图 10-1　展示了一个随机代理进行的 4 局游戏。4 个柱状图分别表示一局游戏中代理对 5 个可能动作所选择的次数。虽然代理在每一局游戏中使用的策略都相同，但是对于不同的游戏，具体的计数会有很大的差别

代码清单 10-2　模拟一局"加加加"游戏

```
def simulate_game(policy):
    """Returns a tuple of (winning choices, losing choices)"""
    player_1_choices = {1: 0, 2: 0, 3: 0, 4: 0, 5: 0}
    player_1_total = 0
    player_2_choices = {1: 0, 2: 0, 3: 0, 4: 0, 5: 0}
    player_2_total = 0
    for i in range(100):
        player_1_choice = np.random.choice([1, 2, 3, 4, 5],
                                           p=policy)
        player_1_choices[player_1_choice] += 1
        player_1_total += player_1_choice
        player_2_choice = np.random.choice([1, 2, 3, 4, 5],
                                           p=policy)
        player_2_choices[player_2_choice] += 1
        player_2_total += player_2_choice
    if player_1_total > player_2_total:
        winner_choices = player_1_choices
        loser_choices = player_2_choices
    else:
        winner_choices = player_2_choices
        loser_choices = player_1_choices
    return (winner_choices, loser_choices)
```

10.1 如何在随机棋局中识别更佳的决策

让我们运行几局游戏并观察结果。代码清单 10-3 展示了几局示例游戏。通常来说，胜者很少会选择数字 1，但也不是没可能。有时候胜者会更多地选择数字 5，但这个情况也不是必然的。

代码清单 10-3　代码清单 10-2 的示例输出

```
>>> policy = [0.2, 0.2, 0.2, 0.2, 0.2]
>>> simulate_game(policy)
({1: 20, 2: 23, 3: 15, 4: 25, 5: 17},    ← 胜者的选择
 {1: 21, 2: 20, 3: 24, 4: 16, 5: 19})    ← 败者的选择
>>> simulate_game(policy)
({1: 22, 2: 22, 3: 19, 4: 20, 5: 17},
 {1: 28, 2: 23, 3: 17, 4: 13, 5: 19})
>>> simulate_game(policy)
({1: 13, 2: 21, 3: 19, 4: 23, 5: 24},
 {1: 22, 2: 20, 3: 19, 4: 19, 5: 20})
>>> simulate_game(policy)
({1: 20, 2: 19, 3: 15, 4: 21, 5: 25},
 {1: 19, 2: 23, 3: 20, 4: 17, 5: 21})
```

如果把代码清单 10-3 中所示的 4 局游戏示例的结果平均起来，就会看到胜者平均每局选择数字 1 的次数为 18.75，而败者选择数字 1 的平均次数是 22.5。这个情况比较合理，数字 1 显然不是一个好的选择。虽然所有的游戏都采用了相同的策略，但胜败双方选择的分布还是很不一样的，因为更多地选择数字 1 会更容易导致失败。

代理在胜局中与败局中的选择差别，可以告诉我们哪些选择相对来说更好。要改进策略，可以根据这些差别来更新不同选择的概率。在本例中，我们可以为每个胜局中所做出的选择增大一点点概率，并为每个败局中所做出的选择减小一点点概率，如代码清单 10-4 所示。这样不同选择的概率分布就会逐渐趋向于那些在胜局中出现更多的选择，即我们认为的更好的选择。对"加加加"游戏来说，这个算法效果非常不错。但是，对围棋这样更复杂的游戏，就需要一个更复杂的系统来更新概率了。我们会在 10.2 节中介绍这部分内容。

代码清单 10-4　针对"加加加"这个简单游戏的策略学习实现

```
def normalize(policy):                         # 确保概率的和为 1，以保证
    policy = np.clip(policy, 0, 1)             # 策略是一个合法的概率分布
    return policy / np.sum(policy)

choices = [1, 2, 3, 4, 5]
policy = np.array([0.2, 0.2, 0.2, 0.2, 0.2])
learning_rate = 0.0001                         # 控制策略更新频率的
for i in range(num_games):                     # 设置
    win_counts, lose_counts = simulate_game(policy)
    for i, choice in enumerate(choices):
        net_wins = win_counts[choice] - lose_counts[choice]
        policy[i] += learning_rate * net_wins   # 如果 choice 在胜局中出现的次数比
    policy = normalize(policy)                  # 败局中更多，那么 net_wins 会是一
    print('%d: %s' % (i, policy))               # 个正值。反之，它会是一个负值
```

图 10-2 展示了示例程序策略的演化过程。经过大概 1 000 局游戏之后，算法学会了不再选择最差的动作。再经过大概 1 000 局，它就或多或少地趋近完美策略了，即每局都选择 5。这个学习曲线并不完全平滑，有时候代理会选择很多次数字 1，但仍然获得了胜利，这就会导致策略（错误地）趋向于选择数字 1。我们只能依赖大量的游戏训练过程来消除这种错误的影响。

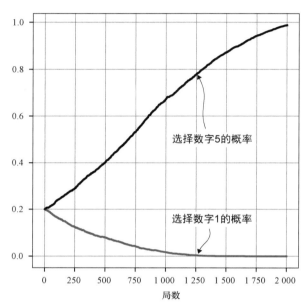

图 10-2 对于我们的简化策略学习系统，本图展示了它的策略如何演化的过程。在经历几百局游戏之后，代理逐渐学会了减少选择那些最差的动作（即选择数字 1）。同样地，代理还渐渐学会了更多地选择最好的动作（即选择数字 5）。这两个选择的学习曲线都有抖动，因为策略有时候会往错误的方向走一两步

10.2 使用梯度下降法修改神经网络的策略

学习"加加加"游戏与学习下围棋有一个显著的区别。在"加加加"游戏示例中，我们使用的策略完全不依赖任何游戏状态，选择数字 5 总是一步好棋，而选择数字 1 则总是坏棋。而在围棋中，当我们说想要增大某个特定动作的概率时，我们真正想要做的，其实是在相似的情形下增大这个动作的概率。但这里"相似的情形"的概念是非常模糊的，难以具体定义。所以我们只能依赖神经网络的力量，让它自己去梳理相似的情形到底是什么意思。

在第 9 章中，当我们创建一个神经网络策略时，我们构造了一个函数，以棋局状态作为输入，并输出一系列动作的概率分布。对于经验数据中的每一个棋局，我们期望增大策略所选择的动作的概率（如果它最终导致胜利），或减小它的概率（如果导致失败）。但是我们无法像 9.1

节中那样直接强行修改策略的概率，而只能修改神经网络中相应的权重，以获得期望的输出。梯度下降法能够做到这一点。使用梯度下降法来修改策略的学习称为策略梯度学习。这个思路有几个不同的变体，而我们在本章中将要介绍的具体算法，称为蒙特卡洛策略梯度（Monte Carlo policy gradient），或 REINFORCE 方法。图 10-3 展示了如何将这个算法应用到游戏的大致流程。

注意 REINFORCE 是 "REward Increment = Nonnegative Factor times Offset Reinforcement times Characteristic Eligibility" 的缩写，而这个名字的全称实际上就是梯度更新的公式[①]。

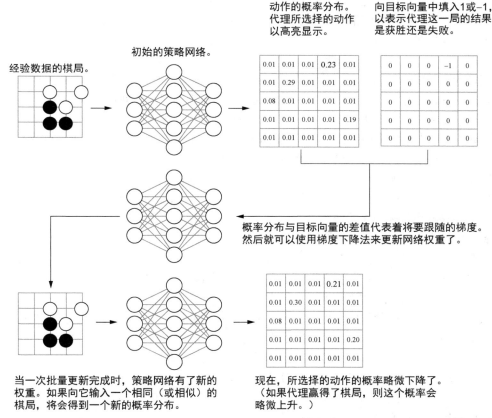

图 10-3 策略梯度学习的流程图。我们从棋局棋谱与结果的数据集合开始。对于代理所选择的每一个动作，我们期望增大它的选择概率（如果最终胜利）或减小它的概率（如果最终失败）。梯度下降法负责处理更新策略权重的操作。每完成一轮梯度下降之后，概率分布会朝着期望的方向偏移一点

让我们回顾一下第 5 章采用梯度下降法的监督学习的工作机制。我们选择一个损失函数，用

---

① 收获增量 = 非负因子×抵消强化×特征合格度。——译者注

来表示函数与训练数据之间的差距,并计算损失函数的梯度。我们的目标是让损失函数值变得更小,即让函数与训练数据更加适配。梯度下降法可以逐渐地向着损失函数的梯度方向更新权重,因此提供了极小化损失函数的机制。梯度能够告诉我们每个权重应当向哪个方向调整才能减小损失函数。

在策略学习中,我们期望找到每个权重的调整方向,让策略倾向于(或者远离)某个特定的动作。我们可以构造一个损失函数,让它的梯度带有这个特性。一旦有了这个函数,就可以利用 Keras 框架所提供的丰富灵活的基础架构来迅速地更新策略网络。

回忆一下第 7 章中实现的监督学习算法。对每一个游戏状态,我们都可以知道在这个棋局中人类棋手所做出的选择。因此我们创建了一个向量,用 0 来表示每一个棋盘位置,用 1 来表示棋手所选择的动作。损失函数度量了网络预测的概率分布与所选动作的差距,而它的梯度则指向减小这个差距所需要遵循的方向。当一次批量更新完成时,棋手所选的相应动作的预测概率会略微增大。

这正是我们想要达到的效果:增大某个特定动作的概率。在代理获胜的那些棋局中,可以把代理所选择的动作当作人类棋手在真实棋谱中选择的动作来处理,并创建完全一样的目标向量。然后,就可以用 Keras 的 `fit` 函数来更新策略,向正确的方向偏移。

那么,如果是失败的棋局呢?这时候我们希望减小所选动作的概率,但是并不知道实际的最佳动作。我们希望这里的更新效果最好能够与获胜棋局相反。

实际上,如果训练所采用的损失函数是交叉熵损失函数,那么只要在目标向量中本该填入 1 的地方填入 -1 就可以了。这样做会改变损失函数梯度的正负值,而权重则会正好向相反的方向偏移,因此能够减小目标动作的概率。

但要利用这个小技巧,就必须使用交叉熵损失函数,其他的损失函数,例如均方误差损失函数,就达不到这个效果了。在第 7 章中,我们之所以选择交叉熵损失函数,是因为在固定数量的选项中做出最佳选择的问题中,它是最高效的方法。而在这里我们选择它,则是为了另一个目的:将目标向量的 1 切换为 -1,进而切换梯度的方向。

回顾一下我们的经验数据的结构,它包含 3 个并行的数组:

- `states[i]` 表示在自我对弈过程中遇到的一个特定的棋局;
- `actions[i]` 表示在这个特定棋局下,代理所选择的动作;
- `rewards[i]` 表示如果代理最终获得胜利,其值为 1,否则为 -1。

代码清单 10-5 实现了一个 `prepare_experience_data` 函数,它将经验数据缓冲区打包成一个目标数组,以适配 Keras 的 `fit` 函数。

代码清单 10-5 将经验数据编码为一个目标向量

```
def prepare_experience_data(experience, board_width, board_height):
    experience_size = experience.actions.shape[0]
    target_vectors = np.zeros((experience_size, board_width * board_height))
    for i in range(experience_size):
        action = experience.actions[i]
```

```
        reward = experience.rewards[i]
        target_vectors[i][action] = reward
    return target_vectors
```

代码清单 10-6 展示了如何在 `PolicyAgent` 类中实现一个训练函数 `train`。

代码清单 10-6　利用策略梯度学习从经验数据中训练一个代理

```
class PolicyAgent(Agent):
...
    def train(self, experience, lr, clipnorm, batch_size):
        self._model.compile(
            loss='categorical_crossentropy',
            optimizer=SGD(lr=lr, clipnorm=clipnorm))

        target_vectors = prepare_experience_data(
            experience,
            self._encoder.board_width,
            self._encoder.board_height)

        self._model.fit(
            experience.states, target_vectors,
            batch_size=batch_size,
            epochs=1)
```

> lr、clipnorm，以及 batch_size 这 3 个参数可以精细地调节训练过程。我们会在后文详细介绍它们

> compile 方法给模型分配一个优化器。在本例中，它分配的是一个 SGD 优化器

除经验数据缓冲区之外，这个 `train` 函数还接收 3 个参数，可以修改优化器的行为：

- `lr`，即学习率（learning rate），控制权重在每一步修改时移动的距离；
- `clipnorm`，提供了一个硬性上限，限制权重在每个独立步骤中所移动的距离的最大值；
- `batch_size`，我们可以将经验数据中的多个动作合并起来进行一次批量权重更新，而这个参数代表批量的数目。

在策略梯度学习中，可能需要对这几个参数进行微调，以得到更好的结果。在 10.3 节中，我们会提供几个建议，以帮助我们更容易地找到合适的设置。

在第 7 章中，我们使用过 Adadelta 和 Adagrad 优化器，它们能够在学习过程中自动调整学习率。遗憾的是，它们所依赖的先决条件，在策略梯度学习中并不成立。所以这里我们应当使用基本的随机梯度下降优化器，并手动设置学习率。但需要强调的是，在 95% 的情况下，Adadelta 或 Adagrad 是更好的选择，因为采用它们，训练速度更快，令人头痛的问题也更少。但是在某些特殊情况下，还是需要退回到基本的 SGD，所以，了解如何手动设置学习率也是非常有用的知识。

还要注意，我们对经验缓冲区只运行一个迭代周期的训练过程。这和第 7 章并不相同，那时候我们会用相同的训练集运行好几个迭代周期的训练过程。关键的区别在于第 7 章使用的训练数据是已知的良好数据。那个数据集中的每一个动作，都是经验丰富的人类棋手在真实棋局中所进行的选择。而现在我们使用的自我对弈数据，棋局的结果是部分随机的，并且无从得知哪些动作对最终的胜利有所贡献。我们只能期待巨大的棋局数量能够消除误差。所以在这种情况下，我们不能重复使用任何一个棋谱，否则会让其中包含的错误数据效果加倍。

幸运的是，在强化学习中我们拥有用之不尽的训练数据。所以我们不再对相同的训练数据运

行多个迭代周期的训练过程,而只要再运行一批自我对弈棋局,生成一个新的数据集即可。

现在我们已经有了完整的 `train` 函数,代码清单 10-7 展示了一个训练脚本。读者可以在 GitHub 上找到完整的脚本文件 train_pg.py。这个脚本接收第 9 章中的自我对弈脚本生成的经验数据文件。

代码清单 10-7 使用预先生成的经验数据进行训练

```
learning_agent = agent.load_policy_agent(h5py.File(learning_agent_filename))
for exp_filename in experience_files:
    exp_buffer = rl.load_experience(h5py.File(exp_filename))
    learning_agent.train(
        exp_buffer,
        lr=learning_rate,
        clipnorm=clipnorm,
        batch_size=batch_size)
with h5py.File(updated_agent_filename, 'w') as updated_agent_outf:
    learning_agent.serialize(updated_agent_outf)
```

训练数据可能无法一次全部加载到内存中。这个脚本的实现可以从多个文件中读入数据,并且每次只读入一部分

10.3 使用自我对弈进行训练的几个小技巧

训练调参的过程可能会很艰难,并且由于大型神经网络的训练速度通常都很慢,往往需要漫长的等待才能检验结果。因此应当做好不断试错或者前几趟都遇到问题的准备。本节将提供几个应对漫长训练过程的小技巧。首先我们详细阐述如何测试和验证机器人的进展,接着我们深入讨论几个影响训练过程的参数的微调细节。

强化学习非常缓慢:如果训练的是围棋 AI,可能需要上万局自我对弈才能见到明显的进展。我们建议先从更小的棋盘开始训练,例如 9×9 或 5×5 棋盘。在更小的棋盘上,棋局更短,因此可以更快地生成自我对弈棋局数据;并且小棋盘的棋局复杂度本身也低,只需要相对较少的训练数据,就能见到进展。这样可以更快地测试代码、微调训练的过程。等到对自己的代码有足够的信心之后,再处理更大尺寸的棋盘。

10.3.1 评估学习的进展

在围棋这样复杂度很高的游戏中,强化学习可能会花费非常长的时间——尤其是在无法采用专用硬件的时候。花费了数天时间来训练算法,结果发现程序在很久之前就已经出错,没什么事比这更令人沮丧了。我们建议读者定期检查学习代理的学习进度。要检查学习进度,可以模拟更多的对弈。evel_pg_bot.py 脚本可以让机器人的两个不同版本进行对弈。代码清单 10-8 展示了它的用法。

代码清单 10-8 用于比较两个代理的强度的脚本

```
这个脚本从 agent1 的视
角来跟踪记录胜负
    wins = 0
    losses = 0                    color1 是 agent1 的执子颜色;
    color1 = Player.black         agent2 会选择另一方执子
    for i in range(num_games):
```

```
    print('Simulating game %d/%d...' % (i + 1, num_games))
    if color1 == Player.black:
        black_player, white_player = agent1, agent2
    else:
        white_player, black_player = agent1, agent2
    game_record = simulate_game(black_player, white_player)
    if game_record.winner == color1:
        wins += 1
    else:
        losses += 1
    color1 = color1.other          ← 每一局比赛之后都要交换执子方，这样
                                      可以避免某个代理更擅长某一方的情况
print('Agent 1 record: %d/%d' % (wins, wins + losses))
```

每完成一个批次的训练之后，可以用更新的代理来与之前的代理进行对弈，以确保更新的代理确实有所进步，或者至少没有变差。

10.3.2　衡量强度的细微差别

经过数千局的自我对弈训练之后，机器人可能比前一个版本的获胜概率仅仅提高几个百分点。衡量这么小的差别是相当困难的。假设已经完成了一轮训练，要进行评估，我们使用更新的机器人与前一版进行 100 局对弈，而新机器人获胜了 53 局。那么新的机器人是否真的比之前强 3%，或者仅仅是运气而已？我们需要一套方法来决定是否有足够多的数据来准确地评估机器人的强度。

想象一下，假如训练什么事都没做，更新的机器人将会与前一版完全相同。那么相同的机器人至少获胜 53 局的概率是多少呢？统计学家用一个名为二项式检验（binomial test）的公式来计算这个概率。Python 包 scipy 提供了一个方便的二项式检验实现：

```
>>> from scipy.stats import binom_test
>>> binom_test(53, 100, 0.5)
0.61729941358925255
```

在这段代码中：
- 53 代表我们观察到的获胜局数；
- 100 代表我们模拟的棋局总数；
- 0.5 代表我们的机器人在与它相同的对手进行对弈时赢得一局棋的概率。

二项式检验函数得出的值约为 61.7%。也就是说，如果机器人真的和它的对手完全一致，那么它仍然有 61.7% 的机会获得 53 局或更多的胜局。这个概率值有时候称为 p 值（p-value）。这并不代表机器人有 61.7% 的概率什么都没学到——它只是意味着我们没有足够的证据来断定这一点。如果我们想要足够的信心判定机器人有所进步，就得运行更多的模拟棋局。

实际上，要可靠地衡量如此小的差别，需要大量的模拟棋局。如果运行 1 000 局棋局，并获得 530 局胜利，二项式检验得出的 p 值会是 6% 左右。在做出一个决策之前，寻求低于 5% 的 p 值是一个通用的准则。但是这里的阈值 5% 本身并没有什么特别神奇的地方，相反地，应当把 p 值看作一个参考值，它能够提示人们去怀疑机器人的获胜结果，而最终判断还是需要靠自己。

10.3.3 SGD 优化器的微调

有几个参数可能影响 SGD 优化器的效果。总的来说，这些参数往往是运行速度与准确率之间的折中结果。相比于强化学习，策略梯度学习通常对准确率更为敏感，所以需要适当地设置这些参数。

第一个必须设置的参数是学习率。要设置适当的学习率，需要先了解设置错误的学习率会带来哪些问题。图 10-4 可以作为本节全部内容的参考。这个图展示了一个假想的目标函数，需要将它极小化。本图所展示的内容从概念上看与 5.4 节的图相同，但在这里我们把讨论范围简化到一维，以强调几个特别的点。在现实中，需要优化的目标函数往往有数千个维度。

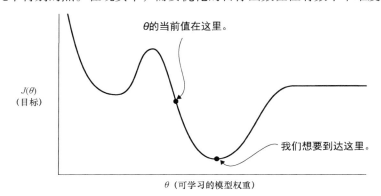

图 10-4　图中有一个假想的目标函数，它的值随着可学习权重而变化。我们的目标是把 θ（即希腊字母西塔）函数的值从当前位置移动到它的极小值。可以把梯度下降想象成权重滚动下坡的过程

在第 5 章中，我们尝试优化一个损失函数，它衡量的是预测结果与已知的正确样例之间的差距。而在本例中，优化的目标函数则是机器人的获胜率。（从技术上讲，在讨论获胜率的时候，我们实际上是希望让目标极大化。不过它和极小化的机理是相同的，只需把方向对调即可）。与损失函数不同，获胜率无法直接计算得出，不过我们可以通过自我对弈数据来估计它的梯度。在图 10-4 中，x 轴代表网络中的某个权重，而 y 轴则代表目标函数的值如何随着这个权重变化。图中标记的点表示当前的网络状态。在理想的情形下，可以想象到标记点能够随着梯度下降滚动下坡，最终停留在谷底位置。

若是学习率太小，优化器仍然能够向正确的方向移动，但会需要许多轮训练才能达到极小值，如图 10-5 所示。因此，考虑到效率，我们期望学习率尽可能大，只要别出问题就行。

如果学习率设置得稍微大一点儿，目标函数就可能无法得到最充分的优化了。但下一次优化时，梯度仍然可以指向正确的方向，所以它可能会来回跳动一段时间，如图 10-6 所示。

在本例所示的目标函数中，如果越过目标过远，权重就会最终落入右侧的平坦区域。图 10-7 展示了这种局面的发生过程。在那个区域里，梯度接近于零，因此在之后的权重调整中，梯度下降法无法再提供正确的方向指示。这样目标函数就可能永久停滞在这个区域中。这并不只是一个理论性的可能，实际上，在使用第 6 章介绍的线性整流函数网络中，这种平坦区域非常常见。深度学习工程师有时候会把这种问题称为死 ReLU（dead ReLU）。它们称为"死"，是因为最终陷于总返回 0 值的死锁情况，再也无法对整个学习过程有所贡献了。

10.3 使用自我对弈进行训练的几个小技巧

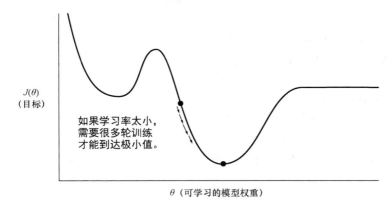

图 10-5 在本例中，学习率太小了，因此权重需要很多次更新才能达到最小值

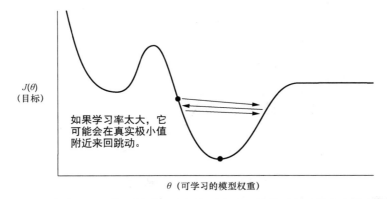

图 10-6 这里，学习率太大导致权重越过了目标值。在下一轮学习中，梯度会指向相反的方向，但是仍然有可能再次越过目标值。这就可能导致权重值在真实极小值附近反复跳动

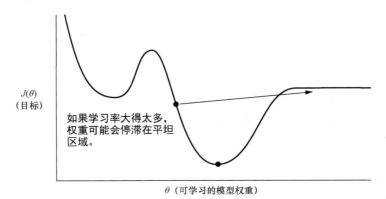

图 10-7 在这个例子中，学习率过于巨大，以至于权重直接跳跃到了右侧的平坦区域。那个区域的梯度是 0，所以优化器无法再探知应该走向何方。权重可能会永久性地停滞在那里。这个问题在采用线性整流函数的神经网络中很常见

上述这两种情况都是在正确的方向上跳跃太远可能导致的问题。在策略梯度学习中，由于无法确定所要跟踪的梯度，问题就显得更加棘手了。也许在宇宙的某个角落，存在一个理论函数，它能够描述代理棋力与策略网络权重的关联，但我们无法写下这个函数，而最多只能从训练数据中估计它的梯度而已。这种估计充满了噪声，有时候甚至会指向错误的方向。（回顾 10.1 节中的图 10-2，选择最佳动作的概率经常会往错误的方向走一小步。而围棋或类似复杂度的游戏的自我对弈数据，往往比那种数据包含更多的噪声。）

如果在错误的方向上走得太远，那么权重可能会停滞在图中左侧的另一个波谷处。图 10-8 展示了这种可能性是如何发生的。这个现象称为遗忘：网络已经学会了数据集的某项属性，接着又突然丢掉了。

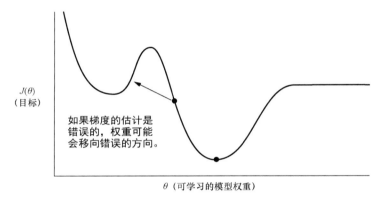

图 10-8　在策略梯度学习中，需要从噪声很多的信号里估计出真正的梯度。偶尔会有一次估计指向错误的方向。如果在错误的方向上走得太远，权重可能会跳出图中中部极小值附近的区域，而落到左侧的另一个局部极小值附近，并且可能会在那里停滞一段时间

我们也可以想办法去改进梯度的估计。回顾一下，随机梯度下降是可以批量操作的：优化器每次读取训练集的一个小的子集，使用其中的数据点来计算梯度，然后更新所有权重。采用更大的批次容量，能够更容易地消除误差。Keras 库的默认批次大小是 32，这个值对很多监督学习问题都是很好的。但对策略学习来说，建议把它设置得很大：可以尝试从 1 024 或甚至 2 048 开始。

最后，策略梯度学习还很容易停滞于局部最优的情况下——即任何增量的改动都只会让机器人变得更弱。有时候我们可以在自我对弈中引入一些额外的随机性来，以跳出局部最优。要做到这一点，可以在极少数情况下（例如在 1%或 0.5%的回合中），代理抛弃策略的决策，而选择一个完全随机的动作。

从实践上说，策略梯度学习的流程可以如下。
（1）生成一大批自我对弈棋局（只要内存放得下，越多越好）。
（2）进行训练。
（3）将更新的机器人与前一个版本进行对弈检验。

（4）如果新机器人明显更强，就切换到这个新版本。
（5）如果新机器人与之前相比强度差不多，就生成更多的棋局，再次训练。
（6）如果新机器人明显更弱，就需要调整优化器的设置，重新进行训练。

优化器的微调看似与穿针引线一样复杂而难以掌握，但是随着不断地练习与实验，读者一定能把握它的度。表10-1总结了本节中讲到的几个问题及解决办法。

表 10-1 策略学习问题解决表

问题	可能原因	解决办法
获胜率停滞在 50%	学习率太小 策略停滞在一个局部最优值上了	增大学习率 给自我对弈增加更多的随机性
获胜率明显降低	学习跳跃过头了 错误的梯度估计	减小学习率 增大批次容量 收集更多的自我对弈棋局

10.4 小结

- 策略学习是一种从经验数据中更新策略的强化学习技术。在我们的棋类游戏示例中，这意味着根据代理的棋局胜负结果来更新机器人策略，让它能够选择更好的动作。
- 策略学习的其中一种形式是增大胜局中所有动作的选择概率，并减小败局中所有动作的选择概率。经过数千局之后，这个算法可以逐步地更新策略，让它获得更多的胜利。这种算法称为策略梯度学习。
- 交叉熵损失是为了从固定数量的选项中选择一项的场景而设计的损失函数。在第7章中，我们使用交叉熵损失函数来预测人类棋手在某个给定棋局状态下会采取哪个动作。交叉熵损失函数也可以应用到策略梯度学习中。
- Keras框架可以用来高效地实现策略梯度学习算法。只要将经验数据进行正确的封装，并选用交叉熵损失函数，就可以开始训练了。
- 策略梯度训练可能需要手动微调优化器的设置。与监督学习相比，策略梯度学习可能需要更小的学习率，以及更大的批次容量。

第 11 章 基于价值评估方法的强化学习

本章主要内容
- 使用 Q 学习算法构建一个能够自我改进的游戏 AI。
- 使用 Keras 定义多输入神经网络,并进行训练。
- 使用 Keras 构建并训练一个 Q 学习代理。

你有没有听过国际象棋或围棋联赛中高阶棋手的讲解?"现在黑方已经远远落后了",或者"到目前为止,局面对白方略微有利",我们常常可以看到这样的评论。那么,在一个策略游戏的盘中阶段,"领先"或"落后"到底是什么意思呢?与棒球之类的比赛不同,棋局中并没有一个实时播报的得分。实际上,评论员的意思是指当前的棋局对其中一方更有利。如果要更精确地定义,我们可以尝试一个思维实验:找到一百对实力相当的棋手,让每对棋手都从这个棋局开始,继续进行对弈。如果黑方获得更多的胜利(如 100 局中黑方胜了 55 局),我们就可以说这个棋局对黑方略微有利。

当然,评论员在讲解时并不会进行这个思维实验。实际上,他们凭借历经数千局比赛而建立的直觉来判断棋局的走势。本章将展示如何训练一个计算机棋手进行与之类似的判断,并且计算机学习这种判断的方式也和人类相似:下非常非常多的棋。

本章介绍 Q 学习(Q-learning)算法。Q 学习是一种训练强化学习代理的方法,可以让代理学会如何预测未来的收获。(在棋类游戏中,收获即获得棋局胜利。)首先,我们会对 Q 学习代理如何做出决策、如何不断改进自身进行描述。接着,我们会展示如何在 Keras 框架中实现 Q 学习。最后,我们就可以开始训练一个新的、能够自我改进的游戏 AI 了,它与第 10 章中所介绍的策略学习代理有着不同的特性。

11.1 使用 Q 学习进行游戏

假设有一个函数能够给出一步动作之后最终获胜的概率。我们把这个函数称为**行动-价值函数**(action-value function),因为它能够给出某个给定行动的价值。有了它,游戏的执行过程就很简单了:只需在每一回合都选择价值最高的动作。不过问题来了,这样的行动-价值函数应当如何得到呢?

本节介绍 Q 学习,它是一种通过强化学习来训练出行动-价值函数的技巧。当然,对于围棋中的动作,我们无法学会真正的行动-价值函数:那需要读取整个游戏树,包含不可胜数的可能性。但是我们可以学会行动-价值函数的一个估计(estimate),并通过自我对弈来迭代地改进它。当这个估计变得越来越准确的时候,依赖它的机器人就会变得越来越强大。

Q 学习的名称来源于它的标准数学公式。传统上,我们用 $Q(s, a)$ 来表示行动-价值函数。这个函数有两个变量:s 代表代理所面临的状态(例如,一个棋局),a 则代表代理正在考虑的行动(即下一回合可能选择的动作)。图 11-1 展示了一个行动-价值函数的输入。本章只专注于深度 Q 学习的话题,即用一个神经网络来估计 Q 函数。但是这里介绍的原理,大体也适用于经典 Q 学习算法,即用一个表格来逼近 Q 函数,它的每一行代表一个可能状态,每一列代表每个可能的行动。

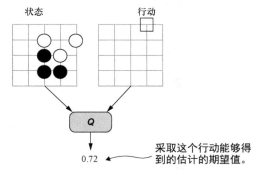

图 11-1 接收两个输入的行动-价值函数:一个输入代表状态(即棋局),另一个输入代表行动(即候选的落子动作)。它的输出则是如果采取这个行动将会得到的预期回报(即赢得棋局的概率)的估计值。传统上,行动-价值函数在数学表达式中用 Q 来表示

在第 10 章中,我们研究了通过直接学习一个策略(即选择动作的规则)的方式来进行强化学习,而 Q 学习的结构也有些类似。首先需要构建一个代理,它能够进行自我对弈、记录所有的决策与棋局结果,而棋局的结果能用来判断决策是否良好;接着根据这些数据来更新代理的行为。但在 Q 学习中,代理在棋局中做出决策的方式,以及它根据结果来更新行为的方式,都与策略学习有所区别。

要从一个 Q 函数构建出能够进行对弈的代理,需要先将 Q 函数转换为一个策略。方法之一是把所有可能的动作都输入 Q 函数中,然后选择预期回报最高的动作,如图 11-2 所示。这种策略称为贪婪(greedy)策略。

如果我们对行动价值的估计有足够信心,那么贪婪策略就是最好的选择。但是,如果想要对估计做出改进,就需要机器人能够偶尔尝试去探索未知领域。我们把这种策略称为 ε 贪婪(ε-greedy)策略,即在整个过程的 ε 部分时间中,策略将完全随机地选择动作,而其他时间则采取正常的贪婪策略。图 11-3 展示了这个过程的流程图。

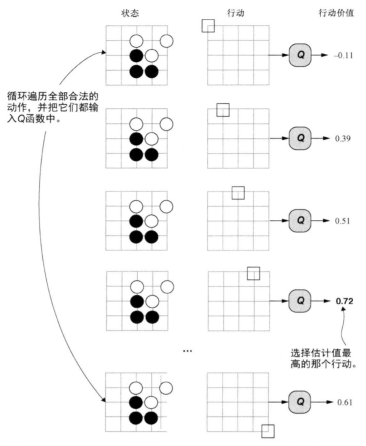

图 11-2 在一个贪婪行动价值策略中,我们循环遍历全部可能的动作,并估计行动的值。接着选择估计值最高的行动(为了节省空间,图中省略了许多合法动作)

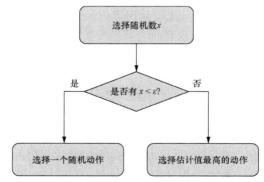

图 11-3 ε 贪婪行动价值策略的流程图。这种策略尝试在最佳动作与探索未知动作之间找到一个平衡。ε 值用来控制这个平衡

注意 ε 是希腊字母，通常用来表示一个很小的部分。

ε 贪婪策略的伪代码如代码清单 11-1 所示。

代码清单 11-1 ε 贪婪策略的伪代码

```
def select_action(state, epsilon):
    possible_actions = get_possible_actions(state)
    if random.random() < epsilon:                           ← 随机探索
        return random.choice(possible_actions)                 的情形
    best_action = None
    best_value = MIN_VALUE
    for action in get_possible_actions(state):              ← 选择已知的
        action_value = self.estimate_action_value(state, action)  最佳动作
        if action_value > best_value:
            best_action = action
            best_value = action_value
    return best_action
```

ε 值的选取代表了一种权衡。当它的值接近于 0 时，代理会根据当前行动-价值的估计来选择最佳动作，但这样代理就失去了尝试新动作的机会，因而无法改进它的估计；而当 ε 较高时，代理会输掉更多棋局，但它也能够学习到更多未知的动作。

这个过程可以用人类学习技能的过程来类比。无论是下围棋还是弹钢琴，人类的学习者在熟悉了一系列技巧之后，都常常会进入一个平台期，无法再继续进步。要跨越这个障碍，需要强迫自己跳出舒适区域，转而去尝试新鲜的事物。在钢琴中，新鲜事物指的也许是新的指法，或者新的节奏；而在围棋中，则可能指的是新的开局方式，或者新的定式。我们的表现水准可能会由于不熟悉的环境而变差一段时间，但是在掌握了新技巧的工作方式之后，会变得比以前更为强大。

在 Q 学习中，我们一般从一个相当高的 ε 值开始学习，如 0.5。随着代理不断改进，我们会逐渐降低 ε 值。注意，如果 ε 降到 0，代理就会停止学习：它将只会不断地重复相同的玩法。

在生成了一个很大的棋局数据集之后，Q 学习的训练流程就和监督学习非常类似了。代理所采取的行动为我们提供了训练集，因此可以将棋局的结果当作数据已知的良好标签。当然，训练集中还包含不少侥幸获胜的棋局，但是由于棋局数量巨大，数以千计，因此我们可以认为，纯粹由运气所致的败局也有相当的数目，从而能够抵销它们的影响。

第 7 章的动作预测模型可以学会预测它未见过的棋局，而行动-价值模型也能以相同的方式来学习如何预测它从未采用过的动作的价值。我们可以把棋局的结果作为训练流程的目标，如图 11-4 所示。不过要让它得到这种推广学习能力，需要设计一个合适的神经网络，并提供大量的训练数据。

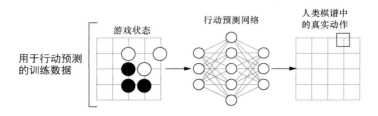

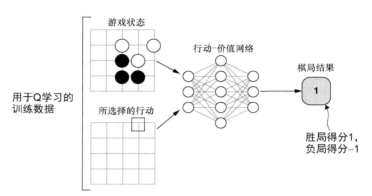

图 11-4 为深度 Q 学习准备训练数据。图中上半部分展示了在第 6 章和第 7 章中为行动预测网络生成训练数据的过程。这里的输入是棋局,输出是真实的动作。图中下半部分展示了用于 Q 学习的训练数据的结构。输入包括棋局和所选择的行动,输出则是棋局的结果,即胜局输出得分 1,负局输出得分−1

11.2 在 Keras 中实现 Q 学习

本节展示如何在 Keras 框架中实现 Q 学习算法。到目前为止我们在 Keras 中训练过单一输出、单一输入的函数。但由于行动-价值函数有两个输入,因此要设计一个合适的神经网路,需要用到新的 Keras 特性。我们将介绍 Keras 的双输入网络,接着再展示如何进行动作评估,如何组装训练数据,以及如何训练代理。

11.2.1 在 Keras 中构建双输入网络

在前面的章节中,我们一直用 Keras 的 `Sequential` 模型(即顺序模型)来定义神经网络。代码清单 11-2 展示了如何使用顺序 API 来定义一个模型的示例。

代码清单 11-2 用 Keras 顺序 API 定义模型

```
from keras.models import Sequential
from keras.layers import Dense
```

11.2 在 Keras 中实现 Q 学习

```
model = Sequential()
model.add(Dense(32, input_shape=(19, 19)))
model.add(Dense(24))
```

实际上，Keras 还提供了另外一套定义神经网络的 API：函数式 API。函数式 API 所提供的功能是顺序 API 的一个超集。任何顺序网络的定义，都可以重写为函数式风格，并且函数式 API 还能够用来定义一些顺序风格无法描述的复杂网络。

这两套 API 的主要区别在于如何指定不同层之间的连接方式。在顺序模型中，要连接不同的层，可以在模型对象上反复调用 `add` 方法，它会将最后一层的输出自动连接到新层的输入上。而在函数式模型中，要连接不同的层，需要用一个类似于函数调用的语法来把输入层传递到下一个层上去。由于这里每个连接都需要显式创建，因此可以描述更加复杂的网络。代码清单 11-3 展示了如何用函数式风格创建一个与代码清单 11-2 相同的网络。

代码清单 11-3 使用 Keras 函数式 API 定义一个相同的模型

```
from keras.models import Model
from keras.layers import Dense, Input

model_input = Input(shape=(19, 19))
hidden_layer = Dense(32)(model_input)      ← 将 model_input 与一个 Dense 层的输入连接起来，并将这个层命名为 hidden_layer
output_layer = Dense(24)(hidden_layer)

model = Model(inputs=[model_input], outputs=[output_layer])
```
将 hidden_layer 与一个新的 Dense 层的输入连接起来，并命名新层为 output_layer

这两个模型完全一致。顺序 API 在定义大多数常见神经网络时更方便，而函数式 API 则提供了更多的灵活性，可以指定多个输入、输出，或者更复杂的连接方式。

由于我们的行动-价值网络有两个输入和一个输出，因此总有一个时刻需要将这两个输入拼接起来。Keras 的 `Concatenate` 层可以实现这个功能。`Concatenate` 层不做任何计算，而只把两个向量或张量合成一个，如图 11-5 所示。它还提供一个可选的参数 `axis`，用来指定需要拼接的维度，其默认值是最后一个维度，而这正好就是我们的示例所需要的。其他所有的维度尺寸都必须相同。

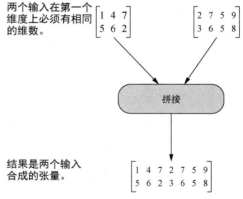

图 11-5 Keras 的 `Concatenate` 层，将两个张量合成一个

现在我们可以着手设计一个用来学习行动-价值函数的网络了。回顾第 6 章和第 7 章中用于预测动作的卷积层。神经网络从概念上可以划分为两个阶段：首先，卷积层用来识别棋盘上重要的定式形状；然后，稠密层用于根据这些定式做出决策。图 11-6 展示了动作预测网络的各个层如何分别扮演这两个角色。

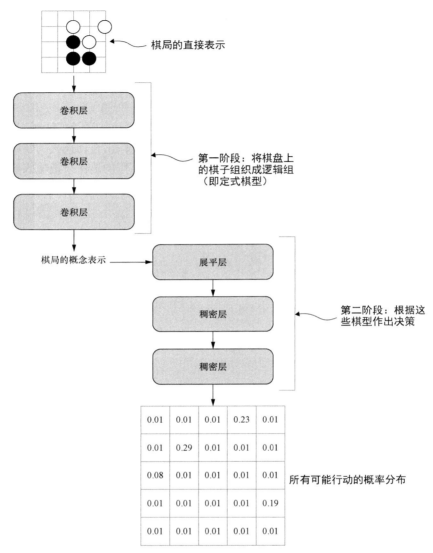

图 11-6 第 6 章和第 7 章中介绍的行动预测网络。虽然它有很多层,但可以从概念上划分为两个阶段。首先,卷积层将原始棋盘组织成逻辑组和定式棋型;然后,稠密层根据前面的输出表示来选择一个行动

对行动-价值网络来说,将棋盘处理成重要的定式或棋型仍然是有必要的。任何对行动预测有用的棋型都很可能对行动-价值的估计有所帮助。所以网络的这一部分可以直接借用过来,采取完全相同的结构,而后面的决策阶段就有所差别了。我们不再只根据识别出来的定式去作出决策,而是需要根据处理过的棋盘数据,再加上候选的动作,合起来做出价值的估计。因此,我们可以在卷积层之后把候选动作向量也引入进来。图 11-7 展示了这样的一个网络。

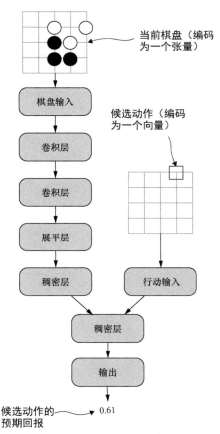

图 11-7 代码清单 11-4 描述的双输入神经网络。与第 7 章中的动作预测网络一样，棋盘状态通过多个卷积层输入。候选动作作为另一个单独的输入，与卷积层的输出一起，传递给另一个稠密层

由于我们用 -1 代表败局，用 1 代表胜局，因此行动-价值的值应该在 $-1\sim 1$ 的范围内。要做到这一点，可以添加一个尺寸为 1 的 Dense 层，其激活函数为 tanh。这个函数是三角函数中的双曲正切函数，但在深度学习里，我们完全不用关心 tanh 函数的几何特征，而只需要知道它是一个值域为 $-1\sim 1$ 的平滑函数即可。这样，不论前面的层计算出什么结果，输出都会在我们想要的范围内。图 11-8 展示了 tanh 函数的曲线图。

我们的行动-价值网络的完整定义，可以参考代码清单 11-4。

代码清单 11-4　一个双输入行动-价值网络

```
from keras.models import Model
from keras.layers import Conv2D, Dense, Flatten, Input
from keras.layers import ZeroPadding2D, concatenate

board_input = Input(shape=encoder.shape(), name='board_input')
action_input = Input(shape=(encoder.num_points(),),
```

```
        name='action_input')

conv1a = ZeroPadding2D((2, 2))(board_input)
conv1b = Conv2D(64, (5, 5), activation='relu')(conv1a)

conv2a = ZeroPadding2D((1, 1))(conv1b)
conv2b = Conv2D(64, (3, 3), actionvation='relu')(conv2a)

flat = Flatten()(conv2b)
processed_board = Dense(512)(flat)

board_and_action = concatenate([action_input, processed_board])
hidden_layer = Dense(256, activation='relu')(board_and_action)
value_output = Dense(1, activation='tanh')(hidden_layer)

model = Model(inputs=[board_input, action_input],
              outputs=value_output)
```

可以随意添加多个卷积层。任何动作预测网络中所适用的层类型，都可以在这里被采用

可能需要试验并调整这个隐藏层的尺寸

tanh 激活层将输出限制在 $-1 \sim 1$

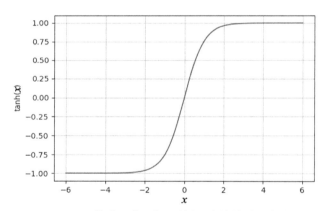

图 11-8　tanh 函数（双曲正切函数），它的值域限定在 $-1 \sim 1$

11.2.2　用 Keras 实现 ε 贪婪策略

让我们开始构建一个 QAgent 类，它可以通过 Q 学习算法进行学习。我们将这段代码放在 dlgo/rl/q.py 模块中。代码清单 11-5 展示了这个类的构造函数：与之前的策略学习代理一样，它也需要一个模型参数和一个棋盘编码器参数。另外，我们还定义了两个实用工具方法。其中，set_temperature 方法让我们可以更改 ε 值，而这个值的修改在训练过程中是必不可少的。另外，和第 9 章相同，set_collector 方法可以设置一个 ExperienceCollector 对象，用来存储经验数据，以供未来训练所用。

代码清单 11-5　Q 学习代理的构造函数与实用工具方法

```
class QAgent(Agent):
    def __init__(self, model, encoder):
```

11.2 在 Keras 中实现 Q 学习

```
        self.model = model
        self.encoder = encoder
        self.collector = None
        self.temperature = 0.0

    def set_temperature(self, temperature):         ┤ temperature 即 ε 值, 用来控
        self.temperature = temperature                制策略的随机度

    def set_collector(self, collector):             ┤ 要了解如何用收集器对象来记录代
        self.collector = collector                    理的经验数据, 可以参考第 9 章
```

接下来我们实现 ε 贪婪策略。和第 9 章一样, 我们不直接选择评分最高的动作, 而是将所有动作进行排序, 并依次尝试, 如代码清单 11-6 所示。这么做可以防止代理在终盘阶段即将获胜的时候选择自杀动作。

代码清单 11-6　为 Q 学习代理选择动作

```
class QAgent(Agent):
    ...
    def select_move(self, game_state):
        board_tensor = self.encoder.encode(game_state)

        moves = []
        board_tensors = []
        for move in game_state.legal_moves():         ┤ 生成一个包含所有
            if not move.is_play:                        合法动作的列表
                continue
            moves.append(self.encoder.encode_point(move.point))
            board_tensors.append(board_tensor)
        if not moves:                                 ┤ 如果无法生成任何合法动作,
            return goboard.Move.pass_turn()             代理可以直接跳过回合

        num_moves = len(moves)
        board_tensors = np.array(board_tensors)
        move_vectors = np.zeros(
            (num_moves, self.encoder.num_points()))   ┤ 对所有合法动作进行独热编码
        for i, move in enumerate(moves):                (更多内容参见第 5 章)
            move_vectors[i][move] = 1

        values = self.model.predict(                  ┤ 预测的形式是双输入: 用一个
            [board_tensors, move_vectors])              列表来传递两个输入
        values = values.reshape(len(moves))

        ranked_moves = self.rank_moves_eps_greedy(values)

        for move_idx in ranked_moves:                 ┤ 与第 9 章的自我对弈
            point = self.encoder.decode_point_index(    代理相似, 我们选择
                moves[move_idx])                        动作列表中第一个不
            if not is_point_an_eye(game_state.board,    会自杀的动作
                                    point,
                                    game_state.next_player):
```

values 是一个 N×1 矩阵, 其中 N 是合法动作的数目; 调用 reshape 将它转换为一个尺寸为 N 的向量

根据 ε 贪婪策略对所有动作进行排序

```
            if self.collector is not None:
                self.collector.record_decision(
                    state=board_tensor,
                    action=moves[move_idx],
                )
            return goboard.Move.play(point)
        return goboard.Move.pass_turn()
```

> 如果所有的合法动作都会导致自杀，程序就会跳到这里

> 将决策结果存到一个经验数据缓冲区中（具体参见第 9 章）

Q 学习与树搜索

select_move 的实现，与我们在第 4 章中介绍的某些树搜索算法有类似的结构。例如，剪枝搜索依赖于一个棋盘评估函数：这个函数接收一个棋局作为输入，并估计哪一方领先、领先多少。这和我们本章介绍的行动-价值函数非常相似，但也并不完全相同。假设代理正在执黑子，要评估一个动作 X。它得到的行动-价值为 0.65。这样我们就知道动作 X 执行之后，棋盘会变成什么样了。并且由于黑方获胜意味着白方失败，因此我们可以说，下一个棋局对白方的行动-价值为 -0.65。

用数学语言来说，可以用如下方程来描述这个关系：

$$Q(s, a) = -V(s')$$

这里 s' 指的是在黑方选择动作 a 之后，白方所见的状态。

通常来说，Q 学习可以应用于任何环境，但这种一个状态的行动-价值与下一个状态等价的情形，只存在于确定性的游戏中。

我们将在第 12 章介绍第 3 种强化学习技术，它可以直接学习一个价值函数，而不是行动-价值函数。第 13 章和第 14 章会展示如何将这个价值函数集成到一个树搜索算法中。

剩下的代码将所有的动作按照价值高低进行排序。但还有个问题要解决，即我们有两个并行的数组：value 和 moves。NumPy 提供了一个函数 argsort，它可以方便地处理这种情况。argsort 在排序时并不直接修改数组，而是返回一个由下标组成的列表。然后我们就可以根据这些下标来读取并行数组中的元素。图 11-9 展示了 argsort 的工作方式。

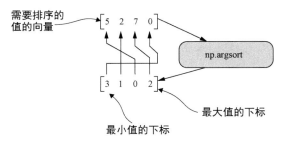

图 11-9 NumPy 库 argsort 函数的示意图。argsort 接收一个多值向量参数，并返回一个由下标组成的向量，通过下标可以按顺序获取数值。因此，输出向量的第一个值是输入向量中最小值的下标，最后一个值是输入向量中最大值的下标

代码清单 11-7 展示了如何使用 argsort 来对动作列表排序。

代码清单 11-7 为 Q 学习代理选择动作

```
class QAgent(Agent):
    ...
    def rank_moves_eps_greedy(self, values):
        if np.random.random() < self.temperature:
            values = np.random.random(values.shape)
        ranked_moves = np.argsort(values)
        return ranked_moves[::-1]
```

在探索的情形中，不再使用动作的真实价值来排序，而是使用随机数排序

将动作按照价值从小到大排序，获取排好序的下标

在 NumPy 中，[::-1]语法是将向量反向排序的最高效的办法

完成上述准备之后，就可以开始用 Q 学习代理生成自我对弈棋局了。接下来我们将会介绍如何训练行动-价值网络。

11.2.3 训练一个行动-价值函数

在获得一批经验数据之后，就可以着手更新代理的网络了。在策略梯度学习中，我们知道期望的梯度的近似值，但是在 Keras 框架中，还需要一套复杂的逻辑来更新这个梯度。而 Q 学习则与之相反，训练过程只需直接应用 Keras 的 `fit` 函数即可。我们可以直接把棋局结果放到目标向量中。

第 6 章介绍了两种损失函数：均方误差损失函数和交叉熵损失函数。如果希望从离散集合中选择单个结果，可以使用交叉熵损失函数。在围棋中，这其实就相当于在围棋棋盘中寻找一个点。而 Q 函数则不同，它会返回一个 $-1 \sim 1$ 的连续值。对于这类问题，我们倾向于使用均方误差损失函数。

代码清单 11-8 展示了 `QAgent` 的一个 `train` 函数的实现。

代码清单 11-8 从 Q 学习代理的经验中进行训练

```
class QAgent(Agent):
...
    def train(self, experience, lr=0.1, batch_size=128):
        opt = SGD(lr=lr)
        self.model.compile(loss='mse', optimizer=opt)

        n = experience.states.shape[0]
        num_moves = self.encoder.num_points()
        y = np.zeros((n,))
        actions = np.zeros((n, num_moves))
        for i in range(n):
            action = experience.actions[i]
            reward = experience.rewards[i]
            actions[i][action] = 1
            y[i] = reward
        self.model.fit(
            [experience.states, actions], y,
            batch_size=batch_size,
            epochs=1)
```

lr 和 batch_size 都是用来微调训练过程的参数。可以参考第 10 章中的详细讨论

mse 即均方误差。这里我们不用 categorical_crossentropy，而使用 mse，是因为我们要学习的目标是一个连续值

将两个不同的输入作为一个列表进行传递

11.3 小结

- 行动-价值函数用来估计一个代理在执行特定行动之后所能得到的收获。在棋类游戏中，这个收获指的是预期的获胜率。
- Q 学习是一套强化学习技术，它能够通过估计一个行动-价值函数（传统上用 Q 来表示）来进行学习。
- 训练 Q 学习代理的过程通常会采用 ε 贪婪策略。在这套策略中，代理会在大部分时间里选择价值最高的动作，在其余时间选择一个随机动作。参数 ε 可以控制代理在多大程度上会探索未知的动作，以便于学到新的知识。
- Keras 的函数式 API 可以帮助设计多输入、多输出，或者拥有复杂内部连接的神经网络。对 Q 学习来说，我们可以使用函数式 API 来构建有两个输入（即游戏状态和候选动作）的网络。

第 12 章　基于演员-评价方法的强化学习

本章主要内容
- 利用优势来提高强化学习的效率。
- 基于演员-评价方法构建一个自我改进的游戏 AI。
- 用 Keras 设计和训练多输出神经网络。

　　学习下围棋最好的提高方法之一就是找比自己更强的棋手来评论自己的棋局。评棋人有时候甚至能一针见血地指出哪一步动作导致了整局比赛的胜负，这也是最有价值的反馈信息。他们还可能给出类似"你在第 30 回合就已经远远落后了"或者"在第 110 回合你的局势还占优，但是到第 130 回合时却被对手扭转了局势"这样的评论。

　　这种评论反馈的价值在哪里呢？我们大概没有时间去详细分析整局比赛的全部的 300 步动作，但若只是其中一二十个动作，还是能够仔细钻研的。评棋人可以帮助我们了解棋局中哪一部分更为重要。

　　依照这个原理，强化学习研究者设计了一套演员-评价学习（actor-critic learning）算法，它将策略学习（在第 10 章中介绍）和价值学习（在第 11 章中介绍）有机地结合起来。其中，策略函数扮演了演员（actor）的角色，它负责选择并执行一个动作；而价值函数则扮演评论家（critic）的角色，它负责在棋局全过程中跟踪评估代理是领先还是落后。评棋人能够指导人们学习下棋，同样，价值函数的这种反馈信息也可以指导训练过程。

　　本章将描述如何基于演员-评价学习来构造一个自我改进的游戏 AI。这套机制能够奏效的一个关键因素是优势（advantage），即游戏的实际结果与预期结果的差异。首先，我们展示如何利用优势来改进训练过程。接着，我们开始构建一个演员-评价游戏代理，我们先描述如何实现动作选择功能，再实现新的训练过程。这两个函数，很大程度借鉴了第 10 章和第 11 章中的代码示例。最终我们得到的结果，能够取两家之长，将策略学习和 Q 学习的优点结合起来，放到同一个代理中。

12.1　优势能够告诉我们哪些决策更加重要

　　在第 10 章中，我们简略地讨论过贡献分配问题。假设学习代理进行了一局 200 回合的对弈并最终获得胜利。由于它取得了胜利，因此我们可以认为它至少做出了几次很好的落子动作选择。但是它也可能选择了几个坏的动作。贡献分配问题就是如何区分好的动作与坏的动作的问题。对于前者，我们希望能够加强，而后者我们则希望能够忽略。本节介绍优势的概念，它是一个用来估计某个特定决策对最终结果有多大影响的公式。我们先介绍优势的概念以及它如何帮助解决贡献分配问题，接着会提供代码示例展示如何计算它。

12.1.1　什么是优势

假设你正在观看一场篮球比赛。在全场倒计时响起时，你最喜爱的球员命中了一记 3 分。这时候你会不会很激动？这要看球赛的游戏状态。假如比分是 80∶78，你可能会激动地跳到椅子上。而如果比分是 110 比 80，那就没什么意思了。这两种情况有什么区别呢？在比分焦灼的比赛中，一个 3 分的差距，可能会导致整个比赛结果有巨大变化。而相反地，如果比赛已经远远落后，那么一次得分并不能对结果有什么大的影响。最关键的得分都是发生在比分焦灼、胜负未定的局面下的。在强化学习中，优势正是一个用来量化这个情况的公式。

要计算优势，首先需要对游戏状态的价值做一个估计，我们记为 $V(s)$。这个值同时也表示代理在达到特定状态 s 时将会得到的预期回报。在围棋游戏中，可以把 $V(s)$ 看作表示棋局是利于黑方还是白方的指标。如果 $V(s)$ 接近于 1，则表示代理处于优势；而如果 $V(s)$ 接近于 -1，代理就快要输了。

如果我们回顾第 11 章的行动-价值函数 $Q(s, a)$，就会发现这两个概念很相似。区别在于，$V(s)$ 代表的是棋盘在选择一个动作之前是否有利；而 $Q(s, a)$ 则表示在选择动作之后是否有利。

优势的定义一般如下面的公式所示：

$$A = Q(s,a) - V(s)$$

要理解这个定义，可以这么考虑：如果己方处在优势状态（即 $V(s)$ 值很高），但接着我们做出了一个很差的回应动作（即 $Q(s, a)$ 值很低），就代表我们放弃了自己的优势，因此计算结果是负的。但这个公式还有一个问题没有解决，即我们不知道如何计算 $Q(s, a)$。不过，我们可以把终盘的收获看作是真实 Q 值的一个无偏差估计。这样，就可以等到终盘时得到收获值 R，再用下面这个公式来估计优势：

$$A = R - V(s)$$

在本章中，我们将采用这个公式来估计优势。接下来我们看看优势值有什么用。

为了方便解释，我们可以先假设已经存在一个准确估计 $V(s)$ 值的方法。在现实中，代理会同时学习它的价值估计函数和它的策略函数。我们会在后面几节中介绍如何做到这一点。现在先看几个例子。

- 开局时 $V(s) = 0$，双方都有均等的获胜机会。假设代理最终赢得了本局，那它得到的收获会是 1。因此它的第一步动作的优势是 1 − 0 = 1。

- 假想棋局已经接近终盘，而代理已经几乎锁定胜局，这时候 $V(s) = 0.95$。如果最终代理确实赢了，那么在这个状态下的优势就是 $1 - 0.95 = 0.05$。
- 现在假想代理又到了一个即将获胜的局面，这时候又有 $V(s) = 0.95$。但是在这一局里，机器人在终盘阶段犯了一个大错，被翻盘而输了，最后得到的收获是–1。那么在这个状态下的优势就是 $-1 - 0.95 = -1.95$。

图 12-1 和图 12-2 展示了一个假想棋局中优势的计算过程。在这个棋局中，学习代理在最初几步中慢慢超越了对手，接着又犯了几个大错，局势一落千丈，落入败局。在第 150 回合之前的某一步，它又突然逆转了形势，并最终将优势保持到了终盘，转为胜局。在第 10 章中的策略梯度技术中，我们会给本局中的所有动作赋予相同的权重。如果采用演员–评价学习，就需要找到最重要的那几个动作，并为它们赋予更大的权重。优势计算可以告诉我们如何做到这一点。

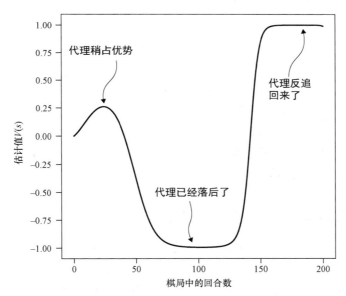

图 12-1　一盘假想棋局全过程的估计值曲线。这一局共有 200 回合。在开始阶段，学习代理稍占优势；接着它远远落后了；然后它突然逆转局势，并最终获得胜利

由于学习代理获得了胜利，因此优势由公式 $A(s) = 1 - V(s)$ 决定。在图 12-2 中，我们可以看到优势曲线和估计的价值曲线形状相同，但是正好上下颠倒。优势最大的时候，代理的局势正远远落后。由于大多数棋手在这种落后局面下最终都会失败，因此代理肯定在之后某一回合下了一步好棋。

在第 160 回合附近，当代理又逆转局势之后，它的决策就不再有趣了：整盘棋局势已经明朗。这一段的优势值都接近于 0。

在本章后面的部分，我们会展示如何根据优势值来调整训练过程。不过在那之前，我们需要先能够在自我对弈过程中计算和存储优势值。

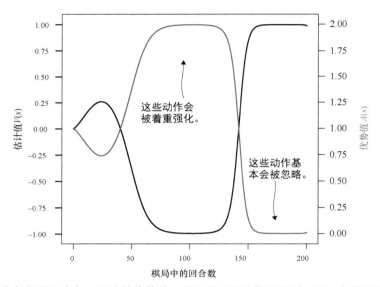

图 12-2　一盘假想棋局中每一回合的优势值。学习代理最终获得胜利，所以它的最终收获是 1。它从落后局面扭转局势的那几步动作，其优势值接近于 2，所以在训练中它们会被着重强化。而在接近终盘阶段的动作，因为结果已经基本确定，它们的优势值也接近于 0，所以在训练中它们基本会被忽略

12.1.2　在自我对弈过程中计算优势值

要计算优势值，需要更新第 9 章中定义的 `ExperienceCollector` 类，如代码清单 12-1 所示。之前经验缓冲区跟踪 3 个并行的数组：`states`（状态）、`actions`（行动）和 `rewards`（收获）。我们可以添加第 4 个数组 `advantages`（优势）来跟踪优势值。填充这个数组时需要得到每个状态的估计值和棋局的最终结果。因为要等到终盘才能获得棋局的最终结果，所以在本期训练的过程中，我们可以先累积棋局状态的估计值，等到棋局结束时再把它们转换成优势值。

代码清单 12-1　更新 ExperienceCollector，添加对优势值的跟踪功能

```
class ExperienceCollector:
    def __init__(self):
        self.states = []          ⎫
        self.actions = []         ⎬ 这几个数组可以跨越
        self.rewards = []         ⎪ 多个训练期
        self.advantages = []      ⎭
```

12.1 优势能够告诉我们哪些决策更加重要

```
        self._current_episode_states = []
        self._current_episode_actions = []
        self._current_episode_estimated_values = []
```
<!-- 这几个数组在每个训练期结束时需要重置 -->

相似地，我们还需要更新 record_decision 方法，以在状态和行动参数之外再增加一个估计值参数，如代码清单 12-2 所示。

代码清单 12-2　更新 ExperienceCollector，存储估计值

```python
class ExperienceCollector:
...
    def record_decision(self, state, action,
            estimated_value=0):
        self._current_episode_states.append(state)
        self._current_episode_actions.append(action)
        self._current_episode_estimated_values.append(
            estimated_value)
```

接着，在 complete_episode 方法中，就可以计算代理做出的每个决策所对应的优势值了，如代码清单 12-3 所示。

代码清单 12-3　在一个训练期结束时计算优势值

```python
class ExperienceCollector:
...
    def complete_episode(self, reward):
        num_states = len(self._current_episode_states)
        self.states += self._current_episode_states
        self.actions += self._current_episode_actions
        self.rewards += [reward for _ in range(num_states)]

        for i in range(num_states):
            advantage = reward - \
                self._current_episode_estimated_values[i]
            self.advantages.append(advantage)
        self._current_episode_states = []
        self._current_episode_actions = []
        self._current_episode_estimated_values = []
```
<!-- 计算每个决策的优势值 -->
<!-- 重置几个当期数据缓冲区 -->

我们还需要更新 ExperienceBuffer 类和 combine_experience 辅助函数，添加对优势值的处理逻辑，如代码清单 12-4 所示。

代码清单 12-4　在 ExperienceBuffer 的结构中添加优势值

```python
class ExperienceBuffer:
    def __init__(self, states, actions, rewards, advantages):
        self.states = states
        self.actions = actions
        self.rewards = rewards
        self.advantages = advantages

    def serialize(self, h5file):
```

```
            h5file.create_group('experience')
            h5file['experience'].create_dataset('states',
data=self.states)
            h5file['experience'].create_dataset('actions',
data=self.actions)
            h5file['experience'].create_dataset('rewards',
data=self.rewards)
            h5file['experience'].create_dataset('advantages',
data=self.advantages)

def combine_experience(collectors):
    combined_states = np.concatenate(
[np.array(c.states) for c in collectors])
    combined_actions = np.concatenate(
[np.array(c.actions) for c in collectors])
    combined_rewards = np.concatenate(
[np.array(c.rewards) for c in collectors])
    combined_advantages = np.concatenate([
        np.array(c.advantages) for c in collectors])

    return ExperienceBuffer(
        combined_states,
        combined_actions,
        combined_rewards,
        combined_advantages)
```

现在，我们的经验数据类已经可以跟踪优势值了。并且这几个类仍然可以用在不依赖优势值的技术中，只要在训练中忽略 advantages 缓冲区中的内容即可。

12.2 为演员-评价学习设计神经网络

我们在第 11 章介绍过如何在 Keras 中定义一个双输入神经网络。Q 学习网络的两个输入分别是棋盘状态和候选动作。在演员-评价学习中，我们需要的是单输入、双输出的网络。它的输入是棋盘状态的某种表示形式，而两个输出分别是各个动作的概率分布（即演员）和当前棋盘状态的预期回报（即评价）。

双输出网络还能带来一个意外的好处：两个输出均可以扮演对方的正则器。（第 6 章中介绍过，正则化技术可以用来避免网络对训练数据过拟合。）想象一个场景，棋盘上一组棋子正面临着打吃的风险。这个情况与网络的输出价值有关，因为这时候执子方可能正面临落后的局面。它也和输出动作有关，因为我们可能会想要吃掉或保护这组棋子。如果网络前几层学习到了"弱子"检测功能，那么它与两种输出都有关。训练两个输出，会要求网络必须学会某种对两个目标都有帮助的表示，这样做常常能改进模型的泛用性，有时甚至能够提高训练的速度。

第 11 章介绍了 Keras 的函数式 API，它能够让我们完全自由地连接网络的不同层。在这里我们会再次用这套 API 来构建图 12-3 所描述的网络。

代码放在 init_ac_agent.py 脚本中，如代码清单 12-5 所示。

12.2 为演员-评价学习设计神经网络

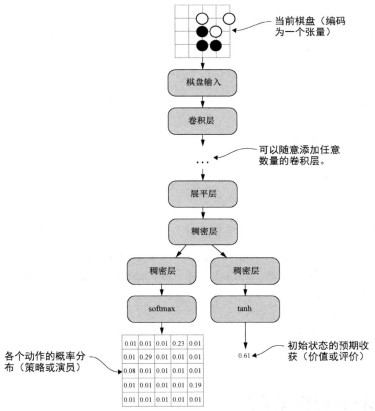

图 12-3 一个适用于围棋的演员-评价学习神经网络。这个网络有一个单独的输入，接收某种形式的当前棋局。网络的输出有两个：一个表示它应当选择哪一个动作，即策略输出，或者说演员角色；另一个表示当前棋局中哪一方占优势，即价值输出，或者说评论角色。评论输出并不会用于对弈过程，但可以在训练过程中提供帮助

代码清单 12-5 一个双输出网络，包含一个策略输出和一个价值输出

```
from keras.models import Model
from keras.layers import Conv2D, Dense, Flatten, Input

board_input = Input(shape=encoder.shape(), name='board_input')

conv1 = Conv2D(64, (3, 3),
               padding='same',
               activation='relu')(board_input)
conv2 = Conv2D(64, (3, 3),
               padding='same',
               activation='relu')(conv1)
conv3 = Conv2D(64, (3, 3),
               padding='same',
               activation='relu')(conv2)
```

可以随意添加任意数量的卷积层

```
flat = Flatten()(conv3)
processed_board = Dense(512)(flat)  ◁── 本例使用尺寸为 512 的隐藏层。最
                                         合适的尺寸需要通过反复试验找
                                         到。3 个隐藏层的尺寸不必相同

policy_hidden_layer = Dense(
    512, activation='relu')(processed_board)   ⎫
policy_output = Dense(                         ⎬ 这个输出产生
    encoder.num_points(), activation='softmax')( ⎭ 策略函数
    policy_hidden_layer)

value_hidden_layer = Dense(
    512, activation='relu')(                   ⎫
    processed_board)                           ⎬ 这个输出产生
value_output = Dense(1, activation='tanh')(    ⎭ 价值函数
    value_hidden_layer)

model = Model(inputs=board_input,
  outputs=[policy_output, value_output])
```

这个网络有 3 个卷积层，各包含 64 个过滤器。对围棋网络来说这个规模是比较小的，它的优点是可以进行快速的训练。当然，和以往一样，我们鼓励读者去尝试不同的网络结构。

策略输出是所有候选动作的一个概率分布。它的维度和棋盘上的交叉点数量相同，并且使用 softmax 激活层来确保策略输出的和为 1。

价值输出是一个单值，其范围是 $-1 \sim 1$。这个输出的维度是 1，使用一个 tanh 激活层来限制输出值范围。

12.3 用演员-评价代理下棋

演员-评价代理的动作选择逻辑与第 10 章的策略代理基本一致，只要改动两处即可。首先，由于模型现在需要产生两个输出，因此需要一些新代码来处理输出结果。其次，还需要把估计值与状态、行动一起传递给经验收集器。而从概率分布中选择动作的过程则与之前一模一样。代码清单 12-6 展示了修改后的 select_move 实现。我们把区别于第 10 章策略代理的地方单独做了标记。

代码清单 12-6　为演员-评价代理选择一个动作

```
class ACAgent(Agent):
...
    def select_move(self, game_state):
        num_moves = self.encoder.board_width * \
self.encoder.board_height

        board_tensor = self.encoder.encode(game_state)
        X = np.array([board_tensor])

        actions, values = self.model.predict(X)   ◁── 由于这是一个双输出模型，
                                                      predict 函数会返回一个元组，
                                                      包含两个 NumPy 数组
```

```
            move_probs = actions[0]
            estimated_value = values[0][0]

            eps = 1e-6
            move_probs = np.clip(move_probs, eps, 1 - eps)
            move_probs = move_probs / np.sum(move_probs)

            candidates = np.arange(num_moves)
            ranked_moves = np.random.choice(
                candidates, num_moves, replace=False, p=move_probs)
            for point_idx in ranked_moves:
                point = self.encoder.decode_point_index(point_idx)
                move = goboard.Move.play(point)
                move_is_valid = game_state.is_valid_move(move)
                fills_own_eye = is_point_an_eye(
                    game_state.board, point,
       game_state.next_player)
                if move_is_valid and (not fills_own_eye):
                    if self.collector is not None:
                        self.collector.record_decision(
                            state=board_tensor,
                            action=point_idx,
                            estimated_value=estimated_value
                        )
                    return goboard.Move.play(point)
            return goboard.Move.pass_turn()
```

左注：predict 是一个批量调用，可以一次性处理多个棋盘状态，所以我们必须选择数组的第一个元素来获取所需的概率分布

左注：价值用一维向量表示，所以需要获取它的第一个元素，从而得到一个浮点数表示的价值

右注：在经验缓冲区中引入估计值

12.4　用经验数据训练一个演员-评价代理

演员-评价网络的训练过程可以看作是第 10 章的策略网络与第 11 章的行动-价值网络的综合体。要训练一个双输出网络，我们需要为每个输出单独构建训练目标，并选择独立的损失函数。本节描述如何将经验数据转换为训练目标，以及如何使用 Keras 的 fit 函数处理多个输出。

回顾一下我们在策略梯度学习中是如何编码训练数据的。对于任意棋局，训练目标是一个与棋盘尺寸相同的向量，并在所选择的动作对应的位置上填入 1 或 –1，其中 1 代表胜利，–1 代表失败。在演员-评价学习中，我们也可以使用与此相同的编码方案来处理训练数据，但是需要把 1 或 –1 替换成动作对应的优势值。优势值与最终收获的正负性相同，所以游戏决策的概率走向与简单的策略学习是一致的。但是它会更多地选择那些比较重要的动作，而很少涉及优势值接近于 0 的动作。

价值输出的训练目标是总的收获值。这和 Q 学习的训练目标完全一致。图 12-4 展示了这个网络的训练步骤。

当网络有多个输出时，可以为每个输出选择不同的损失函数。这里我们为策略输出选择分类交叉熵损失函数，为价值输出选择均方误差损失函数。（要想了解这样选择的原因，可以参考第 10 章和第 11 章的讨论。）

我们还要用到一个 Keras 的新特性：损失权重（loss weight）。默认情况下，Keras 会将所有输出的损失函数值加起来，得到总的损失函数。但如果指定了损失权重参数，Keras 就会根据给

出的权重调整每个损失函数的值再进行累加。这样就允许我们调整每个输出的相对重要性。在我们的实验中，我们发现价值函数的损失比策略损失更大，所以把价值损失缩小一半。在处理不同的具体网络或训练数据时，可能需要相应地调整损失权重。

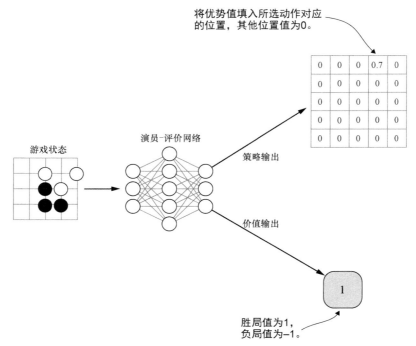

图 12-4 演员-评价学习的训练步骤。这个神经网络有两个输出：一个输出策略，另一个输出价值。两者都有各自的训练目标。策略输出的训练目标是与棋盘尺寸相同的向量，向量中所选动作对应的位置填入由这个动作计算出的优势值，而其他位置都填入 0。价值输出的训练目标是棋局的最终结果

> **提示** Keras 在每次调用 `fit` 函数时都会输出计算出的损失值。对于双输出网络，它会分别输出两个损失值。我们可以检查它们的数值是否相差过大。如果其中一个损失值远大于另一个，请考虑调整权重，但不要过于追求精确。

代码清单 12-7 展示了如何将经验数据作为训练数据进行编码，接着对训练目标调用 `fit` 函数。这一程序的结构与第 10 章和第 11 章中的 train 实现类似。

代码清单 12-7 为演员-评价代理选择一个动作

```
class ACAgent(Agent):
...
    def train(self, experience, lr=0.1, batch_size=128):
```

`lr` 和 `batch_size` 是优化器的微调参数，参见第 10 章中的详细讨论

```
            opt = SGD(lr=lr)
            self.model.compile(
                optimizer=opt,
                loss=['categorical_crossentropy', 'mse'],
                loss_weights=[1.0, 0.5])

        n = experience.states.shape[0]
        num_moves = self.encoder.num_points()
        policy_target = np.zeros((n, num_moves))
        value_target = np.zeros((n,))
        for i in range(n):
            action = experience.actions[i]
            policy_target[i][action] = experience.advantages[i]
            reward = experience.rewards[i]
            value_target[i] = reward

        self.model.fit(
            experience.states,
            [policy_target, value_target],
            batch_size=batch_size,
            epochs=1)
```

> 与第 10 章相同，categorical_crossentropy 用于策略输出。与第 11 章相同，mse 用于价值输出。这里的顺序与代码清单 12-5 的 Model 构造函数中的顺序相同

> 策略输出采用权重 1.0；价值输出采用权重 0.5

> 这里使用的是与第 11 章相同的编码方案

> 这里使用的是与第 10 章相同的编码方案，但是根据优势值增加了权重

现在所有的"拼图"都已经准备完毕，让我们尝试完整的演员-评价学习流程。可以先从 9×9 机器人开始，这样可以更迅速地看到结果。训练周期如下。

（1）生成每批次 5 000 局的自我对弈棋谱数据。

（2）每一批数据生成之后，用它们来训练代理，并与前一个版本进行对比。

（3）如果新的机器人能够在 100 局比赛中赢得前一版本且超过 60 次，就意味着代理的改进成功了！现在从新的机器人开始，重复上述整个训练过程。

（4）如果新的机器人获胜少于 60 局，就重新生成一批自我对弈棋局数据并重新训练。继续训练，直至新的机器人足够强大。

这里采用的 100 局 60 胜的数字是比较武断的，它只是一个比较好看的整数而已，能够让我们有足够的信心认为机器人已经真得变强了而不是侥幸。

首先我们用 init_ac_agent 脚本初始化一个机器人（如代码清单 12-5 所示）：

```
python init_ac_agent.py --board-size 9 ac_v1.hdf5
```

运行这段命令之后，应当会得到一个新文件 ac_v1.hdf5，其中包含新机器人的各个权重。这时候机器人的动作和价值估计基本上都是随机的。现在我们可以开始生成自我对弈数据了：

```
python self_play_ac.py \
--board-size 9 \
--learning-agent ac_v1.hdf5 \
--num-games 5000 \
--experience-out exp_0001.hdf5
```

如果无法访问高速 GPU，这时可以出去喝杯咖啡或者遛遛狗了。当 self_play 脚本完成时，输出应该如下所示：

```
Simulating game 1/5000...
 9 coxxxxxxx
 8 coox.xx.x
 7 oxxxxooxx
 6 oxxxxxox.
 5 oooooxoxo
 4 ooo.oooxo
 3 ooooooooo
 2 .oo.ooo.o
 1 ooooooooo
   ABCDEFGHJ
W+28.5
...
Simulating game 5000/5000...
 9 x.x.xxxxx
 8 xxxxx.xxx
 7 .x.xxxxoo
 6 xxxx.xo.o
 5 xxxxxxooo
 4 xoooooxo
 3 xoooxxxxo
 2 o.o.oxxxx
 1 ooooox.x.
   ABCDEFGHJ
B+15.5
```

我们会得到一个 exp_0001.hdf5 文件，其中包含了一个大批量的棋谱。下一步开始训练：

```
python train_ac.py \
--learning-agent bots/ac_v1.hdf5 \
--agent-out bots/ac_v2.hdf5 \
--lr 0.01 --bs 1024 \
exp_0001.hdf5
```

这个命令会调用存储在 ac_v1.hdf5 中的神经网络，并针对 exp_0001.hdf5 中的数据，进行一个周期的训练，把更新的代理保存到 ac_v2.hdf5 文件中。优化器采用的学习率为 0.01，批次尺寸为 1 024。它的输出应当如下所示：

```
Epoch 1/1
574234/574234 [==============================] - 15s 26us/step - loss:
↪ 1.0277 - dense_3_loss: 0.6403 - dense_5_loss: 0.7750
```

注意，损失函数现在分为两个值：dense_3_loss 和 dense_5_loss，分别对应策略输出和价值输出。

在此之后，可以用 eval_ac_bot.py 将更新的机器人与前一版进行比较：

```
python eval_ac_bot.py \
--agent1 bots/ac_v2.hdf5 \
--agent2 bots/ac_v1.hdf5 \
--num-games 100
```

输出应当类似如下所示：

12.4 用经验数据训练一个演员-评价代理

```
...
Simulating game 100/100...
 9 oooxxxxx.
 8 .oox.xxxx
 7 ooxxxxxxx
 6 .oxx.xxxx
 5 oooxxx.xx
 4 o.o.xx.x
 3 ooxxxxxxx
 2 ooxx.xxxx
 1 oxxxxxxx.
   ABCDEFGHJ
B+31.5
Agent 1 record: 60/100
```

本例中的输出恰好显示 100 局中赢了 60 局，这样我们就有理由相信机器人已经学到了一些有用的东西。（当然，这只是一个示例输出，正常情况下实际结果会略有不同。）由于 ac_v2 机器人比 ac_v1 明显更强，我们就可以切换到 ac_v2 来生成新的棋局数据：

```
python self_play_ac.py \
--board-size 9 \
--learning-agent ac_v2.hdf5 \
--num-games 5000 \
--experience-out exp_0002.hdf5
```

这一步完成后，可以再次进行训练和评估：

```
python train_ac.py \
--learning-agent bots/ac_v2.hdf5 \
--agent-out bots/ac_v3.hdf5 \
--lr 0.01 --bs 1024 \
exp_0002.hdf5
python eval_ac_bot.py \
--agent1 bots/ac_v3.hdf5 \
--agent2 bots/ac_v2.hdf5 \
--num-games 100
```

但这一次并没有像上次那么成功：

```
Agent 1 record: 51/100
```

ac_v3 机器人在 100 局比赛中只赢了 ac_v2 机器人 51 次。这个结果很难说明 ac_v3 比 ac_v2 强，这时最保险的结论应当是它们的强度差不多。但请不要绝望，我们还可以生成更多的训练数据，再试一次：

```
python self_play_ac.py \
--board-size 9 \
--learning-agent ac_v2.hdf5 \
--num-games 5000 \
--experience-out exp_0002a.hdf5
```

train_ac 脚本可以在命令行中接收多个训练数据文件：

```
python train_ac.py \
--learning-agent ac_v2.hdf5 \
--agent-out ac_v3.hdf5 \
--lr 0.01 --bs 1024 \
exp_0002.hdf5 exp_0002a.hdf5
```

每次生成一批新数据后，都将它与 ac_v2 再次进行对比。在本书的实验中，我们用了 3 批数据（每批 5 000 局，一共 15 000 局比赛）才得到了理想的结果：

```
Agent 1 record: 62/100
```

成功了！现在比 ac_v2 获胜了 62 局，我们可以有信心说 ac_v3 比 ac_v2 强了。这时候我们就可以切换使用 ac_v3 来生成自我对弈数据，并继续重复整个训练周期了。

我们并不确定只用这个演员-评价实现来训练围棋机器人能够得到多强的结果，但是我们已经证明，通过这个训练可以让机器人学会一些基本策略，它的强度应该有一个上限。将强化学习与一种树搜索进行深度集成，可以训练出比任何人类棋手都强的机器人。我们将在第 14 章介绍这种技术。

12.5 小结

- 演员-评价学习是一种强化学习技术，可以同时学习一个策略函数和一个价值函数。策略函数告诉我们如何做出决策，而价值函数则可以帮助我们改进训练过程。任何能够应用策略梯度学习的问题，都可以应用演员-评价来进行学习，并且演员-评价学习通常表现得更为稳定。
- 优势值指的是代理所见的实际收获与训练中某一点的预期收获的差值。对棋类游戏来说，这个差值就是实际比赛结果（胜利或失败）与期望值（代理的价值模型估计的结果）的差值。
- 优势值可以帮助我们识别一局比赛中更重要的那些决策步骤。如果学习代理获得了胜利，那么在平局或败局中所采取的动作会有更大的优势值，而在局势基本确定的时候，优势值就会接近于 0 了。
- Keras 顺序模型可以有多个输出。在演员-评价学习中，我们可以用 Keras 创建一个神经网络来同时模拟策略函数与价值函数。

第三部分

一加一大于二

本书读到这里，读者应当已经对来自经典树搜索、机器学习以及强化学习的诸多 AI 技术有所掌握了。它们都是强大的技术，但各有各的局限。要制作一个真正强大的围棋 AI，我们需要把到目前为止学到的所有技术有机地整合起来。把这些组件集成到一起是一项大工程。本书的第三部分介绍 AlphaGo 的架构。在本书的结尾，我们还将学习 AlphaGo Zero 简洁而优雅的设计，它也是 AlphaGo 到目前为止最强大的版本。

第 13 章　AlphaGo：全部集结

本章主要内容
- 深入介绍 AlphaGo 背后的原理，它能够指导围棋机器人获得超越人类棋手的强度。
- 利用树搜索、监督学习和强化学习来构建一个 AlphaGo 机器人。
- 实现一个你自己的类 AlphaGo 引擎。

2016 年，DeepMind 的围棋机器人 AlphaGo 在与李世石的第二局对决中第 37 手落子的瞬间，整个围棋界都震惊了。评棋人 Michael Redmond，一位有着近千场顶级比赛经验的职业棋手，在直播中目瞪口呆，他甚至把这颗棋子从棋盘上拿下来观察周边的情况，仿佛要确认 AlphaGo 是否下错了棋。第二天，Redmond 告诉美国围棋 E 杂志："我到现在还不明白这步棋背后的道理。"李世石这位统治了世界棋坛十年的大师，花了 12 分钟来研究这一棋局，之后才做出回应。图 13-1 展示了这手传说中的落子。

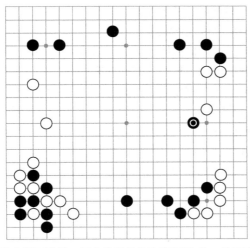

图 13-1　AlphaGo 在对阵李世石的第二局中做出的传奇落子动作。这手落子震惊了许多职业棋手

这手落子完全违背了传统的围棋理论。对角落子，或者叫尖冲，会引诱白子沿着边界继续长出，并做出一道实墙。人们通常认为这是一个五五开的交换：白方获得边界的空点，而黑方则获得对棋盘中央区域的影响力。但是白棋落在离边界 4 格的地方，一旦让黑方做出实墙，黑方会得到过多的地盘。（我们需要对正在阅读的围棋高手表示歉意，这里的描述做了过多的简化。）第 5 行的尖冲看起来有些业余——至少在"AlphaGo 教授"最终五局四胜战胜这位传奇棋手之前看来确实如此。在这一步尖冲之后，AlphaGo 还做出了许多出人意料的落子动作。一年之后，上到顶级职业棋手，下至业余俱乐部棋手，所有人都在尝试模仿 AlphaGo 所采用的动作。

本章我们将学习组成 AlphaGo 的所有结构，并了解它的工作机制。AlphaGo 是基于职业棋谱的监督深度学习（即我们在第 5 章至第 8 章中所学的）与基于自我对弈数据的深度强化学习（即第 9 章至第 12 章所介绍的）的一种巧妙结合，然后再创造性地用这两种深度学习网络来改进树搜索。读者可能会感觉惊奇，原来我们已经对 AlphaGo 的所有组件都有所了解了。更精确地说，我们将要详细介绍 AlphaGo 系统的如下流程工作。

- 首先开始训练两个深度卷积神经网络（即策略网络），用于动作预测。在这两个网络架构中，其中一个深度更深，能够产生更准确的结果，而另一个则更浅，可以更快地进行评估。我们将它们分别称为强策略网络和快策略网络。
- 强策略网络和快策略网络采用了更加复杂的棋盘编码器，包含 48 个特征平面。它们的网络架构深度也比我们在第 6 章和第 7 章中所见的网络更深。不过除此之外，它们看起来还是让人觉得很熟悉的。13.1 节会介绍 AlphaGo 的策略网络架构。
- 在 13.2 节中，在完成了策略网络的第一个训练步骤之后，我们将会用强策略网络作为初始点来进行自我对弈。如果用大量的算力来执行这一步，将会让机器人得到巨大的改进。
- 在 13.3 节中，我们将使用这个强自我对弈网络来生成一个价值网络。这样就完成了网络训练阶段，之后就不用再做任何深度学习了。
- 要进行一局围棋对弈，可以把树搜索作为下棋策略的基础。但与第 4 章的简单蒙特卡洛推演法不同的是，我们需要使用快策略网络来指导接下来的步骤。另外，还需要参考价值函数的输出，来平衡这个树搜索算法的输出。我们会在 13.4 节中介绍这种创新技术。
- 从训练策略网络到自我对弈，再到使用超越人类棋手的搜索树来下棋的整个过程，都需要巨大的计算资源和计算时间。13.5 节会给出几点思考，解释 AlphaGo 如何达到它所具有的强度，以及在进行自己的实验时合理的预期程度。

图 13-2 归纳了我们刚刚列出的整个流程。在本章中，我们会深入讨论图中的各个部分，并在各节中提供更多的细节。

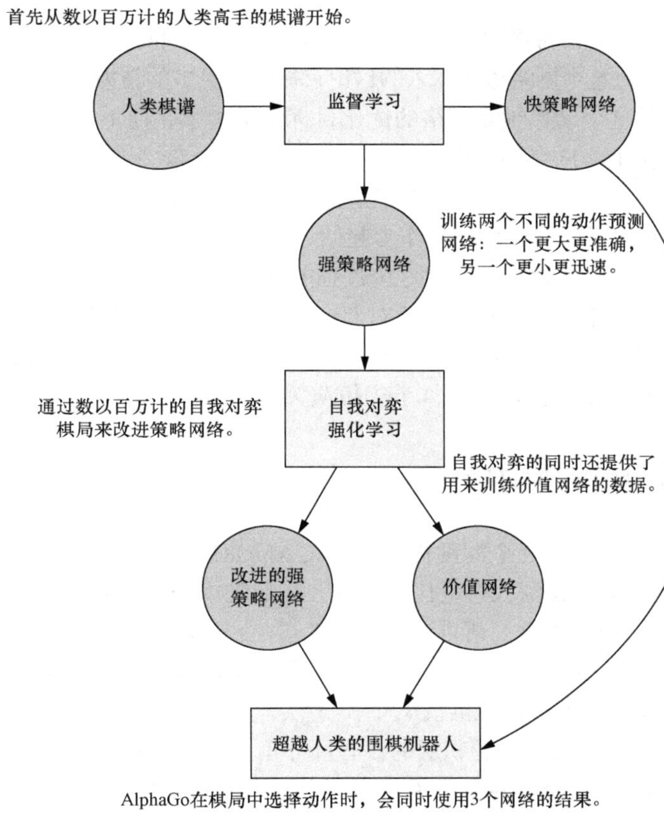

图13-2 如何训练 AlphaGo AI 背后的3个神经网络。首先，从人类棋谱集合开始，训练两个神经网络来预测下一步动作：一个网络更小更迅速，而另一个更大更准确。接着，我们可以继续通过自我对弈来改进较大网络的性能。自我对弈同时也为训练一个价值网络提供了数据。最后，AlphaGo 会在一个树搜索算法中同时采用这3个网络，得到极强的对弈表现

13.1 为 AlphaGo 训练深度神经网络

在前面的介绍中我们已经了解到，AlphaGo 使用了3个神经网络：2个策略网络和1个价值网络。虽然看起来有点多，但在本节中我们将会看到，这几个网络以及它们的输入特征在概念上是很接近的。而关于 AlphaGo 所用的深度学习技术，最令人惊奇的地方反而是我们对它们的熟悉程度，本书在第5章至第12章已经对它们做了大量的介绍。在深入介绍这几个神经网络的构建和训练的细节之前，让我们先讨论一下它们在 AlphaGo 系统中所扮演的角色。

- 快策略网络——这个围棋动作预测网络与第7章和第8章中训练的网络有相似的规模。它的目的并不是成为最准确的动作预测器，而是在保证足够好的预测准确率的同时能够

非常迅速地做出动作预测。13.4 节介绍的树搜索推演过程会使用这个网络——而我们已经在第 4 章中了解到，在树搜索中要做到基本可用的程度，推演时必须能够迅速创建大量的网络。我们不会对这个网络做太深入的讨论，而会将更多的精力放在下面两个网络上。
- **强策略网络**——这个动作预测网络的优化目标是准确率，而不是速度。它是一个卷积网络，其架构比快策略网络的要深很多，而且动作预测的效果比快策略网络好两倍。和快策略网络一样，这个网络也是用人工棋谱数据训练得出的，这一点与第 7 章介绍的相同。训练好这个网络之后，就可以把它作为起始点来进行自我对弈，并采用第 9 章和第 10 章中介绍的强化学习技术进行改良。这个过程能够让强策略网络变得更加强大。
- **价值网络**——强策略网络进行的自我对弈产生了一个新的数据集，可以用来训练一个价值网络。具体来说，我们将采用这些棋局的输出，以及第 11 章和第 12 章中介绍的技术，来学习一个价值函数。它会在 13.4 节中扮演关键角色。

13.1.1 AlphaGo 的网络架构

现在我们已经基本了解了这 3 个深度神经网络在 AlphaGo 中的作用，下一步接着展示如何在 Python 的 Keras 库构建它们。在深入讨论代码之前，我们先概述这几个网络的架构，如下所示。如果读者需要温习卷积网络的术语，请再次阅读第 7 章。

- 强策略网络是一个 13 层卷积网络。这 13 层都产出 19×19 的过滤器，也就是说，在整个网络中，我们都保留了初始的棋盘尺寸。与第 7 章一样，我们需要把这个网络的输入进行对齐（pad）操作。第一个卷积层的核心尺寸是 5，而后面的所有层的核心尺寸都是 3。最后一层采用 softmax 激活函数，并且有一个输出过滤器。前 12 层都采用 ReLU 激活函数，且各有 192 个输出过滤器。
- 价值网络是一个 16 层卷积网络。它的前 12 层与强策略网络完全一致。第 13 层是一个额外的卷积层，与第 2~12 层结构一致。第 14 层是一个核心尺寸为 1、有一个输出过滤器的卷积层。网络最后以两个稠密层结束，一个有 256 个输出，采用 ReLU 激活函数；另一个只有单个输出，并采用 tanh 激活函数。

可以看到，在 AlphaGo 中策略网络和价值网络采用的正是第 6 章所介绍的深度卷积神经网络。这两个网络非常相似，我们甚至可以直接用一个 Python 函数来定义它们。在此之前，我们先看看 Keras 的一种特殊用法，它可以显著地缩短网络的定义。第 7 章中讲过，我们可以使用 Keras 的 `ZeroPadding2D` 实用工具层来对齐输入图像。这样做完全没问题，但如果把它的功能移入 `Conv2D` 层中，就能在模型定义时节省许多笔墨。在价值网络和策略网络中，可以对齐每个卷积层的输入，使它们的输出过滤器的尺寸与输入相同（19×19）。例如，按照我们以往的做法，第 1 层有 19×19 输入，第 2 层核心尺寸为 5，输出是 19×19 过滤器，需要将第 1 层对齐成 23×23 的图像。而现在我们可以直接让卷积层维持输入尺寸，只需在定义卷积层时提供参数 `padding='same'`，它就能够自己处理对齐操作了。有了这种快捷定义，接下来我们就可以方便地定义 AlphaGo 的策

13.1 为AlphaGo训练深度神经网络

略网络与价值网络所共有的 11 个层,如代码清单 13-1 所示。读者可以在 GitHub 代码库中的 dlgo.networks 模块中的 alphago.py 文件中找到这个定义。

代码清单 13-1　为AlphaGo的策略网络和价值网络初始化神经网络

```python
from keras.models import Sequential
from keras.layers.core import Dense, Flatten
from keras.layers.convolutional import Conv2D


def alphago_model(input_shape, is_policy_net=False,
                  num_filters=192,
                  first_kernel_size=5,
                  other_kernel_size=3):

    model = Sequential()
    model.add(
        Conv2D(num_filters, first_kernel_size, input_shape=input_shape,
               padding='same',
               data_format='channels_first', activation='relu'))

    for i in range(2, 12):
        model.add(
            Conv2D(num_filters, other_kernel_size, padding='same',
                   data_format='channels_first', activation='relu'))
```

- 这个布尔值选项用来在初始化时指定是策略网络还是价值网络
- 除最后一个卷积层之外,所有层的过滤器数量都相同
- 第1层的核心尺寸为5,其他层都是3
- AlphaGo 的策略网络和价值网络的前 12 层完全一致

注意,我们还没有指定第 1 层的输入形状。这是因为这个形状在策略网络和价值网络中略有不同。我们可以在 13.1.2 节介绍 AlphaGo 的棋盘编码器的代码中看到这个区别。继续 model 的定义,我们还差一个最终卷积层就能完成强策略网络的定义,如代码清单 13-2 所示。

代码清单 13-2　在 Keras 中创建 AlphaGo 的强策略网络

```python
    if is_policy_net:
        model.add(
            Conv2D(filters=1, kernel_size=1, padding='same',
                   data_format='channels_first', activation='softmax'))
        model.add(Flatten())
        return model
```

可以看到,最后需要添加一个 Flatten 层来展平前面的预测输出,并确保与第 5 章至第 8 章中定义的模型的一致性。

如果想要返回的是 AlphaGo 的价值网络,可以再添加两个 Conv2D 层、一个 Flatten 层和两个 Dense 层,然后将它们连接起来,如代码清单 13-3 所示。

代码清单 13-3　在 Keras 中构建 AlphaGo 的价值网络

```python
    else:
        model.add(
```

```
            Conv2D(num_filters, other_kernel_size, padding='same',
                   data_format='channels_first', activation='relu'))
    model.add(
            Conv2D(filters=1, kernel_size=1, padding='same',
                   data_format='channels_first', activation='relu'))
    model.add(Flatten())
    model.add(Dense(256, activation='relu'))
    model.add(Dense(1, activation='tanh'))
    return model
```

这里我们不具体讨论快策略网络的架构。快策略网络的输入特征定义与网络架构有更多技术细节，但并不能帮助我们加深对 AlphaGo 系统的理解。所以如果读者想要进行自己的试验，完全可以直接采用我们在 dlog.networks 模块中已经定义好的网络，例如 small、medium 或 large。快策略网络的主要目的是构建一个比强策略网络更小的网络，能够进行快速评估。接下来我们会深入了解训练过程的细节。

13.1.2　AlphaGo 棋盘编码器

现在我们已经了解了 AlphaGo 使用的所有网络，下面讨论一下 AlphaGo 如何对棋盘数据进行编码。在第 6 章和第 7 章中我们已经实现了不少棋盘编码器，包括 oneplane、sevenplane 和 simple，这些编码器都存放在 dlgo.encoders 模块中。AlphaGo 所使用的特征平面会比它们更复杂一些，但也是这些已知编码器的自然延续。

AlphaGo 策略网络所用的棋盘编码器有 48 个特征平面，而它的价值网络还需要再添加一个平面。这 48 个平面包含 11 种概念，其中一部分是我们已经见过的，其他则是新的，我们会逐一详细讨论。总的来说，与以往的编码器相比，AlphaGo 更多地利用了围棋专有的定式。最典型的例子就是在特征集合中引入了征子和引征概念（参见图 13-3）。

我们之前所有的围棋棋盘编码器都采用了一个技巧，即二元特征（binary feature），这个技巧在 AlphaGo 中也被采用。例如，在捕获气的概念（棋盘上相邻的空白点）时，我们并不只用一个特征平面来表示棋盘上每颗棋子的气数，而是用 3 个二元表达的平面来表示一颗棋子是有 1 口气、2 口气还是 3 口气。在 AlphaGo 中也可以看到相同的做法，但是它采用了 8 个特征平面来记录二元计数。在气的例子中，这意味着 8 个平面分别代表每颗棋子是否有 1 口、2 口、3 口、4 口、5 口、6 口、7 口和至少 8 口气。

AlphaGo 与第 6 章至第 8 章中介绍的唯一不同点在于，它将棋子的颜色独立出来，显式地编码到另一个单独的特征平面中。回顾一下第 7 章的 sevenplane 编码器，我们的眼平面同时包含黑子平面和白子平面，而 AlphaGo 只用一个特征集合用来记录气的数量，并且所有的特征都是针对下一回合的执子方。例如，在特征集"吃子数"（用来记录一个动作能吃掉的棋子数目）中，只记录当前执子方能够吃掉的棋子数量，不论它是黑方还是白方。

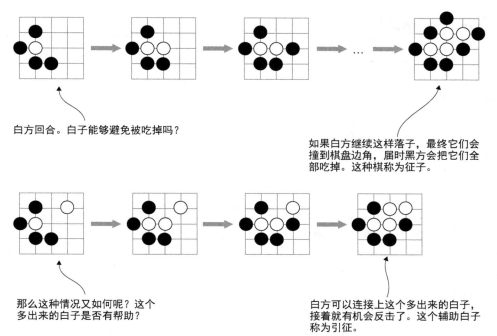

图 13-3 AlphaGo 将很多围棋策略概念直接编码到特征平面中，包括征子概念。在第一个例子中，白子只剩一口气了，这意味着黑方可以在下一回合吃掉它。白方可以长出来增加一口气，但是黑方也可以接着落子将白子的气减少为一口。这样一直持续下去，直到碰到棋盘边线，白子还是会被全部吃掉。
而在另一种情况下，如果在征子的路线上已经有一颗白子，白方就有可能逃离被吃子的命运。AlphaGo 中有一个特征平面专门用来表示征子是否能成功

表 13-1 总结了 AlphaGo 所使用的全部特征平面。前 48 个平面用于策略网络，最后一个只用于价值网络。

表 13-1 AlphaGo 所使用的特征平面

特征名称	平面数量	说明
执子颜色	3	3 个特征平面分别代表当前执子方、对手方，以及棋盘上的空点的棋子颜色
一	1	一个全部填入值 1 的特征平面
零	1	一个全部填入值 0 的特征平面
明智度	1	一个动作如果合法，且不会填补当前棋手的眼，则会在平面上填入 1，否则填入 0
动作回合数	8	这个集合有 8 个二元平面，代表一个动作落子离现在有多少个回合

续表

特征名称	平面数量	说明
气数	8	当前动作所在的棋链的气数,也分为 8 个二元平面
动作后气数	8	如果这个动作执行了之后,还会剩多少口气
吃子数	8	这个动作会吃掉多少颗对方棋子
自劫争数	8	如果这个动作执行之后,有多少己方的棋子会陷入劫争,可能在下一回合被对方提走
征子提子	1	这颗棋子是否会被通过征子吃掉
引征	1	这颗棋子是否能够逃出一个可能的征子局面
当前执子方	1	如果当前执子方是黑子,整个平面填入 1;如果是白子,则填入 0

这些特征的实现可以在本书的 GitHub 代码库中的 dlgo.encoder 模块中找到,文件是 alphago.py。虽然每一个特征集的实现都不困难,但和我们将要介绍的 AlphaGo 其他部分相比,它们并不显得很有趣。实现"征子提子"平面难度较高,而且要对一个动作从执行时到现在的回合数进行编码,需要修改围棋棋盘的定义。因此如果读者对这些实现有兴趣的话,可以参看 GitHub 上的实现代码。

让我们看看 `AlphaGoEncoder` 如何初始化,然后把它应用到深度神经网络的训练中。它需要一个围棋棋盘尺寸参数,以及一个布尔值参数 `use_player_plane`(代表是否包含第 49 个平面)。代码清单 13-4 展示了它的签名以及初始化过程。

代码清单 13-4　AlphaGo 棋盘编码器的签名以及初始化

```
class AlphaGoEncoder(Encoder):
    def __init__(self, board_size, use_player_plane=False):
        self.board_width, self.board_height = board_size
        self.use_player_plane = use_player_plane
        self.num_planes = 48 + use_player_plane
```

13.1.3　训练 AlphaGo 风格的策略网络

网络架构和输入特征都准备好之后,我们开始为 AlphaGo 训练策略网络。第一步与第 7 章的流程完全一致:指定一个棋盘编码器和一个代理,加载棋谱数据,并使用这些数据来训练代理。图 13-4 展示了这个流程。虽然我们使用了更加复杂的特征和网络,但流程还是完全一样的。

要初始化并训练 AlphaGo 的强策略网络,需要先初始化一个 `AlphaGoEncoder`,然后创建两个围棋数据生成器,分别用于训练和测试,如代码清单 13-5 所示。这个步骤与第 7 章一样。这一步的代码可以在 GitHub 上的 examples/alphago/alphago_policy_sl.py 文件中找到。

13.1 为 AlphaGo 训练深度神经网络

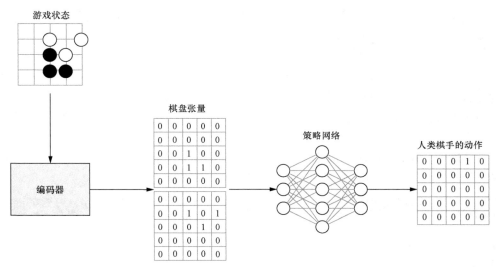

图 13-4 AlphaGo 的策略网络监督训练过程与第 6 章和第 7 章中介绍的完全一致。我们对人工棋谱进行复盘,并重新产生一系列游戏状态。每个游戏状态编码为一个张量(这个图展示了一个只有两个平面的张量,而 AlphaGo 实际使用了 48 个平面)。训练目标是一个与棋盘尺寸相同的向量,并在实际落子点填入 1

代码清单 13-5 为 AlphaGo 的策略网络的第一步训练加载数据

```
from dlgo.data.parallel_processor import GoDataProcessor
from dlgo.encoders.alphago import AlphaGoEncoder
from dlgo.agent.predict import DeepLearningAgent
from dlgo.networks.alphago import alphago_model

from keras.callbacks import ModelCheckpoint
import h5py

rows, cols = 19, 19
num_classes = rows * cols
num_games = 10000

encoder = AlphaGoEncoder()
processor = GoDataProcessor(encoder=encoder.name())
generator = processor.load_go_data('train', num_games, use_generator=True)
test_generator = processor.load_go_data('test', num_games, use_generator=True)
```

接下来,我们可以使用本节之前定义的 alphago_model 函数来加载 AlphaGo 的策略网络,并采用分类交叉熵损失函数和随机梯度下降法来对这个 Keras 模型进行编译,如代码清单 13-6 所示。我们把这个模型称为 alphago_sl_policy,以表示它是一个采用监督学习(sl 是 supervised learning 的简写)的策略网络。

代码清单 13-6　用 Keras 创建一个 AlphaGo 策略网络

```
input_shape = (encoder.num_planes, rows, cols)
alphago_sl_policy = alphago_model(input_shape, is_policy_net=True)

alphago_sl_policy.compile('sgd', 'categorical_crossentropy', metrics=['accuracy'])
```

现在第一阶段的训练只剩下最后一步了。和第 7 章一样，使用训练生成器和测试生成器对这个策略网络调用 `fit_generator`。除网络更大、编码器更复杂之外，其他地方都和第 6 章至第 8 章完全一样。

训练结束后，我们可以从 model 和 encoder 创建一个 DeepLearningAgent，并把它存储起来（如代码清单 13-7 所示），以备后面讨论的两个训练阶段使用。

代码清单 13-7　训练一个策略网络并持久化存储

```
epochs = 200
batch_size = 128
alphago_sl_policy.fit_generator(
    generator=generator.generate(batch_size, num_classes),
    epochs=epochs,
    steps_per_epoch=generator.get_num_samples() / batch_size,
    validation_data=test_generator.generate(batch_size, num_classes),
    validation_steps=test_generator.get_num_samples() / batch_size,
    callbacks=[ModelCheckpoint('alphago_sl_policy_{epoch}.h5')]
)

alphago_sl_agent = DeepLearningAgent(alphago_sl_policy, encoder)

with h5py.File('alphago_sl_policy.h5', 'w') as sl_agent_out:
    alphago_sl_agent.serialize(sl_agent_out)
```

为简洁起见，在本章中我们并不需要像 AlphaGo 论文所说的那样分别训练强策略网络和快策略网络。我们不另外单独训练一个更小更快的策略网络，而是直接使用 alphago_sl_agent 作为快策略网络。下一节会介绍如何以这个代理为起点进行强化学习，生成一个更强的策略网络。

13.2　用策略网络启动自我对弈

在使用 alphago_sl_agent 训练了一个相对强力的策略代理之后，用这个代理来进行自我对弈，并采用第 10 章介绍的策略梯度算法对它进行改进。DeepMind 的 AlphaGo 用强策略网络的多个不同版本与当前最强的版本进行对弈，这在 13.5 节中会详细描述。这么做能够防止过拟合，并且总体上能够得到更好的表现。但是我们采用更简单的办法，让 alphago_sl_agent 直接进行自我对弈。这样做也能够传达相同的道理：利用自我对弈让策略代理变得更强。

要进入下一个训练阶段，需要先加载监督学习策略网络 alphago_sl_agent 两次：一个版本作

13.2 用策略网络启动自我对弈

为新的强化学习代理,称为 alphago_rl_agent;另一个作为它的对手(如代码清单 13-8 所示)。这一步的脚本可以在 GitHub 的 examples/alphago/alphago_policy_sl.py 文件中找到。

代码清单 13-8 两次加载训练好的策略网络,以创建自我对弈的双方对手

```
from dlgo.agent.pg import PolicyAgent
from dlgo.agent.predict import load_prediction_agent
from dlgo.encoders.alphago import AlphaGoEncoder
from dlgo.rl.simulate import experience_simulation
import h5py

encoder = AlphaGoEncoder()

sl_agent = load_prediction_agent(h5py.File('alphago_sl_policy.h5'))
sl_opponent = load_prediction_agent(h5py.File('alphago_sl_policy.h5'))

alphago_rl_agent = PolicyAgent(sl_agent.model, encoder)
opponent = PolicyAgent(sl_opponent.model, encoder)
```

接下来,我们可以让两个代理开始进行自我对弈,并将比赛结果记录成经验数据,用作训练数据集。这套经验数据可以用来训练 alphago_rl_agent,如代码清单 13-9 所示。然后我们需要把训练好的强化学习策略代理保存好。自我对弈获得的经验数据也需要保存好,之后训练 AlphaGo 价值网络时还要用到。

代码清单 13-9 为 PolicyAgent 生成可供学习的自我对弈数据

```
num_games = 1000
experience = experience_simulation(num_games, alphago_rl_agent, opponent)

alphago_rl_agent.train(experience)

with h5py.File('alphago_rl_policy.h5', 'w') as rl_agent_out:
    alphago_rl_agent.serialize(rl_agent_out)

with h5py.File('alphago_rl_experience.h5', 'w') as exp_out:
    experience.serialize(exp_out)
```

注意,这个例子使用了一个来自 dlgo.rl.simulate 的实用工具函数 `experience_simulaton`。它的实现可以在 GitHub 上找到。这个函数的内容是设置两个代理,让它们执行由 `num_games` 局自我对弈,并以第 9 章介绍过的 `ExperienceCollector` 的形式返回经验数据。

2016 年,当 AlphaGo 出现在大众眼前的时候,当时最强的开源围棋机器人还是 Pachi(读者可以在附录 C 中了解更多相关信息),它的水准大概相当于业余 2 段。仅仅用强化学习代理 alphago_rl_agent 来选择动作,就能让 AlphaGo 对战 Pachi 的获胜率达到令人印象深刻的 85%。之前也有人用过卷积神经网络来进行动作预测,但对战 Pachi 的获胜率从来没有超过 10%。这一点展示了自我对弈所获得的强度提升相对于纯粹的监督深度神经网络学习有多大。如果读者进行自己的实验,不要期待机器人能够一开始就有这么高的排名——你很可能没有(或者能担负得起)足够的计算能力。

13.3 从自我对弈数据衍生出一个价值网络

AlphaGo 训练过程的第三步，也是最后一步，是用训练 alphago_rl_agent 时所生成的同一组自我对弈数据训练一个价值网络。这一步与上一步结构上很相似。我们需要先初始化一个价值网络，并创建一个 ValueAgent，内含一个 AlphaGo 的棋盘编码器，如代码清单 13-10 所示。这个训练步骤的代码也可以在 GitHub 上的 examples/alphago/alphago_value.py 文件中找到。

代码清单 13-10　初始化一个 AlphaGo 价值网络
```
from dlgo.networks.alphago import alphago_model
from dlgo.encoders.alphago import AlphaGoEncoder
from dlgo.rl import ValueAgent, load_experience
import h5py

rows, cols = 19, 19
encoder = AlphaGoEncoder()
input_shape = (encoder.num_planes, rows, cols)
alphago_value_network = alphago_model(input_shape)

alphago_value = ValueAgent(alphago_value_network, encoder)
```

现在我们可以再次加载自我对弈生成的经验数据，并用它训练价值网络，然后和前面两个网络一样，把这个代理持久化存储，如代码清单 13-11 所示。

代码清单 13-11　用经验数据训练一个价值网络
```
experience = load_experience(h5py.File('alphago_rl_experience.h5', 'r'))

alphago_value.train(experience)

with h5py.File('alphago_value.h5', 'w') as value_agent_out:
    alphago_value.serialize(value_agent_out)
```

至此，如果我们能够入侵 DeepMind 的 AlphaGo 团队的机房（当然这么做是不对的），并假设他们训练 AlphaGo 的方式与我们相同，都是用 Keras（实际上他们不是这么做的），接着再调整好快策略、强策略和价值网络的参数，我们就应该能够创造出一个超越人类水平的围棋机器人了。当然，前提是我们得知道如何在树搜索算法中适当地使用这 3 个深度网络。下一节内容正是对这个话题的讨论。

13.4 用策略网络和价值网络做出更好的搜索

回顾第 4 章，当在围棋中采用纯蒙特卡洛树搜索时，我们用下面这 4 个步骤来构建一棵游戏状态树。

（1）选择——通过在子节点中随机选择一个节点来遍历游戏树。

（2）扩展——给搜索树添加一个新节点，即一个新的游戏状态。

（3）评估——从这个新状态（有时称为一个叶节点，即 leaf）开始，模拟一个完全随机的棋局。
（4）更新——完成模拟之后，相应更新搜索树的统计信息。

模拟更多盘棋局，得到的统计会更准确，这些统计信息可以用来选择下一步动作。

AlphaGo 系统采用了一套更为复杂的树搜索算法，但是算法的很多部分都会让人感到似曾相识。上面的 4 个步骤也正是 AlphaGo 的 MCTS 算法的核心步骤，但是 AlphaGo 会以一种更聪明的方式，利用深度神经网络去评估棋盘状态、扩展节点以及跟踪统计信息。在本章后面的几节中，我们会随着内容的深入逐步展示如何开发一个 AlphaGo 版本的树搜索。

13.4.1 用神经网络改进蒙特卡洛推演

13.1 节、13.2 节和 13.3 节详细描述了如何训练 AlphaGo 的 3 个神经网络：快策略网络、强策略网络和价值网络。那么如何利用这些网络来改进蒙特卡洛树搜索呢？最容易想到的第一个方法，就是在推演中不再随机落子，而是用一个策略网络来指导。这正是快策略网络的用武之地，而且它的名称来由也有了解释：推演时一定要够快，才能在短时间内完成大量的推演。

代码清单 13-12 展示了如何在某个给定围棋游戏状态下从策略网络中贪婪地选取下一步动作。一直选择最佳的候选动作，直至棋局终盘。如果当前棋手获胜，返回 1，否则返回 −1。

代码清单 13-12　用快策略网络来进行推演

```
def policy_rollout(game_state, fast_policy):
    next_player = game_state.next_player()
    while not game_state.is_over():
        move_probabilities = fast_policy.predict(game_state)
        greedy_move = max(move_probabilities)
        game_state = game_state.apply_move(greedy_move)

    winner = game_state.winner()
    return 1 if winner == next_player else -1
```

由于策略网络天然地比抛硬币选择动作更好，因此改用这个推演策略本身就已经有了很大的改进。但我们还有更大的改进空间。

例如，当到达搜索树的一个叶节点时，我们需要扩展它。这时候，我们可以不再随机选择一个新节点来扩展，而是向强策略网络查询更好的动作。策略网络会给出所有候选动作的概率分布，而每个节点都可以跟踪这个概率分布，因此更好的动作（根据策略所得）就可以比其他动作更有机会被选中。我们把这些节点上的概率分布称为先验概率（prior probability），因为它们在进行任何树搜索之前就可以提供给我们关于动作强度的先验知识。

现在终于介绍到价值网络的用途了。我们已经将随机猜测替换为策略网络，从而改进了推演机制。不过，当在每个叶节点估计节点价值时我们只计算了单个棋局的结果，而估计一个棋局的价值正是价值网络所擅长的任务，因此对于这个价值，我们其实已经有一个深思熟虑的猜测了。AlphaGo 在这里所采用的办法，是在推演的输出与价值网络的输出之间进行某种权衡（weigh）。稍作思考就能看到这个办法和人类在下棋时做出决策的方式有些相似：棋手会尽量预测更多的回合，但同时也会参考自己的围棋经验。当棋手感觉当前局势并不太好的时候，如果能推演出一个动作序列给他带来优势，那么他就会优先选择这个动作；反之，他就会放弃选择这个动作。

现在我们已经对这 3 个神经网络在 AlphaGo 中的作用有了初步认识，也对如何利用它们来改进树搜索算法有了初步了解，接下来深入讨论实现细节。

13.4.2 用合并价值函数进行树搜索

第 11 章中介绍过如何在围棋游戏中使用行动价值（也称为 Q 值）。简单来说，对于当前棋盘状态 s 以及一个潜在的候选动作 a，我们估计出一个动作价值 $Q(s, a)$，用来体现这个动作在状态 s 下是否良好。稍后我们会给出 $Q(s, a)$ 的定义，现在只要注意 AlphaGo 树搜索的每个节点都存储 Q 值即可。另外，每个节点还会跟踪记录访问计数，代表这个节点在搜索过程中被遍历过多少次，以及先验概率 $P(s, a)$，代表强策略网络所认为的这个动作在状态 s 下的价值。

搜索树每个节点都有一个父节点，但是可能会有多个子节点，可以用 Python 的字典来进行编码，将动作映射到其他的节点。按照这种方式，可以按照代码清单 13-13 来定义 `AlphaGoNode`。

代码清单 13-13　AlphaGo 搜索树中一个节点的定义

```
class AlphaGoNode:
    def __init__(self, parent, probability):
        self.parent = parent
        self.children = {}

        self.visit_count = 0
        self.q_value = 0
        self.prior_value = probability
```

假设我们跳进一局正在进行中的比赛，并已经构建了一棵很大的搜索树，收集了访问计数，收集了动作价值的较好估计。现在我们要做的是模拟多个棋局，跟踪棋局统计信息，以便在模拟结束时能够在找到的动作中挑选最佳动作。那么如何遍历搜索树来模拟一局棋呢？如果我们处在游戏状态 s 中，并将对应的访问计数记为 $N(s)$，那么可以按照如下公式来选择动作：

$$a' = \operatorname{argmax}_a Q(s, a) + \frac{P(s, a)}{1 + N(s, a)}$$

这个公式乍看似乎比较复杂，但是可以将它分解为如下几个部分。
- argmax 表达式的意思是选择让公式 $Q(s, a) + P(s, a) / (1 + N(s, a))$ 达到极大值的参数 a。
- 需要最大化的公式由两项组成，一项是 Q 值，另一项是用访问计数进行归一化的先验概率。
- 棋局开始时访问计数为 0，因此在最大化 $Q(s, a) + P(s, a)$ 的时候，我们会给 Q 值和先验概率赋予相同的权重。
- 如果访问计数变得很大，则 $P(s, a) / (1 + N(s, a))$ 这一项会变得可以忽略不计，也就是说相

当于只留下 $Q(s, a)$ 一项。

- 我们把 $u(s, a) = P(s, a) / (1 + N(s, a))$ 做成一个实用工具函数。在下一节中，我们会稍微修改 $u(s, a)$，但是本节的这个函数版本已经包含了全部有助于对它进行理解的成分。有了这个函数，就可以在动作选择时，将公式写成 $a' = \text{argmax}_a Q(s, a) + u(s, a)$ 了。

总结一下，我们通过权衡先验概率与 Q 值来选择动作。在遍历搜索树的过程中，随着访问计数的累积以及对 Q 的更好的估计，我们会慢慢忽略先验估计，并给予 Q 值更多的信任。换句话说，我们减少了对先验知识的依赖，转而探索更多未知。这个过程与人们自己下棋的体验也有类似之处。假设你整晚都在玩你最喜欢的策略棋盘游戏。开始阶段，你还需要依赖以往的经验，但随着时间的推移，你应当会通过不断尝试新的玩法，不断刷新自己对不同玩法是否可行的理解。

以上就是 AlphaGo 如何在现有树中选择动作的原理，那么如果已经到达一个叶节点 l 时，如何扩展搜索树呢？参考图 13-5，首先需要计算强策略网络 $P(l)$ 的预测值，并将它们存入 l 的每个子节点的先验概率中。

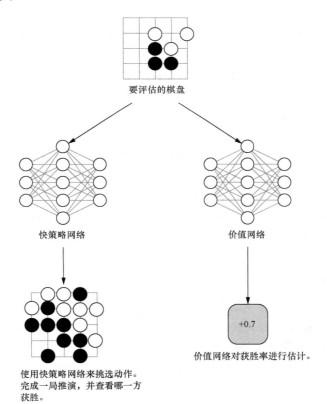

图 13-5　要评估可能的棋局，AlphaGo 综合了两个独立的评估结果。首先，它会将棋局输入价值网络中，并直接返回一个获胜率的估计。接着，它会从这个棋局开始用快策略网络完成一局推演，并观察哪一方获胜。树搜索的评估结果是这两个部分的加权和

接着，需要将策略推演与价值网络的结果合并起来评估叶节点，如下：

$$V(l) = \lambda \cdot \text{value}(l) + (1-\lambda) \cdot \text{rollout}(l)$$

在这个等式中，value(l)是价值网络对节点 l 的计算结果，而 rollout(l)则代表 l 节点下的一次快策略推演的结果。λ 是一个 0～1 的数值，默认设为 0.5。

退回一步来看，请记住，在树搜索挑选动作时我们最终需要模拟总计 n 局棋局。要做到这一点，需要在模拟结束时更新访问计数和 Q 值。访问计数很简单，在遍历中访问到的每个节点计数加 1 即可。而要更新 Q 值，则需要将所有访问过的叶节点 l 的值 V(l)进行累加，并除以访问计数：

$$Q(s,a) = \sum_{i=1}^{n} \frac{V(l_i)}{N(s,a)}$$

这里把所有的 n 个模拟结果累加起来，并且如果第 i 个模拟遍历到了与(s, a)对应的节点，就添加这个叶节点值。

总结整个流程，我们可以看看将第 4 章的 4 步树搜索流程修改之后是什么样子。
- 选择——通过选择能够让 $Q(s, a) + u(s, a)$最大化的动作 a 来遍历搜索树。
- 扩展——在扩展一个新节点时，我们会向强策略网络询问一次每个子节点需要存储的先验概率。
- 评估——在模拟结束的时候，计算价值网络的输出与快策略网络推演的结果的平均值，得出叶节点的评估值。
- 更新——在所有模拟结束的时候，更新模拟遍历过的所有节点的访问计数和 Q 值。

还剩一件事情没有讨论，就是在模拟结束之后如何选择下一手落子的动作。这其实也很简单：直接选择访问计数最多的节点即可！这么做乍看似乎过于简化了，但注意，节点的访问计数会随着它们的 Q 值提高而增多。在进行了足够多次的模拟之后，访问计数就能够成为衡量该动作相对价值的一个良好指标了。

13.4.3　实现 AlphaGo 的搜索算法

讨论了 AlphaGo 如何用神经网络来完成树搜索之后，我们接着在 Python 中实现这个算法。我们的目标是按照 AlphaGo 的方式来创建一个 `Agent` 类，其包含一个 `select_move` 方法。本节的代码可以在 GitHub 中的 dlgo/agent/alphago.py 文件中找到。

我们先从 AlphaGo 树节点的完整定义开始，如代码清单 13-14 所示。在上一节中我们已经写出了它的代码框架。AlphaGoNode 节点包含一个父节点，以及用字典映射到其他节点来存储的子节点集合。节点内还包含一个 `visit_count`（访问计数）、一个 `q_value`（Q 值），以及一个 `prior_value`（先验值）。另外，还需要为该节点存储一个实用工具函数 `u_value`。

13.4 用策略网络和价值网络做出更好的搜索

代码清单 13-14 在 Python 中定义一个 AlphaGo 树节点

```python
import numpy as np
from dlgo.agent.base import Agent
from dlgo.goboard_fast import Move
from dlgo import kerasutil
import operator

class AlphaGoNode:
    def __init__(self, parent=None, probability=1.0):
        self.parent = parent          # 树节点有一个父节点，以及
        self.children = {}            # 可能的多个子节点

        self.visit_count = 0
        self.q_value = 0
        self.prior_value = probability   # 每个节点用一个先验概率来初始化
        self.u_value = probability       # 实用工具函数会在搜索过程中进行更新
```

树搜索算法中有 3 个方法会用到这个节点。

（1）`select_child`——在模拟过程中，要遍历搜索树，需要根据 $\mathrm{argmax}_a Q(s, a) + u(s, a)$ 来选择将要访问的子节点，即选择能够让 Q 值和实用工具函数的和最大化的动作。

（2）`expand_children`——在叶节点询问强策略网络，让它评估从当前棋局开始的所有合法动作，并为每个动作添加一个新的 `AlphaGoNode` 子节点。

（3）`update_values`——最终在完成所有模拟之后，分别更新 `visit_count`、`q_value` 和 `u_value`。

前面两个方法相对直观，如代码清单 13-15 所示。

代码清单 13-15 通过最大化 Q 值来选择一个 AlphaGo 子节点

```python
class AlphaGoNode():
...
    def select_child(self):
        return max(self.children.items(),
                   key=lambda child: child[1].q_value + \
                       child[1].u_value)

    def expand_children(self, moves, probabilities):
        for move, prob in zip(moves, probabilities):
            if move not in self.children:
                self.children[move] = AlphaGoNode(probability=prob)
```

第三个方法则相对复杂一些。它要更新 AlphaGo 节点的各项统计信息。首先，我们需要一个稍微更复杂的实用工具函数：

$$u(s,a) = c_u \sqrt{N_p(s,a)} \frac{P(s,a)}{1+N(s,a)}$$

与 13.4.2 节的版本相比，这个版本的实用工具函数多了两项。第一项 c_u，即代码中的 `c_u`，

会将所有节点的实用工具函数放大一个常数倍，这里我们默认设为 5 倍。第二项进一步放大实用工具函数，使用的倍数是父节点的访问计数的平方根（这里当前节点的父节点用 N_p 表示）。这将会导致那些父节点被访问过更多次的节点拥有更高的实用工具函数值。

更新 AlphaGo 节点的访问计数、Q 值和实用工具函数值的方法如代码清单 13-16 所示。

代码清单 13-16 更新 AlphaGo 节点的访问计数、Q 值和实用工具函数值

```
class AlphaGoNode():
    ...
    def update_values(self, leaf_value):          # 先更新父节点，以确保按照
        if self.parent is not None:                #   从顶至底的顺序遍历搜索树
            self.parent.update_values(leaf_value)
        self.visit_count += 1                      # 为当前
                                                   # 节点增
                                                   # 加访问
                                                   # 计数
        self.q_value += leaf_value / self.visit_count  # 将指定的叶节点的价值加到 Q 值
                                                       #   上，并用访问计数进行归一化

        if self.parent is not None:                # 用当前的访问
            c_u = 5                                 # 计数来更新实
            self.u_value = c_u * np.sqrt(self.parent.visit_count) \  # 用工具函数
                * self.prior_value / (1 + self.visit_count)
```

至此，我们完成了 `AlphaGoNode` 的定义，接着就可以在 AlphaGo 的搜索算法中使用这个树结构了。我们要实现的 `AlphaGoMCTS` 类是一个 `Agent` 子类，并且会用多个参数进行初始化（如代码清单 13-17 所示）。首先，我们需要为这个代理类提供一个快策略网络、一个强策略网络和一个价值网络参数。接着，需要指定 AlphaGo 专有的推演和评估参数。

- `lambda_value`——这是用于均衡推演结果与价值函数输出的 λ 值：$V(l) = \lambda \cdot value(l) + (1 - \lambda) \cdot rollout(l)$。
- `num_simulations`——这个值可以指定在动作选择过程中需要运行多少次模拟推演。
- `depth`——这个参数可以告诉算法每次模拟需要向前观察多少步（即指定搜索深度）。
- `rollout_limit`——在决定一个叶节点的价值时，会运行一次策略推演 $rollout(l)$。参数 `rollout_limit` 用来告诉 AlphaGo 推演多少步动作之后进行输出判定。

代码清单 13-17 初始化一个 AlphaGoMCTS 围棋对弈代理

```
class AlphaGoMCTS(Agent):
    def __init__(self, policy_agent, fast_policy_agent, value_agent,
                 lambda_value=0.5, num_simulations=1000,
                 depth=50, rollout_limit=100):
        self.policy = policy_agent
        self.rollout_policy = fast_policy_agent
        self.value = value_agent

        self.lambda_value = lambda_value
        self.num_simulations = num_simulations
```

13.4 用策略网络和价值网络做出更好的搜索

```
            self.depth = depth
            self.rollout_limit = rollout_limit
            self.root = AlphaGoNode()
```

现在是时候实现这个新 Agent 的 select_move 方法了。这个方法包含了算法的大部分重要工作。我们在前面一节已经粗略勾画出了 AlphaGo 的树搜索流程，现在我们再梳理一下这个流程的各个步骤。

- 想要选择一个动作时，第一件事是在游戏树上运行 num_simulations 次模拟。
- 每次模拟都需要一直进行前瞻搜索，直至到达指定的深度 depth。
- 如果一个节点没有任何子节点，需要参考强策略网络提供的先验概率，为每一个可能的合法动作添加一个新的 AlphaGoNode 子节点，以扩展搜索树。
- 如果节点有子节点，则选择能够最大化 Q 值与实用工具函数值之和的动作。
- 在棋盘上执行本次模拟选中的动作。
- 当到达指定深度时，从价值网络获得价值函数，与策略推演的输出值进行综合平均，计算出这个叶节点的评估值。
- 根据模拟中涉及的叶节点的值来更新所有 AlphaGo 节点。

我们将在 select_move 中实现这个流程，如代码清单 13-18 所示。注意，这个方法还调用了另外两个实用工具方法 policy_probabilities 和 policy_rollout，后面会再讨论。

代码清单 13-18　AlphaGo 树搜索流程的主方法

```
class AlphaGoMCTS(Agent):
    ...
    def select_move(self, game_state):                          # 从当前棋局状态开
        for simulation in range(self.num_simulations):           # 始，运行多次模拟
            current_state = game_state
            node = self.root
            for depth in range(self.depth):                      # 不断执行下一步动作，
                if not node.children:                            # 直到到达指定的深度
                    if current_state.is_over():
                        break
                    moves, probabilities = \
                        self.policy_probabilities(current_state) # ……就利用强策略网
                    node.expand_children(moves, probabilities)   # 络提供的概率分布来
                                                                 # 扩展这个节点
                move, node = node.select_child()
                current_state = current_state.apply_move(move)
            value = self.value.predict(current_state)            # 计算价值网络
            rollout = self.policy_rollout(current_state)         # 的输出以及快
            weighted_value = (1 - self.lambda_value) * value + \ # 策略的一次推
                self.lambda_value * rollout                      # 演结果
            node.update_values(weighted_value)                   # 确定综合的
                                                                 # 价值函数
```

（如果当前节点没有任何子节点……）
（如果有子节点，可以选择其中一个，并执行对应的动作）
（在结束阶段为这个节点更新各项值）

读者可能已经注意到，到这里我们已经完成了所有的模拟，但实际上还没有执行真正的落子动作。要做到这一点，只需要选择访问计数最多的动作即可。之后相应地更新 root 节点，并返

回选择的动作，如代码清单 13-19 所示。

代码清单 13-19　选择访问计数最多的节点，并更新搜索树的根节点

```
class AlphaGoMCTS(Agent):
...
    def select_move(self, game_state):
        ...
        move = max(self.root.children, key=lambda move:        ◁── 选择根节点所有子节点
                    self.root.children.get(move).visit_count)       中访问计数最多的一
                                                                    个，作为下一步动作
        self.root = AlphaGoNode()
        if move in self.root.children:    ◁── 如果选中的动作是一个子节
            self.root = self.root.children[move]                点，将它设为新的根节点
            self.root.parent = None

        return move
```

这样我们就完成了 AlphaGo 的树搜索的主流程。让我们再看看前面提到的两个实用工具方法。其中，`policy_probabilities` 方法（如代码清单 13-20 所示）用于节点扩展，它计算强策略网络的预测值，并检查其合法性，再将剩下的预测动作进行归一化。这个方法返回所有合法动作，以及归一化的策略网络预测值。

代码清单 13-20　为棋盘上的合法动作计算归一化的强策略网络预测值

```
class AlphaGoMCTS(Agent):
...

    def policy_probabilities(self, game_state):
        encoder = self.policy._encoder
        outputs = self.policy.predict(game_state)
        legal_moves = game_state.legal_moves()
        if not legal_moves:
            return [], []
        encoded_points = [encoder.encode_point(move.point) for move in
 ↪ legal_moves if move.point]
        legal_outputs = outputs[encoded_points]
        normalized_outputs = legal_outputs / np.sum(legal_outputs)
        return legal_moves, normalized_outputs
```

最后一个辅助方法是 `policy_rollout`，它负责用快策略网络来运行一次推演，并计算结果，如代码清单 13-21 所示。这个方法的任务是贪婪地不断从快策略网络中选择最强的动作，直至推演次数达到限定值，然后查看胜负结果。如果执子方获胜，则返回 1；如果对手方获胜，则返回-1；如果没有得到结果，则返回 0。

代码清单 13-21　不断执行落子动作，直到推演次数达到 rollout_limit

```
class AlphaGoMCTS(Agent):
...
```

```
def policy_rollout(self, game_state):
    for step in range(self.rollout_limit):
        if game_state.is_over():
            break
        move_probabilities = self.rollout_policy.predict(game_state)
        encoder = self.rollout_policy.encoder
        valid_moves = [m for idx, m in enumerate(move_probabilities)
                       if Move(encoder.decode_point_index(idx)) in
                       game_state.legal_moves()]
        max_index, max_value = max(enumerate(valid_moves),
                                   key=operator.itemgetter(1))
        max_point = encoder.decode_point_index(max_index)
        greedy_move = Move(max_point)
        if greedy_move in game_state.legal_moves():
            game_state = game_state.apply_move(greedy_move)

    next_player = game_state.next_player
    winner = game_state.winner()
    if winner is not None:
        return 1 if winner == next_player else -1
    else:
        return 0
```

至此，我们完成了 Agent 框架的开发以及 AlphaGo 代理的实现，现在就可以轻松地用一个 AlphaGoMCTS 实例来进行对弈了，如代码清单 13-22 所示。

代码清单 13-22　用 3 个深度神经网络初始化一个 AlphaGo 代理

```
from dlgo.agent import load_prediction_agent, load_policy_agent, AlphaGoMCTS
from dlgo.rl import load_value_agent
import h5py

fast_policy = load_prediction_agent(h5py.File('alphago_sl_policy.h5', 'r'))
strong_policy = load_policy_agent(h5py.File('alphago_rl_policy.h5', 'r'))
value = load_value_agent(h5py.File('alphago_value.h5', 'r'))

alphago = AlphaGoMCTS(strong_policy, fast_policy, value)
```

这个代理与第 7 章至第 12 章中开发的各个代理用法相同。特别地，正如第 8 章中介绍的那样，我们也可以为这个代理注册 HTTP 和 GTP 前端。这样我们就可以亲自与 AlphaGo 机器人对弈，或让它与其他机器人对弈，或者甚至可以把它注册到在线围棋服务器（如附录 E 中介绍的 OGS）上并运行。

13.5　训练自己的 AlphaGo 可能遇到的实践问题

在前一节里，我们开发了 AlphaGo 树搜索算法的一个初步版本。这个算法有可能得到超越人类水准的棋力，但在那之前读者首先得仔细阅读下面的内容。首先你需要确保能非常完美地训练

AlphaGo 所需的 3 个深度神经网络，然后还要保证树搜索中模拟运算足够快，才能够不用为了得到 AlphaGo 的下一步动作建议而等待几个小时。下面几点能够帮我们尽量做得更好。

- 训练的第一步，即策略网络的监督学习，采用了来自 KGS 的 16 万局比赛记录数据，相当于 3 000 万个游戏状态。DeepMind 的 AlphaGo 团队总共计算了 34 000 万个训练步骤。
- 好消息是我们也能够获取到与他们所用的完全一致的数据集。DeepMind 采用的 KGS 训练集和我们第 7 章中介绍的是一样的。从理论上来说，没有什么事情能阻止我们运行相同数量的训练步骤。但坏消息是，即使我们拥有最先进的 GPU，训练过程也可能需要持续数月甚至数年。
- AlphaGo 团队解决这个问题的办法是将训练过程分布（distributing）到 50 个 GPU 上，从而将训练时间缩短到 3 周。这个选项对个人来说不太现实，尤其考虑到我们还没有讨论过如何用分布式方法来训练深度网络。
- 如果想得到比较理想的结果，我们能做的只有缩小公式每个部分的规模。例如，可以使用第 7 章或第 8 章介绍的更简单的棋盘编码器，或者用更小的网络来替代本章介绍的 AlphaGo 策略和价值网络。另外，也可以先从一个较小的训练集开始训练，以便更好地把握训练过程的感觉。
- 在自我对弈过程中，DeepMind 总共生成了 3 000 万个不同的棋局。这个数量级远远超出个人的现实能力。因此我们的指导思想是，应当在自我对弈中尝试生成与监督学习中人类棋局数目相当的棋局。
- 如果直接采用本章列出的巨大网络，但只用很少的数据来训练它，那还不如用更小的网络去训练更多的数据。
- 快策略网络在推演中使用得很频繁，因此要加速树搜索，一定要确保快策略一开始就真的足够小，例如可以采用第 6 章中用过的网络。
- 我们在前面实现的树搜索算法是按顺序计算模拟棋局的。为了加速这个过程，DeepMind 把搜索过程做了并行化处理，并使用了总共 40 个搜索线程。在并行版本中，多个 GPU 同时评估深度网络，多个 CPU 同时负责执行树搜索的其他部分。
- 在多个 CPU 上运行树搜索理论上是行得通的（回顾一下第 7 章也用过多线程来准备数据），但是这方面的内容超出了本书的讨论范围。
- 要改进对弈的体验，以速度换取强度，我们只能减少模拟的运行次数，或减少搜索的深度。这样就无法超越人类的表现了，但至少整个系统还是可以运行的。

从上面几点可以看出，虽然将监督学习和强化学习结合起来并创新性地用在树搜索算法中是一项了不起的工作，但扩大神经网络训练、评估和树搜索的计算规模，这些工作所涉及的工程性创造，对构建世界首个超越顶级职业棋手的围棋机器人同样贡献良多。

在第 14 章中，我们将会介绍 AlphaGo 系统的下一个开发阶段的内容。它不但完全跳过了人类棋谱的监督学习，而且比本章实现的初始版本更加强大。

13.6 小结

- 要运行 AlphaGo 系统，需要训练 3 个深度神经网络：2 个策略网络和 1 个价值网络。
- 快策略网络由人类棋局数据训练而出，必须运行地足够快，以确保在 AlphaGo 的树搜索算法中能够运行很多推演。推演的结果用于评估叶节点棋局。
- 强策略网络先由人类数据训练而出，接着通过自我对弈，利用策略梯度学习不断改进。在 AlphaGo 中，这个网络用于计算节点选择的先验概率。
- 价值网络由自我对弈产生的经验数据训练而出。它与策略推演一起，用于进行叶节点棋局评估工作。
- 在 AlphaGo 中，选择一个动作意味着生成大量模拟棋局并遍历游戏树。在模拟步骤完成的时候，选择被访问次数最多的节点即可。
- 在模拟过程中，选择 Q 值与实用工具函数值之和最大的节点。
- 当到达一个叶节点的时候，利用强策略提供的先验概率来扩展节点。
- 叶节点用一个综合价值函数评估。这个函数综合了价值网络的输出，以及快策略推演的输出。
- 在算法的结束阶段，根据所选的动作来更新访问计数、Q 值和实用工具函数值。

第 14 章 AlphaGo Zero：将强化学习集成到树搜索中

本章主要内容
- 使用蒙特卡洛树搜索的一个变种来进行游戏。
- 将树搜索集成到强化学习的自我对弈过程中。
- 训练一个神经网络来强化树搜索算法。

当 DeepMind 公布 AlphaGo 的第二个版本（代号 Master）的时候，全世界的围棋爱好者都仔细研究了它令人惊讶的行棋风格。Master 的棋局中充满了各种意想不到的新动作。虽然 Master 是从人类棋局中训练而出的，但随着强化学习的持续改进，它也能够发现很多人们不曾用过的新动作。

这自然引发人们思考一个问题：如果 AlphaGo 完全不依赖人类棋谱，而只通过强化学习来进行训练，会有什么样的结果呢？它还能够达到超越人类的水准吗？或者会停滞在初学者水平？它是否能够重新发现人类大师们所用的定式？还是会采用难以捉摸的全新下法？在 2017 年 AlphaGo Zero（简称 AGZ）发布的时候，所有的问题都得到了解答。

AlphaGo Zero 构建于一套改良的强化学习系统，没有使用任何人类棋局输入，完全从零开始自我训练。虽然它初期的对弈水准甚至比人类新手还差，但随着持续不断的改进，它很快超越了 AlphaGo 之前所有的版本。

对我们而言，AlphaGo Zero 最令人惊讶的一点是它用更少的代码做到了更多的事情。从许多方面看 AlphaGo Zero 都比初始的 AlphaGo 简单得多。在 AlphaGo Zero 中，我们不需要再手工构建特征平面，不再依赖人类棋谱，也不需要再执行蒙特卡洛推演了。相比于 AlphaGo 使用的 3 个神经网络和 3 个训练流程，AlphaGo Zero 只用了 1 个神经网络和 1 个训练流程。

但是 AlphaGo Zero 竟然比原先的 AlphaGo 还要强大！这怎么可能呢？

首先，AlphaGo Zero 使用了一个特别巨大的神经网络。它的最强版本所使用的神经网络容量相当于大约 80 个卷积层，比原始的 AlphaGo 网络多 4 倍以上。

其次，AlphaGo Zero 采用了一种创新性的强化学习技术。原始的 AlphaGo 单独训练它的策略网络（和我们第 10 章中描述的方式类似），然后它用这个策略网络来改进树搜索，而 AlphaGo Zero 从最开始就将树搜索与强化学习集成到了一起。这套独特的算法正是本章的重点内容。

首先，我们将概要介绍一下 AlphaGo Zero 训练的神经网络结构，接着我们会深入阐述这套树搜索算法。AlphaGo Zero 在自我对弈与参与比赛的过程中都采用同一个树搜索算法。之后我们讨论 AlphaGo Zero 如何从它的经验数据中训练网络。最后，我们简略地介绍使用 AlphaGo Zero 的几个实践技巧，让训练过程更加稳定高效。

14.1 为树搜索构建一个神经网络

AlphaGo Zero 只用了一个神经网络，它有一个输入和两个输出，其中一个输出产生动作的概率分布，另一个输出产生单个值，表示棋局是利于白方还是黑方。这个结构和我们在第 12 章中用过的演员-评价学习相同。

但 AlphaGo Zero 网络和第 12 章中的网络还有一处细微差别，即比赛中对跳过回合的处理。之前的自我对弈用例中，我们会在代码中直接写下跳过回合的逻辑。例如，第 9 章的 `PolicyAgent` 自我对弈机器人包含了一段自定义逻辑，避免棋子落到己方眼上导致自吃的局面。如果唯一的合法动作也会导致自吃，那么 `PolicyAgent` 就会选择跳过回合。有了这套逻辑，自我对弈棋局才能保证以合理的方式终结。

而在 AlphaGo Zero 中，由于自我对弈采用了树搜索算法，就不再需要这套自定义逻辑了。我们可以把跳过回合与其他动作一视同仁，并期望机器人能自己学会选择跳过回合的时机。如果树搜索发现落子会导致输掉比赛，它就会选择跳过回合。这也意味着，动作输出除了返回棋盘上每个点的落子概率，还需要包含跳过回合的概率。因此网络的输出向量尺寸不再是 19×19=361（即棋盘尺寸），而要改为 19×19+1=362，用来表示棋盘的每个点，再加上跳过回合的动作。图 14-1 展示了这套新的编码方案。

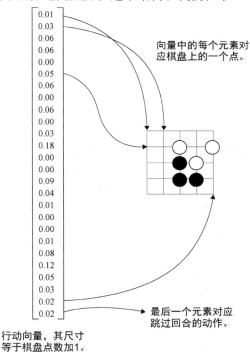

图 14-1 将可能的动作编码为一个向量。和以往相同，AlphaGo Zero 使用一个向量，每个元素映射到棋盘的一个点。AlphaGo Zero 还在向量最后附加了一个元素，并映射到跳过回合的动作。本例的棋盘尺寸是 5×5，因此这个向量的大小为 26，其中 25 代表棋盘的点数，1 代表跳过回合

这也意味着我们需要对棋盘编码器稍加修改。前面章节的棋盘编码器中实现了 `encode_point` 和 `decode_point_index` 方法，用来在向量元素与棋盘点之间进行转换。而在 AlphaGo Zero 风格的机器人里，我们需要将这两个方法替换成新的函数 `encode_move` 和 `decode_move_index`（如代码清单 14-1 所示）。新函数中对棋盘棋子的编码仍然不变，但会在最后新增一个下标来表示跳

过回合的动作。

代码清单14-1 修改棋盘编码器以支持跳过回合

```
class ZeroEncoder(Encoder):
...
    def encode_move(self, move):
        if move.is_play:
            return (self.board_size * (move.point.row - 1) +
                (move.point.col - 1))
        elif move.is_pass:
            return self.board_size * self.board_size
        raise ValueError('Cannot encode resign move')

    def decode_move_index(self, index):
        if index == self.board_size * self.board_size:
            return Move.pass_turn()
        row = index // self.board_size
        col = index % self.board_size
        return Move.play(Point(row=row + 1, col=col + 1))

    def num_moves(self):
        return self.board_size * self.board_size + 1
```

使用后一个下标来代表跳过回合的动作 → `return self.board_size * self.board_size`

棋盘点的编码方式与之前相同

认输动作不在神经网络的学习范围内

除对跳过回合的处理之外，AlphaGo Zero 网络的输入和输出与第 12 章介绍的网络完全相同。在网络内部，AlphaGo Zero 采用了深度极深的卷积层栈，并应用了几套现代化改进技术，让训练过程变得更加顺畅。我们会在本章最后部分简略介绍这几套技术。巨大的网络拥有强大的能力，但也会需要更多的计算，不论是训练还是自我对弈过程。如果没有 DeepMind 那样的硬件条件，最好还是尝试较小的网络。请读者自由探索，在强度和速度之间找到适合自己需求的最佳平衡。

至于棋盘编码，则可以使用本书介绍的任何编码方案，从第 6 章介绍的基本编码器到第 13 章介绍的 48 平面编码器都可以。AlphaGo Zero 本身采用了最简单的编码器：只有黑子和白子在棋盘上的位置，再加上一个平面用于表示当前回合执子方。为了处理劫争，AlphaGo Zero 还增加了平面来记录之前的 7 个棋局。不过并没有什么技术原因阻止我们使用与游戏相关的特征平面，它们还可能会让训练速度变得更快。DeepMind 尽可能排除对人类知识的依赖的部分原因，可能是想要证明这么做是有可能成功的。而在我们自己的 AlphaGo Zero 强化学习实验中，可以自由地尝试不同类型的特征平面组合。

14.2 使用神经网络来指导树搜索

在强化学习中，策略指的是告诉代理如何进行决策的算法。在之前的强化学习示例中，我们使用的策略都相对简单。例如，在第 10 章的策略梯度学习和第 12 章的演员-评价学习中，有一个神经网络直接告诉我们该选择哪一个动作，而这就是策略的全部了。第 11 章介绍的 Q 学习策略需要计算每一个可能动作的 Q 值，然后直接选择 Q 值最高的动作即可。

而 AlphaGo Zero 的策略则包含了某种形式的树搜索。它仍然使用神经网络，但目的是指导树搜索，而不是直接选择或评估动作。在自我对弈过程中引入树搜索能够让棋局变得更为真实，同

14.2 使用神经网络来指导树搜索

样地,在训练中这么做也会让训练过程变得更加稳定。

AlphaGo Zero 的树搜索算法建立在我们已学过的知识基础之上。如果读者已经掌握了第 4 章介绍的蒙特卡洛树搜索和第 13 章的原始 AlphaGo,那么 AlphaGo Zero 的树搜索看起来会让人觉得很熟悉。表 14-1 比较了这 3 个算法。我们会先描述 AlphaGo Zero 用来表示游戏树所用的数据结构,接着逐步探讨 AlphaGo Zero 为游戏树添加新节点时所使用的算法。

表 14-1 树搜索算法比较

算法	分支选择	分支评估
MCTS	UCT 得分	随机模拟
AlphaGo	UCT 得分 + 策略网络先验概率	价值网络 + 随机模拟
AlphaGo Zero	UCT 得分 + 综合网络先验概率	综合网络返回的价值

树搜索算法在棋盘游戏中应用的总体思路是找到一个能够得到最佳结果的动作。我们通过观察之后的可能动作序列来判断动作的优劣。但由于动作序列的可能数目实在太大,因此我们只得仅仅观察很小一部分就做出决策。树搜索算法的核心技艺就是如何选择要探索的分支,以能够在最短的时间里得到最佳的结果。

和 MCTS 算法一样,AlphaGo Zero 的树搜索算法会运行固定轮次,每一轮会向搜索树添加一个新的棋局。随着一轮轮搜索的执行,搜索树会变得越来越大,而算法的估计也会变得更准确。为了方便演示,假设我们已经在算法执行的过程之中:我们已经构建了一棵不完整的搜索树,正要扩展一个新的棋局。图 14-2 展示了一棵这样的游戏树示例。

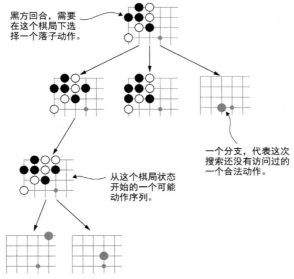

图 14-2 一个部分完成的 AlphaGo Zero 风格搜索树。在这个例子中,下一回合轮到黑方落子,而搜索已经探索了 3 个可能的游戏状态。搜索树还包括了很多代表尚未访问过的动作的分支,但限于书页空间,这里省略了大多数分支

这棵游戏树的每个节点都代表一个可能的棋局。从那个棋局开始，我们还知道跟进动作中哪些是合法的。算法已经访问过其中一些动作，但是还没完成全部遍历。每个动作无论是否访问过，都会创建一个分支（branch）。分支会跟踪如下信息。

- 动作的先验概率，代表在尝试访问它之前我们对这个动作的好坏的期望值。
- 在树搜索中访问过这个分支的次数。这个值可能为 0。
- 经过这个分支的所有访问的期望值。这个值是所有经过该分支的访问的平均值。要更方便地更新这个平均值，可以存储所有值的和，然后通过除以访问计数来得到平均值。

对于已经访问过的每个分支，节点还包括指向一个子节点的指针。代码清单 14-2 中的代码定义了一个最简单的 Branch 结构，包含基本分支统计信息。

代码清单 14-2　用于跟踪分支统计的结构

```
class Branch:
    def __init__(self, prior):
        self.prior = prior
        self.visit_count = 0
        self.total_value = 0.0
```

现在可以开始构建数据结构来表示搜索树了。代码清单 14-3 中的代码定义了一个 ZeroTreeNode 类。

代码清单 14-3　AlphaGo Zero 风格搜索树的一个节点

```
class ZeroTreeNode:
    def __init__(self, state, value, priors, parent, last_move):
        self.state = state
        self.value = value
        self.parent = parent                      ◁── 在搜索树的根节点中，parent
        self.last_move = last_move                    和 last_move 都是 None
        self.total_visit_count = 1
        self.branches = {}
        for move, p in priors.items():
            if state.is_valid_move(move):
                self.branches[move] = Branch(p)   ◁── 稍后 children 变量会将一个 move 映射到
        self.children = {}                            另一个 ZeroTreeNode 上

    def moves(self):                              ◁── 返回一个列表，包含该
        return self.branches.keys()                   节点的所有可能动作

    def add_child(self, move, child_node):        ◁── 允许向搜索树添加
        self.children[move] = child_node              新的节点

    def has_child(self, move):                    ◁── 检查某个特定的动作
        return move in self.children                  是否有一个子节点
```
返回一个特定的子节点

ZeroTreeNode 类还包含几个辅助方法，可以从它的子节点读取统计信息，如代码清单 14-4 所示。

代码清单14-4　用于读取子节点统计信息的辅助方法

```
class ZeroTreeNode:
...
    def expected_value(self, move):
        branch = self.branches[move]
        if branch.visit_count == 0:
            return 0.0
        return branch.total_value / branch.visit_count

    def prior(self, move):
        return self.branches[move].prior

    def visit_count(self, move):
        if move in self.branches:
            return self.branches[move].visit_count
        return 0
```

14.2.1　沿搜索树下行

每一轮搜索都沿着树从上而下进行。下行的目的是观察未来的可能棋局是什么样的，这样就可以评估它是好是坏了。要得到一个准确的评估，应当假设对手会返回最强的回应。当然，现在我们还不知道最强的回应是什么，只能通过尝试各个动作来找到哪一个更好。本节描述的一个算法，能够在面临未知的情况下选择更强的动作。

对于每个可能的动作，期望值为我们提供了动作好坏的估计。但是这个估计并不总是准确。如果花费更多的时间去分析某一分支，它的估计就会更准确。

我们可以在最好的几个变化中选择一个进行更深入的搜索，从而进一步改善它的估计。或者也可以深入一个探索较少的分支，以提高其估计水平。这个动作也许会比开始所想的更好，而做出判断的唯一方法，就是更深地扩展它。所以这里我们又一次遇到了深入挖掘与广泛探索这两个不同目标的矛盾。

原始的 MCTS 算法用 UCT（即搜索树最大置信上限，参见第 4 章）公式来平衡这两个目标。UCT 公式可以在两个不同的指标间做出权衡。

- 如果一个分支已经被访问过很多次，那么它的期望值就更可信。在这种情况下，我们倾向于拥有更高估计值的分支。
- 如果一个分支的访问次数很少，它的期望值可能有很大偏差。无论它的期望值是好还是坏，我们都希望再访问几次以改善它的估计。

AlphaGo Zero 增加了第三个指标。

- 在访问次数较少的那些分支中，应当倾向于具有更高先验概率的分支。这些分支对应的动作，在考虑本局棋局的具体情况之前，从直觉上看已经显得不错了。

用数学语言表示，AlphaGo Zero 的评分函数如下所示：

$$Q + cP \frac{\sqrt{N}}{1+n}$$

这个等式包括以下几个部分：
- Q 是经过一个分支所有访问的期望值的平均值（如果还没有访问过这个分支，则它的值为 0）；
- P 是当前正在考虑的动作的先验概率；
- N 是当前节点的 parent 节点的访问计数；
- n 是 child 子节点分支的访问计数；
- c 是一个用来平衡深入挖掘与广泛探索的权重因子，通常来说需要通过试错来决定这个值。

观察图 14-3 中的示例。分支 A 已经被访问过两次，并且有一个稍好的评估值 $Q = 0.1$。分支 B 被访问过一次，有一个很坏的评估值：$Q = -0.5$。分支 C 还没有被访问，但是它的先验概率 $P = 0.038$。

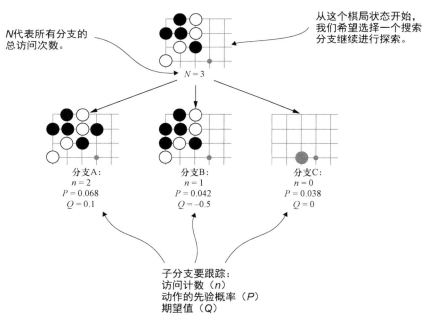

图 14-3 在 AlphaGo Zero 树搜索中选择一个分支继续探索。在这个示例中，从开始的棋局起，我们正在考虑 3 个分支。在实际情况中会有非常多可能的动作，这里为节省空间都省略了。要选择一个分支，需要考虑这个分支的访问计数、这个分支的期望值以及这个动作的先验概率

14.2　使用神经网络来指导树搜索

表 14-2 展示了如何计算不确定项。分支 A 的 Q 项最高,表示我们已经在这个分支下遇到过一些良好的棋局。分支 C 的 UCT 项最高:由于我们还没有访问过它,因此这个分支的不确定性最高。分支 B 的评估值低于分支 A,且比分支 C 的访问计数更高,所以它不太可能是一个好的选择。

表 14-2　选择一个继续跟进的分支

分支	Q	n	N	P	$P\sqrt{N}/(n+1)$
分支 A	0.1	2	3	0.068	0.039
分支 B	−0.5	1	3	0.042	0.036
分支 C	0	0	3	0.038	0.065

假设分支 B 已经被排除了,那么在分支 A 和分支 C 之间该如何选择呢?这依赖于参数 c 的值。如果参数 c 很小,则会有利于高评估值的分支(在本例中即分支 A);而如果 c 值较大,则有利于不确定性更大的分支(在本例中即分支 C)。例如,如果 $c = 1.0$,我们会选择分支 A(评分为 0.139 ~ 0.065。如果 $c = 4.0$,我们就会选择分支 C(评分为 0.260 ~ 0.256)。两个选择客观上看都不是绝对正确的,它只能是一个折中。代码清单 14-5 展示了如何在 Python 中计算这个评分。

代码清单 14-5　选择一个分支

```
class ZeroAgent(Agent):
...
    def select_branch(self, node):
        total_n = node.total_visit_count

        def score_branch(move):
            q = node.expected_value(move)
            p = node.prior(move)
            n = node.visit_count(move)
            return q + self.c * p * np.sqrt(total_n) / (n + 1)

        return max(node.moves(), key=score_branch)
```

node.moves()是一个动作列表。当传入 key=score_branch 时,max 会返回 score_branch 函数值最高的分支

选好分支之后,就要继续对它的子节点进行相同的计算,以选择下一个分支,如代码清单 14-6 所示。我们需要重复这个相同的过程,最终到达一个没有子节点的分支才停止。

代码清单 14-6　沿着搜索树下行

```
class ZeroAgent(Agent):
...
    def select_move(self, game_state):
        root = self.create_node(game_state)
```
⟵ 14.2.2 节会展示 create_node 的实现

当 has_child 返回 False 时，表示已经到达了树的底部

```
for i in range(self.num_rounds):
    node = root
    next_move = self.select_branch(node)
    while node.has_child(next_move):
        node = node.get_child(next_move)
        next_move = self.select_branch(node)
```

这是每一个动作都会重复很多次的过程中的第一步。self.num_moves 用来控制重复这个搜索过程的次数

14.2.2　扩展搜索树

至此，我们已经到达了搜索树的一个还未扩展的分支。由于搜索树上没有对应当前动作的节点，已经无法继续搜索了。下一步是创建一个新节点，并添加到搜索树中。

要创建一个新节点，需要根据之前的游戏状态执行当前的动作，并得到一个新的游戏状态。接着把新游戏状态输入神经网络中，它会给你两样很有价值的东西：一个是新游戏状态下所有可能的跟进动作的先验估计值；另一个是新游戏状态的估计值。我们可以利用这些信息来初始化新节点各个分支的统计信息，如代码清单 14-7 所示。

代码清单 14-7　在搜索树上创建一个新节点

```
class ZeroAgent(Agent):
...
    def create_node(self, game_state, move=None, parent=None):
        state_tensor = self.encoder.encode(game_state)
        model_input = np.array([state_tensor])
        priors, values = self.model.predict(model_input)
        priors = priors[0]
        value = values[0][0]
        move_priors = {
            self.encoder.decode_move_index(idx): p
            for idx, p in enumerate(priors)
        }
        new_node = ZeroTreeNode(
            game_state, value,
            move_priors,
            parent, move)
        if parent is not None:
            parent.add_child(move, new_node)
        return new_node
```

Keras 的 predict 函数是一个批量函数，接受一个样本数组参数。因此必须把 board_tensor 用一个数组封装起来

类似地，predict 函数返回一个数组，包含多个结果，所以必须取出它的第一项

将先验向量解析出来并封装成一个字典，从 move 对象映射到对应的先验概率

最后，还需要沿着搜索树上行回去，并一路更新当前节点每一个父节点的统计信息，如图 14-4 和代码清单 14-8 所示。对于这条路径上的每一个节点，都需要增加访问计数，并更新总的期望值。每经过一个节点，视角会从黑方切换成白方，因此每一步都要切换值的正负号。

14.2 使用神经网络来指导树搜索

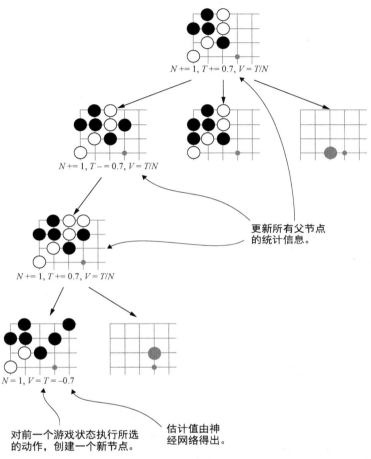

图 14-4 扩展一棵 AGZ 风格的搜索树。首先需要计算新游戏状态。接着从这个游戏状态创建一个新节点，并添加到搜索树上。然后神经网络会给出这个游戏状态的估计值。最后需要更新这个新节点的所有父节点统计信息。对于每个父节点，给访问计数 N 加 1，并更新平均值 V。这里，T 代表经过一个节点的所有访问的总计数，这个计数可以方便重新计算平均值

代码清单 14-8　扩展搜索树，并更新所有节点的统计信息

```
class ZeroTreeNode:
    ...
    def record_visit(self, move, value):
        self.total_visit_count += 1
        self.branches[move].visit_count += 1
        self.branches[move].total_value += value

class ZeroAgent(Agent):
    ...
```

```
    def select_move(self, game_state):
...
            new_state = node.state.apply_move(next_move)
            child_node = self.create_node(
                new_state, parent=node)

            move = next_move
            value = -1 * child_node.value
            while node is not None:
                node.record_visit(move, value)
                move = node.last_move
                node = node.parent
                value = -1 * value
```

在搜索树的每一层，都需要切换对弈双方的视角。因此必须将价值乘以-1：对黑方有利的价值就会对白方不利，反之，对黑方不利的价值就会对白方有利

不断地重复这个过程，每一轮都会扩展搜索树。AGZ 在自我对弈过程中每个动作会进行大约 1 600 次扩展。在比赛中，如果时间允许，就应当尽可能运行更多算法回合。机器人执行的算法回合越多，它选择的动作就会越好。

14.2.3 选择一个动作

搜索树尽量扩充之后，就到了该选择一个动作的时候了。最简单的动作选择规则就是选择访问计数最高的动作。

为什么用访问计数，而不是期望值呢？我们可以认为访问次数最多的分支也会有很高的期望值。为什么？请参考前面的分支选择公式。当分支的访问次数不断增加时，因子 $1/(n+1)$ 会变得越来越小，因此，分支选择函数会倾向于只根据 Q 值来选择。这样，拥有更高 Q 值的分支就会获得最多的访问次数。

现在，如果一个分支的访问次数很少，那么什么情况都有可能发生。它的真实 Q 值可能很小，也可能很大。但是，由于访问次数太少，我们暂时无法确信它的估计值。如果直接选择 Q 值最高的分支，就有可能会选到一个访问计数为 1 的分支，而这个分支的真实价值可能会比估计值小得多。这就是应当根据访问计数而不是 Q 值来选择分支的原因（如代码清单 14-9 所示）。这么做能保证我们选择的分支既有很高的估计值，又有足够可靠的估计。

代码清单 14-9　选择访问计数最高的动作

```
class ZeroAgent(Agent):
...
    def select_move(self, game_state):
...
        return max(root.moves(), key=root.visit_count)
```

与本书的其他自我对弈代理不同，`ZeroAgent` 并不包含处理跳过回合的特定逻辑。这是因为我们已经将跳过回合这个动作融入搜索树了，可以把它和其他任何动作一样处理。

现在我们已经完成了 `ZeroAgent` 的实现，可以接着实现执行自我对弈的 `simulate_game` 函数了，如代码清单 14-10 所示。

代码清单 14-10　模拟一局自我对弈比赛

```
def simulate_game(
        board_size,
        black_agent, black_collector,
        white_agent, white_collector):
    print('Starting the game!')
    game = GameState.new_game(board_size)
    agents = {
        Player.black: black_agent,
        Player.white: white_agent,
    }

    black_collector.begin_episode()
    white_collector.begin_episode()
    while not game.is_over():
        next_move = agents[game.next_player].select_move(game)
        game = game.apply_move(next_move)

    game_result = scoring.compute_game_result(game)
    if game_result.winner == Player.black:
        black_collector.complete_episode(1)
        white_collector.complete_episode(-1)
    else:
        black_collector.complete_episode(-1)
        white_collector.complete_episode(1)
```

14.3　训练

　　价值输出的训练目标有两个值：如果代理获得本局胜利，则是 1；如果失败，则是-1。在经过计算大量棋局的平均值之后，代理将会学习到这两个极值之间的某个值，用来表示机器人的获胜率。这与第 11 章的 Q 学习和第 12 章的演员-评价学习完全一致。

　　动作输出则稍有不同。与第 10 章的策略学习和第 12 章的演员-评价学习一样，神经网络只有一个输出，产生所有合法动作的概率分布。在策略学习中，网络的训练目标是在代理获胜时匹配到代理所选择的动作。而 AlphaGo Zero 的工作方式则有微妙的区别，它的网络的训练目标是匹配树搜索过程中每个动作的访问次数。

　　这么做为什么能提高棋力呢？可以思考一下 MCTS 风格的搜索算法是如何工作的。我们暂时先假设已经有一个大致正确的价值函数了，它不需要太准确，只要能粗略区分出胜局还是败局就可以。接着想象我们完全抛弃先验概率而直接运行搜索算法。根据设计，搜索会在那些前景更好的分支上花费更多时间。分支选择逻辑会保证：UCT 公式中的 Q 项值越大意味着高价值的分支会越多地被选择。如果我们拥有无限的时间来运行搜索，它会最终收敛于最佳动作。

　　在经过足够轮次的树搜索之后，就可以把访问计数当作检验指标了。正是因为我们已经检查过如果执行它们会发生什么情况，所以才知道它们的优劣。因此搜索计数就成了训练先验函数的目标。

如果先验函数有足够的运行时间,它就能尝试预测树搜索应当在哪里下功夫。一旦在前几轮训练中学习到了一个先验函数,接下来的树搜索就能直接去搜索更重要的分支,从而节省更多的时间。有了准确的先验函数,搜索算法就能够只执行少量的推演,也能达到那些更慢的、需要大量推演的搜索算法相似的结果。从某种程度上可以理解为网络"记住"了之前搜索中发生的事情,并利用这些知识来跳跃前进。

要按照这种方式建立训练流程,需要在每一个动作之后保存搜索计数。在之前的章节中,我们使用了一个通用的 `ExperienceCollector` 类,它可以用于任何强化学习实现。而在本例中搜索计数是 AlphaGo Zero 独有的,所以需要制作一个自定义的收集器。它们的结构基本相同,如代码清单 14-11 和代码清单 14-12 所示。

代码清单 14-11　为 AlphaGo Zero 风格学习定制的经验收集器

```python
class ZeroExperienceCollector:
    def __init__(self):
        self.states = []
        self.visit_counts = []
        self.rewards = []
        self._current_episode_states = []
        self._current_episode_visit_counts = []

    def begin_episode(self):
        self._current_episode_states = []
        self._current_episode_visit_counts = []

    def record_decision(self, state, visit_counts):
        self._current_episode_states.append(state)
        self._current_episode_visit_counts.append(visit_counts)

    def complete_episode(self, reward):
        num_states = len(self._current_episode_states)
        self.states += self._current_episode_states
        self.visit_counts += self._current_episode_visit_counts
        self.rewards += [reward for _ in range(num_states)]

        self._current_episode_states = []
        self._current_episode_visit_counts = []
```

代码清单 14-12　将决策传递给经验收集器

```python
class ZeroAgent(Agent):
...
    def select_move(self, game_state):
...
        if self.collector is not None:
            root_state_tensor = self.encoder.encode(game_state)
            visit_counts = np.array([
                root.visit_count(
```

```
            self.encoder.decode_move_index(idx))
        for idx in range(self.encoder.num_moves())
    ])
    self.collector.record_decision(
        root_state_tensor, visit_counts)
```

神经网络的动作输出采用了 softmax 激活函数。前面讲过，softmax 激活函数能够保证它的输出值总和为 1。在训练时也应当确保训练目标总和为 1。要做到这一点，可以把总的访问计数除以它的总和。这个操作称为归一化。图 14-5 展示了一个示例。

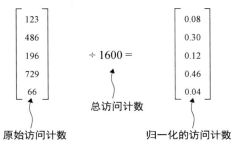

图 14-5　归一化向量。在自我对弈中，跟踪每个动作的访问计数。
在训练中，必须把向量进行归一化，以保证它的总和为 1

除此之外，网络的训练过程与第 12 章的演员-评价网络很相似。代码清单 14-13 展示了它的实现。

代码清单 14-13　训练综合网络

```
class ZeroAgent(Agent):
    ...
    def train(self, experience, learning_rate, batch_size):
        num_examples = experience.states.shape[0]

        model_input = experience.states

        visit_sums = np.sum(
            experience.visit_counts, axis=1).reshape(
            (num_examples, 1))
        action_target = experience.visit_counts / visit_sums
        value_target = experience.rewards

        self.model.compile(
            SGD(lr=learning_rate),
            loss=['categorical_crossentropy', 'mse'])
        self.model.fit(
            model_input, [action_target, value_target],
            batch_size=batch_size)
```

参考第 10 章对 learning_rate 和 batch_size 的讨论

将访问计数归一化。当用参数 axis=1 来调用 np.sum 时，它会将矩阵的每一行加起来。调用 reshape 会把这些总和重新组织到对应的行中。接着把原始的计数除以它们的和强化学习的总体流程和第 9 章至第 12 章所学的基本相同。
（1）生成一大批自我对弈棋局。
（2）用经验数据训练模型。
（3）将更新的模型与之前版本进行对弈，以测试其改进程度。
（4）如果新版本明显更强，就切换到新版本。
（5）如果新版本并没有更强，就生成更多的自我对弈棋局，重新尝试训练。
（6）将上述过程重复尽可能多的次数。

代码清单 14-14 展示了运行上述过程的一次循环。友情提示：要想从零开始构建一个强围棋 AI，需要大量的自我对弈棋局数据。AlphaGo Zero 的确达到了超越人类的水准，但它是经过了 500 万局自我对弈才做到的。

代码清单 14-14　强化学习流程中的一次循环

```
board_size = 9
encoder = zero.ZeroEncoder(board_size)

board_input = Input(shape=encoder.shape(), name='board_input')
pb = board_input
for i in range(4):
    pb = Conv2D(64, (3, 3),
        padding='same',
        data_format='channels_first',
        activation='relu')(pb)
```
构建一个拥有 4 层卷积层的网络。要构建一个强大的机器人，可以添加更多层

```
policy_conv = \
    Conv2D(2, (1, 1),
        data_format='channels_first',
        activation='relu')(pb)
policy_flat = Flatten()(policy_conv)
policy_output = \
    Dense(encoder.num_moves(), activation='softmax')(
        policy_flat)
```
把动作输出添加到网络中

```
value_conv = \
    Conv2D(1, (1, 1),
        data_format='channels_first',
        activation='relu')(pb)
value_flat = Flatten()(value_conv)
value_hidden = Dense(256, activation='relu')(value_flat)
value_output = Dense(1, activation='tanh')(value_hidden)
```
把价值输出添加到网络中

```
model = Model(
    inputs=[board_input],
    outputs=[policy_output, value_output])

black_agent = zero.ZeroAgent(
    model, encoder, rounds_per_move=10, c=2.0)
white_agent = zero.ZeroAgent(
    model, encoder, rounds_per_move=10, c=2.0)
```
为了让演示运行地更迅速，每一个动作只运行 10 轮推演。真实训练需要更多的轮次，AlphaGo Zero 用的是 1 600 轮

```
c1 = zero.ZeroExperienceCollector()
c2 = zero.ZeroExperienceCollector()
black_agent.set_collector(c1)
white_agent.set_collector(c2)

for i in range(5):
    simulate_game(board_size, black_agent, c1, white_agent, c2)

exp = zero.combine_experience([c1, c2])
black_agent.train(exp, 0.01, 2048)
```

在训练之前,先模拟 5 局比赛。在真实的训练中,需要更大的批次(数以千计)

14.4 用狄利克雷噪声改进探索

自我对弈强化学习本质上是一个随机过程。机器人可能一不小心就飘往奇怪的方向,在训练早期尤为如此。为了避免机器人在训练中陷入僵局,提供一点点随机性是很重要的。如果有随机性,一旦机器人迷恋上某个很坏的动作,它就还有机会摆脱现状并学到更好的动作。在本节中我们会学习 AlphaGo Zero 所使用的一个确保探索广度的技巧。

在前面的章节中,我们采用了几个不同的技术来增加机器人的选择多样性。例如,在第 9 章中我们对机器人的策略输出进行随机抽样;在第 11 章中我们使用了 ε 贪婪策略,即在所有时间的 ε 部分中,机器人会完全忽略它的模型输出,改而选择一个完全随机的动作。这两个例子中,我们都在机器人决策时增加了随机性因素。AlphaGo Zero 采用的方法则略有不同,它在更早的时机就引入了随机性:AlphaGo Zero 把随机性融入搜索过程中。

想象一下,在每一回合中,我们随机挑选几个动作,人为地增大它们的先验概率值。在搜索过程早期,先验概率负责控制哪些分支获得探索的机会,所以这些动作将得到额外的访问次数。如果之后发现它们实际上不是好动作,搜索会迅速迁移到其他分支,所以这么做没有什么坏处。但这样能够保证每个动作都能偶尔获得几次访问,这样搜索过程就不会产生盲点了。

AlphaGo Zero 实现类似效果的办法,是在每棵搜索树根节点的先验概率上添加噪声,即很小的随机数。从一个狄利克雷分布中抽取噪声可以得到与上一段相同的效果:某几个动作得到了人为增强,而其他动作则不受任何影响。我们会在本节中解释狄利克雷分布的特征,并展示如何用 NumPy 生成狄利克雷噪声。

本书通篇都使用概率分布来代表游戏动作。从分布中抽样时,会得到其中一个特定的动作。而狄利克雷分布是一个概率分布的概率分布:从狄利克雷分布中进行抽样时会得到另一个概率分布。NumPy 函数 np.random.dirichlet 可以从一个狄利克雷分布中生成采样。它接收一个向量参数,并返回一个相同维度的向量。代码清单 14-15 展示了几个示例抽样,结果是一个向量,而且它的元素值的和总是 1,也就是说,结果本身也是一个有效的概率分布。

代码清单 14-15 利用 np.random.dirichlet 来从一个狄利克雷分布中抽样

```
>>> import numpy as np
>>> np.random.dirichlet([1, 1, 1])
array([0.1146, 0.2526, 0.6328])
```

```
>>> np.random.dirichlet([1, 1, 1])
array([0.1671, 0.5378, 0.2951])
>>> np.random.dirichlet([1, 1, 1])
array([0.4098, 0.1587, 0.4315])
```

我们可以用一个浓度（concentration）参数来调控狄利克雷分布的输出。这个参数通常记为 α。当 α 接近 0 时，狄利克雷分布会生成"波浪起伏"的向量：它的大部分元素值都接近于 0，而少数几个元素值比较大。当 α 值较大时，抽样结果则会显得比较"平滑"：它的各个元素值相互之间比较接近。代码清单 14-16 展示了改变 concentration 参数的效果。

代码清单 14-16　当 α 接近 0 时，从狄利克雷分布中抽样

```
>>> import numpy as np

>>> np.random.dirichlet([0.1, 0.1, 0.1, 0.1])
array([0.    , 0.044 , 0.7196, 0.2364])
>>> np.random.dirichlet([0.1, 0.1, 0.1, 0.1])
array([0.0015, 0.0028, 0.9957, 0.   ])
>>> np.random.dirichlet([0.1, 0.1, 0.1, 0.1])
array([0.    , 0.9236, 0.0002, 0.0763])

>>> np.random.dirichlet([10, 10, 10, 10])
array([0.3479, 0.1569, 0.3109, 0.1842])
>>> np.random.dirichlet([10, 10, 10, 10])
array([0.3731, 0.2048, 0.0715, 0.3507])
>>> np.random.dirichlet([10, 10, 10, 10])
array([0.2119, 0.2174, 0.3042, 0.2665])
```

◁── 从一个浓度参数很小的狄利克雷分布中抽样。结果显得"波浪起伏"：大部分值都集中在其中一两个元素上

◁── 从一个浓度参数很大的狄利克雷分布中抽样。在每个结果中，数值平均地分布到向量的全部元素中

这些示例可以为修改先验概率提供一个"处方"：选择小的 α 值，会得到一个少数动作有高概率且其余动作概率接近于 0 的分布。接着我们可以用真实的先验概率与这个狄利克雷噪声进行加权平均。AlphaGo Zero 采用的浓度参数值为 0.03。

14.5　处理超深度神经网络的相关最新技术

神经网络设计是一个热门研究领域。在越来越深的网络中，如何让训练保持稳定是一直伴随的课题。AlphaGo Zero 采用了几种前沿技术，并经迅速成为业界标准。它们的详细内容超出了本书的范围，但是我们可以在这里概要介绍一下。

14.5.1　批量归一化

深度神经网络的基本思路，是从原始数据开始，每一层都能够学会关于它的更高阶的抽象表示。这些表示具体是什么？换句话说，原始数据的某种有意义的属性，应当会在层中某个特定神经元的激活中表示为一个特定数值。但是实际数值的映射则很难把握。例如，如果将一层中的所有激活输出乘以 2 并不会丢失任何信息：因为我们只是改变了缩放规模而已。理论上，这样的变换并不会影响网络的学习能力。

但是激活输出的绝对数值可能会影响实际训练的性能。批量归一化（batch normalization）的理念是对每一层的激活输出进行偏移（shift）调整，让它们的值围绕 0 分布，并对它们的数值进行缩放（scale），使得方差保持为 1。在训练开始阶段，我们并不知道激活输出是什么，不过批量归一化提供了一个能够在训练过程中学习到合适的偏移与缩放值的方案，归一化变换会在训练中随着它的输入做出调整。

那么批量归一化是如何改进训练的呢？这一点仍然是研究界的开放问题。最初研究者开发出批量归一化技术是为了减少协变量偏移（covariate shift）。在训练中，任何层的激活输出都有漂移出正轨的倾向。批量归一化可以纠正这种漂移，减少后面各层的学习负担。但是最新研究表明，协变量偏移可能并不如原先想的那么重要。相反地，批量归一化的价值可能在于能够让损失函数变得更加平滑。

虽然研究者们仍然在研究批量归一化为什么有效，但是它确实有效的判定已经基本有定论了。Keras 提供了一个 `BatchNormalization` 层，可以添加到网络中。代码清单 14-17 展示了一个在 Keras 中为卷积层添加批量归一化的示例。

代码清单 14-17　为 Keras 网络添加批量归一化

axis 值应当与卷积层的 data_format 值相匹配。对于 channels_first 类型，应当使用 axis=1（第一个轴）。对于 channels_last 类型，应当使用 axis=-1（最后一个轴）

```
from keras.models import Sequential
from keras.layers import Activation, BatchNormalization, Conv2D

model = Sequential()
model.add(Conv2D(64, (3, 3), data_format='channels_first'))
model.add(BatchNormalization(axis=1))
model.add(Activation('relu'))
```

归一化发生在卷积层与 relu 激活层之间

14.5.2　残差网络

想象一下，假设我们已经成功地训练出一个内含 3 个隐藏层的神经网络，那么给它添加第 4 层会有什么影响？理论上，这样做应该能够增强网络的能力。在最坏的情况下，训练这个 4 层网络时前 3 层应当能够和 3 层网络学到一样的知识，而第 4 层完全不理睬经过它的数值。你可能会希望它能够学会更多东西，而不认为它会学得更少。就算做不到这一点，更深的网络也应当能够至少做到过拟合（即记住训练集中存在但新样例中并不存在的某些特性）。

但现实中并不总是这样。在尝试训练一个 4 层网络时，它会比 3 层网络有更多种可能的数据组织方式。有时候，由于随机梯度下降法在复杂的损失曲面上的某些奇怪特性，我们可能会发现，虽然增加了一层，但别说性能变得更好，它甚至连过拟合都做不到。残差网络（residual network）就是用来简化新增的层想要学习的目标。如果 3 层网络能够较好地完成一个问题的学习，就可以强制要求第 4 层去学习前 3 层所学到的东西与目标之间的差距。（这个差距称为残差，因此这个网络叫残差网络)。

要实现残差网络,需要把新增层的输入与它的输出相加,如图 14-6 所示。从前面的层到相加层的连接称为跳跃连接(skip connection)。一般来说,残差网络往往分成多个小块来组织,每一块有 2～3 层,并且有一个跳跃连接与它们并行。然后我们就可以根据需求堆叠很多残差块了。

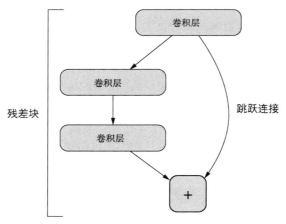

图 14-6　一个残差块。将下方两个内部新增层的输出与上方之前的层的输出相加。这么做的效果是,内部层可以学习到训练目标与之前层所学到的内容之间的差距(或者叫残差)

14.6　探索额外资源

如果读者有兴趣尝试更多 AlphaGo Zero 风格的机器人,网上有很多源于 AlphaGo Zero 原始论文的开源项目。如果想要一个超越人类水准的围棋 AI,无论是与之对弈,还是学习源代码,我们都会发现资源极其丰富。

- Leela Zero 是 AlphaGo Zero 风格机器人的一个开源实现。它的自我对弈过程是分布式的:如果有空余的 CPU 周期可用,就可以生成自我对弈棋局并上传到网站上以便训练。在本书写到这里的时候,社区已经贡献了超过 800 万局棋局,而 Leela Zero 已经强大到足以战胜职业围棋选手了。
- Minigo 是另一个开源实现,它使用 Python 编写,基于 TensorFlow 库实现。它可以与谷歌云平台(Google Cloud Platform)完全集成,因此可以用谷歌的公用云来运行实验。
- Facebook AI 研究团队在他们的 ELF 强化学习平台之上实现了 AlphaGo Zero 算法。他们的成果,ELF OpenGo,现在已经免费开放,并且是当今世界上最强大的围棋 AI 之一。
- 腾讯也实现并训练了一个 AlphaGo Zero 风格的机器人,发布为 PhoenixGo。这个机器人在野狐围棋(Fox Go)服务器上所用的账户叫 BensonDarr[①],并已经在那里战胜了很多世界

---

① 中文昵称叫"金毛"。——译者注

顶尖棋手。
- 如果读者并不喜欢围棋，那么也可以参考国际象棋。Leela Chess Zero 是 Leela Zero 的一个分支，从围棋移植到了国际象棋。它已经达到了人类大师的级别，而它展现出的新奇而激动人心的手法，已经赢得了广大国际象棋"粉丝"的交口称赞。

14.7 结语

至此，对现代围棋 AI 背后的前沿 AI 技术的介绍就要告一段落了。我们鼓励读者亲自展开试验：无论是尝试构建属于自己的围棋机器人，还是尝试把这些现代技术应用到其他游戏。

但请不要局限于游戏的藩篱之中。如果读者现在去了解机器学习的最新应用，就会发现脑海中已经有了一个思维框架，能够帮助自己理解它在讲什么。读者应当思考下列问题：

- 它的模型是什么？神经网络的结构是什么？
- 它的损失函数是什么？训练目标呢？
- 它的训练流程是什么样的？
- 输入和输出是如何编码的？
- 这个模型如何适配传统算法，或者实用软件应用？

我们希望本书能够激励读者去尝试自己的深度学习实验，无论是游戏领域，还是其他领域。

14.8 小结

- AlphaGo Zero 只用了一个双输出神经网络。一个代表哪些动作更重要，另一个表示哪一方占优。
- AlphaGo Zero 的树搜索算法与蒙特卡洛树搜索类似，但还有两个主要区别。其一，它在评估棋局时不再用随机棋局去推演，而是只依赖神经网络；其二，它使用神经网络来指导搜索并扩展新的分支。
- AlphaGo Zero 神经网络的训练目标是搜索过程中特定动作的访问次数。这样训练出来的神经网络并不直接选择动作，而是用于强化树搜索。
- 狄利克雷分布是一个概率分布的概率分布。它的浓度参数可以调控结果概率分布的"起伏"程度。AlphaGo Zero 使用狄利克雷噪声来给它的搜索过程添加随机性，以确保所有的动作都能被偶尔探索到。
- 批量归一化和残差网络是两种可以帮助我们训练超深度神经网络的现代技术。

附录 A　数学基础

机器学习离不开数学。特别是线性代数和微积分是必不可少的。本附录的目的是提供足够的数学背景，帮助读者理解本书中的代码示例。我们没有足够的空间来涵盖这些规模巨大的话题，如果读者想更深入地了解这几个课题，我们在后面提供了一些扩展阅读建议。

如果读者已经熟悉高级机器学习的相关技术，可以跳过本附录。

> **扩展阅读**
>
> 本书篇幅仅够介绍少数几个数学基础。如果读者对机器学习的数学基础有兴趣，想了解更多相关信息，我们推荐如下资料。
>
> - 对于线性代数的完整介绍，建议参考 Sheldon Axler 的 *Linear Algebra Done Right*[1]（Springer，2015）。
> - 关于微积分的完整实用指南，包括矢量微积分，推荐 James Stewart 的 *Calculus: Early Transcendentals*（Cengage Learning，2015）。
> - 如果真的想要理解微积分底层原理的数学理论，那么很难找到能超越 Walter Rudin 的经典之作 *Principles of Mathematical Analysis*[2]（McGraw Hill，1976）。

A.1　向量、矩阵和其他：线性代数介绍

线性代数提供了处理数组类型数据的工具，我们称为向量、矩阵和张量。在 Python 中，我们可以用 NumPy 数组类型表示这几个对象。

线性代数是机器学习的基础。本节仅介绍最基本的操作，重点介绍如何在 NumPy 中实现它们。

---

[1] 中文版书名《线性代数应该这样学》（人民邮电出版社，2009）。——译者注
[2] 中文版书名《数学分析原理》（机械工业出版社，2004）。——译者注

A.1.1 向量：一维数据

向量是由多个数组成的一维数组。数组的大小即向量的维度。在 Python 代码中，我们可以使用 NumPy 数组来表示向量。

注意 这并不是向量真正的数学定义，但就本书而言，这个定义已经足够了。

我们可以使用 `np.array` 函数将一列数转换为 NumPy 数组。可以用 shape 属性来检查向量的维度：

```
>>> import numpy as np
>>> x = np.array([1, 2])
>>> x
array([1, 2])
>>> x.shape
(2,)
>>> y = np.array([3, 3.1, 3.2, 3.3])
>>> y
array([3. , 3.1, 3.2, 3.3])
>>> y.shape
(4,)
```

注意，shape 总是返回一个元组。这是因为数组可以是多维的，我们将在下一节看到。

我们可以访问向量的单个元素，方式与 Python 数组一样：

```
>>> x = np.array([5, 6, 7, 8])
>>> x[0]
5
>>> x[1]
6
```

向量支持一些基本的代数运算。可以将两个维度相同的向量相加，结果是一个维度与它们相同的新向量。和向量的每个元素是两个向量中对应元素的和：

```
>>> x = np.array([1, 2, 3, 4])
>>> y = np.array([5, 6, 7, 8])
>>> x + y
array([ 6,  8, 10, 12])
```

同样，也可以使用*运算符将两个向量元素相乘。（这里，相乘意味着每个向量对应的元素相乘）

```
>>> x = np.array([1, 2, 3, 4])
>>> y = np.array([5, 6, 7, 8])
>>> x * y
array([ 5, 12, 21, 32])
```

逐个元素的向量乘积也称为哈达玛积（Hadamard product）。

也可以将向量与单个浮点数（或者标量）相乘。在这种情况下，把向量中的每个元素值乘以标量：

```
>>> x = np.array([1, 2, 3, 4])
>>> 0.5 * x
array([0.5, 1. , 1.5, 2. ])
```

向量还支持第三种乘法,即点积或内积。要计算点积,需要将每两个对应元素相乘并对各个乘积求和。因此两个向量的点积是一个浮点数。NumPy 函数 `np.dot` 用于计算点积。在 Python 3.5 及更高版本中,`@` 运算符也有同样的功能。(在本书中,我们用 `np.dot`。)

```
>>> x = np.array([1, 2, 3, 4])
>>> y = np.array([4, 5, 6, 7])
>>> np.dot(x, y)
60
>>> x @ y
60
```

A.1.2 矩阵:二维数据

多个数组成的二维数组称为矩阵。和一维向量一样,我们也可以使用 NumPy 数组来表示矩阵。在这种情况下,如果将列表的列表传递给 `np.array` 函数,就会得到一个二维矩阵:

```
>>> x = np.array([
  [1, 2, 3],
  [4, 5, 6]
 ])
>>> x
array([[1, 2, 3],
       [4, 5, 6]])
>>> x.shape
(2, 3)
```

注意,矩阵的形状 `shape` 是一个双元素元组:第一个元素是行数,第二个元素是列数。我们可以使用双下标法来访问矩阵的单个元素:第一个下标是行数,第二个下标是列数。另外,NumPy 也允许用`[row, column]`的格式传入索引。两者是等价的:

```
>>> x = np.array([
  [1, 2, 3],
  [4, 5, 6]
 ])
>>> x[0][1]
2
>>> x[0, 1]
2
>>> x[1][0]
4
>>> x[1, 0]
4
```

我们也可以从矩阵中提出一行,得到一个向量:

```
>>> x = np.array([
  [1, 2, 3],
  [4, 5, 6]
])
>>> y = x[0]
>>> y
array([1, 2, 3])
>>> y.shape
(3,)
```

如果想提出一列，可以使用看起来有些奇怪的符号`[:, n]`。挺难理解吧？也许可以把`:`想象成 Python 的列表切片运算符，这样`[:, n]`的意思就是"给我所有的行，但每行只要第 n 列"，下面是一个示例：

```
>>> x = np.array([
  [1, 2, 3],
  [4, 5, 6]
])
>>> z = x[:, 1]
>>> z
array([2, 5])
```

和向量一样，矩阵支持加法、逐个元素乘法和标量乘法：

```
>>> x = np.array([
  [1, 2, 3],
  [4, 5, 6]
])
>>> y = np.array([
  [3, 4, 5],
  [6, 7, 8]
])
>>> x + y
array([[ 4,  6,  8],
       [10, 12, 14]])
>>> x * y
array([[ 3,  8, 15],
       [24, 35, 48]])
>>> 0.5 * x
array([[0.5, 1. , 1.5],
       [2. , 2.5, 3. ]])
```

A.1.3 三阶张量

围棋是在网格状棋盘上进行的，象棋、跳棋以及其他各种经典棋盘游戏也是如此。网格上的任何点，都可以落下不同类型的棋子。那么应该如何用数学对象来表示棋盘上的内容呢？一种解决方案是将棋盘表示为一系列矩阵，其中每个矩阵的尺寸与棋盘尺寸相同。

这些矩阵中，每一个单独矩阵称为一层（plane），或者一个通道（channel）。每个通道可以表示一种落于棋盘的棋子。在围棋中，我们可以用两个通道，一个通道表示黑子，另一个通道表示白子，图 A-1 展示了一个示例。在国际象棋中，可以用一个通道表示卒，另一个通道表示象，再一个通道表示马，如此等等。我们还可以用一个三维的数组来表示整个矩阵系列，称为三阶张量（rank 3 tensor）。

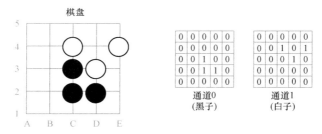

图 A-1　使用两个通道的张量来表示围棋棋盘。示例中是一个 5×5 的棋盘。我们用一个通道表示黑子，另一个通道表示白子。因此，我们使用 2×5×5 的张量来表示围棋棋盘

三阶张量的另一种常见应用是图像数据。假设我们想要用 NumPy 数组来表示 128 像素×64 像素的图像。在这种情况下，可以先从一个与图像像素一一对应的网格开始。在计算机图形学中，颜色常常被分为红、绿、蓝三原色的组合。因此，可以使用 3×128×64 的张量表示该图像：一个红色通道、一个绿色通道和一个蓝色通道。

与向量、矩阵一样，可以使用 np.array 来构造张量。它的形状是一个包含 3 个元素的元组。我们也可以使用下标来获取各个通道：

```
>>> x = np.array([
 [[1, 2, 3],
  [2, 3, 4]],
 [[3, 4, 5],
  [4, 5, 6]]
])
>>> x.shape
(2, 2, 3)
>>> x[0]
array([[1, 2, 3],
       [2, 3, 4]])
>>> x[1]
array([[3, 4, 5],
       [4, 5, 6]])
```

与向量和矩阵一样，张量支持加法、逐个元素乘法和标量乘法。

如果有一个三通道的 8×8 网格，可以用 3×8×8 张量或 8×8×3 张量来表示它。这两种表示方式的唯一区别在于进行索引的方式。使用库函数处理张量时，必须确保函数知道所选的索引方式。本书中用于构建神经网络的 Keras 库，将这两个选项分别称为 channels_first（即通道数在前）和 channels_last（即通道数在后）。在大多数情况下，选择哪一种格式并不重要：只需要选择一种，并一直坚持即可。在本书中，我们使用 channels_first 格式。

注意　如果非要找一个选择方式的动机的话，那么某些型号的 NVIDIA GPU 对 channels_first 格式的数据有特别优化。

A.1.4　四阶张量

在本书的许多地方，我们使用三阶张量来表示棋盘。为了提高效率，你可能想要把多个棋盘传递给某个函数。一种解决方案是将棋盘张量打包成一个四维 NumPy 数组：这正是一个四阶张量。我们可以将这个四维数组视为三阶张量的列表，其中每个三阶张量代表一个单独的棋盘。

矩阵和向量实际上是张量的特例：矩阵是二阶张量，向量是一阶张量。而零阶张量就是一个普通的数字。

本书中我们看到的最高阶张量是四阶张量，但其实 NumPy 可以表示任意阶的张量。高阶张量很难形象化地理解，但它们的代数逻辑是相同的。

A.2　五分钟了解微积分：导数和寻找极大值

在微积分中，函数的变化率称为导数（derivative）。表 A-1 列出了一些真实世界中的例子。

表 A-1　导数的示例

数量	导数
你走了多远	你移动的速度有多快
浴缸里有多少水	水排出的速度
你有多少客户	你新增（或丢失）了多少客户

导数不是一个固定的数字，它本身也是一个函数，会随着时间或空间变化。在一趟汽车旅行中，不同时间的行驶速度可能会有所不同，但是行驶速度始终与汽车所走过的距离有关。如果准确记录所有位置，就可以回过头去观察旅行中的任何一点的速度。这就是导数。

当函数递增时，其导数为正；当函数递减时，其导数为负。图 A-2 说明了这个概念。有了这些知识，就可以利用导数来寻找局部极大值（local maximum）或局部极小值（local minimum）。导数为正的任何地方，都可以向右移动一点，并找到更大的值。如果超过极大值，则函数现在必须递减，因此其导数为负。在这种情况下，就应当要向左移动一点。在局部极大值处，导数将精确为零。找到局部极小值的逻辑是相同的，只是需要向相反的方向移动。

机器学习中出现的许多函数都以高维向量作为输入，并计算单个数字作为输出。我们可以扩展导数的思路，去为这些函数寻找极大值或极小值。这些函数的导数，是和它们的输入参数维度相同的向量，我们称为梯度（gradient）。对于梯度的每个元素，其正负号会给出需要沿着该坐标轴移动的方向。跟随梯度变化来找到一个函数的极大值的方法称为梯度上升法（gradient ascent），而寻找极小值的方法称为梯度下降法（gradient descent）。

在这种情况下，将函数想象为等高线曲面可能会有所帮助。在任何时候，梯度都指向曲面中最陡的坡。

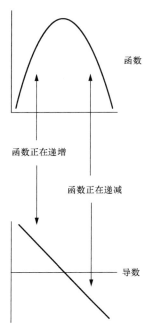

图 A-2　函数及其导数。当导数为正时,函数递增;当导数为负时,函数递减;当导数精确为零时,函数处于局部极小值或极大值。遵循这个逻辑,就可以利用导数来寻找局部极小值或极大值

要使用梯度上升法寻找极大值,必须得到函数导数的公式。大多数简单代数函数的导数都已知,可以在微积分教科书中查到。如果复杂函数是通过许多简单函数链接在一起的方式来定义的,则可以使用称为链式法则的公式来计算这个复杂函数的导数。TensorFlow 和 Theano 这些库都支持用链式法则自动计算复杂函数的导数。如果在 Keras 中定义一个复杂的函数,就不需要自己计算梯度公式了:Keras 将把工作交给 TensorFlow 或 Theano 来完成。

附录 B 反向传播算法

第 5 章介绍了顺序神经网络，重点讨论了前馈神经网络。我们简略地讨论反向传播算法（backpropagation algorithm），并用它来训练神经网络。本附录对如何得出第 5 章中简略提到并直接使用的梯度以及参数更新机制，会做出更详细的介绍。

我们首先为前馈神经网络推导反向传播算法，接着讨论如何扩展这个算法来适应更加通用的顺序网络与非顺序网络。在深入数学讨论之前，让我们先定义好算法的初始设置，并介绍后面会用到的相关符号记法。

B.1 几个符号记法

在本节中我们要处理的是拥有 l 层的前馈神经网络。这 l 层中每一层都有一个 sigmoid 激活函数。第 i 层的权重记为 W^i，而偏差记为 b^i。我们用 x 来表示一个小批量的网络输入数据，其批次尺寸为 k；用 y 来表示网络输出。我们可以认为 x 和 y 都是向量，只是所有的操作都是按照一个个小批量来批量进行的。另外，我们还要引入下面几个记法。

- 我们把第 i 层的激活输出记为 y^{i+1}，即 $y^{i+1} = \sigma(W^i y^i + b^i)$。注意，$y^{i+1}$ 同时也是第 $i+1$ 层的输入。
- 我们把第 i 个稠密层的未激活输出记为 z^i，也就是说，$z^i = W^i \cdot y^i + b^i$。
- 有了这两个中间结果的方便记法，我们就可以写作 $z^i = W^i \cdot y^i + b^i$，而 $y^{i+1} = \sigma(z^i)$。注意，用这个记法，也可以把输出写作 $y = y^l$，输入写作 $x = y^0$，但是在后面的文本中我们不会使用这个记法。
- 最后一个记法：我们有时候会把 $\sigma(W^i y^i + b^i)$ 记作 $f^i(y^i)$。

B.2 前馈网络的反向传播算法

使用前面定义的记法，神经网络的第 i 层的前向传递可以写作：

$$y^{i+1} = \sigma(W^i y^i + b^i) = f^i \circ y^i$$

对每一层，可以递归地采用这个定义，将预测结果写成：

$$y = f^n \circ \cdots \circ f^1(x)$$

由于我们从预测输出 y 和标签 $\hat{y}$ 计算损失函数 $Loss$，因此损失函数也可以用相似的方式拆分成：

$$Loss(y, \hat{y}) = Loss \circ f^n \circ \cdots \circ f^1(x)$$

要计算上面展示的损失函数的导数，可以巧妙地利用函数的链式法则，它是多元微积分的基本法则之一。对上面的公式直接应用链式法则可以得到：

$$\frac{\mathrm{d}Loss}{\mathrm{d}x} = \frac{\mathrm{d}Loss}{\mathrm{d}f^n} \cdot \frac{\mathrm{d}f^n}{\mathrm{d}f^{n-1}} \cdot \cdots \cdot \frac{\mathrm{d}f^2}{\mathrm{d}f^1} \cdot \frac{\mathrm{d}f^1}{\mathrm{d}x}$$

现在可以如下定义第 i 层的增量（Δ）。

$$\Delta^i = \frac{\mathrm{d}Loss}{\mathrm{d}f^n} \cdots \frac{\mathrm{d}f^{i+1}}{\mathrm{d}f^i}$$

接着可以用反向传递，一种与前面的前向传递类似的方式来表达增量，即使用下面的关系：

$$\Delta^i = \Delta^{i+1} \frac{\mathrm{d}f^{i+1}}{\mathrm{d}f^i}$$

注意，对增量来说，由于我们正朝着相反的方向计算，因此下标是由大到小递减的。从形式上看，反向传递的计算，其结构和简单的前向传递是一致的。我们现在需要显式地计算相关的导数。sigmoid 函数和仿射函数关于输入的导数可以快速算得：

$$\sigma'(x) = \frac{\mathrm{d}\sigma}{\mathrm{d}x} = \sigma(x)(1 - \sigma(x))$$

$$\frac{\mathrm{d}(Wx + b)}{\mathrm{d}x} = W$$

使用最后这两组公式，就可以写出如何从第 $i+1$ 层向第 i 层反向传播误差项 Δ^{i+1} 了：

$$\Delta^i = (W^i)^\mathrm{T} \cdot (\Delta^{i+1} \odot \sigma'(z^i))$$

在这个公式中，上标 T 表示矩阵转置。而 $\odot$ 符号，即哈达玛积符号，表示两个向量的逐个元素乘积。前面的计算可以分为两个部分，一个是稠密层，另一个是激活函数：

$$\Delta^\sigma = \Delta^{i+1} \odot \sigma'(z^i)$$
$$\Delta^i = (W^i)^\mathrm{T} \cdot \Delta^\sigma$$

最后一步是计算每一层的参数 W^i 和 b^i 的梯度。现在已经算好了 Δ^i，因此可以直接从它读取参数梯度：

$$\Delta \boldsymbol{W}^i = \frac{\mathrm{d}Loss}{\mathrm{d}\boldsymbol{W}^i} = \Delta^i \cdot (\boldsymbol{y}^i)^{\mathrm{T}}$$

$$\Delta \boldsymbol{b}^i = \frac{\mathrm{d}Loss}{\mathrm{d}\boldsymbol{b}^i} = \Delta^i$$

有了这些误差项，就可以随意更新神经网络参数了，我们可以选择任何优化器，或者任何更新规则。

B.3 顺序神经网络的反向传播

通常来说，与我们前面讨论过的网络相比，顺序网络可以拥有更有趣的层。例如，可以考虑第 6 章介绍的卷积层或者第 6 章介绍的 softmax 激活函数等。但无论顺序网络中用的具体是哪种层，反向传播算法的大致轮廓都是一致的。如果用 $\boldsymbol{g}^i$ 来表示无激活前向传递，用 Act^i 表示对应的激活函数，那么要把 Δ^{i+1} 反向传播到第 i 层，需要计算下面的变换：

$$\Delta^i = \frac{\mathrm{d}Act^i}{\mathrm{d}\boldsymbol{g}^i}(\boldsymbol{z}^i) \frac{\mathrm{d}\boldsymbol{g}^i}{\mathrm{d}\boldsymbol{z}^i}(\boldsymbol{y}^i) \Delta^{i+1}$$

我们需要在中间输出 $\boldsymbol{z}^i$ 上计算其激活函数的导数，以及第 i 层的输入对应的层函数 $\boldsymbol{g}^i$ 的导数。已知所有的增量时，我们通常可以迅速推导层中所有参数的梯度，这与前向传递层中计算权重和偏差的方式相同。这样看的话，每一层都可以在不清楚周围层结构的前提下，得知如何将数据向前传递，也知道如何将误差向后反向传播。

B.4 通用神经网络的反向传播

在本书中，我们只关心顺序神经网络，但是去掉顺序的限制会发生什么仍然是一个有趣的问题。在非顺序网络中，一个层有多个输出，或者多个输入，或者两者皆有。

让我们假设某个层有 m 个输出。一个典型的例子是将一个向量拆分成 m 部分。对这个层的局部来说，前向传递可以拆分成 k 个单独的函数，而在反向传递中，这些函数的导数也都可以分别计算，而且每个导数对正在向前一层传递的增量贡献是均等的。

在我们必须处理的 n 个输入、1 个输出的情形中，情况和前面的例子正好相反。前向传递是用单个函数计算出来的，它接收 n 个输入部件，并输出一个单独的值。在反向传递中，从下一层接收一个增量，因而必须计算出 n 个输出增量来传递给 n 个输入层。这些导数可以独立计算，在每个对应的输入端求值。

对于通用 n 输入、m 输出的情形，可以将前面的两个步骤合并起来实现。每个神经网络，无论它的初始设置有多复杂，有多少个层，从局部看都是这样的。

B.5 反向传播的计算挑战

我们可以说反向传播只是在特定机器学习算法中对链式法则的简单应用。虽然从理论上来看，确实就这么简单，但在实践中要实现反向传播，还需要考虑很多问题。

其中最重要的一个问题是，如果要计算任何层的增量和梯度更新，需要提前准备好前向传递的相应输入以供计算。如果前向传递过程简单地将结果丢弃，反向传递时就必须重新计算它们。因此，最好的办法是用一个高效的方式缓存这些结果。在第 5 章从零开始的实现中，每个层都把它的状态持久化，包括输入和输出数据，以及输入和输出增量。要构建处理大量数据的网络，应当确保计算的实现效率足够高，并且内存占用也足够低。

还有一个相关的问题也比较有趣，即中间值的复用问题。例如，我们已经讨论过，在简单的前馈网络中我们可以把仿射线性变换和 sigmoid 激活函数看作一个单元，或者将它们拆分成两个不同的层。仿射线性变换的输出在计算激活函数的反向传递时是必要的，所以应当在前向传递计算过程中把这个中间信息保存下来。另外，由于 sigmoid 激活函数没有参数，因此可以一次性计算反向传递：

$$\Delta^i = (W^i)^{\mathrm{T}} (\Delta^{i+1} \odot \sigma'(z^i))$$

这样做可能会比分两步计算效率更高。如果可以自动检测哪些操作能够一起执行，将能带来很大的速度提升。在更复杂的情况中（例如递归神经网络，其中一层会最终从上一步给出的输入中计算一个循环），中间状态的管理就变得尤为重要。

附录 C　围棋程序与围棋服务器

本附录介绍几种在线下和线上下围棋的方法。首先，我们会展示如何在本地安装并使用两个围棋程序——GNU Go 和 Pachi。接着，我们会介绍几个流行的围棋服务器，可以在线找到各种水平的人类或 AI 对手。

C.1　围棋程序

让我们先从在计算机上安装围棋程序开始。我们会介绍两个经典的、免费的程序，它们都已经存在了很多年了。GNU Go 和 Pachi 都采用了第 4 章中简要介绍过的经典游戏 AI 方法。这里介绍它并不是为了讨论它们的实现机制，而是为了得到可以在本地测试的对手，当然，我们也可以用它们直接进行休闲对弈。

和大部分围棋程序一样，GNU Go 和 Pachi 都支持我们在第 8 章中介绍的 GTP。这两个程序都可以用多种方式来运行，且本书用到过：

- 可以用命令行运行它们，并且用交换 GTP 命令的方式进行对弈。我们在第 8 章中用这种方式来让自己的机器人与 GNU Go 和 Pachi 对弈。
- 两个程序都可以安装 GTP 前端，即图形界面。这样人们就可以快乐地与它们进行对弈了。

C.1.1　GNU Go

GNU Go 开发于 1989 年，是到目前为止仍然活跃的最古老的围棋引擎之一。它的最新版发布于 2009 年。虽然近期开发很少，但是 GNU Go 仍然是很多围棋服务器上初学者的热门 AI 对手，并且它也是众多基于手工规则的围棋引擎中最强的一个。它为 MCTS 或深度学习机器人提供了一个很好的对比。读者可以在 GNU Go 的官网上下载和安装它，它支持的操作系统包括 Windows、Linux 和 macOS。官网还包括了用命令行界面（Command-Line Interface，CLI）安装 GNU Go 的说明文档，以及各种图形界面的链接。要安装 CLI 工具，读者需要最新的 GNU Go 二进制文件，解压缩对应的 tarball 压缩包，并按照下载文件中的 INSTALL 文件和 README 文件中的指令，进行安装。而对于图形界面，如果是 Windows 和 Linux 操作系统，我们推荐安装 JagoClient；如果是 macOS 操作系统，我们推荐安装 FreeGoban。要测试安装好的程序，可以运行如下命令：

```
gnugo --mode gtp
```

这个命令会以 GTP 模式启动 GNU Go。程序会开启一局 19×19 棋盘的围棋比赛，并从命令行接收输入。例如，可以键入 `genmove white` 并按 Enter 键，要求 GNU Go 生成一步白方落子动作。它会返回一个=符号，表示一个合法的命令，接着返回一步动作的坐标。例如，回答可能是= C3。在第 8 章中，我们在 GTP 模式下使用 GNU Go 来作为深度学习机器人的对手。

在选择安装了一个图形界面之后，你就可以直接与 GNU Go 来一局比赛，测试自己的围棋技艺了。

C.1.2 Pachi

Pachi 总体来说比 GNU Go 强不少，可以在它的官方网站上下载。另外，Pachi 的源代码和详细的安装指令，可以在 GitHub 上找到。要测试 Pachi，可以在命令行运行 `pachi`，并键入 `genmove black` 让它生成一个 9×9 棋盘的黑子动作。

C.2 围棋服务器

在自己的计算机上与围棋程序对弈既有乐趣，又很有用处，但在线围棋服务器提供了更丰富、更强大的人类与 AI 对手池。人们或机器人可以在这些平台上注册账户，参与排名比赛，提升他们的对弈水平和名次。对人们来说，它能提供竞争力更强、互动性更强的赛场。而对机器人来说，在线服务器可以提供终极的测试场所，让它与全世界的棋手竞争。读者可以在 Sensei's Library 上找到一个很大的围棋服务器列表。我们下面列出其中 3 个提供了英文客户端的服务器。我们这么做是有偏好的，因为现在最大的围棋服务器实际上都是中文、韩文和日文的，并不包含英文支持。但是因为本书原著是用英文编写的，所以我们想要给读者提供用英文就可以访问的围棋服务器。

C.2.1 OGS

OGS（Online Go Server）是一个设计优美的网页版围棋平台。OGS 也是我们在第 8 章和附录 E 中用来演示如何连接机器人的围棋服务器。OGS 功能很丰富，更新也很频繁，有一组活跃的管理人，是西半球最受欢迎的围棋服务器之一。而且，作者也非常喜欢它。

C.2.2 IGS

IGS（Internet Go Server）创建于 1992 年，是活跃至今的最老的围棋服务器之一。它一直都很受欢迎，而且在 2013 年修改了新的界面。它也是少有的拥有原生 Mac 客户端的围棋服务器之一。IGS 是竞争力更强的服务器之一，用户群遍及全球。

C.2.3　Tygem

Tygem 是一个韩国的围棋服务器，它可能是我们列出的 3 个服务器中用户最多的一个。一天中任何时刻登录上去，都能找到数以千计的各种水平的对手。它的竞争力也非常强。很多世界顶尖职业棋手都在 Tygem 上下棋（有时候会匿名）。

附录 D 用 AWS 来训练和部署围棋程序与围棋服务器

在本附录中，我们将学习如何利用云服务平台 Amazon Web Services（AWS）构建和部署深度学习模型。掌握如何使用云服务以及上传模型也是一个通用的有用技能，并不只限于围棋机器人的用例。读者将学习下列技能：

- 在 AWS 上设置一个虚拟服务器，用于深度学习模型训练；
- 在云端运行深度学习实验；
- 把带有网页界面的围棋机器人部署到服务器上，分享给所有人。

在编写本书时，AWS 是世界上最大的云服务商，它提供了很多便利。实际上本附录也可以选择其他云服务加以介绍，但众多较大的云服务商所提供的服务很大程度上有所重叠，因此只要掌握其中一个的使用技巧，就能够帮助你使用其他的服务。

要开始使用 AWS，首先访问它的官方网站。从网页中可以看到，AWS 提供了范围很广、数量惊人的各类产品。不过在本书中读者只需要掌握其中一个服务即可：亚马逊弹性计算云（Elastic Compute Cloud，EC2）。EC2 让人们可以轻松地访问云端的虚拟服务器。读者可以根据个人的需求，给这些服务器实例设置不同的硬件配置。要高效地训练深度神经网络，我们需要用到很强大的 GPU。虽然 AWS 并不总能提供最新一代的 GPU，但灵活地购买云端 GPU 的计算时间，不需巨大的先期硬件投入，仍然不失为一个良好的开端。

读者需要做的第一件事是在 AWS 上注册一个账户。填写图 D-1 所示的表单。

注册完成之后，在对应网页的右上方，点击"Sign in to the Console"（登录管理控制台）链接进入账户页面。然后页面会跳转到个人的账户管理控制台页面。从最顶端的菜单栏中，点击"Services"（服务），会弹出一列 AWS 核心服务产品。点击其中的"Compute"（计算）分类中的"EC2"选项，如图 D-2 所示。

这样页面就会跳转到 EC2 的管理控制台，它会展示当前正在运行的实例，以及它们的状态。当然，由于你刚刚注册，应当看到 0 个正在运行的实例。要启动一个新实例，点击"Launch Instance"（启动实例）按钮，如图 D-3 所示。

到这里，网站会要求你选择一个亚马逊机器映像（Amazon Machine Image，AMI），它是一个蓝图，包括可以安装到你的实例上的所有软件。要迅速开始，可以选择一个为深度学习特别制定的 AMI。在左侧的边栏中可以找到 AWS 商店（见图 D-4），里面有很多有用的第三方 AMI。

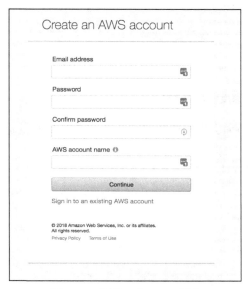

图 D-1　注册一个 AWS 账户

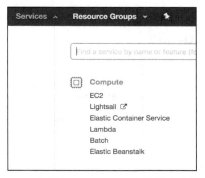

图 D-2　在服务（Services）菜单中选择弹性云计算（EC2）服务

图 D-3　启动一个新的 AWS 实例　　　　　　　图 D-4　选择 AWS 商店

在商店中，搜索 Deep Learning AMI Ubuntu，如图 D-5 所示。从名字可以看出，这个实例运行在 Ubuntu Linux 操作系统上，而且已经预装了很多有用的组件。例如，这个实例中可以找到 TensorFlow 和 Keras，而且所有必需的 GPU 驱动都已经装好了。因此，当这个实例准备好之后，就可以直接开始深度学习应用，而不用花费时间和精力去安装软件。

选择这个特定的 AMI 花费并不多，但它也不是完全免费的。如果你想要一个免费的实例，可以查看仅限免费套餐（free tier eligible）标签。例如，图 D-4 显示的"Quick Start"（快速启动）中显示的大部分 AMI 都是可以免费获得的。

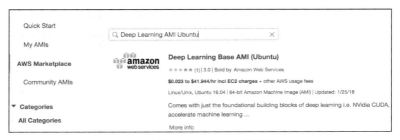

图 D-5　选择一个适合深度学习的 AMI

选择好看中的 AMI 之后，会弹出一个标签页，里面会根据选择的类型显示这个 AMI 的价格，如图 D-6 所示。

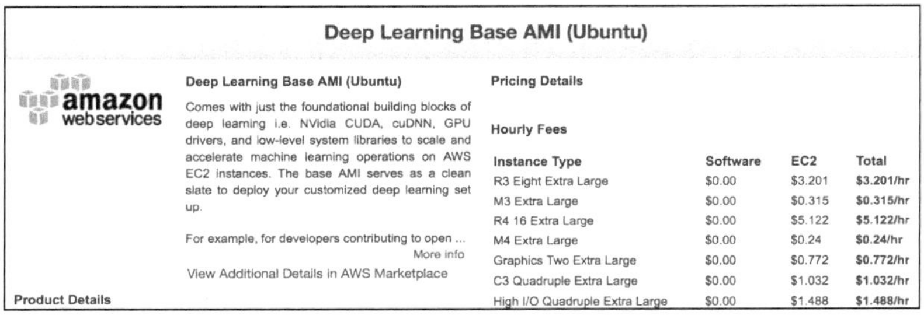

图 D-6　深度学习 AMI 的价格会根据选择实例有所不同

接下来可以选择实例类型。在图 D-7 中可以看到所有优化了 GPU 性能的实例类型。选择 p2.xlarge 是一个不错的开始选项，但是请记住所有的 GPU 实例都相对昂贵。如果你只是想要尝试一下 AWS，并熟悉这里展示的功能的话，可以先选择一个便宜的 t2.small 实例。如果只对部署和托管模型感兴趣，那么 t2.small 实例已经足够了，毕竟只有模型训练过程依赖于昂贵的 GPU 实例。

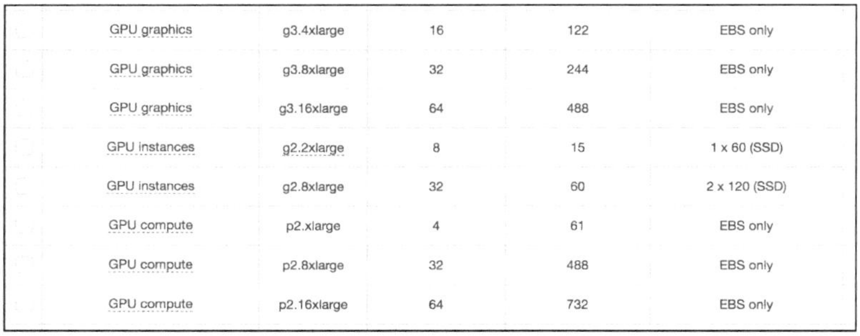

GPU graphics	g3.4xlarge	16	122	EBS only
GPU graphics	g3.8xlarge	32	244	EBS only
GPU graphics	g3.16xlarge	64	488	EBS only
GPU instances	g2.2xlarge	8	15	1 x 60 (SSD)
GPU instances	g2.8xlarge	32	60	2 x 120 (SSD)
GPU compute	p2.xlarge	4	61	EBS only
GPU compute	p2.8xlarge	32	488	EBS only
GPU compute	p2.16xlarge	64	732	EBS only

图 D-7　选择适合自己需求的实例

选择好实例类型之后，可以点击右下角的“Review and Launch”（复查和启动）按钮直接启动实例。但是，因为还有几个设置需要调整，所以可以点击“Next: Configure Instance Details”（下一步：配置实例详细信息）按钮。接下来的第 3 步到第 5 步对话框可以先直接跳过，但是第 6 步

"Configure Security Group"（配置安全组）是需要注意的。AWS 的安全组（security group）通过定义规则（rule）来控制实例的访问权限。我们需要配置如下访问权限。

- 首先，我们需要能够通过 SSH 登录访问实例。实例上的 SSH 端口 22 应该已经打开了（而且这一条应该是新实例上唯一的指定规则），但是还需要对访问做出限制，只允许从你的本地机器登录。这么做是出于安全考虑，让其他人无法访问你的 AWS 实例，而只有你的 IP 获得许可。这一点可以通过在"Source"（来源）上选择"My IP"（我的 IP）来实现。
- 因为你还需要部署一个 Web 应用，甚至之后还需要一个机器人能够连接其他的围棋服务器，所以还应当打开 HTTP 端口 80。可以先点击"Add Rule"（添加规则），然后选择 HTTP 类型。这样做会自动选择端口 80。由于我们希望所有人都能够连接我们设计的机器人，因此需要在"Source"（来源）里选择"Anywhere"（任何位置）。
- 第 8 章的 HTTP 围棋机器人运行在端口 5000 上，所以也应该打开这个端口。生产场景中一般会在 80 端口上部署一个合适的 Web 服务器，然后它会将流量内部重定向到 5000 端口。但为了方便，我们暂时牺牲安全性，直接打开端口 5000。这个 HTTP 端口的来源也选择"Anywhere"，这样会弹出一个安全警告，但是由于你现在并不会处理敏感或私有的数据程序，因此可以忽略。

如果按照刚才的描述设置好访问规则，那么配置结果应该如图 D-8 所示。

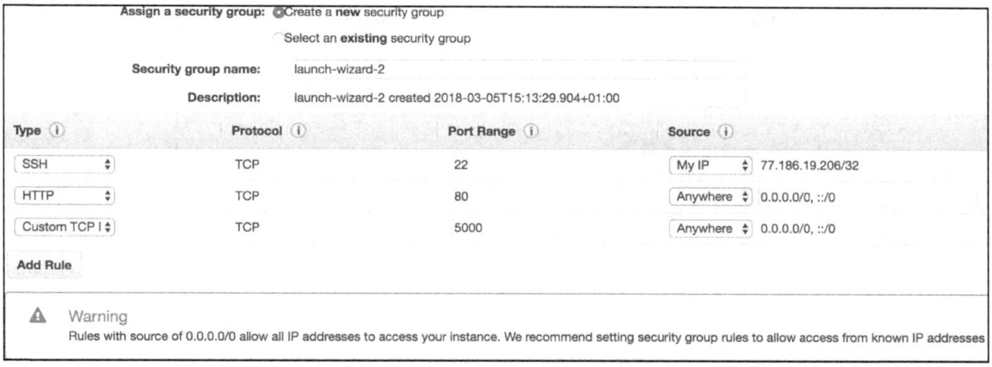

图 D-8　为你的 AWS 实例配置安全组

完成安全设置之后，可以点击"Review and Launch"按钮来启动实例。这会打开一个窗口，询问是否创建一个新的密钥对，或者选择一个已有的密钥对。你需要在下拉菜单中选择"Create a New Pair"（创建一个新密钥对）。这里唯一需要填入的是选择一个密钥对名称（key pair name），然后点击"Download Key Pair"（下载密钥对）来下载私钥（secret key）。下载的密钥文件名称是前面选择的名称，文件扩展名是.pem。请保证将这个私钥存放到一个安全的地方。私钥的公钥由 AWS 管理，并会放到将要启动的实例中。一旦新建了一个密钥，以后就可以复用它了。只要点击"选择一个已有的密钥对）即可。在图 D-9 中可以看到我们已经创建了一个名为 maxpumperla_aws.pem 的密钥对。

这样就完成了最后一步设置，现在可以点击"Launch Instance"按钮来启动实例了。你会看到一个称为"Launch Status"（启动状态）的概览界面，接着可以点击右下方的"View Instances"（查看实例）。这样会回到 EC2 主管理控制台（即当初点击"Launch Instance"打开的页面）。现在可以在列表里看到你的实例了。等待一段时间后，实例状态就会变为"running"（运行中），并且在状态列旁边有一个绿色的点。这意味着实例已经准备好，现在可以连接它了。点击实例左方的复选框，激活页面顶端的"Connect"（连接）按钮。点击这个按钮会打开一个图 D-10 所示的窗口。

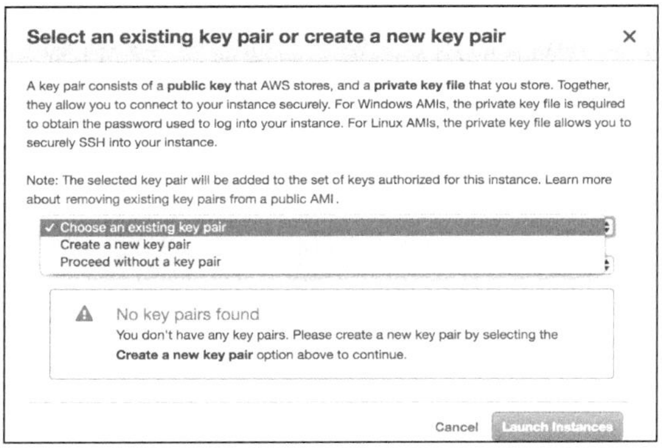

图 D-9　为 AWS 实例创建一个新密钥对

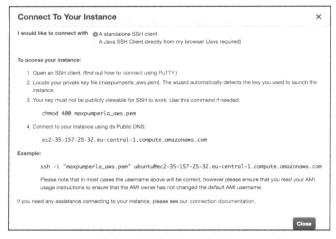

图 D-10　创建一个新的密钥对来访问 AWS 实例

这个页面包含了大量有用的信息，帮助用户连接实例，所以请仔细阅读。特别地，它会给出如何用 `ssh` 连接实例的指令。如果打开一个命令行窗口，复制并粘贴"Example"（示例）下方的 `ssh` 命令，应当能够建立一个到你的 AWS 实例的连接。这个命令格式如下：

```
ssh -i "<full-path-to-secret-key-pem>" <username>@<public-dns-of-your-instance>
```

这是个很长的命令，用起来可能不太方便，尤其是在有很多实例或 SSH 连接需要处理的时候。要让事情变得更简单些，我们可以编辑 SSH 配置文件。在 UNIX 环境中，这个配置文件一般存放在~/.ssh/config 文件中。在其他系统中，它的路径有所不同。如果有必要，在.ssh 目录中新建这个文件，然后填入如下内容：

```
Host aws
  HostName <public-dns-of-your-instance>
  User ubuntu
  Port 22
  IdentityFile <full-path-to-secret-key-pem>
```

存储这个文件之后，就可以直接在命令行键入 `ssh aws` 来连接实例了。第一次连接时，系统会提问是否想要连接，键入 yes 并按 Enter 键即可。你的密钥会被永久添加到这个实例上（可以通过运行 `cat ~/.ssh/authorized_keys` 来查看你的密钥对的安全哈希值），以后就不会再询问了。

第一次成功登录 Deep Learning AMI Ubuntu AMI 实例中（假设你选择的是这个 AMI）的时候，系统会询问你想选择哪一个 Python 环境。其中一个选项 `source activate tensorflow_p36`，指的是用 Python 3.6 安装的完整的 Keras 和 TensorFlow 环境；如果你更想要 Python 2.7，那么可以选择 `source activate tensorflow_p27`。在本附录的剩余内容中，我们假设你跳过了这个选择，而使用实例上已经提供的基本 Python 版本。

在继续讨论如何在实例中运行程序之前，我们先快速讨论一下如何终止一个实例。这一点很重要，因为如果忘记终止一个很昂贵的实例，很可能会带来每个月几百美元的支出。要终止一个实例，需要先选择这个实例（和前面一样，点击实例旁边的复选框），接着点击页面上方的"Actions"（操作）按钮，接着点击"Instance State"（实例状态），再点击"Terminate"（终止）。终止一个实例后，会删除这个实例，包括它上面存储的所有内容。所以在终止之前，请确保你备份了所有需要的东西（例如训练过的模型），我们会在稍后介绍如何备份数据。另一个选项，是停止实例（Stop），它允许以后再次启动（Start）实例。但请注意，根据你的实例所带有的存储性质，这样可能还是会带来数据丢失。这种情况下，系统会弹出一个警告。

D.1 在 AWS 上进行模型训练

做好一切准备之后，在 AWS 上运行一个深度学习模型和在本地运行的方式是一样的。首先需要确保所有的代码和数据都已经复制到实例上。要做到这一点，一个简单的办法是使用 scp 命令安全地复制上去。例如，从本地机器上，可以运行如下命令来计算一个从头到尾的示例：

```
git clone https://github.com/maxpumperla/deep_learning_and_the_game_of_go
cd deep_learning_and_the_game_of_go
scp -r ./code aws:~/code          ◁──── 将代码从本地复制到远程 AWS 实例中
ssh aws                            ◁──── 用 ssh 登录到实例中
cd ~/code
```

```
python setup.py develop        ◁──── 安装 dlgo Python 库
cd examples
python end_to_end.py           ◁──── 运行一个从头到尾的示例
```

在这个示例中，假设从零开始，先从我们的 GitHub 代码库中克隆代码。在实践中，你肯定已经做过这一步了，所以需要先编译自己的实验模型。你需要先创建想要训练的深度神经网络，接着运行需要的示例。我们刚才展示的示例 end_to_end.py 会生成一个序列化的深度机器人，放入示例目录的相对路径：../agents/deep_bot.h5。示例运行之后，可以把模型保留在那里（例如，继续托管，或者继续改进它）或者从 AWS 实例上下载过来，复制回自己的机器。例如，在本地机器的命令行中，可以用下面的命令将 AWS 上的一个 deep_bot.h5 机器人复制回本地：

```
cd deep_learning_and_the_game_of_go/code
scp aws:~/code/agents/deep_bot.h5 ./agents
```

这样，我们可以总结一个相对简洁的模型训练工作流程。
（1）在本地使用 dlgo 框架建立和测试自己的深度实验。
（2）将本地的代码更改安全地复制到 AWS 实例上。
（3）远程登录机器，启动实验。
（4）训练结束后，评估结果，更新实验数据，并从第 1 步开始启动一个新的实验周期。
（5）如果需要，可以将训练好的模型复制回本地机器，以备未来复用或作为其他用途。

D.2 在 AWS 上用 HTTP 托管一个机器人

第 8 章展示了如何用 HTTP 启动一个机器人服务，让你的朋友可以通过 Web 界面与它开展对弈。这么做的缺点是你必须在本地机器上启动一个 Python 的 Web 服务器，因此如果他人想要测试这台机器，他们必须能够直接访问这台计算机。而如果将这个 Web 应用部署到 AWS，并开启必要的端口（正如我们在前面配置实例里所做的），就可以通过 URL 来共享机器人了。

运行 HTTP 前端的方式和之前一样，只需要这么做就可以：

```
ssh aws
cd ~/code
python web_demo.py \
  --bind-address 0.0.0.0 \
  --pg-agent agents/9x9_from_nothing/round_007.hdf5 \
  --predict-agent  agents/betago.hdf5
```

这样会在 AWS 上启动一个可以对弈的机器人演示程序，并可以通过如下地址访问：

```
http://<public-dns-of-your-instance>:5000/static/play_predict_19.html
```

这样就搞定了！在附录 E 中，我们会再进一步展示如何利用这里介绍的 AWS 基础知识来部署一个完整的机器人，并采用 GTP 连接到 OGS 上。

附录 E　将机器人发布到 OGS

在本附录中，我们将介绍如何将机器人部署到广受欢迎的 OGS。要做到这一点，需要使用本书前 8 章介绍的机器人框架，在 AWS 提供的云平台上部署一个机器人，并让它支持 GTP。因此，要阅读本附录，读者应当先读过本书前 8 章内容（以理解机器人框架的基本知识）和附录 D（以了解 AWS 的基本信息）。

E.1　在 OGS 上注册机器人并激活它

OGS 是一个流行的围棋平台，人们可以在这个平台上与其他人或机器人进行对弈。附录 C 还介绍了其他几个围棋服务器，但我们在本附录中选择 OGS 来展示如何部署机器人。OGS 是一个现代化的 Web 平台，读者可以自行注册账户。注意，如果要在 OGS 上部署机器人，需要创建两个账户。

- 注册一个个人使用的账户，作为个人账户，填写用户名、密码和可选的邮件地址，也可以通过谷歌、Facebook 或者 Twitter 等账户系统注册。下面我们会把这个账户称为 `<human>`。
- 接着再回到注册页面，注册另一个账户，这个账户会作为机器人账户使用，所以命名时要注意表明它的机器人身份。我们会在接下来的内容里把它称为 `<bot>`。

至此我们就有了两个常规账户。接下来需要把第二个账户的属性改为机器人账户，并设置人工账户管理员。要做到这一点，首先需要用人工账户登录 OGS，联系到一个 OGS 管理员，请他们激活机器人账户。在网站左上方紧邻 OGS 商标的地方，可以打开菜单，按名称搜索用户。本书的注册过程所找的 OGS 管理员是 `crocrobot` 和 `anoek`。如果搜索其中一个名字，并在搜索结果中点击账户名称，会弹出一个如图 E-1 所示的窗口。

在这个消息窗口中，点击"Message"（消息）按钮联系管理员。页面右下方会打开一个聊天窗口。告诉管理员我们想要把 `<bot>` 用户激活成机器人账户，并且这个机器人属于个人账户 `<human>`（也就是当前登录的账户）。通常，OGS 管理员会在 24 小时内答复，我们可能需要耐心等待。OGS 的顶端菜单中的"Chat"（聊天）选项里可以找到管理员，这里所有名字旁边有一个锤子图标的用户都是 OGS 管理员。如果某个管理员正在度假，或者因为其他原因而在忙碌中，可以找另外一个来帮忙。

如果无法直接联系管理员，也可以试着在 OGS 论坛中的"OGS Development"（OGS 开发）板块上发一个帖子。请记住，所有的管理员都是利用业余时间义务工作的，所以请有点儿耐心。

收到管理员的答复之后，就可以登录<bot>账户了。在顶部左侧菜单栏选择"Profile"（账户信息），查看机器人的账户信息。如果一切顺利，<bot>账户应当已经被列为"Artificial Intelligence"（人工智能）账户，并且有一个管理员（Administrator），即<human>账户。机器人账户信息页应当和图 E-2 中的 BetagoBot 账户类似，它由作者 Max 的个人账户 DoubleGotePanda 管理。

图 E-1　联系 OGS 管理员帮助激活机器人账户　　图 E-2　检查机器人的账户页面，查看它是否已经被激活

接下来，退出<bot>账户，重新登录<human>账户。我们需要用它来为机器人生成 API 密钥，而这件事只能由管理员个人账户来做。登录<human>之后，找到<bot>的账户信息页面（例如，可以搜索<bot>账户并点击进入），向下多翻几页，就会看到一个"Bot Controls"（机器人控制）框，里面包含一个"Generate API Key"（生成 API 密钥）按钮。点击这个按钮，生成 API 密钥，接着点击"Save"（保存）来保存它。在本附录后面的内容中，我们假设 API 密钥是<api-key>。

现在我们已经在 OGS 做好了设置，接下来机器人就可以用这个名称和 API 密钥连接 OGS 了。

E.2　在本地测试 OGS 机器人

在第 8 章中，我们开发了一个可以理解和发送 GTP 命令的机器人。现在我们已经在 OGS 上建立了一个机器人账户，剩下的事情就是用一个叫作 gtp2ogs 的工具把这两者联系起来。这个工具会使用机器人名称和 API 密钥，在机器人所在的机器和 OGS 之间建立一个网络连接。gtp2ogs 是一个用 Node.js 开发的开源库，可以从 OGS 的官方 GitHub 代码库下载。不过，因为本书的 GitHub 代码库中存放了这个程序的副本，读者并不需要单独下载并安装它。在本地的代码副本中，读者应该可以看到一个名为 gtp2ogs.js 的文件，以及一个名为 package.json 的 JSON 文件。后者用来安装依赖库，前者则是工具本身。

E.2 在本地测试 OGS 机器人

在向 OGS 部署机器人的时候，我们希望这个机器人能够长时间服务于所有人。因此我们要部署一个长期运行进程。这样的话，用一个远程服务器来托管机器人是合理的，下一节会介绍怎么做到这一点。不过在此之前，需要先在本地机器进行快速测试，验证全部代码是否运行正常。本地测试前请确保系统中安装了 Node.js 和它的包管理器 npm。在多数操作系统中，都可以用相应的包管理器找到它们（例如，在 macOS 上可以运行 `brew install node npm`，在 Ubuntu 上可以运行 `sudo apt-get install npm nodejs-legacy`）。当然，你也可以从 Node.js 官方网站上下载并手动安装这两个工具。

接下来，需要在系统路径上执行本书 GitHub 代码库顶层目录下的 Python 脚本 run_gtp.py。在 Unix 环境的命令行里，可以执行如下命令：

```
export PATH=/path/to/deep_learning_and_the_game_of_go/code:$PATH
```

这个命令把 run_gtp.py 放到系统路径中，这样就可以在命令行的任何地方直接调用它了。更重要的是，这样做之后，gtp2ogs 也可以直接调用它了。以后每当 OGS 向机器人请求一场新的比赛时，gtp2ogs 就会调用 run_gtp.py 来生成一个新机器人。最后剩下的工作是安装必需的 Node.js 包，并运行这个程序。我们将使用 Node.js 的 forever 包来确保这个程序一直运行，并且在出现错误的时候能够自动重启：

```
cd deep_learning_and_the_game_of_go/code
npm install

forever start gtp2ogs.js \
  --username <bot> \
  --apikey <api-key> \
  --hidden \
  --persist \
  --boardsize 19 \
  --debug -- run_gtp.py
```

让我们把这个命令拆开解释：

- --username 和 --apikey 用来指定如何连接服务器；
- --hidden 会让机器人不在公众机器人列表中显示，这样在对公众开放之前就有机会先测试好所有功能，之后再让其他人开始挑战这个机器人；
- --persist 让机器人在不同动作之间保持运行（否则，gtp2ogs 会在每次需要执行一步动作的时候都重启机器人）；
- --boardsize 19 会让机器人限制只接收 19×19 棋盘的比赛，如果机器人是用 9×9 棋盘（或者其他尺寸）训练的，可以指定为相应的尺寸；
- --debug 可以输出更多的输出日志，更清楚地看到机器人的运行状态。

机器人启动之后，可以访问 OGS 网站，登录 <human> 账户，并点击左侧的目录。在搜索框中键入机器人名称，点击它的名称，接着点击"Challenge"（挑战）按钮。接着就可以开启一局与机器人的对弈了。

如果你现在能够找到自己的机器人，那么基本上就一切正常了。接下来就可以与自己的作品进行第一局比赛了。连接机器人的功能测试完成之后，要键入 `forever stopall` 来关闭用来运行机器人的 Node.js 程序。

E.3 将 OGS 机器人部署到 AWS 上

接下来，我们会展示如何免费将机器人部署到 AWS 上，这样全世界的棋手都可以随时随地与它进行对弈了。同时，再也不需要在本地计算机上运行一个 Node.js 程序了。

在本节中，我们假设读者已经按照附录 D 设置好了 SSH 配置，可以直接用 `ssh aws` 来登录自己的 AWS 实例。这里服务器实例可以选择很基础的配置，因为用一个已经训练好的深度学习模型中生成预测并不需要多少计算力。实际上，可以直接在 AWS 的免费套餐实例中选择一个，如 t2.micro。但如果严格按照附录 D 来操作，选择一个 Ubuntu 系统的深度学习 AMI，并运行在 t2.small 类型的实例上，那就不是完全免费的。不过在这个配置下，即使选择在 OGS 上一直保持机器人运行状态，每个月也只会花费几美元。

在本书的 GitHub 代码库中，读者可以找到一个名为 run_gtp_aws.py 的脚本，如代码清单 E-1 所示。它的第一行以 #! 开头，会告诉 Node.js 进程用哪一个 Python 程序来运行机器人。AWS 实例上的基础 Python 安装应当放在 /usr/bin/python，可以通过在终端中键入 `which python` 来查看。请读者确保这一行指向的 Python 版本和在安装 dlgo 时所用的一致。

代码清单 E-1　run_gtp_aws.py 脚本，用于在 AWS 上运行一个机器人来连接 OGS

```
#!/usr/bin/python                  ←—— 一定要确保这一行与实例上的"which
from dlgo.gtp import GTPFronten        python"输出一致
from dlgo.agent.predict import load_prediction_agent
from dlgo.agent import termination
import h5py

model_file = h5py.File("agents/betago.hdf5", "r")
agent = load_prediction_agent(model_file)
strategy = termination.get("opponent_passes")
termination_agent = termination.TerminationAgent(agent, strategy)

frontend = GTPFrontend(termination_agent)
frontend.run()
```

这个脚本会从文件加载一个代理，初始化一个终盘策略，并运行一个第 8 章定义的 `GTPFrontend` 实例。这里选择的代理和终盘策略只作为演示用。读者可以根据自己的需求修改它们，换成自己训练的模型和策略。但若只是要熟悉机器人提交流程的话，读者可以先不改动这个脚本。

下一步，需要保证 AWS 实例上安装好了所有依赖，让机器人能够成功运行。让我们从零开始，先将 GitHub 代码库克隆到本地，再复制到 AWS 实例上，登录实例，并安装 dlgo 包。

```
git clone https://github.com/maxpumperla/deep_learning_and_the_game_of_go
cd deep_learning_and_the_game_of_go
scp -r ./code aws:~/code
ssh aws
cd ~/code
python setup.py develop
```

这和我们在附录 D 中从头到尾运行一个示例所采用的步骤基本一致。要执行 `forever` 和 `gtp2ogs` 命令，还需要确保 Node.js 和 npm 也安装好了。在 AWS 实例上用 apt 把它们安装好，就可以用与本地相同的方式来安装 gtp2ogs 了。

```
sudo apt install npm
sudo apt install nodejs-legacy
npm install
sudo npm install forever -g
```

最后一步是使用 gtp2ogs 来运行 GTP 机器人。将当前工作目录 export 到系统路径上，并使用 run_gtp_aws.py 作为机器人启动脚本：

```
PATH=/home/ubuntu/code:$PATH forever start gtp2ogs.js \
  --username <bot> \
  --apikey <api-key> \
  --persist \
  --boardsize 19 \
  --debug -- run_gtp_aws.py > log 2>&1 &
```

注意，这里把标准输出和错误消息重定向到了一个名为 log 的日志文件中，并且用&把整个程序作为背景进程启动。这样，实例上的命令行就不会被服务器日志所淹没，让你可以继续在这台机器上做其他事情。和本地测试 OGS 机器人一样，现在应该可以访问 OGS，并与机器人进行对弈了。如果有地方出错，或者与预期并不一致，读者可以用 `tail log` 来检查机器人最近的日志。

这样就完成了所有工作。虽然整个工作流程的设置花费了不少时间（尤其在创建 AWS 实例和设置两个 OGS 账户时），但当所有基本工作做好之后，再部署机器人就是一个相当简便的操作了。在开发好一个新的机器人之后，想要部署它时，只需要这么做：

```
scp -r ./code aws:~/code
ssh aws
cd ~/code
PATH=/home/ubuntu/code:$PATH node gtp2ogs.js \
  --username <bot> \
  --apikey <api-key> \
  --persist \
  --boardsize 19 \
  --debug -- run_gtp_aws.py > log 2>&1 &
```

现在机器人不再使用--hidden 选项运行，因此它对整个服务器开放挑战。要找到自己的机器人，登录<human>账户，并在主菜单中点击"Play"（下棋）按钮。在接下来的"Quick Match Finder"（快速匹配搜索器），点击"Computer"（计算机）来选择一个机器人。机器人<bot>应当会显示在下拉菜单中，并且它的角色是"AI Player"（AI 棋手）。在图 E-3 中可以看到我们开发的 BetagoBot 机器人。现在，在 OGS 上只能找到少数几个机器人——也许读者可以自己添加一个有趣的机器人？

图 E-3　机器人应当能够在 OGS 的匹配搜索器中作为一个计算机对手显示出来了

以上就是本附录的全部内容。读者现在可以部署一个从头到尾的机器学习流程，并得到一个可以在线上围棋平台上对弈的机器人了。